SÜLTEMEYER

DAS FRÜHWERK JOSEPH ROTHS

INGEBORG SÜLTEMEYER

DAS FRÜHWERK JOSEPH ROTHS 1915 — 1926

STUDIEN UND TEXTE

HERDER
WIEN - FREIBURG - BASEL

Umschlaggestaltung: Reinhard Klein
Satz und Druck: Plöchl, Freistadt 1976
Bestellnummer: ISBN 3-210-24.519-3

INHALT

*

LITERATURVERZEICHNIS

*

TEXTANHANG
(Eine Auswahl der neu gefundenen Arbeiten)

VORBEMERKUNGEN ZUR DRUCKLEGUNG 1976

Der glückliche Zufall, der bereits die Vorbereitungen der hier publizierten Dissertation über das jahrzehntelang vergessene und großenteils unbekannte Frühwerk Joseph Roths begleitet hat, ist auch bei späteren Recherchen im Rahmen eines Forschungsauftrags nicht ausgeblieben. Es gelang nämlich die weitere Erschließung vieler bisher unbeachtet gebliebener Quellen, die das journalistisch geprägte Frühwerk markant erweitern. Roths politisches Engagement sozialistischer Orientierung ist durch die vorliegende Dissertation erschlossen und literarisch belegt worden. Die weiteren Funde bestätigen dies in bemerkenswerter Weise.

Zu den interessantesten, weil ganz unerwarteten Ergebnissen gehört die ‚Entdeckung' Joseph Roths als Verfasser politisch-satirischer Gedichte, kabarettnaher Gebilde. Sie sind in dem republikanischen Witzblatt „Lachen links" erschienen, für das Roth etwa im Zeitraum 1924 – 1926 schrieb. In der Tendenz stimmen sie überein mit den Glossen, die er für den „Drachen" verfaßte, die „Ungemütliche sächsische Wochenschrift". Diese Glossen waren bereits (vermutlich teilweise) in der Deutschen Demokratischen Republik 1968 wieder veröffentlicht (2), sind aber in der Bundesrepublik Deutschland bisher nicht zur Kenntnis genommen worden. Ihre Fotokopien (3) wurden mir 1970 zugänglich.

Eine kleine Auswahl aus Roths frühen politischen Arbeiten habe ich 1970 unter dem Titel „Der Neue Tag" (4) herausgegeben. Der Sammelband enthält Veröffentlichungen aus den Zeitungen und Zeitschriften „Der Neue Tag", „Vorwärts", „Lachen links", „Der Drache", „Frankfurter Zeitung".

Im Rahmen späterer Nachforschungen erwiesen sich dann das „Prager Tagblatt", die „Neue Berliner Zeitung – Neues-Zwölf-Uhr-Blatt" – als ergiebige Quellen. Für „Die Glocke", (Berlin), den „Abend" (Wien), den „Tag" (Wien), das „Acht-Uhr-Abendblatt" (Berlin), die „Wiener Sonn- und Montagszeitung", das „Neue Wiener Tagblatt" und „Die Filmwelt" (Wien) gilt dies mit Einschränkung. Aus all diesen Zeitungen und Zeitschriften konnten noch ca. 250 bisher unbekannte Beiträge Joseph Roths herausgezogen werden. Ihre Auswertung geschieht im Augenblick, die Ergebnisse sollen in absehbarer Zeit veröffentlicht werden.

Die vorliegende Dissertation ist in ihrer Fassung des Jahres 1969 belassen, von gekennzeichneten Zusätzen und Ergänzungen abgesehen. In einem Tabellenverzeichnis dagegen sind die neuen Daten der späteren Nachforschungen schon be-

---

1 Im Nachtrag meiner im Herbst 1969 im privaten Fotodruck vervielfältigten Dissertation „Studien zum Frühwerk Joseph Roths. Mit einem Anhang: bisher unbekannte Arbeiten aus dem Zeitraum 1915 - 1926" habe ich bereits einen kurzen Überblick über die neuen Ergebnisse festgehalten.

2 Im „Buchverlag Der Morgen", Berlin: „Damals in den Zwanziger Jahren. Ein Streifzug durch die satirische Wochenschrift ‚Der Drache'. Mit Erinnerungen von Hans *Bauer,* dem ehemaligen Herausgeber des ‚Drachen', einer Textauswahl und biographischen Notizen von Wolfgang U. *Schütte,* original für den ‚Drachen' geschaffenen Zeichnungen von Max *Schwimmer* und zahlreichen Autorenporträts". Berlin 1968.

3 Sie lagen im Archiv des Verlags Kiepenheuer & Witsch, Köln.

4 Joseph *Roth:* Der Neue Tag. Unbekannte politische Arbeiten 1919 bis 1927. Wien, Berlin, Moskau. Herausgegeben und mit einem Vorwort von Ingeborg *Sültemeyer.* Köln/ Berlin 1970.

rücksichtigt und (alphabetisch nach Zeitungen geordnet) aufgeführt – nicht zuletzt, um sie bereits jetzt der Roth-Forschung bekannt zu machen und zur Verfügung zu stellen. Vielleicht gelingt es auch künftig noch, die eine oder andere bisher verschollene Arbeit Roths wiederzuentdecken.

Die literarisch interessierte Öffentlichkeit und die Kritik haben (auch international) dem bisher unbekannten frühen Roth durchweg eine positive Aufnahme bereitet. Wie hat sich nun die Roth-Forschung auf die neuen Ergebnisse eingestellt?

Bei der im folgenden skizzierten Antwort möchte ich Wert darauf legen, daß es mir nicht um die Reaktion auf meine eigenen Interpretationen der ‚Funde' geht, sondern tatsächlich nur um die Beachtung (bzw. Nichtbeachtung) des neu erschlossenen Materials. Hieraus ergibt sich, daß die in der Zwischenzeit erschienenen Arbeiten über Roth unterschiedlich ausführlich und akzentuiert betrachtet werden.

Als erste Arbeit berücksichtige ich die seit langem erwartete Biographie von David *Bronsen*. Sie erschien 1974 und steht, was die neu erschlossenen Quellen anlangt, auf dem Stand des Jahres 1968. Die Hauptursache für diese Tatsache sehe ich darin, daß David *Bronsen*, wie so viele Roth-Forscher vor ihm, öffentlich auf direkte Quellenstudien verzichtet und sich stattdessen auf andere Angaben (5) verlassen hat. Dies alles wird vor dem Hintergrund, den *Bronsen* leitmotivisch formuliert, noch eindrucksvoller negativ: Er bezeichnet Roth als einen „Mythomanen" (S. 13), als einen Menschen also, der (quasi zwanghaft) „Legenden über sich selbst verbreitet" (S. 666). Zum Prinzip der „Mythomanen" (zumindest vom Format Joseph Roths) gehört neben dem Fabulieren aber auch das Schweigen, das Verschweigen. Einen großen Abschnitt seiner Lebensgeschichte hat Roth in späteren Jahren nämlich nicht in erster Linie fabulierend mit Legenden versehen, sondern schlicht verschwiegen: sein politisches Engagement in den Jahren 1919 bis 1925. Und so übersieht es sein Biograph (6).

4a David *Bronsen*, Joseph Roth. Eine Biographie. Köln 1974.

5 In dem Kapitel „Aufbau und Abbau einer Karriere" erwähnt *Bronsen* Roths Tätigkeit für die „Neue Berliner Zeitung Zwölf-Uhr-Blatt" in zwei Sätzen und charakterisiert sie da als „Gelegenheitsbeschäftigung". Als Quelle seiner Information gibt er an: „Int. Paul Otte" (S. 627). Die belegbare Wirklichkeit ist anders. Joseph Roth hat eine große Fülle umfangreicher Artikel für die NBZ geschrieben. Schon aus der Vielzahl (ca. 150 Arbeiten) geht hervor, daß von einer „Gelegenheitsbeschäftigung" nicht gesprochen werden kann. Aber auch aus dem Charakter der Beiträge wird deutlich, daß Roth keine unbeachtete Position an dieser Zeitung einnahm. So ist er bereits im Jahr 1920 als Sonderberichterstatter nach Ostpreußen geschickt worden, von wo aus er in zahlreichen Artikeln über die politische Situation (besonders über die Rote Armee) berichtete. Allein drei seiner Artikel wurden für so wichtig gehalten, daß sie auf der ersten Seite der Zeitung erschienen. Die Bedeutung der Arbeit Roths an der NBZ läßt sich vielfach weiter belegen. Schon der zeitliche Rahmen mag für sich sprechen: Soweit heute nachweisbar, hat Roth über sechs Jahre für die NBZ geschrieben. Bronsens Kapitelüberschrift suggeriert für das Ende des Jahres 1922 (dem Abschied vom „Berliner Börsen-Courier" aus politischen Gründen) zugleich das Nachlassen („Abbau") seiner journalistischen Tätigkeit. Das Gegenteil ist der Fall: Gerade bereitet sich der politisch engagierte Höhepunkt seiner frühen journalistischen Karriere vor.

6 Joseph Roths Bekanntschaft mit dem österreichischen Journalisten Bruno *Frei* wird beispielsweise ausschließlich von ihrer belanglos-privaten Seite erwähnt (z.B. S. 223). Warum berichtet *Bronsen* nichts über die gemeinsame politisch-engagierte Arbeit am „Drachen", wo Roth und Frei eine Zeitlang ständige Mitarbeiter waren? Warum erfahren wir außer der bloßen Nennung nichts über die Mitarbeit an „Lachen Links", wo Roth seine politische Kritik in Reime faßte? Wie sah es mit der Arbeit an der „Glocke" aus? Wer waren

Es enttäuscht, daß David *Bronsen* die üppig vorhandenen literarischen Quellen ignoriert hat. Unverständlich ist aber, daß er auf die ihm bereits bequem zugänglich gewesenen Sammlungen „Der Neue Tag" und die Dissertation verzichtet hat, zumal er den „Neuen Tag" in einer Fußnote (27a, S. 630) als bekannt erwähnt.

Die folgenden Arbeiten berücksichtige ich in der Reihenfolge ihres Erscheinens:

Claudio *Magris* hat schon früh über seine Kenntnis der neu erschlossenen Arbeiten Roths eindrucksvoll Auskunft gegeben. Soweit es die Themenstellung der 1971 erschienenen Untersuchung „Lontano da dove", Torino (7), erlaubt, bezieht er die neue Quellenlage souverän in die Zusammenhänge ein. Dies gilt in gleicher Weise für seinen Aufsatz „Joseph Roth" (8), der 1973 erschienen ist.

Klaus *Zelewitz* gehört ebenfalls zu den frühen Rezipienten. „Joseph Roth: Zweimal politische Illusion" lautet der Titel seines 1971 erschienenen Aufsatzes (9), der die Veränderung der politischen Haltung Roths zum Gegenstand hat.

„Der rote Joseph" ist ein Aufsatz (10) von Uwe *Schweikert* (1974) benannt. Wie aus dem Titel bereits deutlich wird, steht das frühe politische Engagement Roths im Mittelpunkt der Bemühungen, die in überwiegenden Teilen nicht über Paraphrasierungen der neuen Materialien hinausgelangen. Der Aufsatz erschien im Rahmen eines Sammelbandes (11), in dem zwei (12) von insgesamt neun Aufsätzen die veränderte Quellenlage berücksichtigen.

Im Hinblick auf die Beachtung des neuen Materials verdient die Dissertation von Wolf R. *Marchand* „Joseph Roth und völkisch-nationale Wertbegriffe" (Bonn 1974) besondere Aufmerksamkeit. *Marchand* zieht nicht nur das neu erschlossene Werk Roths zu seinen Untersuchungen heran, sondern wertet auch die bibliographischen Übersichten für seine Fragestellung aus. Er greift die folgenreiche Verwechslung der Reisefeuilletons („Im mittäglichen Frankreich") mit dem Reisebuch auf und bezieht sie in weiterführende Überlegungen ein.

In einem Forschungsbericht (13), der über den Nachlaß Joseph Roths im Leo-Baeck-Institut, New York, Auskunft gibt, erwähnt Fritz *Hackert* für das Früh-

---

Roths Berufskollegen? Wer seine Freunde? Wie brachte er es fertig, so unglaublich viel gleichzeitig zu schreiben und so verschiedenartig, vielleicht sogar auch ‚mehrgleisig'? Wie ist dann das plötzliche Verstummen Roths in der linksgerichteten Presse ab 1925 zu erklären? Alles Fragen, die offenbleiben. Es geht mit diesen Feststellungen nicht darum, den ‚roten Joseph" künstlich oder modisch aufzuwerten. Aber ohne eine genaue Darstellung des sogenannten revolutionären Roth ist die Biographie unvollständig und auch ein Verständnis des sogenannten reaktionären Roth nicht möglich.

7 In deutscher Übersetzung: „Weit von wo", Wien 1974.

8 In: Literatur und Kritik, Juni 1973, H. 5, S. 58 - 72.

9 In: Peripherie und Zentrum. Studien zur österreichischen Literatur. (= Festschrift für Adalbert Schmidt) Salzburg/Stuttgart/Zürich 1971, S. 347–363.

10 In: Joseph Roth (= Sonderband Text + Kritik, Hrsg. H. L. *Arnold)* München 1974, S. 40 - 55.

11 Vgl. Titelangabe zu 10.

12 Der Aufsatz von Martha *Wörsching* „Die rückwärts gewandte Utopie" (S. 90 - 100) berücksichtigt sie eher ‚atmosphärisch'. (S. dazu meinen Aufsatz „Das Wiedererwachen des Interesses an österreichischer Literatur in der BRD seit 1945", in: Dauer im Wandel (Hrsg. *Strolz,* W./*Schatz,* O.), Wien 1975, S. 75f.

13 Joseph Roths Nachlaß im Leo-Baeck-Institut. In: Joseph Roth und die Tradition. Hrsg. David *Bronsen,* Darmstadt 1975, S. 374 - 399.

werk u.a. die verschiedenen Fassungen des „Vorzugsschülers" und erörtert bestehende Interpretationsansätze.

Hierzu sei vermerkt, daß in dem 1973 erschienenen Band „Die Erzählungen" (14) der von mir (im Druck) von „Österreichs Illustrierter Zeitung") aufgefundene „Vorzugsschüler" bereits wieder publiziert wurde. Leider hat der Herausgeber Hermann *Kesten* die (etwas längere und etwas schwächere) Fassung aus dem Nachlaß gewählt und nicht die von Roth überarbeitete und 1916 veröffentlichte (15).

Ich möchte an dieser Stelle die Hoffnung äußern, daß die neue Werk-Ausgabe, in vier Bänden für das Jahr 1976 angekündigt, die seit 1969 bestehende veränderte Quellenlage und das neu erschlossene Material berücksichtigt.

Schließen möchte ich diese Vorbemerkungen zur Drucklegung 1976 mit einem Dank an die Imprimatur-Gemeinnützige Gesellschaft m.b.H., die einen Forschungsauftrag („Studien zur Presse der Zwanziger Jahre") und die Veröffentlichung der Dissertation großzügig unterstützt hat.

---

14 Köln/Berlin 1973, Hrsg. Hermann *Kesten*.

15 Dazu s.S. 35 u. 38 meiner Untersuchungen.

EINLEITUNG

1. Eigenart, Quellenlage, Phasen des Frühwerks

Gegenstand dieser Arbeit soll das Werk Joseph Roths (1894 – 1939) sein, das in dem Zeitraum 1915 – 1926 entstanden ist. Roths Werk bis zum Jahre 1926 ist in entscheidender Weise von seiner journalistischen Tätigkeit mitbestimmt und geprägt. Einen Einschnitt, der die Unterscheidung eines ‚Frühwerks' von einem ‚Spätwerk' ermöglicht, markiert das Jahr 1926. Die politisch-aufklärerischen Interessen des Journalisten, die bis zu diesem Zeitpunkt dominierten, treten von nun an zurück; für die folgende Schaffensperiode wird der künstlerische Ehrgeiz des Romanciers bestimmend. Zugleich erfolgt eine Veränderung der politischen Haltung Roths, die sich zögernd schon im Jahre 1925 vorbereitete. Sie ist in dem Zeitraum, auf den sich die Untersuchungen beziehen, durch ein Bekenntnis Roths zum Sozialismus, durch Nähe zur Sozialdemokratie bestimmt und wird in seinem Frühwerk besonders faßbar.

Das Frühwerk setzt sich aus erzählerischen und lyrischen Versuchen, Feuilletons, politischen Arbeiten und drei Romanen – „Das Spinnennetz", „Hotel Savoy", „Die Rebellion" – zusammen.

Jedoch auch unter anderen Gesichtspunkten kann eine Einteilung vorgenommen werden; sie ermöglichen zugleich eine differenziertere Darstellung der Quellenlage: Das Frühwerk Joseph Roths setzt sich aus (wenigen) bekannten und (sehr vielen) bisher unbekannten Arbeiten zusammen. Zu den bekannten Arbeiten, die in das Frühwerk eingeordnet werden müssen, gehört das entsprechende Material, das in der dreibändigen Werk-Ausgabe (1) vorliegt. Es wird ergänzt durch die Einzelveröffentlichung des Romans „Das Spinnennetz" (2) sowie Hinweise (3) und kleine Textbeiträge (4), die in zwei wissenschaftlichen Arbeiten erschienen sind.

---

1 Joseph *Roth,* Werke in drei Bänden. Köln/Berlin 1956. Der Band „Joseph Roth, Romane, Erzählungen, Aufsätze", Köln/Berlin 1964, enthält eine Auswahl aus der dreibändigen Werk-Ausgabe.

2 „Das Spinnennetz", Köln/Berlin 1967.

3 Die Arbeit von Fritz *Hackert* „Kulturpessimismus und Erzählform" (Bern 1967) bringt im bibliographischen Teil ein Verzeichnis von Arbeiten Roths, die im Archiv des Verlages Kiepenheuer & Witsch (Köln) liegen und nicht in die Werk-Ausgabe aufgenommen wurden. Diese Arbeiten, die auch mir zugänglich waren, sind überwiegend undatiert; sie gehören nur zu einem geringen Teil zum Frühwerk. – Ferner finden sich im bibliographischen Teil Angaben über Einzelveröffentlichungen Roths in österreichischen Zeitungen bis 1920. Es handelt sich insgesamt um zwölf Hinweise. Obwohl beispielsweise aus einem Feuilleton im Laufe der Arbeit (S. 92) zitiert wird – es handelt sich um das „Märchen vom jungen Geiger" –, ist nicht anzunehmen, daß dem Verfasser die vollständigen Texte vorlagen, da auch unrichtige Angaben mitgeteilt werden, auf die in dieser Arbeit Bezug genommen wird. – Sehr begrüßenswert und verdienstvoll ist die Erwähnung der Reisefeuilletons aus Rußland (1926); aus einem Artikel zitiert der Verfasser einen kurzen Passus (S. 92).

Der Nachweis von *Roths* Tätigkeit am „Berliner Börsen-Courier", die durch eine große Anzahl von Feuilletons in der Werk-Ausgabe repräsentiert wird, konnte durch zusätzliche Hinweise vervollständigt werden (S. 162f.).

4 H. *Böning* hat im Anhang seiner Arbeit (Joseph Roths „Radetzkymarsch", München 1968) fünf Gedichte Roths wiedergegeben, die er der Diplomarbeit von Leos *Houska,* Leipzig, und S. *Winingers* „Großer Jüdischer National-Biographie" (1925 ff.) entnahm.

Zum Frühwerk Joseph Roths gehören jedoch ebenso zahlreiche überwiegend journalistische Beiträge, die völlig vergessen, verschollen und unbekannt waren. Durch Nachforschungen, die im einzelnen noch erläutert werden sollen, ist schließlich eine bunte Vielzahl von Arbeiten Roths ans Licht getreten, deren Existenz bisher gar nicht vermutet worden ist. Sie liegen den Untersuchungen dieser Arbeit auf weiten Strecken zugrunde und werden in einem Textanhang (Seite 155) wiedergegeben. Da die Anzahl der aufgefundenen Artikel zu groß ist, als daß sie im Rahmen dieser Arbeit vollzählig herangezogen werden könnten, mußte unter ihnen eine Auswahl getroffen werden. Im Quellenverzeichnis der Arbeit (S. 135 ff.) sind sie jedoch vollständig katalogisiert.

Auf folgende Zeitungen (5) haben sich die Nachforschungen (6) bezogen:

Österreichs Illustrierte Zeitung, Jge. 1913 – 1919
Prager Tagblatt, Jge. 1915 – 1920
Der Neue Tag, Jge. 1919 – 1920
Vorwärts, Jge. 1922 – 1925
Frankfurter Zeitung, Jge. 1922 – 1926

Zum Frühwerk konnten zusätzlich unveröffentlichte Briefe Joseph Roths an Bernhard von Brentano (7), Benno Reifenberg (8), Herbert Ihering (9) und Stefan Zweig (10), sowie ein unveröffentlichtes Vortragstyposkript (11) und ein undatiertes (unveröffentlichtes) Feuilleton (12) herangezogen werden. Da ich diese Texte, die die Untersuchungsergebnisse aus den neu gefundenen journalistischen Arbeiten Roths ergänzend bestätigen, nicht vollständig wiedergeben darf, wird ausführlich aus ihnen zitiert.

---

5 Die Erfahrungen haben gezeigt, daß die Ergebnisse keinen Anspruch auf letzte Vollständigkeit erheben können. Es stellte sich nämlich beim Suchen heraus, daß manche Sammelbände nur schwer kontrollierbare Lücken aufweisen. Vgl. dazu bes. S. 35 dieser Arbeit, wo die Erfahrungen bei der Auffindung des „Vorzugsschülers" kurz berichtet werden. Bei den Nachforschungen sind Ergebnisse entstanden, die die Werk-Ausgabe (Band III) und auch den bibliographischen Teil von Fritz Hackerts Arbeit korrigieren und vervollständigen. Sie werden im Verlauf der Arbeit dargestellt und zu den Interpretationen herangezogen.

6 Ohne positive Ergebnisse blieben die Nachforschungen in folgenden Zeitungen (Österreichische Nationalbibliothek, Wien): Neues Wiener Journal, Jge. 1915 - 1919; Der Abend, Wien, Jge. 1918 - 1920; Der Morgen, Wien, Jge. 1916 - 1920; Das Fremdenblatt, Wien, Jge. 1918 und 1919; Wiener Allgemeine Zeitung, Jge. 1918 und 1919; Illustriertes Wiener Extrablatt, Jge. 1919 und 1920; Wiener Mittagszeitung, Jge. 1919 und 1920; – Die Schaubühne, Berlin, und das Tagebuch, Berlin, Jge. 1922 - 1926 (Universitätsbibliothek Frankfurt a. M.). – Leos Houska erwähnt in seiner Arbeit (S. 22) weitere drei Zeitungen, für die Roth geschrieben haben soll: „Neue Zeitung", „8 Uhr Abendblatt", „Neues Zwölfuhrblatt" (bis 1924). – Sie sollen sich teilweise in Ost-Berlin befinden und waren mir nicht zugänglich. (Zusatz 1976: s. Vorbemerkung zur Drucklegung, S. 9.)

7 Sie lagen im Archiv des Verlags Kiepenheuer & Witsch vor. (Zusatz 1976: Sie sind inzwischen im Briefband 1971 veröffentlicht.)

8 Herr Dr. *Reifenberg* stellte mir freundlicherweise die erst kürzlich wiedergefundenen Briefe zur Einsicht zur Verfügung. (Zusatz 1976: Sie sind inzwischen im Briefband 1971 veröffentlicht.)

9 Herr Professor *Bronsen* überließ mir freundlicherweise eine Kopie des Briefes vom 17. 9. 1922.

10 Diese Briefe stammen nicht aus dem hier untersuchten Zeitraum. Deshalb wurden sie nur in beschränktem Umfang berücksichtigt. Sie lagen im Verlagsarchiv vor. (Zusatz 1976: Sie sind inzwischen im Briefband 1971 veröffentlicht.)

11 Zusatz 1976: Der Vortrag (über die Eindrücke von der Rußlandreise) ist inzwischen veröffentlicht in: Der Neue Tag, Köln/Berlin 1970, S. 149 ff.

12 Es lag im Verlagsarchiv zur Einsicht vor.

Durch das nunmehr zur Verfügung stehende Material hat sich die Quellenlage vollständig verändert; sie soll im folgenden (mit einem Überblick über die verschiedenen Phasen des Frühwerks) erläutert werden – wobei zugleich der Plan der vorliegenden Arbeit skizziert werden kann.

Joseph Roth veröffentlichte seine ersten erzählerischen und lyrischen Versuche während der Zeit des ersten Weltkrieges in österreichischen Zeitungen. Einige dieser Arbeiten, die als verschollen galten, konnten aufgefunden werden. Das interessanteste Ergebnis dieser Bemühungen bildet die Entdeckung der verloren geglaubten Novelle „Der Vorzugsschüler". Die frühen Arbeiten Roths, zu denen auch einige unveröffentlichte (13) hinzugezogen werden konnten, werden im ersten Teil der Untersuchungen vorgestellt und erläutert.

Nach den frühen schriftstellerischen Versuchen nimmt Joseph Roth im Jahre 1919 bei der Zeitung „Der Neue Tag" in Wien eine kontinuierliche journalistische Tätigkeit auf, die sich ab 1920 mit einem politischen Engagement verbindet. Im „Neuen Tag" konnte eine Vielzahl von Beiträgen Roths aufgefunden werden, die nach den bisher existierenden Andeutungen (14) über seine Tätigkeit an dieser Zeitung überraschen mußte. Eine Auswahl dieser Arbeiten wird in den Untersuchungen unter besonderer Berücksichtigung der damals erfolgten Politisierung seines Schaffens herangezogen und erläutert.

Joseph Roth beginnt im Jahre 1922 für das Zentralorgan der Sozialdemokratischen Partei Deutschlands, den „Vorwärts", zu schreiben. Die Wahl dieser Zeitung wurde durch sein politisches Interesse und sein sozialistisches Engagement bestimmt. (In der Werk-Ausgabe ist nur ein einziges Feuilleton aus dem „Vorwärts" veröffentlicht worden (15), das darüber hinaus in keiner Weise als charakteristisch für Roths Beiträge zu dieser Zeitung anzusehen ist.) Es kann in dieser Arbeit mit Hilfe des aufgefundenen Materials eine erste Nachzeichnung dieser politisch orientierten Schaffensperiode Roths versucht werden.

Während seiner Tätigkeit am „Vorwärts" beginnt Roth im Jahre 1923 als Berliner Korrespondent zusätzlich (16) für die „Frankfurter Zeitung" zu schreiben. Diese vornehmlich unpolitischen Arbeiten, von denen viele in der Werk-Ausgabe veröffentlicht wurden, sind für die damaligen politischen Interessen Roths nicht repräsentativ. (Der ‚Reisebericht' „Im mittäglichen Frankreich", der in der Werk-Ausgabe als Feuilletonzyklus aus der „Frankfurter Zeitung" bezeichnet wird, scheint dieser Feststellung zu widersprechen. Der ‚Bericht' ist von grundsätzlichen weltanschaulichen und politischen Erörterungen durchzogen und entbehrt jeder feuilletonistischen Anmut. Es muß hier mit allem Nachdruck festgestellt werden, daß es sich bei dem in der Werk-Ausgabe wiedergegebenen Text *nicht* um den Feuilletonzyklus handelt, der in der „Frankfurter Zeitung" abgedruckt wurde. Die tatsächlichen Feuilletons sind nämlich seit ihrem damaligen Erscheinen (von September bis November 1925) niemals wieder veröffentlicht worden. Die Arbeit Roths dagegen, die irrtümlich in der Werk-Ausgabe steht, erschien niemals in der „Frankfurter Zeitung", gelangte aber möglicherweise in deren Buchverlag. Die nähere Bestimmung im Hinblick auf die in der Zeitung erschienenen

---

13 Sie lagen im Archiv des Verlages Kiepenheuer & Witsch in Köln vor. Eine Übersicht erfolgt auf den Seiten 142 u. 143 der Arbeit.

14 Fritz *Hackert* zählt in seiner Arbeit fünf Beiträge auf. Sie stellen nur einen Bruchteil des vorhandenen Materials dar.

15 Es handelt sich um das Feuilleton „Der Herr mit dem Monokel".

16 Zusatz 1976: Vgl. Vorbemerkung und Übersicht über die vielen anderen Zeitungen im tabellarischen Teil S. 147ff.

Feuilletons, die im Anhang der Arbeit erstmalig wiedergegeben werden, erfolgt in den Untersuchungen. Die Differenzen seien aber hier schon erwähnt.)

Einen sehr großen Zeugniswert für die Entwicklung, die Roths politische Haltung in den zwanziger Jahren nahm, haben die glänzenden Reisefeuilletons des Jahres 1926, die Roth auf einer Rußlandreise für die „Frankfurter Zeitung" schrieb. Es ist außerordentlich zu bedauern, daß diese Arbeiten niemals wieder veröffentlicht und auch nicht in die Werk-Ausgabe (17) aufgenommen worden sind, obwohl ihre Existenz nicht unbekannt gewesen ist. Die Betrachtung dieser Feuilletons geschieht im folgenden unter dem Gesichtspunkt der sich verändernden politischen Haltung Roths.

Roths politisch-journalistische Interessen sind nämlich als 1927 sein Roman „Die Flucht ohne Ende" erscheint, nicht mehr dieselben wie zur Zeit der Veröffentlichung seiner drei ersten Romane „Das Spinnennetz" (1923), „Die Rebellion" (1924), „Hotel Savoy" (1924). Diese drei ersten Romane wurden in dichter Abfolge auf dem Höhepunkt seines politischen Engagements veröffentlicht. Alle drei Romane – für „Hotel Savoy" und „Die Rebellion" konnte dies erstmals festgestellt werden – wurden, bevor sie in der Buchausgabe erschienen, in Zeitungen abgedruckt, zwei von ihnen in linksstehenden (18).

Es soll geprüft werden, ob und wieweit das politische Interesse und Engagement Roths auch in den Romanen erfaßbar ist und ob und in welcher Weise die Romane in ihrer künstlerischen Gestaltung das journalistische ‚Klima' erkennen lassen, in dem sie entstanden sind.

Diese Untersuchungen beschließen den dritten Teil der Arbeit.

2. Forschungslage, besondere Probleme, Vorhaben

Das Frühwerk Joseph Roths ist bis heute noch nie Gegenstand einer Untersuchung gewesen, sondern immer nur im Zusammenhang des Gesamtwerks beachtet worden; das geringe Ausmaß des zur Verfügung stehenden Materials läßt derartige Einschränkungen recht verständlich erscheinen. Dennoch sind Teile des Frühwerks – besonders die beiden Romane „Hotel Savoy" und „Die Rebellion" – bereits genauer in einigen wissenschaftlichen Arbeiten untersucht worden. „Das Spinnennetz", erst 1967 in Buchform veröffentlicht, konnte bisher nur in einer einzigen Arbeit ausführlicher berücksichtigt werden (19). Die bisher erschienenen Arbeiten beziehen sich auf die Erforschung von Entwicklungstendenzen im Gesamtwerk Roths und auf die Untersuchung erzähltechnischer Probleme und kulturhistorischer Zusammenhänge. Im folgenden soll darüber kurz ein Überblick gegeben werden.

---

17 Es erschienen lediglich zwei Feuilletons: „Der liebe Gott in Rußland", „Die russische Grenze". (Zusatz 1976: Inzwischen sind sie alle veröffentlicht in: Der Neue Tag, Köln/Berlin 1970, S. 158 - 274.)

18 „Das Spinnennetz" wurde 1923 in der Wiener „Arbeiter-Zeitung" veröffentlicht, „Die Rebellion" 1924 im „Vorwärts".

19 P. W. *Jansen* (Weltbezug und Erzählhaltung. Eine Untersuchung zum Erzählwerk und zur dichterischen Existenz Joseph Roths. Diss. Freiburg 1958) war „Das Spinnennetz" schon früher durch Vermittlung des Verlages zugänglich. – Fritz *Hackerts* Arbeit (Kulturpessimismus und Erzählform. Studien zu Joseph Roths Leben und Werk. Bern 1967) berücksichtigt „Das Spinnennetz" aus methodischen Gründen nur am Rande.

Ward Hughes *Powell*, der in seiner Arbeit „The Problem of Primitivism in the Novels of Joseph Roth" (20) das Romanwerk Roths überwiegend unter historisch-politischen Gesichtspunkten untersucht, charakterisiert die beiden frühen Romane als stark gesellschaftskritisch angelegte Werke. Er stimmt in dieser Beurteilung mit vielen kurzen Publikationen überein, die zu Joseph Roths Werk erschienen sind (21). Die literarisch faßbaren sozialkritischen Intentionen beider Romane richten sich nach *Powells* Darstellung auf die Gegenwart und implizieren zugleich ein Interesse an zukünftigen gesellschaftlichen Veränderungen. „Die Flucht ohne Ende" unterscheidet sich von ihnen, indem sie den ersten Auftakt derjenigen Romane Roths bedeutet, die nach *Powell* eine Hinwendung zur Vergangenheit erkennen lassen.

Auch Peter Wilhelm *Jansen* (22) betrachtet das erzählerische Gesamtwerk Roths unter den Gesichtspunkten einer „Entwicklung", die er aber mit Fragen nach dem Zusammenhang von „Weltbezug und Erzählhaltung" in Verbindung stellt. Die Bedeutung des Frühwerks, das heißt, der drei ihm zur Verfügung stehenden Romane, sieht *Jansen* vor allem darin, daß in ihm die im Werk fortschreitende „Autofiktion" des „Dichter-Ich" ihren Anfang nimmt. In dieser Entwicklung bilden die frühen Romane nur Vorstufen; zur eigentlichen Ausprägung gelangt sie erst in denjenigen Romanen, in denen Roth sich mit der „Neuen Sachlichkeit" auseinandersetzt. (Hierzu gehören „Die Flucht ohne Ende", „Zipper und sein Vater", „Rechts und links".) Die existenzphilosophisch ausgerichteten Untersuchungen können dem Frühwerk Roths nur begrenzt gerecht werden.

In den Untersuchungen Sidney *Rosenfelds* (23) werden aus methodischen Gründen historische Aspekte nur am Rande berücksichtigt. Bedeutung und Gestaltung des „Raumes" im Romanwerk Joseph Roths stehen im Mittelpunkt der Untersuchungen. Die Gruppierung der untersuchten Romane faßt wohl ein „Frühwerk" (24) zusammen; die Unterscheidung erfolgt jedoch „lediglich zum Zweck einer übersichtlichen Gliederung" (25).

Erzähltechnische und psychologische Fragestellungen werden in der Arbeit von Erika *Wegner* (26) herausgestellt und untersucht. Die beiden frühen Romane („Hotel Savoy" und „Die Rebellion") stehen jedoch nur am Rande der Bemühungen; diese Einordnung liegt in der Tatsache begründet, daß die „Gestaltung innerer Vorgänge" erst im Spätwerk Roths künstlerisch relevant wird.

Die Beziehungen zwischen der „Erzählform" und dem literarisch faßbaren „Kulturpessimismus", wie er in Roths Gesamtwerk zutage tritt, stehen im Mittelpunkt der Untersuchungen von Fritz *Hackert* (27), die im Jahre 1967 erschienen. Viele Verbindungslinien zwischen kultur- und literarhistorischen Aspekten des Rothschen Oeuvres werden in dieser Arbeit erstmalig sichtbar gemacht (28).

---

20 Dissertation Colorado (USA) 1956, vorgelegen als Mikrofilm.

21 Z.B. *Wiegenstein*, R.: Die gerettete Welt des Joseph Roth, in: Frankfurter Hefte 12, 1957, S. 581f.; *Horst*, K. A.: Joseph Roths Schattenlinie, in: Merkur 11, 1957, S. 393f.

22 Weltbezug und Erzählhaltung. Eine Untersuchung zum Erzählwerk und zur dichterischen Existenz Joseph Roths. Diss. Freiburg 1958.

23 Raumgestaltung und Raumsymbolik im Romanwerk Joseph Roths. Diss. Illinois 1965. (Mikrofilm)

24 Es umfaßt hier die Romane „Hotel Savoy" bis „Rechts und links".

25 *Rosenfeld*, S. 16.

26 *Wegner*, Erika: Die Gestaltung innerer Vorgänge in den Dichtungen Joseph Roths. Diss. Bonn 1964.

27 *Hackert*, F.: Kulturpessimismus und Erzählform. Studien zu Joseph Roths Leben und Werk. Bern 1967.

28 Die vorliegende Arbeit bezieht sich an einigen Stellen auf diese Anregungen.

(Diejenigen Arbeiten Roths – *Hackerts* Untersuchungen berücksichtigen auch das Feuilleton –, aus denen nicht „Kulturpessimismus", sondern „Fortschrittsoptimismus" erkennbar ist, der der Kritik am Bestehenden ein Konzept zu dessen Veränderung entgegensetzt, lagen dem Verfasser nicht vor.) Die märchen- und legendenhaften Züge, die das erzählerische Gesamtwerk Roths durchziehen, sind in ihrer Ausprägung im Frühwerk deutlich gemacht worden. Der bibliographische Anhang der Arbeit erbringt zum ersten Mal Hinweise auf einige bisher unbekannte Arbeiten Roths, die dem Material, das im Archiv des Verlages Kiepenheuer & Witsch vorhanden ist, entnommen sind. Sie beziehen sich aber nur in geringem Maße auf das Frühwerk.

Die einzige Untersuchung, die sich bisher auf die feuilletonistischen Arbeiten Roths konzentrierte, bildet die Dissertation von Ilse *Plank* (29). Hier werden zwar Teile des Frühwerks berücksichtigt, nämlich die in der Werk-Ausgabe enthaltenen; die Entstehungszeit und die historischen Zusammenhänge der Arbeiten bleiben jedoch außer acht. Die Beschränkung auf die (unzulängliche) Auswahl der Feuilletons in der Werk-Ausgabe erfolgt unkritisch. „Joseph Roth als Feuilletonist" ist eben durch die Auswahl seiner Arbeiten in der Werk-Ausgabe nur unzureichend vorgestellt. Daß beispielsweise die politische Dimension seines Feuilletonwerks nicht erschlossen werden kann, obwohl interessante Beobachtungen (hierzu gehört die Feststellung einer „panoptikalen Sehweise" in den Feuilletons) gemacht werden, liegt an der von Quellenkritik gelösten Verwendung des Untersuchungsmaterials.

Einen bisher fehlenden wichtigen Beitrag zu einer Erforschung des Frühwerks, besonders in historisch-biographischer Hinsicht wird möglicherweise die entstehende Biographie Roths leisten, die David *Bronsen*, St. Louis, unternommen hat und die in absehbarer Zeit zur Veröffentlichung gelangen soll. In diesem Zusammenhang ist für einige Arbeiten (30) zum Werk Joseph Roths folgendes festzustellen: Durch das Fehlen einer Biographie verlockt, wird in ihnen angestrebt, wenigstens versuchsweise Abschnitte aus dem Leben Roths anhand der literarischen Zeugnisse zu rekonstruieren, übereilt, wie man annehmen muß. Ein nicht unerhebliches Teil ‚Schuld' trifft dabei Roth selbst. Wilhelm *Grasshoff* bestätigt dies, indem er auf die Selbstdarstellung Roths hinweist, die in dem Geburtstagsbrief (31) an Gustav Kiepenheuer enthalten ist. Roth umspann eben seine Vergangenheit mit Legenden. Er trieb „(. . .) mit den Fakten der eigenen Lebensgeschichte ein ironisches Spiel" (32). Trotz dieser Feststellungen zieht übrigens *Grasshof*, für seine interpretierende Praxis keine Konsequenzen, wenn er beispielsweise schreibt: „(. . .) sein dezidiertes Österreichertum nahm reaktionäre Züge an, als 1917 der Umsturz kam. Denn er (. . .) haßte Revolutionen und liebte die Ordnung" (33). Die Formulierung „haßte Revolutionen" ist wörtlich Roths Brief an Gustav Kiepenheuer entnommen, den er erst im Jahre 1930 schrieb, und fällt so nach *Grasshoffs* eigenen Worten unter die Feststellung: „Trauen darf man ihr (der Selbstdarstellung im Geburtstagsbrief) (34) ebenso

---

29 *Plank*, Ilse: Joseph Roth als Feuilletonist, Erlangen 1968.

30 Beispielsweise: *Plank*, I.: Joseph Roth als Feuilletonist, Erlangen 1968. *Grasshoff*, W.: Joseph Roth, Georg Trakl, Zürich 1966.

31 S. Werke III, S. 832.

32 *Grasshoff*, S. 14. – David *Bronsen* bestätigt dies ausführlicher in seinem Aufsatz: Phantasie und Wirklichkeit", in: Neue Rundschau, 79, Jg., H. 3, S. 496 ff.

33 *Grasshoff*, S. 8.

34 Erläuternder Zusatz der Verfasserin.

wenig wie gewissen Aussprüchen, zu denen er sich gegenüber ihn neugierig befragenden Journalisten verstieg" (35).

Erwies sich schon die Heranziehung des Geburtstagsbriefes (36) zur Entnahme von biographischen und ideengeschichtlichen Anhaltspunkten als problematisch, so tritt die Gefahr, anzweifelbare Schlüsse zu ziehen, bei einer entsprechenden Untersuchung anderer ‚außerliterarischer' Arbeiten Roths genauso stark hervor. Joseph Roths journalistische Arbeiten haben häufig zu dem Mißverständnis Anlaß gegeben, ein Feuilleton als einen ‚Bericht' zu verkennen, dessen Wahrheitsgehalt einklagbar sei. Die Interpretation hängt davon ab, in welcher Weise der Gegenstand des Feuilletons die Grenze zwischen Bericht und künstlerischer Gestaltung bedingt, und auch von der Schwierigkeit, die daher rührt, daß die Grenzen zwischen Feuilleton, Reportage, Bericht, Glosse sehr oft nicht genau zu bestimmen sind. Hieß es bereits von Roths Erzählstil im Roman, daß „Distanz" und „Identifikation" des Erzählers mit seinen Gestalten auf reizvolle Weise abwechseln und ineinander übergehen (37), so lassen sich Übergangsformen auch in den journalistischen Arbeiten feststellen. Ilse Plank hat in ihrer Untersuchung (38) bereits mit Recht aufgezeigt, daß „Roth (. . .) sich der traditionellen feuilletonistischen Stilmittel von der Pointe über die Ironie bis zu den kleinen Kunstgriffen des Zeugma, der Hyperbel, der Anapher bedient". Zuzustimmen ist auch ihrer Feststellung: „Nicht selten gehen in Roths Feuilletons verschiedene Stilhaltungen ineinander über." (S. 34)

Kann man grundsätzlich annehmen, daß beim Feuilleton die künstlerische Gestaltung im Vordergrund steht, beim Bericht die sachlich-informativen Intentionen vorherrschen, die Glosse als feuilletonistischer Kurzkommentar (39) polemischen Charakters zu Tagesereignissen verstanden wird, so muß im Hinblick auf Roths journalistische Arbeiten festgestellt werden, daß alle diese Formen auftreten und sehr oft ineinander übergehen. Besonders in den Reiseberichten finden sich solche Mischungen: Berichtteile wechseln mit feuilletonistischen Partien. Die Bedeutung der sachlichen Unterrichtung kann zugunsten der künstlerischen Gestaltung zurücktreten. Es finden sich auch Beiträge, die, wie die Glosse, polemisch zu aktuellen Anlässen Stellung nehmen, dann aber, indem sie schon äußerlich deren Maß überschreiten, Übergänge zum Feuilleton oder aber auch zum Leitartikel aufweisen. Zusammenfassend läßt sich hier für Roths journalistische Arbeiten feststellen, daß die erwähnten Mischformen in großer Anzahl auftreten.

Die Ich-Form, die sich in Roths Werken als eine künstlerische ‚façon de parler', besonders in den Feuilletons, oft findet, darf nicht als „Unmittelbarkeit der Aussage" (40) mißverstanden werden. Solch eine Auffassung erscheint nicht kunstgerecht. Sie übersieht die künstlerische Gestaltung, die ein Autor auch dann einfließen läßt, wenn er „ich" sagt. Bei einer Nachzeichnung des politischen Inter-

---

35 *Grasshoff,* S. 14.

36 Dieser Brief ist vor allem künstlerisch gestaltet. Undeutlich ist seine Einordnung unter die ‚tatsächlichen' Briefe Roths in der Werk-Ausgabe. Sie verführt dazu, ihn als privates Dokument mißzuverstehen und erweckt ein falsches Vorverständnis.

37 *Jansen,* P. W.: Weltbezug und Erzählhaltung. Freiburg 1958

38 *Plank,* S. 168.

39 *v. Wilpert,* Sachwörterbuch der Literatur, ^{4}1964, Stuttgart, S. 250f.

40 *Trommler,* F.: Roman und Wirklichkeit, München 1966, S. 56. – Es wurde wiederholt unternommen, ‚Aussagen' Roths aus den Feuilletons zu gewinnen. F. Trommler unterstreicht die „Unmittelbarkeit der Aussage" in Roths Werk und hält sich dabei auch an „ein erzählerisches Bekenntnis", das er dem Zyklus „Im mittäglichen Frankreich" entnimmt. Hier sei nochmals darauf hingewiesen, daß es sich nicht um Reiseberichte, sondern um ein anderes Genre handelt.

esses Joseph Roths in den frühen zwanziger Jahren können wir uns nun mit Hilfe des aufgefundenen Materials erstmals auf journalistische Beiträge von ihm stützen, die zweifelsfrei erörternder oder bekenntnishafter Natur sind. Sie geben unmittelbar Aufschluß über seine Haltung von damals; sie sind außerkünstlerisch in ihrem bekenntnishaften Kern; hier bezeichnet „ich" wirklich den bekennenden Autor. Sie werden dem Historiker besonders willkommen sein in ihrer Eindeutigkeit.

Die unvermutete Fülle des gefundenen Materials hat die Aufgabenstellung dieser Arbeit beeinflußt. Es wird sich im folgenden vor allem darum handeln, die verschiedenen Teile des Frühwerks erst einmal zu ordnen, zu beschreiben und zu erläutern; dieser Versuch bedeutet zugleich auch ein erstes Aufschließen des neu zur Verfügung stehenden Materials. Die Undurchsichtigkeit und bunte Vielfalt der zusammengetragenen Arbeiten soll zum ersten Mal durchdrungen werden.

Zu den Aufgaben dieser Arbeit können daher keine ausführlichen Einzelinterpretationen oder Detailanalysen gehören; vielmehr ist eine Charakterisierung der Werke gemäß ihrer Entstehung, ihrer Gattungszugehörigkeit und ihrer Eigenart angestrebt worden. Die Bemühungen gelten Beobachtungen, die dazu dienen, Entwicklungstendenzen im Frühwerk zu verdeutlichen und seine verschiedenen Teile möglichst sachgerecht vorzustellen. Psychologisch-biographische Gesichtspunkte stehen jedoch nicht im Vordergrund der Untersuchungen.

Zu den Aufgaben und Absichten dieser Arbeit gehört es darüber hinaus, für weitere Roth-Forschungen, seien sie literaturwissenschaftlicher, historisch-politischer oder biographischer Art, neue Grundlagen, die im aufgefundenen Material, in Interpretationsansätzen und methodischen Hinweisen bestehen, in vorbereitendem Sinne zur Verfügung zu stellen.

ERSTER TEIL

JOSEPH ROTHS SCHRIFTSTELLERISCHE ANFÄNGE IN WIEN

I. VERÖFFENTLICHTE UND UNVERÖFFENTLICHTE ARBEITEN AUS DEN JAHREN 1915–1918

1. Gedichte

a) Arbeiten aus der Studienzeit

Joseph Roths schriftstellerische Tätigkeit beginnt, soweit uns heute bekannt, mit seiner Übersiedlung von Lemberg nach Wien, wo er an der Universität das Studium der deutschen Literatur aufnahm. Von seinen frühen Arbeiten sind nur noch wenige erhalten; man hat sie bisher kaum bekannt gemacht (1). Es handelt sich um Prosaarbeiten und Gedichte, die Roth teilweise veröffentlichen konnte. Fast alle Arbeiten tragen konventionellen Charakter, an dem möglicherweise die Einstellung auf den entsprechenden Leserkreis mitgewirkt hatte: Roths erste Veröffentlichungen erschienen in „Österreichs Illustrierter Zeitung", einem kultivierten, jedoch sehr konservativen Blatt. – Aus dieser Zeit liegen außerdem unveröffentlichte und (zum Teil) nicht vollendete Arbeiten Roths vor (2). Aus den oben erwähnten Gründen muß im Rahmen dieser Arbeit auf ausführliche Einzelinterpretationen verzichtet werden. Es soll jedoch versucht werden, einen Eindruck von den Arbeiten aus diesem Zeitraum zu vermitteln und einen Überblick über die frühesten literarischen Versuche Roths zu geben, soweit sie heute zur Verfügung stehen.

Zu der Zeit, als Joseph Roth seine ersten Arbeiten veröffentlichte, war er Germanistikstudent in Wien; er stand Walther Brecht nahe, dessen Schüler er war. Von Józef Wittlin (3), einem engeren Landsmann, der sein Studienkollege und bald auch sein Freund war, wissen wir, daß Roth damals recht selbstbewußt auftrat; Wittlin erschien er „wie der klassische Typ eines Wiener Dandy aus Beamtenkreisen, (. . .) ein sogenannter ‚Gigerl'. Roth war anscheinend stark um einen solchen Eindruck bemüht – nicht zuletzt weil er wußte, daß man ihm als jüdischem, ursprünglich polnisch sprechendem Studenten aus der Provinz nicht ohne Vorurteile begegnen würde. Er hat gewiß die Anpassung an die Wiener Gesellschaft angestrebt.

Die Überraschung Wittlins, der ihn für einen „blonden Germanen" gehalten hatte, solange er ihn nicht näher kannte, war groß, als er die ostjüdische Herkunft Roths erfuhr. Beide besuchten die Vorlesungen Walther Brechts (4), dessen Lieblingsschüler Roth nach Wittlins Angaben gewesen sein soll. – Es ist anzunehmen, daß seine Veröffentlichungen ihm eine wichtige Stärkung des Selbstge-

---

1 Zusatz 1976: Im Briefband (Hrsg. Hermann *Kesten*, Köln/Berlin 1971) und in der Biographie David *Bronsens* (Köln/Berlin 1974) sind noch einige Arbeiten (Gedichte) publiziert, die mir seinerzeit nicht zugänglich und daher nicht bekannt waren.

2 Sie stammen aus dem Leo-Baeck-Institut und lagen im Verlag Kiepenheuer & Witsch als Fotokopien der handschriftlichen Fassungen vor.

3 Joseph *Roth*, Leben und Werke. Ein Gedächtnisbuch (Hrsg.: Hermann *Linden*, Köln und Hagen 1949), darin: Erinnerungen an Joseph Roth, Józef *Wittlin*, S. 48f.

4 In einem Brief an Benno *Reifenberg* (22. 4. 26) schreibt *Roth*, daß Walther *Brecht* bei einer Preisstiftung für junge Autoren im Jahre 1926 von ihm (Roth) Arbeiten eingereicht habe. Roth freute sich sehr über diese Anerkennung. (Zusatz 1976: Briefe, S. 87.)

fühls bedeutet haben. Aus den Briefen (5) an seine Cousine Pauline Grübel wissen wir, daß er sehr stolz auf den Druck seiner Arbeiten war. Er dachte damals sogar schon an eine „eventuelle spätere gesammelte Ausgabe" (6) seiner Gedichte.

Die Gedichte Joseph Roths, die bis heute wiederaufgefunden werden konnten, stammen aus dem Zeitraum 1915 bis 1918. Es stehen insgesamt elf Gedichte zur Verfügung, davon eines in polnischer Sprache (7). Diese Anzahl bedeutet nur einen Bruchteil der ursprünglich vorhandenen Gedichte. Pauline Grübel, die Cousine Roths und Empfängerin mancher Briefe aus seiner Studienzeit, ordnete nach Joseph Roths Tod den ihr zugänglichen Teil des Nachlasses. Sie schrieb über diese Bemühungen am 15. 6. 1939 an Hermann Kesten (8) aus Lwów (Lemberg):

> „(. . .) ich ordne jetzt Roths Gedichte – die meiner Ansicht nach wunderschön sind und interessant, weil sie genau den Seelenzustand und Gedanken des 20jährigen Dichters Roth enthalten. Sie sind sehr ungeordnet, ich werde aber vielleicht mit J. Wittlin's Hilfe, der in jener Zeit sehr mit Roth befreundet war, und nach den vorgefundenen Notizen chronologisch zusammenstellen und nach Möglichkeit gruppenweise betiteln, was man auch aus den losen Notizen ersehen kann. Ich glaube, es werden 150 Gedichte oder auch mehr sein. Auf vielen Manuskripten ist eine Bemerkung aufgen. – oder ang. – so vermute ich, daß viele einzeln in verschiedenen österreichischen bzw. Wiener Zeitschriften während der Kriegsjahre erschienen sind. Einige Gedichte sind unter Roths Freunden, die werde ich auch im Originalmanuskript bekommen (. . .)"

Leider sind diese Gedichte und auch die anderen Arbeiten, die Pauline Grübel zusammengestellt hat, im Krieg verschollen (9).

Als wichtige Anhaltspunkte bei den Nachforschungen dienten mir die Briefe, die Roth an seine Cousine in den Jahren 1915 – 1918 schrieb (10). So der undatierte Brief aus dem Jahre 1915 oder 1916 (11):

> „Meine Gedichte dürften in ‚Österreichs Illustrierter Zeitung' erscheinen, oder schon erschienen sein. Ich habe weder Geld-uld in ein Kaffeehaus zu gehen, noch mir eine Nummer zu kaufen."

Durch das Datum ihrer Veröffentlichung entsteht eine äußere Gruppierung der Gedichte: Arbeiten aus der Zeit an der Universität (1915 und 1916) und Arbeiten aus der Zeit des Kriegsdienstes (1917 und 1918).

Die erste der beiden Gruppen setzt sich aus drei Gedichten zusammen, die in „Österreichs Illustrierter Zeitung" erschienen. Sie sind von melancholischer

---

5 Werke III, S. 801 - 810.

6 Werke III, S. 807 (24. 8. 1917).

7 Es lag als Fotokopie der handschriftlichen Fassung im Verlag Kiepenheuer & Witsch, Köln, vor.

8 *Kesten,* H.: Deutsche Literatur im Exil. Wien, München, Basel 1964, S. 104 f. (Es werden hier auch die Abkürzungen zitiert; ich gebe wörtlich den Abdruck wieder.)

9 Dies teilte mir in einem Gespräch Hermann *Kesten* mit. – Die Erinnerungen Józef *Wittlins* bestätigen erweiternd: „Leider fiel eine große Anzahl von Roths Gedichten in Manuskripten, die sich in meiner Warschauer Wohnung befanden, einem Bombenangriff zum Opfer. Darunter befanden sich auch einige kurze lyrische Gedichte, die Roth mir auf gewöhnlichen Postkarten schickte." (l. c. S. 52)

10 Werke III, S. 801 - 810. – Es dürfte sich um das Jahr 1915 handeln; damals erschienen in der erwähnten Zeitschrift im Oktober 2 Gedichte in kurzem Abstand: „Welträtsel" und „Herbst".

11 Werke III, S. 802.

Grundstimmung getragen, das Rätselhafte des Lebens scheint Thema. Gedichte solchen Inhalts und solcher Machart entstanden um diese Zeit verschiedenen Orts häufig: eine preziös melodische Vers- und Reimkunst verbindet sich oft überraschend mit umgangssprachlichen Redewendungen. Der ausgeprägte Sinn für das klangliche Ornament erinnert an Gedichte zeitgenössischer Autoren wie Hermann Hesse, Hugo Salus und Wilhelm v. Scholz (besonders dessen frühe Gedichte). Die Reimtechnik, aber auch das pantheistische Lebensgefühl, das besonders die Gedichte dieser ersten (12) Gruppe bestimmt, verdeutlichen ihren Bezug zu den neuromantischen Strömungen dieser Zeit.

In dem Gedicht „Welträtsel" (17. 10. 1915, s. Anhang S. 156) wird der Widerspruch des unaufgelösten Gegensatzes zwischen Notwendigkeit und Vergeblichkeit menschlicher Beziehungen variiert.

„(. . .)
Steine gibt's, die viel zu fragen wüßten
Doch keiner spricht . . .
Menschen gibt's, die sich was sagen müßten
Und sagen's nicht . . .

Die harmlose Mündlichkeit des Sprachstils – die auffällt, weil der Titel anspruchsvoll klingt – und die Reimtechnik (bei gekreuztem Reim stellt stets das erste Reimpaar eine Art Doppelreim dar: z.B. „fragen wüßten / sagen müßten") sind Anzeichen der Zeitgebundenheit dieses Gedichts; an Hermann Hesses „Im Nebel" (zwischen 1903 und 1910) mag in diesem Zusammenhang aus formalen und inhaltlichen Gründen gedacht werden.

Das pantheistische Element ist recht deutlich in der fast philosophisch pointierten Schlußzeile des Gedichtes „Herbst" (13) erkennbar. Auch hier begegnet das Motiv des Rätselhaften. Die Vorgänge in der Natur rufen die Frage nach dem Tod und seinem Wesen hervor, die in der ersten Strophe unter Einbeziehung des Sinnenhaften atmosphärisch vorbereitet wird:

„Spürst du des Laubes nassen Moderduft?
Sieh her: Die Welt ist gram und grau und alt . . .
(. . .)"

Bereits die erste Zeile der zweiten Strophe bringt die Auflösung: „Das ist der Tod. –" Sie wird in der gedanklich pointierten Schlußzeile beinahe in die Nähe einer angedeuteten Wiederkunftsvorstellung gerückt: „Er lebt im Sterben – und er stirbt im Sein."

Das dritte Gedicht der Gruppe – es trägt den Titel „Wo?" (14) – weist eine ganz einfache Form auf. Es besteht aus drei Vierzeilern, die klanglich reich instrumentiert sind. Auch hier wird das Thema des Nichtwissens und der Vergänglichkeit variiert; die Verbindung zu manchen anderen Gedichten der neuromantischen Richtung – beispielsweise „Mohnfeld" (15) von Gustav Falke – wird hier ebenfalls erkennbar. In Roths Gedicht stellen sich die Fragen nach der fehlenden

---

12 Auch in der zweiten Gruppe findet sich pantheistisches Lebensgefühl in dem Gedicht „Frühling"; s. S. 159.

13 24. 10. 1915, s. Anhang S. 156.

14 6. 2. 1916, s. Anhang S. 156.

15 Besonders der Beginn dieses Gedichts macht die Ähnlichkeit deutlich: „Es war einmal, ich weiß nicht wann / Und weiß nicht wo. Vielleicht ein Traum. (. . .)". In der dritten Strophe des Rothschen Gedichts erscheint darüber hinaus die Zeile: „Mohnblumen brannten lichterloh" (s. Deutsche Lyrik seit Liliencron, Hrsg. H. *Bethge*, Leipzig 1905, S. 70f.).

Geborgenheit der Kindheit (Strophe 1), der verlorenen Heimat (Strophe 2) und dem vergangenem Glück (Strophe 3).

b) Arbeiten aus der Zeit des Kriegsdienstes

Die zweite Gruppe, die unterschieden werden kann, enthält Gedichte, die Joseph Roth während der Zeit seiner Teilnahme am Krieg geschrieben hat. Diese Gedichte erschienen in den Jahren 1917 und 1918 in „Österreichs Illustrierter Zeitung" und im „Prager Tagblatt"; Roth schickte einige aus dem Felde an die Redaktionen ein. Die Gedichte setzen sich im weiteren Sinn mit dem Kriegserlebnis auseinander. Ihnen allen gemeinsam sind religiöse Motive; die Erschütterung über die Grausamkeit des Krieges und über menschliches Verschulden wird deutlich. Dennoch ruft hier diese Erfahrung keine ausweglose Verzweiflung hervor; sie erscheint in einer religiösen Hoffnung geborgen. Einige dieser Gedichte lassen Einflüsse des Expressionismus erkennen, die im Einklang mit der intendierten heißen Eindrücklichkeit mancher Stellen stehen. (Einflüsse Werfels wären denkbar, sie können jedoch kaum belegt werden.)

Das zeitlich früheste Gedicht dieser Gruppe erschien am 25. 2. 1917 im „Prager Tagblatt" (16). Es trägt die Überschrift „Christus" und ist als ein Gebet gestaltet. Die beiden achtzeiligen Strophen beginnen mit dem Ausruf „O Herr!" In der ersten leitet dieser Ruf ein Schuldbekenntnis ein – „O, damals litt ich nicht – ich jauchzte über meine Wunden" –, das unlösbar mit der Existenz des Sprechenden, des Betenden verbunden zu sein scheint:

„Doch jetzt durchwühlt mich diese Qual
der Brüder, die einander hassen:
ich kann von meinem Kreuz nicht lassen
und sterbe täglich tausendmal."

In der zweiten Strophe klingen Schmerz und Trauer über die zerstörerischen Geschehnisse der Gegenwart an. Doch die Erschütterung ist geborgen in der Annahme der göttlichen Liebe, in der Hoffnung auf eine Auferstehung.

Der Glaube an die göttliche Verheißung, an das „Licht", gibt die Fähigkeit zu einem Neuanfang:

„denn – Herr – nun will ich wieder gehen
der Weltenliebe Weg zum Licht."

In geringer Ausprägung finden sich auch in diesem Gedicht expressionistische Einflüsse. In der leidenschaftlichen Auffassung des Schmerzes – „doch jetzt durchwühlt mich diese Qual (. . .) und sterbe täglich tausendmal (. . .)" – aber auch in der Verwendung des Begriffes „Weltenliebe" werden sie andeutungsweise sichtbar.

Auch aus den Gedichten „Bruder Mensch" (17) und „Abendgang" (18) spricht eine religiöse und außerweltlich begründete Hoffnung auf einen Neubeginn nach Dunkelheit und Schuld. Schuld vor Gott und schuldhafte zwischenmenschliche Beziehungen bleiben nicht unaufgelöst, nicht unerlöst: Im letzten Terzett des Sonetts „Bruder Mensch" tritt diese Gewißheit hervor:

---

16 Es trägt zum Namen des Autors den Zusatz: „derzeit im Felde"; s. Anhang S. 157.
17 5. 8. 1917, s. Anhang S. 157.
18 7. 10. 1917, s. Anhang S. 158.

„Doch bis vollendet dieser Höllentanz,
Ist Licht in uns und Licht um uns geworden –
Sieh, Bruder Mensch: Durch Nebel wuchtet schon der Tag!"

Die besonders starke Pointierung der Schlußzeile findet ihren Ausdruck auch im Wechsel der Hebungszahl dieses fünhebig jambischen Sonetts: die letzte Zeile enthält sechs Hebungen. (Möglicherweise hat Roth hier an eine ältere Tradition der Pointierung durch Hebungsmehrung oder Hebungsminderung angeknüpft.) Der in diesem Gedicht spürbar werdende Nachdruck, mit dem der „Bruder Mensch" im Geständnis erreicht werden soll, weist expressionistische Züge auf, die besonders im sprachlichen Bereich erkennbar werden. Der eindringliche, fast beschwörende Charakter der wiederholten Anrede „Bruder Mensch" erinnert deutlich an frühe Gedichte Franz Werfels. Aber auch die Wahl der Gedichtform, des Sonetts, lassen an Bezüge zum Frühexpressionismus und seiner Sonettströmung denken.

Die Gedichte „Soldaten" (19) und „Nervenchok" (20) haben Kriegsschicksale zum Thema; beide erschienen 1918 im „Prager Tagblatt". Das erste, das aus vier Vierzeilern besteht, läßt in der verwendeten Reimtechnik an Rilke denken. Besonders das starke Enjambement der ersten zur zweiten Zeile der zweiten Strophe „(. . .) müden / Füße (. . .)" unterstützt diesen Eindruck. Die hier auftretende Quasi-Assonanz („müden / Füßen") erinnert ebenfalls an Rilke. Religiöse Motive klingen in der letzten Strophe von „Soldaten" an. Die von Müdigkeit und Resignation gezeichneten Soldaten haben ein „Ahnen von Heimat und Frieden", das sie in kindlicher Weise in einem Gebet zusammenfassen wollen. Sie sehnen sich nach Geborgenheit.

Das Sonett „Nervenchok" schrieb Roth anscheinend während seines Kriegsaufenthaltes in Prag (21). Das unglückliche Schicksal eines Kriegsinvaliden, die Darstellung seiner körperlichen Behinderung wird zum Anlaß einer Anklage gegen die Menschheit, die im pointierten Schluß des letzten Terzetts in fast barokker Bewegung zum Ausdruck gebracht wird:

„Im roten Meer von Blut und Siegen
ist des Jahrhunderts stolzes Schiff gestrandet –
Und das ist Euer Wrack! . . ."

Das längste aller erhaltenen Gedichte trägt den Titel „Frühling" (22). Durch das Datum seiner Veröffentlichung gehörte es zu der Gruppe der Gedichte aus dem Weltkrieg. Dennoch erscheint es in seiner pantheistischen Grundstimmung mehr der ersten Gruppe zugehörig, als ein Pendant des Gedichtes „Herbst". Beide Gedichte enthalten ein pantheistisch begründetes, zur Selbstaufgabe bereites Lebensgefühl, das sich in dem früheren Gedicht zum Verlöschen, hier aber zum Ausströmen und Aufblühen wendet. Beglückende Frühlingserfahrung, „glückumspannte Sonnenweite" scheinen den Menschen mit der Natur durch ein strömendes „Zauberwirken" in eine innige Gemeinschaft zu binden. Die Häufung des Enjambements, das alternierende Versmaß – es handelt sich um den vierhebigen Trochäus – lassen auch hier wieder an eine Parallele zu einem Gedicht Hermann

19 10. 2. 1918, s. Anhang S. 158.
20 6. 10. 1918, s. Anhang S. 159.
21 Neben dem Namen des Autors steht in Klammern „Prag".
22 11. 5. 1918, Prager Tagblatt, s. Anhang S. 159. Zu dem Namen des Autors erschien eine Anmerkung „derzeit im Felde".

Hesses denken: „Die Birke" („aus den Jahren 1899 bis 1902" (23), eine Parallele, die sich in diesem Falle jedoch auf die mehr formalen Aspekte beschränkt.

c) Undatierte Gedichte

In die Reihe der Gedichte, in denen das Thema der schuldhaften Verstrickung durch den Krieg gestaltet wird, gehört auch das bisher undatierte „Lied der Glocken" (24). Die Glocken sind in den beiden Vierzeilern Subjekt, sie bilden ein „wir", das seine verhängnisvolle Mitschuld an der Herrschaft des „Hasses" beklagt: „ . . . Seitdem wir die Klänge des Hasses geboren, sind unsere Seelen krank". Die „Suche" nach einer Versöhnung, nach einem „Lied der Liebe" bestimmt die Aufgabe der Gegenwart und der Zukunft:

„(. . .)
wir wandern und wandern, bis wir es gefunden,
Stunden um Stunden und Jahr um Jahr. . ."

Ein bisher undatiertes Gedicht in polnischer Sprache (25), das keine Überschrift trägt, sei abschließend kurz charakterisiert. Es besteht aus drei Vierzeilern und hat volksliedartigen Charakter. Ein junger Mann schildert, wie seine „Prinzessin" durch die Wiesen geht und Blumen pflückt. Er freut sich, daß sie nicht hörte und nicht weiß, was er um Mitternacht den Sternen von ihr erzählt hat. Dieses sehr zarte, sehr verhaltene Liebesgedicht stammt möglicherweise auch aus den Studienjahren Joseph Roths. – Nach dieser Zeit hat er, soweit uns überblickbar, nie wieder Gedichte geschrieben. Zu seinen lyrischen Versuchen hat er sich später nicht mehr bekannt. Entgegen seinem früheren Wunsch (26), eine gesammelte Ausgabe der Gedichte veröffentlichen zu lassen, hat er sich nie wieder mit den frühen Arbeiten beschäftigt. Er erkannte bald, daß seine Begabung sich auf andere Gebiete erstreckte.

In den Gedichten aus der Zeit des Universitätsstudiums sind in der Vorliebe für das klangliche Ornament und für eine gepflegte Empfindsamkeit Einflüsse der Neuromantik erkennbar. Expressionstische Züge lassen sich in der Gestaltung aus der Zeit des Kriegsdienstes feststellen; sie unterstützen die intendierte Eindringlichkeit der verwendeten religiösen Motive. Im Gesamteindruck weisen die Arbeiten eher einen konventionellen Charakter auf, als daß eine Suche nach neuen oder ungewöhnlichen Mitteln der Gestaltung bestimmend geworden wäre. Diese Erfahrung bestätigt sich besonders im sprachlichen Bereich durch häufige Verwendung von Klischees, die möglicherweise am Rande mit Roths Anpassungsbemühungen im weitesten Sinn in Zusammenhang stehen kann.

---

23 Zitiert aus: Hermann *Hesse*, Die Gedichte; Berlin 1947, S. 465.

24 Man kann annehmen, daß es in dem hier besprochenen Zeitraum entstanden ist, wahrscheinlich stammt es auch aus den Kriegsjahren. Veröffentlicht wurde es in: *Wininger*, S.: Große Jüdische Nationalbiographie, 1925, Band 5. (Vgl. *Böning*, H., l. c. S. 192) – s. Anhang S. 160.

25 Die Fotokopie der handschriftlichen Fassung lag im Verlag Kiepenheuer & Witsch, Köln, vor. S. Anhang S. 160.

26 S. Brief vom 24. 8. 1917 an Paula Grübel. (Werke III, S. 806 f.)

2. *Prosaarbeiten*

a) Märchenähnliche Erzählungen

Unter den frühen erzählerischen Versuchen Roths fällt die wiederholte Verwendung märchenähnlicher Formen auf. Fritz Hackert hat in seiner Arbeit „Form- und Motivzüge aus dem Märchen (. . .)" (27) in den späteren Romanen Roths untersucht. Wie jetzt festgestellt werden kann, hat das Märchen schon auf Roths früheste Prosaarbeiten großen Einfluß gehabt. Roth bediente sich damals dieser Form des Erzählens, weil sie ihn nicht verpflichtete, sich mit zeitbezogenen Ereignissen auseinanderzusetzen. Es ist anzunehmen, daß an der Ausprägung dieser Haltung Einflüsse der „Neuromantik" mitgewirkt haben, die auch in seinen lyrischen Versuchen erkennbar werden. Roth versuchte mitten im ersten Weltkrieg eine heile, von zeitbezogenen Verwirrungen abgeschlossene Welt heraufzubeschwören. Er hat jedoch, wie noch aufzuzeigen ist, Ansätze unternommen, in kritischer Weise zu den gesellschaftlichen Verhältnissen der Zeit Stellung zu nehmen. Diese Versuche sind aber ebenfalls von einem Bemühen um Distanz und einem ‚Darüberstehen' gekennzeichnet (28).

Unter den veröffentlichten Arbeiten dieser Jahre befinden sich zwei unvollständige Fassungen einer märchenähnlichen Erzählung (29), die keinen Titel trägt. Beide Fassungen beginnen mit dem Satz: „In einer kleinen Stadt lebte ein Zimmermann, der hatte zwei Söhne." Die beiden verschiedenen Charaktere der Söhne – „Der ältere war tüchtig und fleißig (. . .), aber der zweite war faul und leichtsinnig" – werden in der Erzählung handlungsrelevant, als den wandernden jungen Leuten ein Bettler begegnet, den sie je nach ihrer Veranlagung unterschiedlich beschenken. Der Bettler belohnt beide mit zwei Vögeln, deren Flug sie folgen sollen. Der Weg der Brüder trennt sich. Die Erzählung berichtet nun im weiteren Verlauf zuerst von dem älteren Bruder, der an ein Schloß gelangt, in dem ein alter König mit seiner unverheirateten Tochter wohnt. Die Freude über den ankommenden Freier ist groß; die Vorbereitungen zur Hochzeit werden getroffen. Die Erzählung wechselt an dieser Stelle zu dem Schicksal des jüngeren Bruders über; die zweite Fassung (30) endet an dieser Stelle.

Die Gestaltung beider Fassungen ist ausgesprochen konventionell. Es finden sich in der zweiten Fassung einige zaghafte Versuche heiterer Anspielungen auf die Presse und auf die Eitelkeit der ältlichen Prinzessin. Sie stellen die einzige Auflockerung in dem sehr ausführlich erzählten Geschehen dar.

Im Jahre 1916 erschien in der „Österreichischen Illustrierten Zeitung" eine märchenähnliche Erzählung „Die Geschichte vom jungen Musikanten und der schönen Prinzessin" (31). Sie schildert das Schicksal eines „blutjungen Musikanten", der im Besitz einer Zaubergeige war und die Welt durch sein Musizieren in

---

27 *Hackert*, S. 92f.

28 Es wäre denkbar, daß hier ein Einfluß Otto *Flakes* vorliegt; Roth selbst hat in einem Brief (24. 2. 1918, Werke III, S. 807) an Paula Grübel auf Flake hingewiesen. Präzisieren läßt sich diese Annahme nicht, da nicht genügend Untersuchungsmaterial vorliegt.

29 Beide Fassungen lagen in der Fotokopie des Manuskripts vor. Die erste besteht aus zwei, die zweite aus fünf DIN-A4-Blättern. Sie unterscheidet sich von der ersten durch größere Ausführlichkeit.

30 Die erste bricht bereits an der Stelle ab, an der das Geschenk des Bettlers an die Brüder erläutert wird.

31 20. 8. 1916, s. Anhang S. 161f.

seinen Bann ziehen konnte. Er reiste an den Hof einer Prinzessin, die „nur denjenigen zu ihrem Manne und zum König ihres Landes machen wollte, der sie mit seiner Kunst bis ins tiefste bewegen könnte". Unter den vielen Künstlern (32) und Weisen gefiel ihr in besonderem Maße der Musikant. Sie ließ ihn aber drei Tage warten. Diese Frist wurde ihm zum Verhängnis, denn am dritten Tage erschien ein Ritter, „der beste Tänzer auf Erden", der die Prinzessin für sich gewann. Die Zaubergeige, deren Macht dem Geiger die Natur unterworfen hatte, versagte bei der Erfüllung seines größten Wunsches. Die menschliche Natur konnte sie nicht bezwingen. Der Musikant, der zum Brauttanz aufspielen sollte, brach zusammen und war tot.

Auch dieses Märchen ist sehr schlicht gestaltet; es weist keine zeitbezogenen Anspielungen auf. Diese Tatsache ist umso erstaunlicher, als Roth bereits drei Jahre nach dem Erscheinen dieser Geschichte als Journalist am „Neuen Tag" (33) in feuilletonistischer Weise die damalige Erzählung abwandelte, zeitkritische Anmerkungen einfließen ließ und sich ironisch über das „Märchenerzählen" äußerte.

b) Ansätze einer Zeitkritik

Die Heranziehung überrationaler, märchenhafter Elemente findet sich auch in der frühesten veröffentlichten Prosaarbeit Roths. Sie trägt den Titel „Herbstwindes Kriegsgeschichten" und erschien am 5. 12. 1915 in „Österreichs Illustrierter Zeitung". In dieser Arbeit wird das märchenhafte Element jedoch zeitbezogen verwendet und bei der Darstellung kurzer Episoden aus dem Krieg eingesetzt.

Die Arbeit besteht aus neun kurzen Skizzen, deren erste, die Einleitung, einen Herausgeber auftreten läßt, der die nachfolgenden acht Stücke als „Geschichten" des Windes bezeichnet. Der Wind tritt als Erzähler auf; die Ereignisse, die er schildert und an denen er als Randfigur teilweise mitgewirkt hat, stehen in Zusammenhang mit dem Krieg. Auf das letzte Wiedersehen eines sterbenden Soldaten mit seinem Vater in der ersten Skizze folgt die Schilderung eines herrenlos gewordenen umherirrenden Hundes. („Er weiß nichts von Vaterland und Heldentod. Er suchte seinen Herrn. . .") Es folgt der Bericht über eine deutsche Familie; der aus dem Krieg verwundet heimgekehrte Vater erzählt seinen Angehörigen Kriegserlebnisse, während sein jüngster Sohn bereits „Soldat" spielt. In der vierten Skizze schließt sich die Gegenüberstellung polnischer und russischer „Barbaren" an; in der fünften wird von einem Soldatengrab in den Vogesen berichtet und in der folgenden von der Trauer zweier Freundinnen um einen gemeinsamen

32 Unter den am Hof versammelten berühmten Leuten befindet sich auch ein „Schnellläufer" von großer Begabung. In späteren Jahren hat Roth ein Feuilleton über einen Artisten geschrieben: „Alba-Alba, der Schnell-Läufer". Es ist anscheinend bisher unveröffentlicht und lag bei Kiepenheuer & Witsch in einem Typoskript des Leo-Baeck-Institutes vor. Das Auftreten des Artisten in einer Kleinstadt, die Faszination, die er mit seiner Vorstellung ausübte, wird in der Erinnerung an Kindheitstage heraufbeschworen. „Jedes Jahr im Herbst kam in unsere kleine Stadt ein Fremder namens Alba-Alba. (. . .) Der Herbst hatte dazumal keine Launen. Seine Tage reihten sich aneinander wie goldene, wehmütige, immer kleiner werdende Perlen. Es regnete, glaube ich, niemals. Der goldene Herbst ging eines Tages, wenn er genug hatte, ganz einfach unter im weichen Silber des ersten Schnees. Und der große Läufer namens Alba-Alba gehörte zu seinen frühen, wunderbaren Eigenschaften, (. . .)."

33 „Das Märchen vom Geiger"; s. Anhang S. 173f.

toten Freund. In der siebenten werden die in der „alten Götterburg Walhall" (34) versammelten verdienstvollen „Helden" der deutschen Geschichte vorgeführt und in der achten der militärischen Planung des Krieges die menschlichen Konsequenzen gegenübergestellt. Eine Mutter schreibt einen Brief an ihren Sohn, dabei gibt ihr der Wind zu verstehen, daß der Sohn am Tage gefallen ist.

Roths Intention in den „Kriegsgeschichten" geht dahin, die leidvollen Konsequenzen des Krieges zu zeigen. Die Menschen leben in „paradiesischer Unschuld" (35), solange es keinen Krieg gibt. Sie werden machtlos und unwissend dem Krieg überantwortet. Der Krieg und seine Planer, die „Helden", die in „der Götterburg" sitzen, zerstören die menschliche Harmonie.

Zur Verdeutlichung dieser, in der Form des „Geschichtenerzählens" nur unzureichend dargestellten, Intentionen sei ein Hinweis auf Roths Haltung im ersten Weltkrieg gestattet. Roth gilt bereits im ersten Kriegsjahr bei seinen Freunden als Pazifist und als „ein wenig anarchistisch angehaucht". Józef Wittlin bezeichnete sich und Roth als „Karl-Kraus-Schüler". Voller Aversion gegen den Krieg und die Obrigkeit sieht er zu dieser Zeit den wahren Schuldigen am Elend des Krieges nur in den „Kaisern, Ministern und Generälen". In diesem Zusammenhang sei aus den Erinnerungen Józef Wittlins zitiert, der mit Roth zusammen als „Freiwilliger" in den Krieg zog:

> „Schon im ersten Kriegsjahr waren wir beide Pazifisten und ein wenig anarchistisch angehaucht. Unser Leitstern war der berühmte Karl Kraus. Den Krieg betrachteten wir als ein den Menschen, diesen unschuldigen Lämmern, gegen ihre wahren Neigungen aufgezwungenes Verbrechen; und zwar war es ihnen von den Kaisern, Ministern und Generälen oktroyiert worden, denen gegenüber der Mensch als Lämmchen machtlos ist. Je länger der Krieg dauerte und je mehr Freunde an den Fronten fielen, desto überdrüssiger wurden wir des sinnlosen Geredes gegen den Krieg in den Kaffeehäusern. (. . .) Also aus irgendwelchen, uns damals unklaren Motiven heraus, (. . .) beschlossen wir, trotz der Aversion gegen Krieg, Militär und Monarchie, uns als Kriegsfreiwillige zu melden. (. . .) Wir waren der Ansicht, daß der einzige Platz für Dichter im Kriege der Dienst in der vordersten Linie sei. Denn nur dort lernt man Leben und Tod kennen, selbst wenn man Pazifist ist." (36)

Wittlin gebraucht in diesem Zusammenhang den Begriff einer „‚ungesunden' literarischen Neugier", die bei beiden damals eine nicht unerhebliche Rolle gespielt haben soll.

In den „Kriegsgeschichten" versucht Roth, die Widersprüchlichkeit der geschilderten Verhältnisse dadurch deutlich zu machen, daß er die einzelnen Beobachtungen gegensätzlich und unverbunden darstellt. Um einen allwissenden Erzähler zu gewinnen, wird die Instanz des Märchenhaften, Über-Rationalen gebraucht. Doch steht sie fortwährend in Spannung mit den zu erzählenden Geschichten, die gerade keine Märchen sind, sondern unter Verwendung realistischer Details deutlich die Intention spüren lassen, die Fragwürdigkeit des Krieges hervorzurufen. Die Darstellung bleibt jedoch zumeist hinter der Absicht zurück. Des „Herbstwindes Kriegsgeschichten" sind bereits vom Titel und der Einleitung

---

34 In späterer Zeit hat Roth für den „Vorwärts" eine polemische Glosse verfaßt, die sich auch auf die „Götterburg" bezieht: „Dialog über Walhall". (Zusatz 1976: Der Neue Tag, Köln/Berlin 1970, S. 51f.)

35 *Wittlin,* S. 52.

36 *Wittlin,* S. 52f.

als – musikalisch gesprochen – Salonstücke in Moll vorbestimmt, weil ein falscher Erzähler eingesetzt wurde. Der Herbstwind, der nur die Kategorien „viel Schönes und viel Häßliches, viel Frohes und viel Trauriges" zugeschrieben bekommt, kann gar keine Vermittlung der Inhalte leisten, die in den einzelnen Episoden erscheinen sollen. Das Elend des Krieges wird zum Inhalt von „Geschichten". Es erscheint ein Dilemma: wenn der Anspruch der Einleitung in den Stükken erfüllt wird, kann in ihnen keine adäquate Vermittlung der darzustellenden Inhalte geleistet werden. Erfolgt aber die Vermittlung in anderen Kategorien, in größerer Differenzierung, so lösen sich die Stücke von dem Anspruch der Einleitung. Innerhalb der acht Skizzen arbeitet Roth oftmals mit Kontrasten. Die abgestrebte Kontrastwirkung kommt aber in den meisten Beispielen gar nicht erst zustande; sie scheitert bereits in der Darstellung der Teile (37), die miteinander in Beziehung gebracht werden sollen. Zur Verdeutlichung sei die dritte Episode herangezogen. Ihre Intention geht dahin, in die Kleinstadtidylle, in die Familienharmonie mit dem Hinweis auf den Krieg eine Dissonanz zu bringen. Der verwundete Vater erzählt vom Krieg, aber der kleine Sohn ist bereits – vorläufig noch im Spiel – nicht mehr anwesend. Er spielt Soldat (38). Bereits in der Darstellung der Kleinstadtidylle ist Roth der Verführung einiger Klischees nicht aus dem Weg gegangen. Murmelnde Brunnen, lauschige Winkel bilden die Kulisse (39). Mit der Verwendung wertloser, fester Ausdrucksformen bestätigen die einzelnen Episoden die Ankündigungen des Vorspanns. Sie sind Kriegs-Geschichten – ins Musikalische übersetzt, sentimentale Salonstücke, deren Gebrochenheit im schlimmsten Fall nicht lächerlich, sondern gefährlich ist. Die Kritik bleibt undeutlich, Kontrastwirkungen kommen nicht zustande, weil die dargestellten Verhältnisse durch den Gebrauch klischeehafter Formulierungen verharmlost werden.

Die Unzulänglichkeit der Gestaltung ist zu diesem Zeitpunkt nicht ganz einsichtig, wenn man annimmt und berücksichtigt, daß Roth sich als Karl-Kraus-

---

37 Eine ähnliche Schwäche liegt in der Gegenüberstellung der siebenten und achten Szene. Die privaten Konsequenzen dessen, was auf der „Götterburg" geplant und gutgeheißen wurde, werden der „Götterburgideologie" gegenübergestellt. „Das einzige Kind einer Witwe, der Liebling der Schule", fällt auf einem Schlachtfeld. Mit abgenutzten Klischees wird um Anerkennung dessen geworben, was der Kategorie „traurig" des Herbstwindes entspräche. Der Kontrast zur vorausgegangenen Episode bleibt aus.

38 Hier kann eine Beeinflussung durch Karl *Kraus* vermutet werden. Er hat einen ähnlichen Gedanken formuliert: „Kinder spielen Soldaten. Das ist sinnvoll. Warum aber spielen Soldaten Kinder?" *(Kraus,* K.: Sprüche und Widersprüche, München 1965, S. 70)

39 Der Einfluß zeitgenössischer Vorbilder wird hier wohl besonders deutlich. Möglicherweise bezog sich Roth sogar auf ein Gedicht wie „Kleinstadt-Idyll" von Max *Bruns.* (In: Deutsche Lyrik seit Liliencron, Hrgb. Hans *Bethge,* Leipzig 1905, S. 25).

Der Marktplatz ruht. Der Brunnen in der Mitte / rauscht in der Sommernacht . . . wie reifes Korn; / von weitem hallen würdeschwere Schritte, / und melancholisch ruft das Wächterhorn.

Der Nachtwind weht mit den Kastanienfächern / in tiefen Schlaf die Häuser, längst verwohnt, – / und zwischen wunderlichen Giebeldächern / ein Stückchen Himmel . . . und der Sichelmond.

Die dritte Skizze Roths beginnt: „In einer kleinen deutschen Stadt war ich. Wo es lauschige Winkel gibt und murmelnde Brunnen. Wo der Mond in schmale Gäßchen über winklige Giebel schielt. (. . .) Wo aus jeder Nische Lavendel duftete und Nachtwächterhornton zitterte."

Schüler betrachtete (40). Die unbekümmerte Verwendung der Klischees findet in diesem Zusammenhang keine Erklärung. Zur Verdeutlichung sei ein Beispiel herangezogen: In der Schilderung der deutschen Kleinstadt erscheint auch die Formulierung „wo Nachtwächterhornton zittert". Man kann voraussetzen, daß Roth als Germanistikstudent die Heinesche Verwendung solcher Begriffe kannte (41). Es ist aber auch zu befürchten, daß Roth als Karl-Kraus-Schüler dessen falsches Urteil über das Gedicht „Anno 1839" geläufig war und er diese Meinung teilte. Das würde bedeuten, daß Roth hier wohl eine sprachliche Wendung gebrauchte, die er als Literaturwissenschaftler ablehnte, ja sogar bekämpfen wollte. Von dieser Voraussetzung her ist die Unzulänglichkeit der „Kriegsgeschichten" nicht mit dem Einwand zu klären, daß seine damaligen künstlerischen Fähigkeiten nicht genügend entwickelt gewesen seien. Als eine Motivierung dieser leichten „Schmockerei" wäre sein damaliges Bemühen um Erfolg bei den Wiener Zeitungen zu nennen. Er brauchte die äußere Anerkennung; vielleicht erschien ihm der Preis eines relativ harmlosen Opportunismus nicht zu hoch.

Es existiert eine weitere Arbeit Roths, in der er versucht hat, ein Unbehagen an der Gegenwart literarisch zu gestalten. In ihr wird aber nicht, wie in „Herbstwindes Kriegsgeschichten", auf den Weltkrieg Bezug genommen. Nach dem heutigen Stand der Nachforschungen gilt diese Arbeit als bisher unveröffentlicht (42). In der Intention ist sie weitaus kritischer als die oben erwähnte und gelangte wohl daher in „Österreich Illustrierter Zeitung" nicht zu Veröffentlichung. Theoretisierende Passagen treten deutlich hervor und sind mitunter nur mangelhaft in die Erzählung integriert. Es handelt sich um eine Skizze – sie trägt die Überschrift „Kranke Menschheit" –, welche Ankunft und Aufnahme eines Mannes in einer Nervenheilanstalt schildert. Die Arbeit gliedert sich in drei Teile: der erste beschreibt die Landschaft, in der das Spital steht und den Eindruck, den ein Mann, der offensichtlich auf dem Weg dorthin ist, auf die ihm entgegenkommenden Passanten macht. Der zweite Teil schildert seine Aufnahme in das Spital und das Warten der Kranken auf ihren Arzt in der Vorhalle. Hier wird zum ersten Mal der Name des Mannes vom Erzähler genannt, er heißt Heinrich Reinegg. Zusammen mit den anderen Patienten, die knapp charakterisiert werden, wartet er auf die ärztliche Untersuchung. Im dritten Teil, dem umfangreichsten der Arbeit, schweift Heinrich Reinegg im Gespräch mit einer Ärztin mit seinen Gedanken in die Vergangenheit. Szenen aus seinem bisherigen Leben werden eingeblendet. Die Skizze schließt mit der endgültigen Aufnahme Reineggs in die Heilanstalt.

Der Aufbau erfolgt nach dem Prinzip der Steigerung. Ein fremder Mann wird beobachtet, er macht auf seine Mitmenschen einen unheimlichen Eindruck: „Er sah die Menschen, die vorübergingen, forschend an (. . .)." Er ist unbekannt.

---

40 Es sei an dieser Stelle erwähnt, daß Roth in einem Artikel für den „Neuen Tag" („Pöbel", 11. 2. 1920), in dem er zu damaligen Theaterskandalen Stellung nahm, die Vorgänge anläßlich des Vortrags, den Kraus in Innsbruck gehalten hatte, scharf mißbilligte. (Wegen der anhaltenden Unruhen wurde der zweite Vortragsabend verboten; s. dazu auch: *Cohn,* Karoline: Karl Kraus, Stuttgart 1966, S. 165ff.) Roth schrieb: „In Innschbruck (!), Hauptstadt des heiligen Landes Tarrol (!), erhoben die freiheitskämpfenden Philisterbarden ein Geheul gegen Karl Kraus, daß selbst die germanischen Berserker des Arminius vor ihren eigenen Nachkommen sich in die nordischen Urwälder verkrochen hätten." (Anschließend nimmt er zu einem Konzert von Richard Strauß in Wien Stellung, das durch eine „organisierte Zischbande" gestört worden war.)

41 Vgl. z.B. im Gedicht *Heines* „Anno 1839".

42 Bei der Fassung, die bei Kiepenheuer & Witsch vorlag, handelt es sich um ein Typoskript von 11 DIN-A4-Seiten.

Gleich nach seinem Eintreten in das Spital jedoch wird sein Name genannt; er gewinnt gleichsam seine Identität im Kreise der Patienten. Das Geheimnis um ihn wird im dritten Teil dann vollends gelöst: Aus seinen Erinnerungen erfahren wir seinen Lebenslauf. Seine Reflexion über die Welt, in der er nicht leben konnte, stellen den Zusammenhang zwischen seiner Krankheit und deren Ursachen her. Diese Reflexionen sind wohl die am wenigsten überzeugende Stelle dieser Skizze. Der Intention nach soll ihre Einschaltung dem Titel „Kranke Menschheit" und seiner Beziehung auf die Handlung eine provokatorische Schärfe verleihen. Die Darstellung eines Kranken soll Zweifel an der seelischen Gesundheit der Welt, der ganzen Menschheit hervorrufen (43).

> „Krank? Ja, ja, er war krank. Viele waren es in der Zeit, in der er daniederlag. Und nicht alle, die krank waren, lagen danieder wie er. Im Gegenteil: sie waren sehr tätig und glaubten an ihre starke Gesundheit."

Die Spannung zwischen dem Titel und der dann folgenden Geschichte eines einzelnen Kranken findet hier ihre ‚Lösung'. Reinegg ist krank wie die ganze Menschheit, doch ist es ihm im Gegensatz zu ihr bewußt. Reineggs Reflexionen drücken eine schmerzliche Haltung aus, eine wehmütige Erkenntnis des deplorablen Zustandes der Welt.

Das Pauschalieren des Bemängelten entspricht der Unschärfe der Kritik und rückt sie in die Nähe unzufriedenen Lamentierens.

> „Krank? Ja, ja, er war krank. (. . .) War nicht die Welt krank? Ihre Wirtschaft, ihre Ordnung? War nicht die Menschheit von Fieberschauern geschüttelt seit zwanzig Jahren oder länger? Waren nicht ihre Nervenstränge schmerzhaft entzündet, überreizt? Hat nicht ein krankes Gehirn alle Hemmungen ausgeschaltet, so daß gefährliche Tollheiten verübt wurden sonder Zahl, vor denen kein Gitterbett Schutz gewährte?"

Die unscharfe Kritik ist nicht mit den erzählerischen Passagen, dem Atmosphärischen der Skizze verknüpft worden. Sie steht isoliert wie eine Lektion in Weltanschauung. Dem schlichten Wesen Heinrich Reineggs können die abstrakten Erwägungen nicht entsprechen, sie sind ihm fremd.

Roth gelang es hier nicht, seine angedeuteten gesellschaftskritischen Intentionen überzeugend zu gestalten. Möglicherweise ist die Ursache der mangelhaften Darstellung auch darin zu suchen, daß er zum damaligen Zeitpunkt erst begann, sein Unbehagen an den gesellschaftlichen Verhältnissen rational zu erfassen und zu klären. Auch die sprachliche Gestaltung der erzählerischen Passagen ist von Symptomen der Unsicherheit nicht frei. Eine Häufung von Füllwörtern (44), die vornehmlich einschränkende und abschwächende Wirkung haben, stellen die Skizze in zeitlichen Zusammenhang mit der „Geschichte vom jungen Geiger und der schönen Prinzessin", den Märchenfragmenten und des „Herbstwindes Kriegsgeschichten" – also in die Zeit, wo Roth begann, sich kritisch mit der Gegenwart auseinanderzusetzen, gleichzeitig aber noch ein Anpassungsbedürfnis nicht überwunden hat.

---

43 In dem Zyklus „Der Antichrist" findet sich ein ähnlicher Gedanke: „Die Welt gleicht einem Kranken, der sich wirklich einbildet, er sei gesund, nur deshalb, weil er nicht sterbe." Vgl. auch die dem Text folgenden Passagen. (Werke III, S. 723) Roth hat, soweit heute überblickbar, seit der Skizze „Kranke Menschheit" diesen Gedanken nie wieder gestaltet. „Der Antichrist" (1934) knüpft also in dieser Beziehung an die Jugendarbeit an.

44 Besonders oft begegnen die Wörter: irgendwie, ein bißchen, ein wenig, irgendetwas, wohl irgendwohin.

Die Bemühung um einen Standpunkt, von dem aus Kritik an der Gegenwart in einem kontaktlosen Abstand an ihr geübt werden kann, ist auch in dem Beitrag „Über die Satire" erkennbar. Der Aufsatz erschien am 2. 1. 1916 in „Österreichs Illustrierter Zeitung". Roth nannte diese Arbeit, die – mitunter ein wenig aufdringlich – belehrenden Charakter hat, im Untertitel „eine Plauderei". Sie enthält ein Lob auf die Satire, die von ihm als „das reifste Kind dichterischen Geistes und Gemütes" angesehen wird. Hamlet und Faust werden als Beispiele kurz herangezogen. Die Satire kann zur „Rache" am Mitmenschen eingesetzt werden, dennoch ist sie „stets eine vornehme" Vergeltung. Ihre Herkunft ist „göttlich". Ihr Verhältnis zur Welt wird von „einer weisen, lachenden Überlegenheit" bestimmt. In diesem Abstand liegt ihre Größe und ihre erzieherische Wirkung.

„Sie ist die Rache der Götter und der Dichter. . ." Der Charakter einer „Plauderei" und die belehrenden Intentionen des Artikels stehen in einer wenig glücklichen Spannung zueinander.

c) Psychologische Studie eines Typus – „Der Vorzugsschüler"

In die Reihe der Veröffentlichungen in der Österreichischen Illustrierten Zeitung gehört auch „Der Vorzugsschüler", eine Arbeit, die Roth als Novelle bezeichnet hat. Zu den spärlichen Berichten über Joseph Roths Leben zählen die Erinnerungen Józef Wittlins. Sie gelten als eine besondere Kostbarkeit, da sie über Roths Jugend Aufschluß geben. Roth selbst hat in späteren Jahren meist nur widersprüchlich, nur fabulierend über seine Jugend berichtet. In Wittlins Ausführungen hat eine Stelle schon oftmals die Aufmerksamkeit auf sich gezogen. Sie berichtet von einer frühen Novelle Roths mit dem Titel „Der Vorzugsschüler", die aber in der Werk-Ausgabe nicht enthalten ist. Nach Wittlins Angaben stammt sie aus den „Jahren an der Universität" (45). Noch in letzten Arbeiten über Joseph Roth (46) ist sie (47) unter der Rubrik „Verschollene Werke" aufgeführt. Im Verlag Kiepenheuer & Witsch, Köln, konnten im Dezember 1967 zwei Fassungen des „Vorzugsschülers" eingesehen werden (48). Durch Nachforschungen in österreichischen Zeitungen der Jahre 1915 – 1918 gelang es überdies, die Novelle „Der Vorzugsschüler" gedruckt aufzufinden. Gegenüber der einen vollständigen Fassung, die in Köln vorliegt, stellt die abgedruckte „Novelle" eine gestraffte Überarbeitung dar.

---

45 *Wittlin,* J.: „Es stellte sich heraus, daß Roth Lieblingsschüler von Professor Brecht war, den er häufig besuchte. Er zeigte ihm dann seine Gedichte, die der Professor sehr lobte. Der Assistent von Brecht dagegen, Dr. Heinz Kindermann, konnte Roth nicht leiden. (. . .) Über ihn hat Roth in den Jahren an der Universität eine sehr hübsche Novelle „Der Vorzugsschüler" verfaßt." (l. c. S. 52)

46 *Hackert,* F.: „Kulturpessimismus und Erzählform", Bern 1967, S. 153.
Böning, H.: „Joseph Roths Radetzkymarsch", München 1968, S. 15.

47 „Der Vorzugsschüler", s. Anhang S. 162ff.
(Zusatz 1976: zur Veröffentlichung 1973, s. Vorbemerkungen S. 12.)

48 Das Typo- und das Manuskript sollen vor einiger Zeit im Nachlaß Stefan Zweigs wiederaufgefunden worden sein. Das Typoskript hat eine Länge von zwölf DIN-A4-Seiten; außerdem lag eine unvollständige, gestraffte Überarbeitung der ersten Fassung (S. 1 - 3) auf zwei Seiten vor. Diese Fassung galt zum damaligen Zeitpunkt als unveröffentlicht. Diese Vermutung bestätigte sich, als die in Frage kommenden Zeitungen in Wien durchgesehen wurden. In den sonst vollständigen Registern der ÖIZ fand sich kein Hinweis. Bei einer systematischen Durchsicht trat jedoch in der Ausgabe ÖIZ Heft 50, 1916, auf den Seiten 1122/1123 „Der Vorzugsschüler" ans Licht.

„Der Vorzugsschüler" ist die psychologische Erzählung von einem Mann, der sein Leben von Kindheit an nur nach den Bedingungen gesellschaftlichen Erfolges einrichtet. Anton Wanzl ist bereits in frühester Kindheit ein fertiger Spießbürger. Mit seinem Eintritt in die Schule kann seine charakterliche Entwicklung als beendet betrachtet werden, ja mehr noch, es scheint, als habe er gar keine Entwicklung erlebt.

Die Erzählung beginnt mit einer angedeuteten Spannung:

> „Des Briefträgers Andreas Wanzl Söhnchen, Anton, war ein ganz merkwürdiger Junge" (49).

Hier wird eine Erwartung gesetzt. Der Beschreibung von Antons Aussehen im ersten Abschnitt folgt nach dem Prinzip der Steigerung im zweiten Abschnitt die Schilderung seiner Lebensgewohnheiten und daran anschließend die seiner Gedanken und Ziele. Zu Beginn des dritten Abschnitts wird zusammenfassend gesagt, was vorher nur angedeutet wurde: „Anton Wanzl war kein glückliches Kind". Von den ersten Abschnitten setzt fast jeder mit der vollen Namensnennung Wanzls ein. Obwohl der Leser im jeweils vorangegangenen Teil mit Einzelheiten aus Antons Leben bekannt gemacht wurde, wird er mit jeder neuen Namensnennung wieder von ihm distanziert. Das Erzählen beginnt scheinbar mit jeder Namensnennung bei einem neuen Nullpunkt. Es will immer wieder von neuem Interesse für dieses merkwürdige Kind gewinnen. Die volle Namensnennung spiegelt im Verlauf der ganzen Erzählung aber auch Wanzls große Korrektheit wieder. Anton Wanzl läßt sich nur zu Hause „Tonerl" rufen, seine Eltern (50), die ihn in großem Maß respektieren, dürfen ihn so nennen. Anton Wanzl legt Wert auf Etikette. Er wahrt streng die Formen; sie sind das einzige Mittel, seinen Ehrgeiz vor seiner Umwelt verborgen zu halten:

> „Dabei konnte er keinesfalls ein ‚Schmeichler' genannt werden. Er bewahrte äußerlich stets seine Würde, bewies den Lehrern Aufmerksamkeiten, als wären es Gefälligkeiten, half ihnen in die Überröcke mit einem ruhigen Stolz und alles, was er tat, hatte den Charakter einer Amtshandlung."

Er hat sich gegenüber allen Einflüssen und Erschütterungen der Umwelt abgeschlossen und lebt in selbstgewählter Isolierung der Befriedigung seines Ehrgeizes, ohne jedoch jemals irgendein Wagnis einzugehen, das seine Pläne gefährden könnte. Schon als Knabe hat er ein gut entwickeltes Sensorium für die Wünsche und Ansprüche seiner Umgebung, ohne daß diese immer ausgesprochen werden

---

49 In der ersten Fassung heißt es: „(. . .) hatte das merkwürdigste Kindergesicht der Welt." In „Das Wunderkind" (1903) von Thomas Mann findet sich eine ähnlich konstruierte Formulierung, die sich auf den kleinen „Bibi" bezieht: „Er hat das harmloseste Kindergesichtchen von der Welt, (. . .)."

50 In der ersten Fassung ist nach dem achten Absatz ein weiterer vorhanden – im Gegensatz zur zweiten Fassung und der Veröffentlichung: „Der kleine Anton aber vergalt den Eltern ihre Sorgfalt und Liebe mit sehr viel Gehorsam. Freilich, das fiel ihm gar nicht allzu schwer. Denn da seine Eltern wenig befahlen, hatte Anton wenig zu gehorchen. Aber zugleich mit seinem Ehrgeiz, der beste Schüler zu sein, ging auch sein Bestreben, ein „guter Sohn" genannt zu werden. Wenn ihn seine Mutter vor den Frauen lobte, sommers, draußen vor der Türe, auf der dottergelben Holzbank und Anton auf dem Hühnerbauer mit seinem Buche saß, so schwoll sein Herz vor Stolz. Er machte freilich dabei die gleichgültigste Miene, schien, ganz in seine Sache vertieft, von den Weiberreden kein Wort zu hören. Denn Anton Wanzl war ein geriebener Diplomat. Er war so gescheit, daß er nicht gut sein konnte."

müssen. Dieses Gespür kommt ihm auch an der Universität zugute, wo er das Studium der deutschen Literatur aufgenommen hat:

> „Was den Professoren aber am meisten behagte, war eine wahrhaft köstliche Naturgabe: Er konnte nämlich stundenlang mit dem Kopf nicken, ohne zu ermüden. Er gab immer Recht. Dem Professor gegenüber kannte er keinen Widerspruch. Und so kam es, daß Anton Wanzl in den Seminarübungen eine bekannte Figur ward."

Auch an der Universität richtet er sich völlig nach den verborgenen und offenen Schwächen derer, die ihn fördern können. Sein glattes, zurückhaltendes Auftreten bietet keine Angriffsfläche für seine Gegner. Mit dem Entschluß Anton Wanzls, seiner Karriere einen einstweiligen Höhepunkt zu geben und sich nach einer Frau umzusehen, endet der erste Teil der Erzählung, der fast die Hälfte der gesamten Arbeit ausmacht. Im Gegensatz zum ersten ist der zweite Teil untergliedert, und zwar in fünf Kapitel. Sie stellen Wanzls weiteren Lebenslauf bis zu seinem Tode dar und gestalten in Beispielen seine Umwandelbarkeit. Um eine sogenannte „gute Partie", die Tochter eines einflußreichen Hofrates zu heiraten, verläßt er seine erste Freundin (51). Seine letzte angestrebte Position, Gymnasialdirektor in seiner Heimatstadt, erreicht er durch einen Mord auf dem Amtsweg. Volle gesellschaftliche Anerkennung ist ihm gewiß. In der Kritik am Typus des ehrgeizigen Kleinbürgers liegt, wenn auch nur in Andeutungen (52), die Kritik an der Gesellschaft, in der ein solcher Typus gefördert wird, miteingeschlossen. Diese Gesellschaft fragt nur nach den Leistungen; die Wege, auf denen sie erlangt wurden, interessieren nicht. Sie bleiben verborgen. Ein Mensch wie Anton Wanzl begegnet der Welt nicht spontan, weil sie für ihn zu viele anstrengende Forderungen stellt. So muß er etwas planen, kalkulieren, wie er es „geschickt anstellen kann", in den Genuß der in Aussicht gestellten Belohnung zu gelangen.

Er ist ein Vorzugsschüler, Klassenbester in einer Gesellschaft, die ihm sein Verhalten diktiert und seine Wünsche bestimmt. Er nimmt diese Diktate auf und „nickt dabei mit dem Kopf, ohne zu ermüden."

Die auftretenden Nebenfiguren erweitern diese Kritik nicht. An ihnen wird aber, wenn auch nur andeutungsweise ausgeführt, die Skrupellosigkeit von Wanzls Verhalten deutlich. Seine Freundin Mizzi Schinagl und der alte Schuldirektor fallen seiner Brutalität zum Opfer. Sie bilden im Gegensatz zu Wanzl ‚positive' Figuren. Doch auch hier, wie in des „Herbstwindes Kriegsgeschichten", bleibt die Darstellung hinter der Absicht zurück:

> „Draußen rauschten die Wellen der Donau ihr uraltes Lied vom Werden und Vergehen. Mizzi Schinagl stand am Ufer. Sie fürchtete sich nicht vor dem tiefdunklen Wasser drunten."

Diese Einleitung zum vierten Kapitel, in dem Mizzis Selbstmordversuch geschildert wird, könnte in einem Roman stehen, den sie nach Geschäftsschluß zu lesen pflegte. Es setzt auf einmal der Gebrauch klischeehafter Wendungen ein.

---

51 Der Name Mizzi Schinagl, aus dem „Radetzkymarsch" und der „Geschichte von der 1002. Nacht" bekannt, erscheint hier zum ersten Mal.

52 Im „Spinnennetz" wird die Kritik an der Gesellschaft, die schon aus Kindern kleine Spießbürger macht, viel deutlicher. Roth stellt dar, daß Theodor Lohse schon in der Kindheit dazu gebracht wird, den gesellschaftlichen Forderungen ungeprüft zu entsprechen. Solch eine Motivierung unterbleibt bei Anton Wanzl. Er stellt eine psychologische Rarität dar; er wird zu Hause in jeder Weise respektiert. Die Schuld der Gesellschaft ist indirekter Natur, sie liegt darin, daß sie solch einen Typus fördert.

Gegenüber der früheren Fassung hat die Mizzi-Episode jedoch durch eine Straffung gewonnen (53). Der plötzliche Entschluß Mizzis: „Ein jäher Gedanke durchzuckte ihr Hirn" wird in der veröffentlichten Fassung nur durch das darauffolgende Lachen angedeutet: „Mizzi Schinagl lachte. Ein gelles, schneidendes Lachen." In der frühen Fassung machte sich in der breiter ausgeführten Erklärung zu dem „jähen Gedanken" die von der Skizze „Kranke Menschheit" bekannte Schwäche bemerkbar, gedankliche Partien und abstrakte Begriffe unvermittelt in die Erzählung einzufügen. Die ungekürzte Passage lautet:

> „Ein jäher Gedanke durchzuckte ihr Hirn. Wie, wenn – Ja, ja, sie wollte sich rächen. Rächen an der Welt, an der Gesellschaft! Mizzi Schinagl lachte, ein gelles (. . .)."

Das Recht zur Rache wird ihr vom Erzähler zugestanden; Mizzis große Verzweiflung soll verdeutlicht, die Mitschuld der Gesellschaft soll erkennbar werden. Wenn jedoch der kleinen Mizzi ein solcher Begriff anvertraut wird, rückt die Grenze zur unfreiwilligen Komik sehr nahe. Unter dem Begriff „Gesellschaft" versteht die „kleine Mizzi Schinagl" sicherlich nur etwas, das mit Geselligkeit und vornehmen Festen zusammenhängt. Vermutlich hat Roth diesen Passus, der den Erzählfluß hemmt, auch als ungeschickt empfunden und ihn deshalb in der Fassung (54), die er veröffentlichen ließ, gestrichen.

Auch dem Erzähler sind solche abstrakten Begriffe fremd. Nicht personal eingeführt, mischt er sich nur an wenigen Stellen vorsichtig in die Erzählung ein. Mit Erklärungen wartet er selten auf; er gibt sich ungekünstelt, ein wenig bieder und gelassen. Ein Mensch wie Anton Wanzl versetzt ihn in Staunen, er beschreibt ihn mit Wörtern wie „seltsam", „merkwürdig"; er berichtet, was er von ihm weiß, wie er aussah, wie sein Leben verlief. Meist gibt er sich mit kleinen Einwänden zufrieden, die er umständlich mit „freilich" einleitet (55). Er erkennt und fühlt jedoch:

> „Anton Wanzl aber war nicht gut. Er hatte keine Liebe, er fühlte kein Herz. Er gab keine Liebe und verlangte nach keiner."

Als Wanzl die angestrebte Position erreicht hat, ruht sein Ehrgeiz. Er genießt in heimlichem Triumph die errungenen Erfolge. Den Genuß, den er darüber empfindet, daß er die Leichtgläubigkeit und die Eitelkeit seiner Mitmenschen stets zu seinem Vorteil ausgenutzt hat, muß er immer verborgen halten. Das Doppelleben, das er seit seiner Kindheit führt, hat ihn daran gewöhnt, sicht vollständig zu beherrschen:

> „Er war mit sich sehr zufrieden. Und noch mehr mit den Menschen. Manchmal, im tiefsten Winkel seines Herzens, lachte er über die Leichtgläubigkeit der Welt. Aber seine blassen Lippen blieben stets geschlossen. Selbst wenn er allein war, lachte er nicht. Er fürchtete, die Wände könnten ihn verraten."

---

53 Bereits die Einleitungssätze wurden gekürzt. Sie lauteten in der früheren Fassung: „Draußen rauschten die Wellen der Donau ihr uraltes Lied vom Werden und Vergehen. Sie trugen die Sterne mit und die weißen Wölklein, den blauen Himmel und den Mond. In heißduftenden Jasminbüschen lag die Nacht und hielt den Wind in ihren weichen Armen, daß nicht der leiseste Hauch durch die schwüle Welt ging. Mizzi Schinagl stand (. . .)."

54 Die zweite Fassung reicht inhaltlich nur bis Wanzls Schulbesuch.

55 Z.B. „Freilich, einem Verein mußte man angehören. (. . .) Freilich, wenn er so im stillen überlegte, (. . .)."

Mit dem Nachlassen seines Ehrgeizes schwindet seine Widerstandsfähigkeit. Das Doppelleben des Anton Wanzl wird in dem grotesk gestalteten Schluß der Erzählung widergespiegelt. Der Bericht seines Lebens endet mit dem Satz: „Nach wenigen Wochen starb Anton Wanzl." Doch bildet dieser Satz noch nicht den Schluß der Erzählung. Es folgt ein sehr kurzes Kapitel, in dem geschildert wird, wie der tote Wanzl in seinem Sarg liegt und lacht. Anton Wanzl beschließt sein Leben mit einem höhnischen Triumphgelächter. Er lacht „über die Dummheit der Welt" und weiß noch immer nicht, daß auch er ein Betrogener ist, nämlich ein Mensch, der das Leben auf das Streben nach gesellschaftlicher Anerkennung reduziert hat.

d) Modellhafte Lebensschicksale

In der Erzählung „Barbara", die am 14. 4. 1918 in „Österreichs Illustrierter Zeitung" erschien, versucht Roth nochmals, den Ablauf eines Lebens modellhaft vorzuführen. Auch hier wird die Lebenszeit der Hauptfigur von der Kindheit bis zum Tode umrissen. Während jedoch die ‚Biographie' des „Vorzugsschülers" ihren inneren Zusammenhalt dadurch gewann, daß die Schilderung jeder Situation exemplarischen Wert für die Absicht hatte, die psychischen Reaktionen eines bestimmten Typus darzustellen, fehlt in der Erzählung „Barbara" die ‚innere' Verbindung der einzelnen Episoden. Das Schlüsselwort, das der Erzähler anfangs im zweiten Satz nennt, indem er gleichzeitig um Zustimmung wirbt – „(Sie hieß Barbara.) Klang ihr Name nicht wie Arbeit?" –, kann den Zusammenhalt nicht vermitteln; erst im letzten Teil der Erzählung wird dieser Begriff für die Hauptfigur entscheidend. Für sie wird jedoch die Entbehrung von Liebe, von menschlichem Kontakt schicksalhaft. Die „Arbeit" ist nur eine Folge der lebenslänglichen Frustration. Barbara ist eine Frau, die ohne Liebe aufwuchs, einen ungeliebten Mann heiraten muß und, als sie nach dessen Tod einen anderen kennenlernt, den sie liebt, aus falsch verstandener Verantwortung für ihr Kind auf ihn verzichtet. Sie opfert ihre Liebe dem kleinen Sohn, sie opfert Gesundheit und Kraft, damit er, der ihre Haltung nicht versteht, ein besseres Leben führen kann, als es ihr möglich war. Die Lebensgeschichte wird in einen Rahmen gekleidet. Der Erzähler beginnt und schließt mit der Schilderung des Krankenlagers, auf dem Barbara über ihr vergangenes Leben nachdenkt. „Dann überdachte Barbara ihr Leben." Ihre Erinnerungen werden aber nur durch die deutliche Vermittlung des Erzählers gestaltet; innerer Monolog oder erlebte Rede werden nicht eingesetzt.

In der Charakterisierung des Sohnes Philipp finden sich Anklänge an Formulierungen aus dem zwei Jahre vorher erschienenen „Vorzugsschüler" (56). Von Philipp heißt es: „Er weinte selten (. . .)" – auch Anton Wanzl hatte „keine Tränen": „er weinte nie". Als Philipp sich für einen Beruf entscheiden soll, sagt der Erzähler erklärend: „Philipp aber hatte keine besondere Vorliebe (. . .), er hatte überhaupt keine Liebe." Ganz ähnlich wurde Anton Wanzl geschildert, auch er „hatte keine sogenannten ‚Vorlieben', weil er überhaupt nichts hatte, was mit Liebe zusammenhing."

Es existieren noch zwei unveröffentlichte und nicht fertiggestellte Erzählungen, die einen Lebensablauf zum Gegenstand haben. Sie sind bisher nicht datiert, doch wird angenommen, daß ihre Entstehung in den hier besprochenen Zeitraum

---

56 S. Anhang S. 162ff.

fällt (57). Beide Arbeiten tragen keine Überschrift. Die Hauptfigur der einen wird bereits durch die Namensgebung als ein bestimmter Typus eingeführt: „Peter Zimmermann, der Pechvogel". Ein Ich-Erzähler schildert ausführlich die vielen kleinen und großen Mißgeschicke, die Peter Zimmermanns Leben von Kindheit an bestimmen. Als er im Krieg eine Auszeichnung zu erwarten hat, fällt er, bevor sie ihm überreicht wird. Diese Erzählung ist nicht ausgearbeitet und existiert anscheinend nur in dieser Fassung. Die andere unvollständige Erzählung – sie beginnt: „Von dem Orte, von dem ich jetzt sprechen will (. . .)" – hat das Schicksal eines undankbaren Sohnes des Bürgermeisters einer kleinen Stadt als Thema. Nach seiner Studentenzeit war der Sohn verschollen und kehrt erst als alter Mann in seine Heimatstadt zurück. Hier bricht die Erzählung ab. Wahrscheinlich sollte sie in einen ‚Rahmen' gestellt werden. Sie beginnt, indem ein Ich-Erzähler aus seiner Jugend berichtet. Als „Gymnasiast" besuchte er oft den alten Friedhof seines Heimatortes. Eines Tages entdeckt er unter den neueren Grabsteinen den Namen eines Mannes, der ihm aus frühester Kindheit bekannt war. Auf sein Drängen erzählte der Friedhofswärter dann die Lebensgeschichte des Bürgermeistersohnes. Diejenigen Teile der Arbeit, die erhalten sind, lassen in der Themenstellung und in der auf ein Überraschungsmoment angelegten Einleitung vermuten, daß Roth eine Novelle konzipiert hatte.

Da wir nur wenige Kenntnisse über Joseph Roths Jugend besitzen, ist es möglich, daß, sobald eine ausführliche Biographie diesen Lebensabschnitt Roths erhellt, sich Anhaltspunkte zur Suche nach weiteren veröffentlichten und unveröffentlichten Arbeiten, die bis heute noch verschollen sind, gewinnen lassen. Diejenigen erzählerischen und lyrischen Versuche, die aufgefunden werden konnten, zeigen, daß sich Joseph Roths literarische Anfänge in sehr konventionellen Bahnen bewegt haben. Die Vorliebe für das Märchen in seinen frühen Prosaarbeiten hat bis in die Gestaltung einiger Romane nachgewirkt. Die lyrischen Versuche jedoch setzte Roth nicht fort. Unter den frühen Arbeiten nimmt „Der Vorzugsschüler" eine besondere Stellung ein. Die Gestaltung dieser Erzählung übertrifft in qualitativer Hinsicht alle bisher zur Verfügung stehenden Arbeiten Roths aus diesem Zeitraum. Mit dem Beginn seiner Arbeit am „Neuen Tag" wendet er sich einem anderen Genre zu. Das Feuilleton, die Glosse, der Bericht bilden die Formen, die Joseph Roths Tätigkeit ab 1919 bestimmen.

---

57 Beide Arbeiten lagen als Fotokopien der handschriftlichen Fassung vor. (Die Zeitbestimmung kann ganz vordergründig durch das Handschriftsbild abgeleitet werden.) Die Arbeiten umfassen 6 DIN-A4-Seiten. Die Fotokopien liegen im Verlag Kiepenheuer & Witsch, Köln.

ZWEITER TEIL

JOSEPH ROTHS POLITISCH-JOURNALISTISCHE ARBEITEN IN WIEN UND BERLIN VON 1919–1926 UNTER BESONDERER BERÜCKSICHTIGUNG SEINER POLITISCHEN HALTUNG

I. JOSEPH ROTH ÜBER DAS FEUILLETON – RATSCHLÄGE ZUR GESTALTUNG

Die Briefe Joseph Roths an seinen ihm auch persönlich verbundenen Kollegen bei der „Frankfurter Zeitung" Bernhard von Brentano enthalten viele interessante Äußerungen, die über seine Ansicht der mehr „handwerklichen" Seite des Feuilletons Aufschluß geben (1). Leider standen von dem Briefwechsel nur noch die Briefe Roths zur Verfügung, so daß bei einer Heranziehung der Interpretation der Rothschen Erwägungen der Zusammenhang mit Brentanos Entgegnungen nur vermutungsweise erschlossen werden kann. Die Ratschläge und Mitteilungen, die Roth zum Schreiben eines Feuilletons gibt, sind jedoch meist so allgemein gehalten, daß es zulässig erscheint, von der damaligen persönlichen Situation Brentanos und Roths abzusehen und Roths Mitteilungen als außerliterarische Zeugnisse seines Verständnisses vom Feuilleton zu werten. Wie später auch in einem Aufsatz in der „Frankfurter Zeitung" (2) betont Roth die Bedeutung des Feuilletons, die, wenn es sich um ein qualitätvolles handle, weit über den „Tag" hinausreiche, für den es geschrieben sei. Er weist es weit von sich, die Arbeit an einem Feuilleton gegenüber der an einem Roman in künstlerischer Hinsicht abzuwerten:

> „Hat Ihnen ein Verschmockter eingeredet, die ‚Zeitung' wäre eines Dichters unwürdig? (. . .) Oder das Feuilleton weniger als ein ‚Roman'?" (3)

Die Fähigkeit, ein Feuilleton zu schreiben, kann nach Roths Erfahrungen natürlich durch Übung verbessert werden; dabei schwingt der berüchtigte Begriff der ‚journalistischen Routine' mit:

> „Schreiben Sie noch fleißiger! Schreiben Sie drei Artikelchen die Woche." (4)

Zu dieser mehr ‚handwerklichen' Betrachtungsweise gehören auch die Bemerkungen, die Roth zu den „Streichungen der Redaktion" macht (5). Er hält es für unerläßlich, dem fertig geschriebenen Feuilleton gegenüber ein nüchternes, beinahe fremdes Verhältnis einzunehmen. Hierzu gehört die prinzipielle Forderung, Streichungen bei einem schon in der Redaktion eingereichten Feuilleton zuzulassen, mehr noch, sie zu erwarten. In diesem Zusammenhang betont er jetzt jedoch einen Unterschied zwischen dem „Journalisten" und dem „Dichter". Die Einstellung, die er in dem folgenden Passus gegenüber der Sprache einnimmt, könnte bei flüchtiger Betrachtung leicht als eine ‚journalistische' – in abwertender Bedeutung – aufgefaßt werden:

> „Vielleicht werden Sie mit dieser eifersüchtigen Liebe zu jeder Zeile, die Sie von sich geben, ein genialer Dichter (6). Ein guter Journalist niemals."

---

1 Wie schon erwähnt, wurden mir die Briefe vom Verlag zur Einsicht zur Verfügung gestellt. (Zusatz 1976: Alle Briefe sind jetzt im 1971 erschienenen Briefband veröffentlicht.)

2 „Einbruch der Journalisten in die Nachwelt", 19. 12. 1925, s. Anhang S. 236.

3 Brief vom 7. 5. 1924 (Zusatz 1976: Briefe, S. 41f.).

4 Brief vom 14. 6. 1925 (Zusatz 1976: Briefe, S. 48).

5 Zu den folgenden Ausführungen wird der Brief vom 11. 2. 1926 herangezogen. (Zusatz 1976: Briefe, S. 78f.)

6 Wahrscheinlich dachte Roth hier vor allem an die Lyrik.

Das klingt ein wenig leichtfertig, doch schon der nächste Hinweis Roths gibt genauere Aufklärung. Roth geht es um die Wiedergabe, die Gestaltung des bei der Beobachtung gewonnenen Eindrucks. Die subjektive Beobachtung der „Sache" soll im Aufsatz zum Ausdruck kommen, wobei das einzelne Wort, die einzelne Zeile im allgemeinen nicht über das Ganze entscheiden:

„Sie können im einzelnen über den Grund dieses und jenes Striches streiten. Aber Sie müssen es prinzipiell zulassen."

Das Feuilleton ist nach seiner hier dargelegten Auffassung (7) nicht vornehmlich ein sprachliches Ereignis, sondern es gewinnt seine Bedeutung durch die „Stimmung". „Gute Einfälle, gute Bilder, gute Wendungen (. . .)" sind zu wenig, wenn sie „nicht ineinander wachsen"; sie leisten bei einer künstlerischen Gestaltung nicht mehr als „Kettenglieder ohne Bindung":

„In der sogenannten Prosa muß gerade der Zusammenhang die Stimmung erzeugen."

Roth redet also nicht sprachlicher Nachlässigkeit das Wort, sondern er betont, daß künstlerisches Gestalten noch anderen zusätzlichen Bedingungen unterworfen sei. Zu ihnen gehört das rationale Moment im weiteren Sinne. Roth stellt die Beziehungen in bildkräftiger Weise her: Die Entscheidung über die „schriftstellerische Vollkommenheit" geschieht beim Schaffensvorgang; sie fällt dann negativ aus,

„(. . .) wenn Sie nicht in dem Augenblick, in dem Sie Papier und Feder ergreifen, nüchtern werden, wie ein Schläfer durch einen Kübel Wasser. Sie sind ein Mitteiler, vergessen Sie das nicht. Auch (. . .) Dämmerzustände müssen verständlich ausgedrückt sein."

„Mitteiler", „ausdrücken" – alles mißverständliche Worte, wenn der Zusammenhang unberücksichtigt bleibt, in den Roth sie gestellt hat. Der nüchternen Konzentration auf das Handwerkliche soll der Hinweis auf das „Mitteilen" gelten. Zwischen den „Dämmerzuständen" und ihrem „Ausdruck" muß die künstlerische Vermittlung stehen („Mitteiler"). Nur „nüchtern" hat der Künstler Formungseinfälle, nur durch sie können die „Dämmerzustände ausgedrückt" werden. Der Vermittlung durch geeignete Formungseinfälle gehen die „Zustände" voraus. Künstlerisch gestalten kann nur derjenige, der mehr als „Gedanken", nämlich „Erfahrung" und „Kenntnis des Zustands" hat. An Benno Reifenberg schrieb er (8) hierüber:

„Mein ‚Stil' ist ja nichts anderes als die genaue Kenntnis des Zustandes (. . .) Ich habe keine Gedanken – nur Kenntnisse" (9).

Und bei einer anderen Gelegenheit (10):

„(. . .) der deutsche Schriftsteller hat zu viel Gesinnung und zu wenig Erfahrung. Er ist kein homme social."

---

7 Es handelt sich auch hier um den Brief vom 11. 2. 1926. (Zusatz 1976: Briefe, S. 78f.)

8 Benno *Reifenberg* stellte mir die erst vor einiger Zeit wiedergefundenen Briefe zur Einsicht zur Verfügung. Er war Chef der Feuilletonredaktion der „Frankfurter Zeitung" und mit Joseph Roth gut bekannt. Roth widmete Benno *Reifenberg,* den er sehr schätzte, u.a. den Feuilletonband „Panoptikum" (1930) und den Roman „Zipper und sein Vater". (Zusatz 1976: Alle Briefe sind im 1971 erschienenen Briefband veröffentlicht.)

9 Brief vom 23. 4. 1927 (Zusatz 1976: Briefe, S. 101f.)

10 Brief aus Straßburg, Dienstag (1927). (Zusatz 1976: Briefe, S. 110f.)

Solch eine Feststellung hatte für Joseph Roth in den frühen zwanziger Jahren eine Bedeutung, in der künstlerische und besonders auch politische Aspekte einer „Erfahrung" eingeschlossen waren. Sein Frühwerk ist von seiner politisch-journalistischen Tätigkeit mitbestimmt und geprägt.

II. BEGINN UND ENTWICKLUNG DER POLITISCH-JOURNALISTISCHEN ARBEITEN AN DER ZEITUNG „DER NEUE TAG“ IN WIEN

1. „Der Neue Tag“ – eine Zeitung zu Beginn der Ersten Republik

a) Die Presse der Nachkriegsjahre

Joseph Roths erste kontinuierliche journalistische Tätigkeit beginnt im April (11) des Jahres 1919 bei der Tageszeitung „Der Neue Tag” in Wien. Der Chefredakteur dieses Blattes, Benno Karpeles, gab in der Wochenschrift „Der Friede” am 17. 3. 1919 die Gründung der Zeitung bekannt, die am 23. 3. 1919 das erste Mal erschien.

Die Lage der Presse zu Beginn der Ersten Republik war durch besondere Schwierigkeiten (12) wirtschaftlicher Natur gekennzeichnet, obwohl die geistige, die politische Situation, für Zeitungsgründungen sehr günstig war. Die Bewältigung des Zerfalls der Monarchie und die Gewinnung eines radikal neuen Verhältnisses zum Staat, das heißt, zur Republik, vermittelten der damaligen österreichischen, insbesondere der Wiener Presse neue Aufgabenbereiche in politischer und kultureller Hinsicht.

Die durch die damaligen Verhältnisse hervorgerufene Politisierung des öffentlichen Lebens wirkte sich vor allem für die Parteienpresse günstig aus. Ihre Auflagen erhöhten sich in den Nachkriegsjahren am stärksten und auffälligsten. Nach der Aufhebung des Kolportageverbots (13) standen auch noch einem anderen Zeitungstyp, dem der Boulevardpresse, zu einer lebhaften Entwicklung kaum mehr Hindernisse entgegen. Der Nachrichtenteil aller Zeitungen wurde stark ausgedehnt. „Leitartikel, Kommentar und Glosse erfuhren damals eine gewaltige Betonung” (14). Kulturelle und wirtschaftliche Themen nahmen einen verhältnismäßig kleinen Raum ein (15). Die liberale Presse jedoch „die noch über eine Unmenge ‚Stammfeuilletonisten’ verfügte” (16), konnte im Kulturteil überwiegend das Niveau der Zeit vor dem Weltkrieg halten. Allerdings verlor in ihr – wie in den meisten Zeitungen – das Feuilleton seinen traditionellen Platz auf der ersten Seite der Zeitung „unter dem Strich”.

---

11 Der erste Artikel Roths erschien, soweit heute feststellbar, am 20. 4. 1919.

12 Es sei hier nur in Andeutung auf den Verlust großer Absatzgebiete hingewiesen, der durch die neuen Grenzziehungen entstanden war.

13 Die gesetzliche Aufhebung erfolgte am 7. 4. 1922. „Der Abend” wurde einige Male von diesem Verbot betroffen.

14 *Paupié,* Kurt: Handbuch der österreichischen Pressegeschichte. (2 Bde.) Wien 1960., Bd. I, S. 41.

15 „Nur der Sportteil wurde in der Ära der Ersten Republik bedeutend ausgebaut. Er erfuhr eine interessantere Gestaltung, begann international zu werden. (. . .) und war die Keimzelle zu einer eigenen Pressegattung, (. . .).” *Paupié* l. c. S. 41.

16 *Paupié,* S. 42.

b) Organisation und Ziele des „Neuen Tag"

„Der Neue Tag" gehörte zum „Elbemühlkonzern" (17), der 1873 entstanden war. Weitere Wiener Zeitungen wie das „Fremdenblatt", die „Wiener Allgemeine Zeitung", die „Wiener Mittagszeitung", das „Illustrierte Wiener Extrablatt" (18) wurden ebenfalls von diesem Konzern finanziert. „Der Neue Tag" nahm jedoch unter ihnen eine Sonderstellung ein. Seinem Chefredakteur Karpeles war vertraglich zugesichert worden, daß die Führung des Blattes mit völliger Unabhängigkeit „von den Kapitalisten" erfolgen könne, das heißt, „ohne Einfluß der Besitzer, ohne Einmischung der Administration" (19). In dieser Organisation, die den von Karpeles angestrebten weltoffenen Charakter der Zeitung sichern sollte, war das Blatt der „Frankfurter Zeitung" und dem „Berliner Tageblatt" nachgebildet.

Die pazifistische Wochenschrift „Der Friede", die Eigentum (20) von Benno Karpeles war, sollte nach seinen eigenen Worten der „Veröffentlichung von Arbeiten" vorbehalten sein, „die tiefer schürfen". Diejenigen „Beiträge, die aus dem Geist der Stunde geboren sind", sollte die Tageszeitung „Der Neue Tag" übernehmen. Er sollte für die neuentstandenen gesellschaftlichen Probleme ein Diskussionsforum bilden.

> „Wie ‚Der Friede' wird ‚Der Neue Tag' eine freie Tribüne für jeden sein, der über ernste Dinge Neues und Beachtliches zu sagen weiß. (. . .) Wie ‚Der Friede' wird ‚Der Neue Tag' keine Partei und keine Gruppe vertreten, aber alle Kräfte sammeln helfen, denen höher als die Interessen einer Partei oder einer Gruppe die Interessen der Gesamtheit, des deutschen Volkes, der Menschheit stehen (21).

Die politischen Ziele des Blattes, deren Ausrichtung sozialistische (22) Züge aufweist, kommen in der Karpelesschen Ankündigung ebenfalls zur Sprache. Karpeles hatte lange Zeit „neben Viktor Adler" (23) gearbeitet, der die sozialistische Arbeiterbewegung zur Massenpartei vereinigte. Seine politische Rolle als Journalist faßte Karpeles als eine vermittelnde auf:

> „Vielleicht kann ich, (. . .) Mittlerdienste leisten zwischen dem Proletariat, für dessen Aufstieg mich niemals heißere Wünsche erfüllt haben als in dieser Zeit des Sturmes und des Dranges, und jenem Teil des Bürgertums, das erkennt

---

17 Es bestanden geschäftliche Verbindungen mit der Verkehrsbank und der Zuckerindustrie. Präsident war Richard von Schöller.

18 Caroline *Kohn* (Karl Kraus, Stuttgart 1966) schreibt über diese Zeitung, die den Abonnenten nach der Aufgabe des „Neuen Tag" ersatzweise zugestellt wurde: „Das Illustrierte Wiener Extrablatt, von Kraus später ‚Die Hacke' genannt, galt mit seiner Vorliebe für Mordgeschichten und Liebesdramen als die Zeitung der Wiener Hausmeisterinnen". (S. 8)

19 Die Unabhängigkeit gegenüber den Financiers erstreckte sich auch auf die Inseratenverträge, die ohne Zustimmung von Karpeles nicht abgeschlossen werden durften. Sie betrifft außerdem das Verhältnis zu den anderen Blättern des Konzerns.

20 Bereits ein Jahr vor der Gründung des „Neuen Tag" hatte Karpeles in einem Artikel das „Verhältnis von Presse zu Kapital" diskutiert. („Der Friede", 2. Heft, 2. 2. 1918 – „Die Presse")

21 S. „Der Friede", 1919, H. 59, S. 148.

22 *Karpeles* hatte die Sozialistische Partei nach ihrem Wahlsieg verlassen.

23 Anton *Kuh,* der am „Frieden" mitarbeitete, nannte Adler in seiner Skizze „Das Hofauto" „den letzten Altösterreicher" (in: *Federmann,* R.: Wiener G'schichten – Geschichte Wiens. Tübingen, Basel 1968 S. 261).

und begreift, daß ein neuer Tag anbrechen will, aber noch von Sorge erfüllt ist um die Bewahrung dessen, was bewahrenswert ist."

Rudolf Olden, einer der Mitarbeiter am „Neuen Tag", hat im Nachruf (24) auf Benno Karpeles viele Jahre später die vermittelnde Intention der Zeitung bestätigt: „Eigentlich wollte sie doch die Bürger mit den neuen Dingen versöhnen (. . .)." Dieser Vorsatz wurde nach Oldens Darstellung an seiner Erfüllung durch die Kontroversen zwischen der „Arbeiter-Zeitung" (25) und dem „Neuen Tag" behindert, obwohl das Karpelessche Blatt in seinem Bestreben, „oh oft geträumter Traum, die böse alte ‚Neue Freie Presse' (zu) entthronen", der sozialistischen Presse willkommen sein mußte.

Die Ursachen für die Aufgabe des „Neuen Tag", der im April 1920 sein Erscheinen einstellte, sind heute nicht mehr eindeutig erfaßbar. Das Scheitern, das Karpeles gleich zu Anfang bei der Gründung der Zeitung miteinberechnet hatte, konnte nach seinen eigenen Vermutungen (26) zwei Gründe haben. Karpeles sah den „Neuen Tag" als einen „Versuch" an:

> „Und deshalb wage ich den Versuch. Er kann scheitern an der Unzulänglichkeit meiner Kraft. Er kann scheitern, weil die Eigentümer der „Elbemühl" von ihrem Recht der Kündigung (27) des Vertrages Gebrauch machen. Beides ist möglich. Aber dafür kann ich einstehen, daß er nicht mit dem Verzicht auf meine Unabhängigkeit endigen wird."

c) Die Mitarbeiter des „Neuen Tag"

„Der Neue Tag" zeichnete sich durch einen verhältnismäßig umfangreichen Feuilletonteil aus (28), an dem bekannte und bewährte Journalisten mitarbeiteten. Zu den Mitarbeitern der Zeitung gehörten Alfred Polgar, Egon Erwin Kisch, Karl Tschuppik, Karl Techet, Richard A. Bermann, der sehr oft unter dem Pseudonym Arnold Höllriegel schrieb, Egon Dietrichstein, Eugenie Schwarzwald und Leo Perutz (29). Rudolf Olden, ein weiterer Mitarbeiter am „Neuen Tag", hat, wie auch aus seinem Nachruf auf Karpeles hervorgeht, besonderen Anteil an Roths Arbeit genommen. Er veröffentlichte viele Beiträge unter dem Pseudonym

---

24 In: „Das Neue Tage-Buch", Paris 1938, 6. Jg., S. 140f. Den Hinweis auf diesen Nachruf verdanke ich Volker *Bohn*, dessen Dissertation „Kritische Erzählungen, Aspekte zur Prosa Alfred Polgars," in Kürze veröffentlicht und über den „Frieden" und Polgars Arbeit an dieser Zeitung Aufschluß geben wird.

25 Rudolf *Olden* schreibt hierüber in dem Nachruf: „Die ‚Arbeiter-Zeitung' hieß die erste Nummer des ‚Neuen Tag' mit einer freundschaftlichen Notiz willkommen. Aber eine Woche später hatte Friedrich *Austerlitz*, der große Journalist, der ein grausamer Polemiker sein konnte, uns en grippe genommen, und wir sind das ganze Jahr nicht mehr aus der Polemik herausgekommen."

26 *Karpeles*, l. c.

27 Über die Einstellung des „Neuen Tag" berichtete Rudolf *Olden* in dem erwähnten Nachruf: „Ein Jahr lang, wie gesagt, dauerte das Vergnügen. Eine Zeitschrift und eine Zeitung, das ist teurer als ein Rennstall und außerdem fraß inzwischen hinterrücks die Inflation Karpeles Vermögen auf. Wir wurden tückisch verkauft. Karpeles ging beleidigt weg, als seine souveräne Unabhängigkeit in Frage gestellt war." Olden deutet hier an, daß Karpeles mit seinem Vermögen auch am „Neuen Tag" beteiligt war.

28 Auch im „Neuen Tag" hatte das Feuilleton seinen Platz nicht auf der ersten Seite der Zeitung „unter dem Strich".

29 Von Leo *Perutz* wurde auch ein Roman „Der Marqués von Bolibar" veröffentlicht.

Renatus Oltschi (30). Einige dieser „Stammfeuilletonisten" schrieben gleichzeitig auch noch im „Frieden". Hier sind vor allem Alfred Polgar, Rudolf Olden und Richard A. Bermann zu nennen (31).

Zu den Führungsaufgaben des Chefredakteurs Karpeles gehörte die Einstellung der Redakteure und die Wahl der Mitarbeiter in den Redaktionen. Möglicherweise wurde auch der damals fünfundzwanzigjährige Joseph Roth, der von der Front nach Hause gekommen war, von Karpeles selbst engagiert. Roth war wohl einer der jüngsten Mitarbeiter. Rudolf Olden beschreibt den Eindruck, den er von dem damals noch völlig unbekannten Joseph Roth gewann:

> „Oft kam spät abends ein sehr magerer und sehr stolzer junger Mensch, dessen kurze Manuskripte Tschuppik (32) mit zur Schau getragenem Respekt übernahm. Auch er war ein eben abgerüsteter Offizier. Man wußte nichts von ihm, als daß er auf eine besondere Art sah und schrieb und Joseph Roth hieß. Wenn er uns verließ, pflegte er auf dem nahen Stefansplatz beim ‚Würstel-Sacher' (33), der dort seine Bude hielt, zu Mittag zu essen."

Die Anstellung am „Neuen Tag" mußte für Roth eine echte Chance bedeuten, da er als Journalist und Schriftsteller noch unbekannt war. Seine erste Tätigkeit als Journalist führte ihn in einen Kreis (34) von überaus gut renommierten Mitarbeitern und in das weltoffene Klima (35) einer Zeitung, die zu den wenigen im deutschsprachigen Raum gehörte, denen die redaktionelle Unabhängigkeit von ihren Financiers zugesichert war. Politischer Fanatismus war dem Charakter des „Neuen Tag" fremd. Auch wirtschaftlich gesehen bedeutete die Mitarbeit am „Neuen Tag" eine günstige Gelegenheit in dieser unruhigen Zeit (36), in der auch Österreich unter großen Entbehrungen litt.

---

30 Die Annahme, daß *Olden* sich dieses Pseudonyms bediente, ergibt sich aus den biographischen Daten eines Oldenschen Beitrags im „Frieden" (18. 4. 1919, Nr. 65, S. 311 „Krieg und Frieden") und aus denen im Nachruf, in welchem sich noch ein weiteres Indiz erkennen läßt: Bei der Aufzählung der Mitarbeiter, wobei Olden das Pseudonym Bermanns ausdrücklich erwähnt, wird „Renatus Oltschi" nicht genannt, weil dieser Name vermutlich Oldens eigenes Pseudonym war. In der Abkürzung „R. O.", die oftmals im „Neuen Tag" begegnet, fallen beide Namen zusammen.

31 Roth schrieb keine Beiträge für den „Frieden". (Zusatz 1976: *Bronsens* Andeutungen (S. 188) können nicht überzeugen; seine Einschätzung der Bedeutung des Kontakts mit dieser Zeitung teile ich dagegen.

32 Joseph Roth hat im Jahre 1937 einen Nachruf auf Tschuppik geschrieben, der in der Zeit der Emigration gestorben war: „An Karl Tschuppiks Grab". (Werke III, S. 385f.)

33 Dem „Würstel-Sacher" hat Roth im „Neuen Tag" ein kleines Feuilleton gewidmet. Es erschien am 26. 10. 1919 und trug den Titel „Der kleine Sacher". Roth gibt als Standort allerdings die Praterstraße an.

34 Robert *Musil* nannte die Redaktion des „Neuen Tag" eine „Eliteredaktion". In: Tagebücher, Aphorismen, Essays und Reden. Hamburg 1955, S. 472.

35 Rudolf *Olden* schreibt über die Arbeit in der Redaktion: „Aber ich weiß, daß es die einzige Redaktion gewesen ist, die mir jemals Spaß gemacht hat und das bißchen, was ich journalistisch kann, habe ich dort von Karpeles und Bermann gelernt."

36 Franz *Werfel* hat in seinem Roman „Barbara oder die Frömmigkeit" die Atmosphäre dieser Nachkriegsverhältnisse in literarisch und politisch orientierten Kreisen Wiens vorgeführt. Vgl. besonders den Teil „Drittes Lebensfragment".

2. *Joseph Roths Arbeiten am „Neuen Tag" – Lokalreportagen und politische Beiträge*

a) „Wiener Symptome"

Joseph Roths Aufgabe am „Neuen Tag" war es, Feuilletons und Glossen zu schreiben. Eine große Anzahl seiner Artikel veröffentlicht er ab jetzt unter dem Pseudonym „Josephus", das er möglicherweise in Anlehnung an den Chronisten Flavius Josephus wählte. In seiner Tätigkeit als Journalist mußte er in dieser unruhigen Zeit sehr oft zu lokalen Tagesereignissen Stellung nehmen, das heißt, er mußte sich mit ihnen auseinandersetzen und nicht nur von ihnen abstrahieren, wie in seinen früheren Arbeiten. Er konnte nun nicht mehr „Aus der Vogelschau" (37) betrachten – wie ein Feuilleton aus dem „Neuen Tag" überschrieben ist, in dem er aber ausdrücklich eine (wenn auch lehrreiche und amüsante) Ausnahmeperspektive einnahm. Es ist anzunehmen, daß Joseph Roth am „Neuen Tag" die Kontakte zu Alfred Polgar fortsetzte, den er bereits am „Prager Tagblatt" als Mitarbeiter kennengelernt haben dürfte. Polgar arbeitete im Gegensatz zu Roth am „Frieden" mit. Auf einen detaillierten Nachweis seines Einflusses auf Roths „Stil" muß im Zusammenhang dieser Arbeit verzichtet werden (38). Doch sei an dieser Stelle auf eine Äußerung Roths hingewiesen, die sicherlich für seine journalistischen Anfänge besondere Bedeutung hat: „Von ihm (Polgar) habe ich die sprachliche Behutsamkeit gelernt" (39).

Der Gesamteindruck seiner Beiträge ist durch bunte Vielfalt gekennzeichnet. Seine Arbeiten, vor allem die aus der ersten Hälfte seiner Tätigkeit bis zum Dezember 1919, vermitteln ein Bild von den Auswirkungen der Nachkriegsverhältnisse auf den Alltag in Wien. Schwarzhandel, Milchknappheit, Gassperre, die Nachtbeleuchtung in Wiener Kaffeehäusern sind ihm Anlaß zu heiteren Kurzkommentaren. Sie erschienen häufig in einer Reihe (40), die sich „Wiener Symptome" nannte und an der außer Joseph Roth noch R. A. Bermann (Arnold Höllriegel) und Rudolf Olden (Renatus Oltschi) mitarbeiteten. Die Beiträge Roths erschienen in unregelmäßiger Folge. Auch außerhalb dieser Reihe schrieb Roth in dem ersten halben Jahr seiner Tätigkeit fast ausnahmslos über lokale Ereignisse; später erweiterte sich, wie noch dargestellt wird, sein Ressort. Der obligate Besuch eines Lokalreporters bei einer hundertjährigen Bürgerin der Stadt ge-

---

37 Fritz *Hackert* erwähnt dieses Feuilleton in seiner Arbeit (S. 92).

38 Fritz *Hackert* hat in seiner Arbeit „Kulturpessimismus und Erzählform" (Bern 1967) einen ersten Ansatz zu einer solchen Untersuchung geleistet. Er stellt mit Recht den Polgarschen Einfluß in den weiteren Kreis des „Wiener Feuilletons" (S. 34 f.).

39 S. Werke III, S. 385.

40 Im „Neuen Tag" bestand eine weitere Reihe, in der Kurzbeiträge erschienen, die im Charakter zwischen „Tageswitz" und sehr kurzer Glosse wechselten. Es handelt sich um Kurzdialoge zwischen zwei Wiener Bürgern, die Alfred und Eduard heißen. Meist waren die Beiträge von kleinen Karikaturen begleitet; sie trugen selten eine Überschrift. Es ist heute nicht feststellbar, wer diese Beiträge schrieb. Möglicherweise teilten sich die genannten Mitarbeiter die Arbeit an dieser Reihe – wie es auch bei den „Wiener Symptomen" der Fall war. Mit Sicherheit kann man annehmen, daß Joseph Roth daran beteiligt war. Während seiner Tätigkeit am „Vorwärts" schrieb er drei „Dialoge" zwischen „Alfred" und „Eduard", die allerdings sehr viel ausführlicher ausfielen und die Funktion von Glossen hatten (s. S. 80). Roth nahm hier eine Anregung aus dem „Neuen Tag" auf. Ein Beispiel findet sich im Anhang S. 212ff.: „Gespräch über den deutschen Professor".

hörte zu seinen Aufgaben wie auch der feuilletonistische Bericht über den Besuch einer Kunstausstellung. Als die erste „Reportage" Roths ist das Feuilleton „Die Insel der Unseligen" (41) anzusehen. Es enthält den Bericht eines Besuchs in der Wiener Nervenheilanstalt „Steinhof".

Ebenfalls zu den Lokalreportagen müssen die Arbeiten „Die Toten vom Stephansplatz" (42) und „Von Einem, der auszog, das Gruseln zu lernen" (43) gezählt werden. Es ist anzunehmen, daß Roth als Germanist mit dem letztgenannten Artikel bewußt an ein literarisches Vorbild anknüpfte, nämlich an „Ein Gang durch die Katakomben" (44) von Adalbert Stifter. Durch einen merkwürdigen Zufall stimmt jedoch die thematische Folge der beiden Artikel Roths mit der Anordnung in Stifters Aufsatz überein. Stifter berichtete, ehe er den Gang durch die Katakomben unter der Stephanskirche in Wien schilderte, von dem ehemaligen Friedhof, der sich früher auf dem schon damals gepflasterten Platz vor der Kirche befunden hatte. Roths erster Artikel mit lokalhistorischen Aspekten ist ein glossenähnlicher Bericht über Skelettfunde auf eben diesem Platz. Seine Beobachtungen gelten jedoch mehr den sensationslustigen Zuschauern als den Ausgrabungsvorgängen. Möglicherweise hat dieses Ereignis Roth zu Studien (45) über die Geschichte Wiens und der Gräber im Bereich der Stephanskirche angeregt, wobei er auch den Aufsatz Stifters gelesen haben könnte, denn er verfaßte ohne besonderen äußeren Anlaß wenige Wochen später einen zweiten Artikel: die „Reportage" „Von Einem, der auszog, das Gruseln zu lernen", die einen Besuch in den Wiener Katakomben schildert. Die Intention in Roths Artikel ist jedoch eine andere als die in Stifters Aufsatz, die zur Meditation über die Vergänglichkeit des Lebens führen wollte. Die Haltung Roths dagegen ist ironisch-distanziert. Die Katakomben Wiens hält er nicht für den rechten Ort, um das „Gruseln" zu erlernen, wenn auch der Fremdenführer die Unheimlichkeit einer Besichtigung betont:

> „Franz Lube (der Fremdenführer) mahnt zur Vorsicht. Das gehört somit zum Geschäft. Die Stufen sind ordentlich, man kann gar nicht ausrutschen, selbst, wenn man wollte. Aber Lube mahnt zur Vorsicht. Vorsicht ist hier die Mutter des Gruselns. . ."

Die düsteren Gewölbe erwecken in ihm höchstens Gedanken an den berühmten „lieben Augustin" und dessen Abenteuer in der Pestgrube. Diese ‚Gedanken' gestaltet Roth am Schluß der Reportage in feuilletonistischer Weise:

> „Draußen bin ich wieder. Während ich durch die einbrechende Dämmerung über den Stephansplatz gehe, rempelt mich jemand an. Es ist ein lustiger Patron. Er hat eine Schellenkappe auf, ein kurzes Höschen und rote Seidenstrümpfe an. Ein Narrenszepter schwingt er in der Hand. Kein Zweifel: es ist

---

41 Roth greift hier ein schon früher gestaltetes Thema wieder auf. In der Skizze „Kranke Menschheit" ließ er in den inneren Monologen der Hauptfigur den Gedanken vorherrschen, die Welt sei krank an Geist und Seele; er, den die Gesellschaft ins Irrenhaus verwies, weist ihr mit Hilfe des Erzählers die Krankheit nach, die ihm vorgeworfen wird. Auch in der Reportage machen die gefragten Patienten ähnliche Aussagen – allerdings in heiterer Weise, die jedoch einen ungewollt frivol erscheinenden Kontrast zu den sachlichen Schilderungen der Not in dieser Anstalt bilden.

42 31. 7. 1919.

43 15. 8. 1919.

44 Der Aufsatz stammt aus der Sammlung „Wien und die Wiener in Bildern aus dem Leben". Zitiert aus der „Scientia-Ausgabe", Zürich 1945, S. 45ff.

45 In dem Artikel vom 15. 8. verweist er auf kulturhistorische Schriften.

der liebe Augustin. So, als ob er eben von der Pestgrube aufgestanden wäre. Und da er seine alte, gute Schenke „Zum krumben Esel" nicht wiederfindet, summt er melancholisch: Alles ist hin! . . ."

Sicherlich trug die sanfte Ironie, die in diesen Schlußworten unter Verwendung märchenähnlicher Elemente zum Ausdruck kommt, im Mitarbeiterkreis des „Neuen Tag" zu dem Eindruck seiner Arbeiten bei, den Rudolf Olden später (46) einmal formulierte: „Man wußte nichts von ihm, als daß er auf eine besondere Art sah und schrieb."

Den ersten „Reisebericht" verfaßte Roth im Sommer 1919 als Sonderberichterstatter in Westungarn. Er unternahm hier seine erste Reise im Auftrag einer Zeitung, der dann später während seiner Tätigkeit an der „Frankfurter Zeitung" noch viele folgten.

Nach dem Zusammenbruch der Räteregierung in Ungarn und nach der Flucht Bela Kuns aus Budapest war die Lage in Ungarn verworren. Bis zum 4. 6. 1920, dem Tag des Anschlusses von Westungarn an Österreich, herrschte in diesem Gebiet besondere Spannung. Die Atmosphäre dieser Übergangszeit, ihre Auswirkung im alltäglichen Leben vermittelte Roth in seinen Berichten den Wiener Lesern, die aus historischen Gründen eine starke Anteilnahme am Schicksal dieses Gebietes hatten. Es handelt sich bei dem Bericht um eine Gruppe von drei Artikeln (47), in denen Roth einleitend im ersten die politischen Verhältnisse klarlegt, das heißt, nur ‚informiert', und in den weiteren in einer Verbindung von Bericht und Unterhaltung die Auswirkungen der politischen Verhältnisse im Alltag anschaulich schildert. Die Aufsätze sind in ‚familiärem' Ton gehalten: es berichtet ein ‚Wiener' seinen daheimgebliebenen Mitbürgern von einem Gebiet, das allen bekannt ist. Das politische Interesse, das in diesen Artikeln erkennbar wird, richtet sich auf außenpolitische Zusammenhänge und die Maßnahmen der Siegermächte, die ihn nach dieser Reise kaum mehr beschäftigt haben. Es verlagerte sich auf den Bereich der Innenpolitik im weitesten Sinn. Darüber hinaus hat Roth während der Zeit in Wien keinen Reisebericht mehr verfaßt. Roths Arbeit am „Neuen Tag" ist nicht so sehr durch einen bestimmten „Typ" der Beiträge, sondern durch eine sich deutlich abzeichnende Politisierung charakterisierbar.

b) Kritik an den politischen, wirtschaftlichen und sozialen Verhältnissen

Während seiner Tätigkeit läßt sich in seinen Artikeln etwa ab dem Ende des Jahres 1919 ein zunehmendes Interesse für innenpolitische Zusammenhänge feststellen, mit dem sich eine immer deutlichere Orientierung Roths zum Sozialismus hin verbindet.

Roths innenpolitisches Interesse gilt im Jahre 1919 hauptsächlich der Praxis der Arbeiterräte und der neuen Institutionen. Er stellt bei ihnen die ‚alten' Eigenschaften wie Egoismus und Gleichgültigkeit fest, die die Amtsausübung der Machthaber der Republik ebenso kennzeichnen wie die der Herrscher der vergangenen Monarchie. In dem Feuilleton „In und außer Dienst", das in der Reihe

46 S. Rudolf *Oldens* Nachruf auf Karpeles, in: Das Neue Tage-Buch, Paris 1938, 6. Jg., S. 140f.

47 Es handelt sich um folgende Beiträge: 8. August 1919 „Der Anschluß Deutsch-Westungarns", nochmals 8. August 1919: „Reise durchs Heanzenland" und 9. August 1919: „Reise durchs Heanzenland".

der „Wiener Symptome“ erschien (48), wird dieser Vorwurf in einer Szene gestaltet. Roth mokiert sich hier über die Haltung zweier Arbeiterräte, die von den administrativen Anordnungen, die sie durchführen sollen, selbst unangenehm betroffen werden. Beim Butterschmuggel, um den es sich in der geschilderten Episode handelt, beginnen die demokratischen Grundsätze zu wanken.

Heftiger und grundsätzlicher politisch kommt die Kritik an dem Verhältnis der Bürger zu den neuen Staat in dem Feuilleton „Nein!" zum Ausdruck, das ebenfalls in den „Wiener Symptomen" veröffentlicht wurde (49). Den Anlaß hierzu bildet das jetzt zur Zeit der Republik unbewachte Friedrichspalais in Wien. „Seit der Einführung der Republik ist der Wachmann verschwunden." Die Formulierung „Einführung der Republik" knüpft an einen Erlaß von ‚oben' an – wie zum Beispiel die Einführung einer Verordnung. Sie trifft somit die politische Passivität der Bevölkerung wie auch die Selbstherrlichkeit der neuen Machthaber. „Jetzt, (. . .) da (. . .) die Monarchie Republik heißt", haben die alten Übel nur einen neuen Namen. Es handelt sich nur um eine äußerliche, eine formale Veränderung des politischen Lebens; das politische Bewußtsein, die Gesinnung, ist undemokratisch geblieben.

Die Kritik an den neuen politischen Verhältnissen, an der neuen Regierung (50) verschärft sich im Laufe des Jahres weiter und gipfelt am 12. 10. 1919 in dem Feuilleton „Der neue Hofpark" (51). Es werden jetzt nicht mehr die harmlosen, bornierten Arbeiterräte angegriffen, sondern der Staatskanzler selbst wird kritisiert. Er führt nach Roths Auffassung ein monarchistisches „Regiment" und sucht infolgedessen nach einer adäquaten Umgebung:

> „Auch die Autorität fordert ihren Rahmen. Eine Majestät ohne Park aber ist ein Unsinn. Ein Staatskanzler, der in einem Büro arbeitet – wodurch unterscheidet er sich von einem simplen Diener des Staates? Aber ein Staatskanzler in einem Park – den nenn' ich einen Staatskanzler."

Aus diesem Artikel spricht starke Verbitterung gegenüber der neuen Regierung. Sie verschärft sich – emotional aufgeladen – bis zu einer polemischen Kabarettpointe:

> „Im Sommer wird sich der Staatskanzler der nützlichen Beschäftigung hingeben können, Kohl zu bauen, wenn er etwa an dessen Hervorbringung durch Reden noch nicht genug haben dürfte."

Roth wirft dem neuen Staatsoberhaupt mangelnde soziale und demokratische Einstellung vor:

> „Ein passender republikanischer Leitspruch als Torinschrift über dem Parkeingang ist noch nicht gefunden. Ich schlage vor: *Odi profanum vulgus*. Ein weiser Spruch, der etwaige unbesonnene Demonstranten von der Abfassung

48 Es erschien am 18. 8. 1919. S. Anhang S. 169. In den „Wiener Symptomen" dieses Tages hatte auch „Renatus Oltschi" zwei Beiträge veröffentlicht.

49 28. 9. 1919. S. Anhang S. 170.

50 Mit dieser Haltung befand er sich gewiß in Übereinstimmung mit Benno *Karpeles*. Rudolf *Olden* schreibt über Karpeles Einstellung: „(. . .) Karpeles verließ die Partei in dem Augenblick, wo sie Minister- und Gesandtenposten zu vergeben hatte. Er fand, daß sie alles falsch machte, was sie machte, (. . .)". l.c.

51 s. Anhang S. 171.

untertäniger Dank- und Ergebenheitsadressen an den Staatskanzler sicherlich abhalten dürfte" (52).

Doch, obwohl Roth scharfsichtig die Praxis der Arbeiterräte, der neuen Regierung kritisiert – er war von einer ‚neutralen' Kritik am Versorgungswesen (Gassperre, Milchknappheit etc.) und an der Politik der Siegermächte (Westungarnbericht) ausgegangen –, setzt er diese Richtung der Kritik nicht konsequent fort, sondern wendet sich den finanziellen, wirtschaftlichen Verhältnissen und dem sozialen Elend zu und versucht, in der Öffentlichkeit eine politische Selbstbesinnung hervorzurufen. Diese neuen Intentionen erscheinen in der wachsenden Politisierung seiner Arbeiten zeitlich parallel. Wir beginnen mit der Charakterisierung der wirtschafts- und sozialkritischen Feuilletons und schließen daran die Erläuterung der aufklärerisch-politischen Beiträge.

Roths Kritik am Wirtschafts- und Finanzgebaren der Zeit geht über den Rahmen einer ‚Diagnose' spezifischer „Wiener Symptome" hinaus und berührt wiederum das politische System, in dem derartige negative Entwicklungen gedeihen können, in dem die eigensüchtigen, materiellen Interessen der Menschen freie Entfaltungsmöglichkeiten haben. Zu denjenigen Feuilletons, in denen eine Kritik an den finanziellen und geschäftlichen Bräuchen verarbeitet wird, gehört als charakteristisches Beispiel der Artikel „Hausse und Baisse" (53). Hier läßt Roth eine Entsprechung zum Karpelesschen Programm erkennen. Er sieht eine „Umwertung aller Werte" eingeleitet, die ihre Ursache im ungeheueren Profitstreben der Zeit hat. Symptomatisch für die zunehmende Vorherrschaft des Gewinnstrebens erscheint ihm die Beschäftigung schon der Gymnasiasten mit Börsenspekulationen: „Sie haben die Beschäftigung mit antiken Versfüßen aufgegeben, Homer wird in Zinsfüßen skandiert." Die egoistischen Züge der Menschen werden im Wirtschaftsleben der Zeit hervorgelockt und unterstützt. Die historischen Möglichkeiten, andere zu schädigen, haben sich verfeinert und vervielfältigt.

> „Man kann Kaufleute im Expreßzug nicht mehr recht ausplündern. Man kann sie nur hineinlegen. Durch Geschäfte, Handel, Spekulationen. (. . .) Es ist eine große Hausse in Schiebungen und eine Baisse in Moral. Es ist eine Umwertung aller Werte in Börsenwerte."

In dem Feuilleton „Baisse" (54) charakterisiert er den ‚Typus', der sich in dieser Zeit durchzusetzen versteht und seine finanziellen Spekulationen stets mit Erfolg ausführt.

> „Wer kennt ihn nicht, ihn, der sich stets in Sicherheit bringt? (. . .) So sieht er aus: Das Bezeichnendste vor allem, daß er sitzt. Auf dem bequemsten Ledersopha in der Wechselstube sitzt er."

Der Typ des „Schiebers", des Spekulanten, dessen Rücksichtslosigkeit und Raffinesse von den wirtschaftlichen Verhältnissen in ihrer Entfaltung begünstigt wer-

---

52 An dieser Stelle zitiert Roth Horazsche Worte, auf die er in seiner „Selbstdarstellung" elf Jahre später zurückgriff – allerdings in gegensätzlichem Zusammenhang: „Ich (. . .) war ein besonders braver Junge (. . .), erbittert gegen die Reichen, aber ohne Solidarität mit den Armen. Sie erschienen mir dumm und ungeschickt (. . .). Ich war sehr glücklich, als ich in Horaz' Odi profanum vulgus eine autoritative Bestätigung meiner Instinkte fand." (Werke III, S. 832f.)

53 7. 12. 1919 s. Anhang S. 172.

54 22. 2. 1920 s. Anhang S. 183f.

den, kann im Wirtschaftsleben der Zeit eine beherrschende Stellung einnehmen. Er ist wohlhabend, denn er versteht es, sich immer durchzusetzen.

Es gibt jedoch in diesen Zeiten viele Menschen, die ihrer moralischen Bedenken und ihrer psychischen Hemmungen wegen nicht den Platz in der Gesellschaft einnehmen können, der ihnen angemessen wäre. Zu ihnen gehört der Buchhalter Gabriel Stieglecker, aus dessen Leben Roth in der Arbeit „Karriere" (55) eine für den frustrierten Angestellten charakteristische Episode schildert. Sowohl in künstlerisch-formaler als auch in politisch-intentionaler Hinsicht trägt diese Arbeit Roths einen Übergangscharakter. Es handelt sich um eine sehr kurze Erzählung mit novellistischen Zügen, deren kritische Dimension sowohl gesellschaftliche als auch wirtschaftliche Mißstände beinhaltet.

Gabriel Stieglecker ist ein armer Buchhalter, der trotz fleißiger zusätzlicher Aushilfsdienste nur ein geringes Einkommen hat.

> „Und davon starb er nun schon drei Jahre und fünf Monate lang."

Durch die wachsende Teuerung ist er gezwungen, um Gehaltsaufbesserung zu ersuchen; nur die Hälfte des erbetenen Betrages wird ihm gewährt. Er erhält von einer anderen Firma ein großzügiges Angebot, das er aber aus Gewissensgründen ausschlägt – er zerreißt den bereits geschriebenen Kündigungsbrief, als ihm sein Chef einen „sehr gebrauchsfähigen Rock", den er nicht mehr trägt, zum Geschenk macht.

> „Wie konnte man da kündigen? Der Rock, der Rock! Durfte er so undankbar sein? Einen Rock hatte ihm der gegeben und er sollte kündigen?! Das tat er nicht, er, Gabriel Stieglecker."

Er bleibt in seiner alten Stellung, die dem Ahnungslosen durch das Geschenk des berechnenden Chefs nun wertvoller als vorher erscheint. Im Gegensatz zu dem Firmeninhaber hat Gabriel seine wirtschaftlichen und gesellschaftlichen Interessen nicht erkannt und auch nicht wahrgenommen. Er bleibt seinen irrationalen Vorstellungen vom Geschäftsleben verhaftet, während die tüchtige und brutale Umgebung aus seinen Fehlern den Nutzen ziehen kann. Gabriel hält unreflektiert an moralischen Wertvorstellungen fest, seine Vorgesetzten denken jedoch längst in anderen Begriffen. Er stellt menschliche Beziehungen in den Vordergrund seiner Überlegungen und wird doch unmenschlich behandelt.

Weite Bevölkerungskreise leiden unter der Not, die die Nachkriegszeit für sie hervorrief. In derselben Zeit, in der Roth Artikel gegen die wirtschaftspolitischen Verhältnisse schreibt, veröffentlicht er auch die ersten stark sozialkritisch ausgerichteten Feuilletons. In ihnen werden vor allem die sozialen Gegensätze in den Vordergrund gestellt, die trotz der veränderten (56) politischen Verhältnisse immer noch bestehen. In dem Feuilleton „Die Bar des Volkes" (57) werden die gesellschaftlichen Unterschiede durch die Gegenüberstellung zweier „Bars" deutlich gemacht. Das Varieté, in dem wohlhabende Gäste verkehren, wird der trostlosen Gastwirtschaft, in der arme Menschen eine Mahlzeit einnehmen, gegenübergestellt. Ebenfalls antithetisch aufgebaut ist das Feuilleton „Stadtfrühling" (58), das am 21. 3. 1920 im „Neuen Tag" erschien.

---

55 7. 3. 1920, s. Anhang S. 184ff.

56 Dieses Problem erscheint auch in dem Roman „Die Rebellion", der 1924 veröffentlicht wurde.

57 Es erschien am 6. 1. 1920. (Zusatz 1976; Der neue Tag, Köln/Berlin, 1970, S. 119ff.).

58 S. Anhang S. 191f.

In ihm werden die sozialen Unterschiede in der Gesellschaft erfaßt, die auch die Natur nicht versöhnt, sondern noch unterstreicht. Der Frühling bestätigt die Welt der ‚Reichen' in ihrer Sorglosigkeit. Zwanglos, üppig, ‚natürlich' gedeiht dort alles; es „knospen Kinder in Gummiwägelchen". Eine metaphorische Sprache verknüpft den Glanz des Frühlings mit dem Lebensbereich der wohlhabenden Menschen. Mit ironischem Erstaunen werden diese ‚Naturereignisse' registriert: „In den Auslagen der inneren Stadtteile erblühen im März plötzlich wunderbare, kostbar-durchsichtige, weiche Blusenstoffe..." Das Geschäftsleben wird vom Frühling geprägt: „ die Preise schießen in die Höhe und die Kaufleute schlagen aus." Der Frühling findet hauptsächlich in übertragener Bedeutung statt: Geschäft, Handel, Mode – „auf den Köpfen der Damen erblühen schüchterne Strohhüte in blassen Farben" – sind den Wohlhabenden zur zweiten ‚Natur' geworden.

In der Welt der Armen jedoch, die im zweiten Teil des Feuilletons gegenübergestellt wird, ist „der Frühling ein ganz, ganz anderer..."; er ist genauso „krank" und verkümmert wie die Menschen, die in den verwahrlosten Stadtteilen leben müssen. Während im ersten Teil bei der Schilderung optischer Eindrücke die Aufwärtsbewegung vorherrschte (schießen in die Höhe, erblühen, aufgehen), ist das Bild dieser „anderen" Welt von Bedrückung geprägt: „Die Häuser sind so unerhört groß, übermächtig, wie Schicksale, erdrückend in ihrer steinernen Wucht." Auch außerhalb ihrer Häuser, in der ‚freien' Natur, stehen die Menschen unter ihrem Eindruck: „sie tragen den dumpf-feuchten Mauergeruch auf den Schultern." Der Gedanke, daß die Not die Menschen niederdrückt, sie sozusagen besitzt, wird in einem grotesken Bild gestaltet: „Am Abend traben berittene Holzbündel durch die Straßen. Die reiten auf Menschenrücken." Der Satz, der dieses Bild mit dem vorhergehenden verbindet – Kinder, „selbsttätige Sammelbüchsen mit Gliedmaßen" spielen mit Abfall und Lumpen – hat in diesem Zusammenhang die Bedeutung einer schmerzlichen, ungläubigen Feststellung: „Es ist Frühling." Die sozialen Unterschiede bestimmen das Erlebnis des Frühlings.

Schon einmal hatte Roth in einem Frühlingsfeuilleton mit dem Stilmittel der Bedeutungsübertragung gearbeitet. Es ist „Kaffeehausfrühling" (59) überschrieben und gehört in die Reihe der „Wiener Symptome". Aus einem Vergleich mit dem Feuilleton „Stadtfrühling" wird die erfolgte Politisierung – die frühere Arbeit erschien im Mai 1919 – deutlich erkennbar. Die Mißstände, die im „Kaffeehausfrühling" kritisch betrachtet wurden, tragen nur den Charakter spezieller „Wiener Symptome". Roth kritisierte die Auswirkungen der Nachkriegsverhältnisse im Alltag, die Preiserhöhungen der Kaffeesieder und die „gottverlassenen Caféveranden". Anscheinend legte er auf die Wahrnehmbarkeit seiner Wortspiele großen Wert (– „ungeahnte Blüten *trieb* und das Geschäft *florierte"* –), denn die in Frage kommenden Wörter erscheinen gesperrt gedruckt. In den Zusammenhang des späteren Feuilletons „Stadtfrühling" fließen sie dagegen geschmeidiger ein. Sie stehen nicht mehr im Vordergrund, sondern dienen der Herausarbeitung der bestehenden sozialen Gegensätze.

c) Roths politisch-pädagogische Intentionen

Die Politisierung der Beiträge Roths zum „Neuen Tag" erhält ihre charakteristische Ausprägung durch die aufklärerisch-pädagogischen Intentionen, die in vielen

59 23. 5. 1919, s. Anhang S. 169.

Arbeiten aus der Zeit der zweiten Hälfte seiner Tätigkeit erkennbar wird. Auch seine späteren politisch-journalistischen Interessen waren vornehmlich durch sie bestimmt.

Der neue pädagogische Aspekt begegnet zum ersten Mal in eindeutiger Weise in seinem Neujahrsfeuilleton (60) „Das Antlitz der Zeit". Hier fordert er zu intensiver Wachsamkeit gegenüber der Presse auf. Er stellt ihre politische Verantwortung heraus; an der Presse liege es, das „Antlitz der Zeit" ohne Beschönigung darzustellen. Das große Vergehen der Presse in der Monarchie war es, über die politische Realität hinwegzutäuschen. Sie beging einen folgenschweren Betrug, indem sie Symptome, Ereignisse, die nicht in das offiziell erwünschte politische Bild der Zeit hineinpaßten, unbedenklich kaschierte, fälschlich harmonisierte:

> „Aus dem Spiegel des Leitartikels lächelt das geschminkte, frisierte, stilisierte Antlitz der Zeit entgegen. Es gab sich vornehm. Ereignisse, die geeignet gewesen wären, Runzeln und Furchen um seine Augenwinkel zu zeichnen, wurden von höfischen Federn weggewischt. Man schrieb sozusagen geistige Rondeschrift. Den eckigen Ereignissen hobelte man die Spitzen ab und polierte sie rund."

Dieser Betrug gegenüber der Öffentlichkeit, der letztlich ein gefährlicher Selbstbetrug war, ist auch in den Tagen der neuen Republik nicht unmöglich. Roth bringt diese Gefahr in einer höhnischen Frage zum Ausdruck:

> „Wie ist das Antlitz der Gegenwart zerfurcht, durchpflügt, zerrissen? Wo sind Puder und Schminke?"

Am 8. Februar 1920 erschien im „Neuen Tag" eine kleine Glosse, die nicht gezeichnet war. Sie trägt die Überschrift „Der Schleier" (61) und ist wahrscheinlich (62) – das Thema sowie einzelne Formulierungen berechtigen zu dieser Mutmaßung – von Joseph Roth verfaßt worden.

Die mit Zeitungspapier „verpickte" (63) Stephansturmuhr ist der Anlaß zu einem Angriff gegen die Presse:

> „Ein Zeitungspapier, offenbar ein Leitartikel, zeigt an, wieviel es geschlagen hat. (. . .) Was brauchen wir auch noch die Zeit, wenn wir Zeitung haben. Es muß auch nicht täglich ein neues Blatt sein. Es genügt immer derselbe Leitartikel, aus dem man ersieht, wieviel es geschlagen hat."

Was im Neujahrsfeuilleton nur als Befürchtung zum Ausdruck kam, wird hier bereits diagnostiziert: „Das Antlitz der Zeit ist verschleiert. Maskiert."

Das Neujahrsfeuilleton bildete den Auftakt zu Roths politischen Arbeiten, die, jedenfalls die besten unter ihnen, immer von einer aufklärerisch-pädagogischen Absicht bestimmt waren.

Diese Intention herrscht auch in Roths Stellungnahme zu dem „Fall" Teisinger vor (64). Der ehemalige Feldmarschalleutnant Teisinger mußte sich vor einem Untersuchungsausschuß für Kriegsverbrechen verantworten; ihm wurde

---

60 1, Januar 1920, s. Anhang S. 175f.

61 „Der Schleier", s. Anhang S. 181.

62 Schon einmal hat Roth in einem Feuilleton auf die Stephansturmuhr Bezug genommen. Es erschien am 8. 11. 1919 und trug den Titel „Divergenzen": „Die Stephansturmuhr ist eines meiner unumgänglichen Schriftstellerrequisiten. Wenn ich schon gar keinen Stoff habe, so gehe ich zu meiner Stephansturmuhr. (. . .) Es ist immer was kaputt an der Stephansturmuhr."

63 „Picken" ist ein österreichischer Ausdruck für „kleben".

64 21. 1. 1920, s. Anhang S. 177f.

vorgeworfen, zweihunderttausend kranke Menschen für tauglich erklärt und in den Krieg geschickt zu haben. Bei seiner Vernehmung berief er sich auf die Anweisungen der vorgesetzten Behörde und wurde darauf nicht mehr vor ein Militärgericht geladen.

Nach einem knappen Bericht über die Anklage, wobei er amtlichen Text zitiert, beginnt Roth den sorgfältig aufgebauten Artikel mit der Aufstellung dreier Thesen, deren Darlegung den ersten Teil des Beitrags bildet. In der ersten rückt er die gerade überstandene Kriegszeit künstlich weit ab – „wir müssen uns erst mühsam die Mentalität jener Zeit rekonstruieren" – und beleuchtet dann kritisch den Wortlaut der Anklage: „er hat ‚widerrechtlich' Menschen in den Tod geschickt." In der zweiten These zieht er die provozierende Parallele: in den Krieg schicken bedeutet widerrechtlich töten. In der darauffolgenden dritten macht er sich scheinbar zum Fürsprecher des „gesunden Menschenverstandes", der in diesem Zusammenhang besagt: „Teisinger, der schrecklichste der Schrekken, (. . .) wollte etwas ganz Vernünftiges: daß die Kranken sterben." Von dieser Provokation zieht er wieder eine Verbindung zur Moral des Krieges, mit der er nun die Erörterung der drei Thesen beginnt: „Denn die Moral jener Zeit war: Gesunde sterben zu lassen." Seine Ausführungen ergeben: verklage man jetzt Teisinger, weil er Kranke sterben ließ, das heißt, in den Krieg schickte, so verhalte man sich anachronistisch und stelle sich der heute verbindlichen Rechtsauffassung entgegen.

Doch ist dies nur ein erster, vordergründiger Einwand gegen eine Verurteilung Teisingers. Roth spricht nicht nur im weiteren der Öffentlichkeit das Recht ab, sich zum Richter Teisingers zu machen, sondern er kennzeichnet darüber hinaus ihr Rechtsverhalten als das einer „Lynchjustiz". Er verweist auf die Notwendigkeit, von der Person des Teisinger zu abstrahieren und das Maß der Verantwortung zu erkennen, das alle, die gesamte Öffentlichkeit, bindet. Um jeglicher Gefahr einer bloßen Moralisierung zu entgehen, entschuldigt er sogar Teisingers Vergehen mit dessen Herkunft und Erziehung:

> „Teisinger mit der moral insanity des zum Pflichtmord und Ehrentod erzogenen privilegierten Häftlings in dem großen Kerker des Militarismus ist nicht klagbar, nur zu bedauern."

Er ‚neutralisiert' ihn, entfremdet ihn zur Verkörperung einer „militärischen Institution". Mit Vehemenz weist er von der „Mentalität jener Zeit" in die Gegenwart zurück, in der sich das Schicksal der Zukunft entscheide:

> „Denn merken müssen wir uns dieses k. u. k. Teisinger. Sprechen wir *ihn* frei, aber verurteilen wir *uns*, stets an ihn zu denken. Auf daß er sich nicht wiederhole!"

Zur Verdeutlichung von Roths politisch-journalistischer Entwicklung sei ein Feuilleton von Alfred Polgar über dasselbe Thema vergleichsweise herangezogen (65).

Auch Polgar beginnt sein Feuilleton mit der Information, doch ist sie bereits anfangs detaillierter und gleich mit Kritik durchsetzt. Ihm geht es darum, die eingangs zitierte berüchtigt-legendäre Gestalt „Teisinger" zu beleben, seine Verge-

---

65 Der äußere Anlaß zu Polgars Aufsatz ist der Tod Teisingers, der zu Roths dagegen die Verhandlung vor dem Untersuchungsausschuß. Beide Daten liegen aber zeitlich eng zusammen.
– Polgar und Roth besprechen das Ende der „Affaire" Teisinger. („Der Teisinger". In: A. *Polgar:* Auswahl. Prosa aus vier Jahrzehnten. Hrsg.: B. *Richter.* Hamburg 1968, S. 140f.)

hen in Erinnerung zu rufen. Er stellt die Handlungen Teisingers dar und will sie in ihrer ganzen Entsetzlichkeit deutlich machen. Die makabren Geschehnisse, die Roth nur knapp und mit Hilfe von Zitaten des amtlichen Berichts an den Anfang seiner Arbeit stellte, bilden bei Polgar den Inhalt seines Aufsatzes. Er kommt, überspitzt formuliert, nicht über die ‚Information' hinaus. Der „Fall" Teisinger wird auf die Anprangerung schlechter Charaktereigenschaften reduziert. Polgar moralisiert, wo Roth analysiert. Nach dem Fazit, das Roth in seinem Feuilleton zieht, stellt sich Polgar, indem er von dem Menschen Teisinger nicht abstrahiert,

„eo ipso auf den Moralstandpunkt jener Zeit, das heißt: Gesunde darf man töten."

Das ist natürlich nicht die Intention des Polgarschen Feuilletons. Es schließt jedoch zu kurz, weil es in einer moralisierenden Deskription stecken bleibt.

Der in früheren Feuilletons oftmals geäußerten Feststellung, es habe sich im Staat nichts geändert – wobei auf die neue Regierung und das politische Bewußtsein der Öffentlichkeit verwiesen wurde –, stellt Roth kurz vor der Beendigung seiner Tätigkeit am „Neuen Tag" einen Beitrag gegenüber, in dem er sich optimistisch über ein neues Erziehungssystem äußert: „Versuchsklassen" (66). Er setzt hier zum ersten Mal der Kritik an bestehenden Verhältnissen die Hoffnung auf wirkungsvolle Maßnahmen zu einer gesellschaftlichen Veränderung entgegen. Sein erzieherisches Interesse, das seit dem Neujahrsfeuilleton erkennbar ist, richtet sich auf Reformversuche in der Schule. Otto Glöckel, ein ehemaliger Lehrer, der zu den Führern des linken Flügels der sozialdemokratischen Partei gehörte (67), war von März 1919 bis Oktober 1920 Staatssekretär des Unterrichtsministeriums und hatte eine Abteilung für Schulreform eingerichtet. Die reformerischen Bemühungen, die in „Versuchsklassen" durchgeführt wurden, bilden den Gegenstand des Rothschen Artikels. Aus den feuilletonistischen Passagen des Beitrags spricht Kritik an dem alten Erziehungssystem, das einen Menschen wie den „Vorzugsschüler" hervorbrachte:

„Aus jenen Schulen, ging ein Geschlecht von Verbitterten und Verkümmerten, Minderwertigen und Blindgehorsamen, Unselbständigen und Willkürmenschen, Pfeifendeckeln und Husarenleutnants hervor."

Im Gegensatz zum „Vorzugsschüler" verläuft hier die Argumentation in der Weise, daß die Erziehungsmethoden für die Entstehung solch eines Typus verantwortlich seien. Die Charakterentwicklung des Vorzugsschülers Anton Wanzl dagegen war bereits abgeschlossen, als er zur Schule kam. Seine negativen Eigenschaften waren nicht in diesem Klima entstanden, jedoch konnte er sie in dieser Umgebung gut einsetzen. Roth charakterisiert in dem Artikel die herkömmlichen schulischen Anforderungen:

„Der Unterricht alten Stils bestand aus geistigen Gelenksübungen. Und ‚Kopfnicken' war die wichtigste."

Im „Vorzugsschüler" spielte diese Übung ebenfalls eine wichtige Rolle:

„Was den Professoren aber am meisten behagte, war eine wahrhaft köstliche

---

66 21. 3. 1920, s. Anhang S. 190f.

67 *Glöckel* wird als einer der „Schöpfer" des „Austromarxismus" angesehen. (Vgl. *Paupié*, S. 35f.)

Naturgabe: er konnte nämlich stundenlang mit dem Kopf nicken, ohne zu ermüden" (68).

Das von Roth geschilderte neue Schulsystem könnte nach seiner Einschätzung der „Zukunft ein anderes Gepräge" verleihen. Sein Artikel schließt mit einer enthusiastischen, hoffnungsvollen Vorschau auf eine neue Jugend:

> „Diese Jugend wird nicht blindgehorsam und blutberauscht für Popanze in den Krieg ziehen! Sie wird das Leben lieben und die Arbeit und ein Geschlecht zeugen, das fern von hirnverbrannter Ideologie und hohlem Kitsch, haßwütigem Nationalismus und sklavischer Götzenverehrung, mitten im Tag stehend, Grenzen überbrückend und weltvereinigend, die Emporentwicklung der Menschheit sichern wird."

Dieser Beitrag Roths im „Neuen Tag" – kurz vor Beendigung seiner Tätigkeit an dieser Zeitung – ist wenig ‚kunstvoll' gestaltet. An der Stelle der oftmals von ihm angestrebten Verbindung von Information und Unterhaltung ist hier ein Bericht entstanden, der in ungewöhnlicher Weise subjektiv-bekenntnishaft eingerahmt wird. Die Umgebung, in der ein „Vorzugsschüler" gedeihen konnte, wird in diesem Artikel mit spürbarem Engagement auf ihre erzieherischen Bedingungen geprüft. Roth kleidet seine gesellschaftspolitischen Ansichten in eine Form, die dem Bericht verbunden bleibt. Sie kommt seinen aufklärerischen Absichten wohl am ehesten entgegen.

Die seit dem Neujahrsfeuilleton evidente politische und sozialkritische Ausrichtung der Feuilletonthemen hatte sich, wie schon dargestellt, bereits zu Ende des Jahres 1919 angedeutet. Es erschienen neben ihnen jedoch auch weiterhin die unpolitischen Betrachtungen des Wiener Alltagslebens.

d) Kritik am politischen Bewußtsein der Jugend

Kurze Zeit nach dem Teisingerfeuilleton folgt ein Aufsatz, in dem Roth zur innenpolitischen Situation Deutschlands (69) Stellung nimmt: „Die reaktionären Akademiker". Er erschien am 1. 2. 1920 und stellt eine wichtige Bestätigung Roths damaliger Politisierung dar. Ganz offensichtlich schlug Roth mit diesem Beitrag, in dem das politische Interesse des Neujahrsfeuilletons um ein Vielfaches gesteigert erscheint und eindeutig mit einem sozialistischen Engagement verbunden wird, auch für seine Umgebung, für seine Mitarbeiter an der Zeitung ungewohnte Töne an. Rudolf Olden, der zusammen mit Roth und R. A. Bermann die Beiträge zu den „Wiener Symptomen" verfaßte, nimmt im Anschluß an Roths Ausführungen kritisch zu ihnen Stellung. In bewegter Weise (70) – er redet Roth mit dem Namen an – wirft er ihm mangelnde Einsicht in die politischen Verhältnisse vor. Er hält Roths Feststellungen für unzutreffende Verallgemeinerungen, die einen Pessimismus erkennen lassen, der nicht zu rechtfertigen sei.

Roths Angriff gilt der akademischen Jugend, die er wegen ihres Mangels an Idealismus tadelt. Er stellt die Frage nach der zugrunde liegenden „Idee", der

---

68 S. Anhang S. 164.

69 Möglicherweise dachte Roth zu diesem Zeitpunkt, da er zu den deutschen Verhältnissen Stellung nahm, schon an eine Übersiedlung nach Berlin. – Text des Beitrags, s. Anhang S.

70 Wie auch aus den Beiträgen *Oldens* im „Neuen Tage-Buch" erkennbar ist, hat er stets besonderen Anteil an Roths Arbeit am „Neuen Tag" genommen.

der Begeisterungsrausch der Jugend aller Zeiten galt, und spricht die Befürchtung aus, daß es Kennzeichen der Jugend sei, „nie die innere Gewalt einer Idee" zu meinen, weil sie sie möglicherweise gar nicht erkennt, sondern nur vom „Faltenwurf ihrer Pelerine" fasziniert zu sein. Weil aber

> „(. . .) die Lavaglut der Revolution sich nicht in einem farbenprächtigen Feuerwerk äußert, sondern die Gefahr besteht, daß sie in der Gestalt eines nüchtern grauen Aschenregens die Welt einhüllt, (. . .)",

sei die Einstellung der Jugend zwangsläufig „antirevolutionär". Diesen psychologisch grundsätzlichen Erwägungen schließt Roth eine kurze Analyse der gegenwärtigen wirtschaftlichen Verhältnisse an, die die besonderen historischen Bedingungen für die reaktionäre Haltung der jungen deutschen Akademiker aufzeigt. Materielles Sicherungsbedürfnis und Prestigedenken werden in den gegenwärtigen Verhältnissen herausgefordert. Die „Brotfrage" und die „Ehrenfrage" stellen nach Roths Ansicht wichtige Ursachen für die verspießerte und unidealistische Lebensauffassung der Jugend dar.

Nach diesen Erwägungen greift Roth den Gedanken des ersten Absatzes wieder auf, er verflacht ihn aber, indem er den eingangs problematisierten Begeisterungsrausch der Jugend ironisch in einen „Alkoholrausch" verwandelt:

> „Der Antialkoholismus dieser Revolution hat ihr bei den ‚Studierten' geschadet."

Die anfängliche Dichte der Argumentation wird nicht durchgehalten. Der Schlußabsatz des Artikels lenkt von der Jugend auf die reaktionären Akademiker der älteren Generation. Die Akademiker bilden „in deutschen ‚Landen' eine ägyptische Priesterkaste". Roth bezichtigt sie des Klerikalismus, einer Haltung, die in ungebührlicher Weise Autorität ausnützt, um eine doktrinäre Auffassung zu verbreiten. Als Österreicher war sich Roth der Tragweite und Bedeutung dieses Vorwurfs gewiß bewußt. Besonders seit der Ära des Liberalismus bestand in Österreich das politische Problem des Klerikalismus, den Roth auch in den Tagen der jungen Republik als eine gefährliche Kraft ansah, die sich jeglicher progressiven Tendenz entgegenstellt:

> „Unsere Akademiker sind Priester, unsere Hochschulen Klöster, unsere Wissenschaft – Kirche, der Rektor ein Erzbischof. Klerikalismus der Wissenschaft. Arterienverkalkung des Geistes."

Politischer Sammelpunkt (71) der klerikalen Kräfte war die Christlichsoziale Partei (72). Roth, dessen politische Ausrichtung sich im Laufe seiner Tätigkeit am „Neuen Tag" zum Sozialismus entwickelte, trifft gewiß auch diese Partei, mit der die Sozialdemokratie bis 1920 eine Koalition (73) eingegangen war, mit

---

71 „Von besonderer Bedeutung für die Christlichsoziale Partei der Ersten Republik Österreich waren die formell unpolitischen katholischen Vereine, die jedoch ihren Einfluß im Sinne einer streng katholischen klerikalen Richtung ausübten." *Paupié,* S. 35.

72 *Mikoletzky* schreibt zur Politik der Partei, daß die „(. . .) maßgebenden Posten der öffentlichen Verwaltung und des Bundesheeres mit Parteigängern der Christlichsozialen besetzt (waren) und daß, soweit es sich um Akademiker handelte, fast ausschließlich Angehörige der farbentragenden katholischen Studentenverbindungen des sogenannten CV (Cartellverband der katholischen Studentenverbindungen) herangezogen wurden." *Mikoletzky,* H. L.: Österreichische Zeitgeschichte. Vom Ende der Monarchie bis zum Abschluß des Staatsvertrages 1955. Wien ^{2}1962.

73 Die Koalition bestand vom 30. 10. 1918 bis zum 22. 10. 1920.

der Feststellung, die seine Stellungnahme gegen die reaktionären Akademiker beschließt:

„*Jeder* Klerikalismus ist reaktionär."

e) Feuilletonistisch-kritischer Rückblick

Die Jahreswende 1919/1920 markiert in der Entwicklung Joseph Roths politischer und künstlerischer Haltung einen Einschnitt in dem Sinne, daß Roth sich zu diesem Zeitpunkt, wie dargestellt, für einen bestimmten politischen Standort entschieden hat und seinen früheren erzählerischen und lyrischen Versuchen gegenüber eine ablehnend kritische Stellung einnimmt, wie noch aufzuzeigen ist. Diese Ablehnung hat er zu dem erwähnten Zeitpunkt feuilletonistisch gestaltet und im „Neuen Tag" veröffentlichen lassen. Deswegen soll und kann bei der Erläuterung seines Feuilletons „Das Märchen vom Geiger" (74), das am 28. 12. 1919 im „Neuen Tag" erschien, auch ein biographischer Aspekt herangezogen werden. In dem Feuilleton nimmt Roth Bezug auf seine „Geschichte vom jungen Musikanten und der schönen Prinzessin" (75), die 1918 in „Österreichs Illustrierter Zeitung" veröffentlicht worden war. Für den Leser des „Neuen Tag" stellte das „Märchen vom jungen Geiger" nur eines unter den vielen amüsanten Feuilletons dar, die „Josephus" schrieb. Durch die Kenntnis der knapp zwei Jahre früher erschienenen Arbeit rückt es für uns aber darüber hinaus in die Nähe der Bedeutung eines ‚privaten' Dokumentes. Roth geht in diesem Feuilleton nicht nur in künstlerisch-spielerischer Weise mit dem früher konventionell gestalteten Stoff um, sondern er wendet sich auch ironisch gegen diese konventionelle Gestaltung. Es gelingt ihm dabei und darüber hinaus, diese Stellungnahme in eine ‚neue' Form zu bringen, in ein Feuilleton. Unter formalen Gesichtspunkten ist also festzustellen: vom Märchen zum Feuilleton, oder genauer, Feuilleton gegen Märchen. Roth hat seine Kritik an der früher verwendeten Form soweit geklärt, daß er die Abkehr von ihr künstlerisch gestalten kann (76). Der Abstand zum Märchenerzählen der früheren Zeit kommt auch im ‚Inhalt' des Feuilletons zu Wort:

> „Es ist sehr leicht, Märchen zu erzählen. Wäre das, was ich hier schreibe, eine Erzählung, eine Novelle oder so was (77), ich müßte sagen, woher der junge blonde Musikant die Geige habe. Aber in einem Märchen ist alles so einfach."

Die Schilderung der Künstler am Hofe der Prinzessin, unter denen sich auch der „Geiger" befindet, wird Roth zum Anlaß einer Kritik verschiedener künstlerischer Richtungen; sie verweilt besonders bei dem „Dichter". Die ironisch-feuilletonistischen Angriffe gelten vornehmlich der Pflege des klanglichen Ornaments, einer preziösen Vers- und Reimkunst, gestalterischen Prinzipien also, die auch in Roths frühen lyrischen und erzählerischen Versuchen erkennbar geworden sind:

---

74 S. Anhang S. 173f.

75 S. Anhang S. 161f.; kurze Erläuterung s. S. 29f.

76 Keineswegs sind die beiden Arbeiten „Das Märchen vom Geiger" und „Die Geschichte vom jungen Musikanten und der schönen Prinzessin" etwa „identisch", wie Fritz *Hackert* angibt. (*Hackert,* S. 162)

77 Es sei auf die saloppe Ausdrucksweise hingewiesen, die im Gegensatz zu dem Sprachstil der „Geschichte vom jungen Musikanten und der schönen Prinzessin" steht.

„Der zweite war ein Dichter. (. . .) Dagegen bestand seine Kunst darin, Worte zusammen zu kuppeln, wenn sie nur ‚sinnlos-prächtig' waren und zu einander nicht paßten. Sie brauchten bloß eine Mitgift an Klang und Farbe zu besitzen und waren schon verheiratet. Der Dichter war sozusagen ein Worte-Heiratsvermittler (. . .)."

Auch für den Leser des „Neuen Tag" war es verständlich, daß es hier „Josephus" in einem Feuilleton gelang, sich in ironischer Weise über „Märchen" und „Märchenerzählen" auszulassen, gleichzeitig zeit- und kunstkritische Bemerkungen einzufügen und trotz gegenteiliger Beteuerung doch den ‚Inhalt' eines Märchens wiederzugeben. Der ergänzende biographische Aspekt soll also nicht das Feuilleton ‚erklären', sondern soll nur auf den selbstkritischen Rückblick hinweisen, den Joseph Roth hier in einem Feuilleton gestaltet hat.

Eine künstlerische Entwicklung Roths während dieser Zeit am „Neuen Tag" war kaum verfolgbar, dagegen aber eine politische, die jedoch keine eigene Form gefunden hat. Dennoch hat Roth selbst die literarische Differenz zu den frühen Arbeiten an der „Österreichischen Illustrierten Zeitung" aufgedeckt und ihre Ablehnung eingestanden. Dies geschieht zu einem Zeitpunkt, als sich seine politische Einstellung radikalisiert und Roth ein starkes sozialistisches Engagement entwickelt. Die Entwicklung der politischen Interessen setzt sich vom „Neuen Tag" zum „Vorwärts" fort, wo das Engagement seinen Höhepunkt findet. Doch auch in literarischer Hinsicht ist eine Verbindung vom „Neuen Tag" zum „Vorwärts" erkennbar, die Roth selbst hergestellt hat. Es sei hier schon darauf hingewiesen, daß Roth während seiner Tätigkeit am „Vorwärts" auf Feuilletons (78) zurückgriff, die er am „Neuen Tag" seit der Wende 1919/1920 veröffentlicht hatte. Es sind dies die Arbeiten:

(„Der Neue Tag")		(„Vorwärts")
„Tiere" (7. 3. 1920)	–	„Zoo im Frühling" (7. 4. 1923)
„Fenster" (25. 4. 1920)	–	„Menschen am Sonntag" (4. 2. 1923) (79)
„Cochinchina" (15. 2. 1920)	–	„Cochinchina" (27. 11. 1922)

78 Diese Überarbeitungen werden im „Vorwärts"-Kapitel untersucht.

79 Dieses Feuilleton erschien auch noch im „Berliner Börsen-Courier" kaum verändert gegenüber der Fassung im „Vorwärts". (BBC – 3. 7. 1921)

III. JOSEPH ROTHS POLITISCHER STANDORT IN DER ZEIT DES ÜBERGANGS VOM „NEUEN TAG“ ZUM „VORWÄRTS“

Es gibt von Roth auch auf dem Höhepunkt seines politischen Engagements, soweit heute überblickbar, keine Äußerung zu einem festumrissenen politischen Programm. Aus der Tatsache, daß er von 1922 an intensiv für den „Vorwärts”, das Zentralorgan der Sozialdemokratischen Partei Deutschlands, arbeitete und daß er in jener Zeit auch zur Wiener „Arbeiter-Zeitung” Kontakt (80) hatte, läßt sich wohl ableiten, daß er sich politisch an die Sozialdemokratie anlehnte. Diese Feststellung ist jedoch noch nicht sehr aufschlußreich, da das Konzept der Sozialdemokratie in Deutschland in den zwanziger Jahren nicht auf eine eindeutige Formel gebracht werden kann. Golo Mann schreibt (81) hierzu:

> „Dagegen blieb ihre theoretische Stellung ungeklärt. Denn wie sehr sie sich auch in der Wirklichkeit vom „Kommunistischen Manifest” entfernt hatten, so hatten sie es doch nie ausdrücklich verworfen (. . .), sollte das Wahre, die sozialistische Revolution erst noch kommen?”

Blieb schon die theoretische Stellung der Sozialdemokratie unübersichtlich – abgesehen von ihrer internen Aufteilung in verschiedene Flügel –, so hat Roth darüber hinaus sein Verhältnis zu ihr nie eindeutig geklärt.

Es muß jedoch in diesem Zusammenhang bedacht werden, daß Roths politische Entwicklung in ihrer Ausrichtung auf ein sozialistisches Engagement in Österreich stattgefunden hatte. Die österreichische Sozialdemokratie gehörte aber zu den radikalsten sozialistischen Parteien Europas, eine Tatsache, die ihre Auswirkungen auch darin hatte, daß der kommunistischen Partei in Österreich keine große Bedeutung zukam. Zu ihren intellektuellen Führern auf dem linken Flügel zählte unter anderen auch Otto Glöckel, dessen Schulreformplänen Roth im „Neuen Tag” (82) einen ausführlichen, zustimmenden Artikel gewidmet hatte; dies setzte natürlich voraus, daß er sich intensiv mit den Theorien der genannten politischen Kreise beschäftigte.

Weiter muß wohl berücksichtigt werden, daß Roths heftige Kritik im „Neuen Tag” besonders dem sozialistischen Teil der Regierung des neuen Staates gegolten hatte; dies geschah aber, wie aufgezeigt wurde, im Hinblick auf die mangelnde Radikalität ihrer politischen Praxis, die natürlich durch die mit der „Christlich-Sozialen Partei” geschlossene Koalition Kompromißlösungen (83) einbeziehen mußte. Durch die Kenntnis seiner Kritik an der politischen Praxis könnte Roths damaliger politischer Standort daher in der Nähe des ‚linken’ Flügels der ohnehin relativ radikalen „Sozialistischen Partei Österreichs” vermutet werden. Es ist daher anzunehmen, daß Roths Haltung gegenüber der deutschen Sozialdemokratie eine ganz ähnlich kritische gewesen ist. Dieser Vermutung widerspricht seine intensive Tätigkeit am „Vorwärts” nicht, da das Verhältnis der

---

80 Der Roman „Das Spinnennetz” wurde dort das erste Mal veröffentlicht.

81 *Mann,* Golo: Deutsche Geschichte 1919 - 1945, Frankfurt am Main, 1958, S. 65.

82 „Versuchsklassen”, 21. 3. 1920, s. Anhang S. 190f.

83 *Paupié* schreibt hierzu, daß die österreichischen Sozialdemokraten „(. . .) sich nicht nur von realpolitischen, sondern vor allem auch von doktrinären Gesichtspunkten leiten ließen und dadurch die Zusammenarbeit in staatspolitischer Hinsicht stark erschwerten.” *(Paupié,* S. 36f.)

Redaktion zur Partei und deren Vorstand nicht immer von politischer Harmonie bestimmt wurde und oftmals Interessengegensätze bestanden haben (84).

Zu den ‚bekenntnishaften' Äußerungen Joseph Roths der frühen zwanziger Jahre gehört ein Brief, den er 1922 an Herbert Ihering schrieb (85). Darin kündigt er seine Stellung am „Berliner Börsen-Courier", für den er seit Beginn des Jahres 1921 bis September 1922 tätig war (86), mit der Begründung:

> „Ich kann wahrhaftig nicht mehr die Rücksichten auf ein bürgerliches Publikum teilen und dessen Sonntagsplauderer bleiben, wenn ich nicht täglich meinen Sozialismus verleugnen will."

Diese Äußerung darf jedoch nicht isoliert von den im Brief folgenden Bemerkungen betrachtet werden. Die Feststellung, daß er „seinen Sozialismus verleugnen" müßte, ist nicht der alleinige Grund seiner Kündigung beim „Berliner Börsen-Courier" gewesen – wie aus dem weiteren Text hervorgeht. Ihm ist zu entnehmen, daß Roth auch des Betriebsklimas dieser Zeitung aus privaten Gründen müde war. Wieweit allerdings diese persönlichen Gründe – „meine Empfindlichkeit" – nicht doch von den politischen Bedingungen abhingen, ist heute schwer zu beurteilen. Die Kränkung, die es Roth bedeutete, daß – wie es im Brief heißt – jemand „an der Wahrhaftigkeit meiner Aussagen zweifelte", kann natürlich auch mit der mangelnden Respektierung oder Berücksichtigung seiner sozialistischen Einstellung zusammenhängen. Festzuhalten bleibt aber, daß er als „die Ursache meiner Kündigung" sein Bekenntnis zum Sozialismus nennt.

Als weitere Bestätigung seiner bewußten und konsequenten Ausrichtung nach ‚links' muß die Wahl der bereits erwähnten nächsten Zeitung gelten, für die er nach der Kündigung am „Berliner Börsen-Courier" intensiv arbeitete: es handelt sich, wie schon erwähnt, um den „Vorwärts". Roth begann seine Tätigkeit bei diesem Blatt bereits im Juli 1922 mit einer kleinen Anzahl von Beiträgen, die sich jedoch nach dem Fortgang vom „Berliner Börsen-Courier" erhöhte. Roth zeichnete seine Feuilletons bei dieser Zeitung mit vollständiger Namensnennung, der Abkürzung „J. R." und „Josephus" – wie beim „Neuen Tag" –. Die sozialistische Richtung seines politischen Engagements kommt nun auch in der Wahl eines zusätzlichen, neuen Pseudonyms zum Ausdruck, unter dem er im „Vorwärts" einige Beiträge veröffentlichte. Es lautete: „Der rote Joseph" – obwohl er diese Spezifizierung beim „Vorwärts" wahrscheinlich gar nicht nötig gehabt hätte.

---

84 S. hierzu auch die Arbeit von Anton *Dang:* Die sozialdemokratische Presse Deutschlands, Diss. Frankfurt/M. 1928, S. 58f.

85 Professor David *Bronsen* überließ mir eine Fotokopie des Typoskripts. (Zusatz 1976: Briefe, S. 40)

86 Eine große Anzahl der Beiträge wurde in der Werk-Ausgabe veröffentlicht.

IV. HÖHEPUNKT DES POLITISCHEN ENGAGEMENTS – TÄTIGKEIT AM „VORWÄRTS" IN BERLIN

1. Der „Vorwärts" – Zentralorgan der Sozialdemokratischen Partei Deutschlands

Als Joseph Roth im Sommer des Jahres 1922 (87) für den „Vorwärts" zu schreiben beginnt, ist die wirtschaftliche Lage in Deutschland durch die wachsende Inflation und durch Not und Elend weiter Bevölkerungskreise gekennzeichnet. Auch die deutsche Presse wird durch die bedrohlichen wirtschaftlichen Verhältnisse vor große Schwierigkeiten gestellt. „Dem Beispiel von Stinnes folgend, bemühten sich Industrieunternehmen, die Not der Presse auszunutzen und Zeitungen für ihre eigenen Interessen einzuspannen" (88).

Der „Vorwärts" ist durch diese Situation nicht unmittelbar gefährdet. Als „Central-Organ der Sozialdemokratischen Partei Deutschlands" ist seine wirtschaftliche Stellung (89) verhältnismäßig stabil; sie wird noch gefestigt, als Ende September 1922 die „Freiheit", Organ der USPD, ihr Erscheinen einstellt, und der „Vorwärts" diesen Leserkreis teilweise übernehmen kann.

Der „Vorwärts" existierte seit dem 1. Januar 1891; er war damals aus dem „Berliner Volksblatt" hervorgegangen, das mit neuem Titel (90) erscheinen sollte. Nach dem Tode Wilhelm Liebknechts (91) im Jahre 1900, der Chefredakteur des Blattes war, wurde die Leitung von allen Redakteuren gemeinsam ausgeübt. Das Verhältnis zwischen den Mitgliedern des Parteivorstandes und den Redakteuren am „Vorwärts" war sehr oft durch Meinungsverschiedenheiten und Spannungen gekennzeichnet. Zu den politisch radikalen Redakteuren der frühen Jahre gehörte Rosa Luxemburg, die 1905 zwei Monate lang für den „Vorwärts" arbeitete; weil sie aktiv an der russischen Revolution teilnehmen wollte, gab sie die Stelle bald auf.

Die Partei stützte sich hauptsächlich auf die Arbeiterschaft; die sozialdemokratische Presse war deshalb stark auf deren Bedürfnisse zugeschnitten (92). Zu der Zeit, als Joseph Roth seine Tätigkeit beim „Vorwärts" aufnimmt, ist der Charakter der Zeitung in hohem Maße parteitheoretisch geprägt, was sich auf die Wahl der Themen, die in den Vordergrund gestellt werden, auswirkt. Die ausführ-

---

87 Sein erster Artikel erschien, soweit heute feststellbar, am 8. 7. 1922.

88 *Koszyk,* K.: Zwischen Kaiserreich und Diktatur. Zur Geschichte der Sozialdemokratischen Presse in Deutschland. Heidelberg 1958, S. 158.

89 Über die wirtschaftliche Lage und die Bedeutung der Sozialdemokratischen Presse geben die Untersuchungen von A. *Dang* wertvolle Hinweise: *Dang,* Anton: Die Sozialdemokratische Presse Deutschlands. Frankfurt/M. 1928, s. bes. S. 85ff.

90 Der vollständige Wortlaut des Titels: „Vorwärts, Berliner Volksblatt, Centralorgan der Sozialdemokratischen Partei Deutschlands".

91 Es sei an dieser Stelle angemerkt, daß W. *Liebknecht* beispielsweise auch für die „Fackel" schrieb. Über seine Artikel über die Dreyfusaffaire s. *Kohn,* Caroline: Karl Kraus, Stuttgart 1966, S. 58f.

92 In dem Zentralorgan der österreichischen Partei, das finanziell von der SPD unterstützt wurde, kam dies bereits im Titel zum Ausdruck: „Wiener Arbeiter-Zeitung".

liche Erörterung sozialpolitischer und volkswirtschaftlicher Probleme beansprucht größten Raum. Das Feuilleton, das seinen Platz auf der zweiten Seite unter dem Strich hat, nimmt keine bedeutende Stellung ein. Belehrung und Aufklärung der Arbeiter über politische Zusammenhänge stehen im Vordergrund. Man fürchtete, durch Einbeziehung „feuilletonistisch schillernder Schwätzereien" (93) das wesentliche politische Anliegen zu schwächen. Erst nach der Inflation lockerte sich der Stil der Parteipresse, was auch in der Aufnahme von Inseraten – noch zu Roths Zeiten eine Seltenheit – Ausdruck fand.

Neben Joseph Roth schrieb Paul Gutmann feuilletonistische Beiträge, die er auch unter dem Pseudonym „vir bonus" veröffentlichte. Friedrich Wendel, Alexander Weinbaum waren weitere Mitarbeiter. Die Nachrichten aus dem Kulturleben wurden, sofern sie gezeichnet waren, meist von John Schikowsky vermittelt. Auch der feuilletonistische Teil der Zeitung war natürlich in den Dienst der politischen Propaganda im weitesten Sinne gestellt.

2. Joseph Roths Tätigkeit am „Vorwärts"

a) Buntheit und Vielfalt der Beiträge

Joseph Roths Arbeit am „Vorwärts" zeichnet sich durch Vielfalt und Buntheit der Beiträge aus. Sie sind von unterschiedlicher Länge, gehen aber meist nicht über drei Spalten hinaus. Die Glosse und das Feuilleton herrschen vor, jedoch treten auch Mischformen auf. Die sachliche Erörterung eines politischen Themas und der „Bericht", die unter den Beiträgen im „Neuen Tag" anzutreffen waren, sind im „Vorwärts" nicht zu finden. Es kommen aber einige literarkritische Arbeiten hinzu, zu denen auch Theaterrezensionen gehören.

Durch die Vielfalt der Beiträge ergibt sich bei der Nachzeichnung von Roths Tätigkeit am „Vorwärts" eine methodische Schwierigkeit. Es ist kaum möglich, seine Arbeit mit sehr wenigen Einzelbeispielen zu charakterisieren, ohne eine große Anzahl von Beiträgen zu übergehen, die sich nicht systematisieren lassen. In fast allen Beiträgen zeigt sich jedoch politisches Engagement, das sich auf die Herausarbeitung von Klassengegensätzen in der Gesellschaft und auf den Kampf gegen die Reaktion richtet. Die Auseinandersetzung mit diesen Themenkreisen erfolgt in allen verwendeten Formen, allerdings bezieht sich die Glosse, ihrer Definition gemäß (94), meist auf aktuelle politische Anlässe.

Im folgenden sollen bei der Untersuchung der Beiträge die Gesichtspunkte der Gestaltung im Vordergrund stehen – im Gegensatz zu den Arbeiten im „Neuen Tag" sind die Beiträge in politischer Hinsicht konstant und lassen keine Variation erkennen.

---

93 *Franke,* Arno, in: Neue Zeit, Band 32, I, S. 22. Zitiert nach *Dang,* Anton, l. c. S. 38.
94 Z. B. von *Wilpert,* G.: Sachwörterbuch der Literatur, Stuttgart ^{4}1964, S. 250.

b) Politisches Engagement in literarkritischen Aufsätzen

Zu den Beiträgen, die am wenigsten ‚verstellt' Roths sozialistisches Engagement zum Ausdruck bringen, gehören die literarkritischen Aufsätze (95). Sie sind in den meisten Fällen Anlaß zu einem politischen Bekenntnis.

Die Theaterrezensionen im „Vorwärts" betreffen Stücke sozialkritischen Inhalts. Die Beiträge, die Ernst Toller gelten, beziehen sich ausdrücklich auf ihn als einen Autor der politischen Linken. Das Verdienst dieser Stellungnahmen besteht vor allem darin, daß, obwohl Roth zu Tollers Stück „Hinkemann" (96) ein politisch positives Verhältnis einnimmt, er dennoch kunstkritische „Objektivität" bewahrt. Diese Tatsache äußert sich nun etwa nicht nur ‚zwischen den Zeilen' oder in einer Nebenbemerkung. Sie wird in getrennten Abschnitten offen herausgestellt. Roth hält das Stück in künstlerischer Hinsicht für einen gut gemeinten Versuch: „Den reinen Willen besitzt Ernst Toller." Die Gestaltung des Stückes empfindet er als mangelhaft: „Das dramatische Gerüst ist schief. Die Rollen schlottern um die Personen." Die Idee wird nicht künstlerisch geformt, sondern höchstens „eingekleidet". Idee und Gestaltung durchdringen sich nicht. „Der treulich erlauschte Klang, die richtig beobachtete Erscheinung sind nicht in die Region des Überwirklich-Dichterischen gehoben." Für Roth haben die „Eingebungen einer spielerischen Phantasie" im „Hinkemann" nur ornamentalen Charakter. Das gestaltete Schicksal des Helden erscheint „nicht vorbedingt mal unabänderlich" mit seinem „Wesen" verknüpft. Das Urteil, das Roth in seiner Kritik fällt, ist eindeutig. Es beschönigt oder verhüllt den festgestellten Sachverhalt in keiner Zeile. Die Sympathie für die politische Haltung Tollers (97) hat die künstlerisch-kritische Beurteilung des Stückes nicht getrübt. Sie wird vom künstlerischen Urteil getrennt zum Ausdruck gebracht, beschränkt sich aber nicht auf den politischen Aspekt, sondern verbindet ihn später mit einem literarhistorischen:

> „Der künstlerisch unvollkommene Hinkemann berührt uns tief, weil er ein Proletarier ist, ein Opfer der herrschenden Klasse und jenes Krieges, den sie auf ihrem mangelhaften Gewissen hat."

Der „Hinkemann" wird von Roth als Auftakt zu einer literarhistorischen Wende gedeutet; er denkt dabei vor allem an die „Idee" des Stückes, jedenfalls daran,

---

95 Soweit uns bekannt, war Roths literarkritische Betätigung gering. Im „Neuen Tag" ist keine anzutreffen. Unter den Beiträgen im „Berliner Börsen-Courier" findet sich ein „Nachruf auf den lieben Leser" – 6. 8. 1922, in der Werkausgabe nicht enthalten –, in dem er auf die „Stilwandlung von Grund auf" Bezug nimmt, durch die die Apostrophierung des „lieben Lesers" endgültig unterbleibt. „Seitdem er sein schönes Attribut abgelegt hat, ist der Leser Empfänger ohne Widerhall. Fertiges Wort mißt er kühl und wägend und entscheidend ist sein Bedarf (an Gedanken, Wärme, Gefühl, Psychologie) für den Ankauf." – In der „Frankfurter Zeitung" schrieb Roth erst ab 1925 einige Buchbesprechungen. Allerdings ist Roth ein höchst aktiver Filmkritiker gewesen und hat in den Zwanziger Jahren eine Vielzahl interessanter Besprechungen geschrieben. Sie bedürfen eigener Untersuchungen.

96 „Hinkemann", 15. 4. 1924, s. Anhang S. 214f.

97 Noch ein weiterer Artikel im „Vorwärts" gilt Ernst *Toller:* „Gruß an Ernst Toller", 20. 7. 1924. Hier nimmt Roth zur Haftentlassung Tollers aus der bayerischen Gefangenschaft Stellung. Sie ist ihm Anlaß, gegen bürgerliche Presse und Parteien aufzutreten. Das mangelnde Interesse am Fall Toller wertet er als Furcht und als Instinktlosigkeit zugleich: „Sie erinnern an die Anekdote von jenem Kapitalisten, der seinen Dienern zurief, als ihn ein verhungerter Bettler besuchte: Schmeißt ihn hinaus! Er bricht mir sonst das Herz!" (Text s. Anhang S. 218f.)

daß in diesem Stück „der kommende Mensch" Gegenstand künstlerischer Gestaltung wird:

„Denn es führt, wie einmal das ‚Bürgerliche Trauerspiel' den Bürger statt der Könige, den Proletarier statt des Bürgers auf der Bühne ein."

Die Objektivität, die Roth bei der Besprechung der künstlerischen Gesichtspunkte des „Hinkemann" bewahrte, spricht auch aus der Rezension des Stückes „König Hunger" von Leonid Andrejew, dessen Aufführung er in der damaligen Zeit für eine politische Notwendigkeit hielt (98).

Nicht um Kritik um einen bestimmten literarischen Gegenstand im engeren Sinne geht es in dem Artikel „Der tapfere Dichter". Es handelt sich um eine kritische Bestandsaufnahme der zeitgenössischen deutschen Literatur unter besonderer Berücksichtigung der politischen Situation Deutschlands (99). Heinrich Mann, den Roth hier zitiert, wird im Zusammenhang des Artikels (100) als eine Ausnahmeerscheinung herausgestellt, die sich allein aus der unheilvollen Lage der deutschen Literatur der Gegenwart und der frühen Vergangenheit positiv abhebt. Die deutschen Dichter besitzen nach Roth keine politische Verantwortung. Die Flucht vor ihr ist gewissermaßen traditionell: „Seit Goethe halten sie es für ihre Pflicht, die obligate wirkliche und metaphorische Reise nach Italien zu unternehmen". Die mangelnde Wachsamkeit in politischen Fragen wird vom „deutschen Dichter" durch Zuflucht zu einer „abstrakten Heimat" kaschiert. Durch sein mangelndes soziales und öffentliches Interesse macht er sich an der Katastrophe mitschuldig, die Roth herannahen sieht: „In einigen Jahren, wenn die Republik eine Legende geworden, wird sie ihnen (den Dichtern) (101) das gegebene ‚distanzierte' Thema geworden sein". Roth hält im zweiten Abschnitt dieses Beitrages die Arbeiten Heinrich Manns für eine „Tat". Kritisches politisches Engagement sei in Deutschland als eine solche zu werten, wohingegen in anderen europäischen Ländern daran kein Mangel bestehe. Aus dem Artikel wird nicht so

---

98 Roth sieht die Bedeutung des Stückes vor allem in der politischen Aktualität des Stoffes: „Das Thema entschuldigt die Schwäche des Dramatikers, wenn es aktuell ist." Die Aufführung eines Stückes, das, künstlerisch gewiß nicht in allen Teilen gelungen, Vermittler eines politisch relevanten Themas ist, sei aus politisch-pädagogischen Gründen zu rechtfertigen: „In dieser Zeit ist diese Aufführung ein Verdienst der ‚Volksbühne'". Datum der Rezension: 29. 2. 1924. – Nicht Verdienst, aber „Berechtigung" schreibt Roth in pointierter Weise vier Einaktern zu, die wohl als Boulevardstücke zu bezeichnen wären. Sein Artikel „Pyjama-Literatur", 26. 3. 1924, bespricht eine Aufführung im Berliner „Intimen Theater". Die Stücke stammten von den Autoren A. *Neumann-Hofer,* R. *Lothar,* J. *Horst.* Roth nennt merkwürdigerweise in dieser kuriosen Theaterbesprechung keine Titel. Vielleicht kann diese Unterlassung mit seiner Verachtung derartiger „Klassendokumente" erklärt werden. Bei der Beurteilung läßt Roth die Qualitätsfrage unbeachtet. Der Gesichtspunkt, unter dem er sie betrachtet, ist ein rein politischer. Er zieht von den Stücken eine Verbindung zu populären Unterhaltungszeitschriften und faßt derartige Produkte unter dem Begriff „Pyjama-Literatur" zusammen: „Die Pyjama-Literatur ist die schillernde Fäulnisblüte aus dem Garten der bürgerlichen Gesellschaftsordnung". Diese blumige Diktion erinnert an die des redaktionellen Vorworts in der Wiener „Arbeiter-Zeitung" zu seinem Roman „Das Spinnennetz". Roth gesteht dieser Literatur das ungewollte Verdienst zu, die moralischen Verhältnisse des Bürgertums klarzulegen. Vielleicht hat er dabei übersehen, daß solche Boulevardstücke selten ein getreues Abbild innerer oder äußerer Verhältnisse sind, vielmehr hochstilisierte Produkte eines oft zweifelhaften Kunsthandwerks.

99 Der Artikel erschien 20. 2. 1924. – s. Anhang S. 207f.

100 Roth zitiert hier aus Heinrich Manns „Die Diktatur der Vernunft".

101 Zusatz in Klammern von der Verfasserin.

sehr eine „Aufforderung zu politischem Engagement" (102) deutlich als eine heftige Verzweiflung über die ihm ausweglos erscheinende politische Situation. Im Gegensatz zu den Theaterrezensionen – insbesondere dem Artikel über Ernst Toller –, wo der Kritik an den herrschenden Zuständen ein Wissen um eine „neue Klasse", den „kommenden Menschen" entgegengestellt wird, ist von dieser Hoffnung in dem Beitrag „Der tapfere Dichter" nichts vorhanden.

c) Bekenntnis zum Sozialismus im Feuilleton

Aus den Theaterrezensionen geht hervor, daß Roth bei Stücken, mit deren Themen er als Sozialist sympathisierte, einen nüchternen Kunstverstand bewies. Er sah die Schwierigkeiten, die sich bei einer künstlerischen Gestaltung politischer Anliegen ergeben. Da wir sein sozialistisches Engagement kennen, wird bei der Untersuchung seiner Feuilletons und Glossen besonders zu beachten sein, auf welche Weise er selbst dieses Problem löste und er sein politisches Anliegen gestaltete.

Ein wichtiges Beispiel für Roths sozialistisches Engagement jener Jahre bildet das Feuilleton zum ersten Mai 1923: „Der Feiertag" (103). Seine Zugehörigkeit zur sozialistischen Bewegung kommt bereits in der Wahl des Pronomens zum Ausdruck: indem er „wir" sagt, vollzieht er seine Zustimmung. „An unserem Feiertag schweigen alle Glocken (. . .)." Solidarität mit einer Gruppe, mit einer Klasse und Stolz auf das Erreichte – „unseren Feiertag" – klingen hier an. Dem „wir" stehen „sie" entgegen, „die Bürger, die Offiziere (. . .), die schwergeprüften Fabrikanten (. . .), die rückwärts gewendeten Regierungs- und Landräte" sind Geschöpfe eines Gottes, der nur für diese Klasse zuständig ist. Sie „empfinden diesen Feiertag als eine Lästerung göttlicher Gebote" – und Roth ahmt hier die biblische Sprache nach, obwohl er pointiert einen falschen Inhalt referiert –: „die da besagen, daß wir arbeiten müssen, auf daß jene unbehindert den Ämtern, dem Geld und der Ehre näherkommen". Hier kommt zum Ausdruck, daß die „auserwählten Klassen" über die Gebote Gottes im Sinne eigensüchtiger Interessen verfügen und sie verfälschen. Die Anklänge an die biblische Sprache finden sich noch an einer anderen Stelle des Feuilletons: „Denn, wenn sie's nicht mit eigenen Augen sehen, glauben sie (. . .)", sie könnten über die ganze Erde verfügen, als gäbe es nicht „die unbekannten Menschen aus den Tiefen". Ihre Feiertage, „an die sie glauben" (104), erschöpfen sich im Formalen: „bezahlte Küster", „das Rot im Kalender" kennzeichnen ihren Feiertag. An dem neuen Feiertag jedoch, der nicht in überlieferten Formen erstarrt ist, der nicht mit verdinglichtem Bewußtsein erlebt wird, „ist keine Rast, sondern Arbeit am Aufstieg". Die Bürger haben sich den „unbekannten Menschen" zu Herrschern gemacht und sich über sie erhöht: „Indes wir durch die Straßen schreiten, sitzen sie auf dem Balkon (. . .)". Doch, obwohl ihnen das Geld die Welt erschließt, sie Reisen in zauberhafte Fernen machen, können sie doch den Klang der „ganz anderen" Glok-

---

102 F. *Hackert* hat den Beitrag in seinem Katalog aufgenommen und ihn, kaum richtig, charakterisiert als „eine Rezension von Heinrich Manns ‚Die Diktatur der Vernunft' und Aufforderung zu politischem Engagement". *Hackert,* S. 163.

103 S. Anhang S. 204f.

104 Der Passus lautet: „(. . .) glauben sie nur an jene Feiertage, an denen die von ihnen bezahlten Küster die Glocken in Bewegung setzen". Sie glauben an die Feiertage, Gott wird nicht erwähnt.

ken nicht überhören: „(. . .) ihr Klang ist nicht golden, sondern eisern, denn es sind die Klänge von übermorgen und nicht jene von gestern. Wer sie nicht hört, ist taub".

d) Stilparodien im sozialkritischen und politischen Feuilleton

Auch in anderen, weniger stark bekenntnishaften (105) Feuilletons finden sich Stilanklänge an andere Gattungen. Unter den sozialkritischen Feuilletons fällt eine Stilhaltung auf, die aus der Perspektive einer künstlichen Naivität gesellschaftliche Zusammenhänge aufdecken will. Solch eine Intention begegnet zum ersten Mal in dem Feuilleton „Die Freuden des Winters" (106). Obwohl es die durchschnittliche Länge von einer Spalte nicht überschreitet, trägt es ausnahmsweise einen Untertitel. Er hat programmatischen Charakter und verrät etwas über die Absicht des Autors: „Fürs deutsche Lesebuch bearbeitet von Joseph Roth". Der erste Satz: „Der Winter ist eine lustige Jahreszeit", ist in einer kindlichen Ausdrucksweise formuliert. Er bleibt jedoch als Bestätigung des Titels in dieser harmlosen Aussage isoliert. Pointierte Zuspitzungen wie: „Diese Jahreszeit hat alle Eigentümlichkeiten einer kapitalistischen Institution" erinnern aber durch den Gebrauch der umständlichen Formulierung „Eigentümlichkeiten" an schlechten Lesebuchstil. Aufzählungen, antithetische Gegenüberstellungen sind die Stilmittel, mit denen Roth arbeitet; in dieser Auswahl sind sie sicherlich dem schlechten Lesebuchstil nachgestaltet. Ein biblisches Zitat, das verkehrt wird: „Gewinnen ist seliger denn geben", eine Zusammenfassung am Schluß: „So hat auch der Winter seine Schönheiten", sind weitere formale Ähnlichkeiten. Dieses Gerüst füllt Roth mit zeit- und sozialkritischen Bemerkungen aus. So ist das Programm des Untertitels „fürs deutsche Lesebuch bearbeitet (. . .)" in doppelter Weise zur Erfüllung gelangt. Roth parodiert den schlechten Lesebuchstil und dessen belehrende Intention; dabei kann er sie sich gleichzeitig für sein Anliegen zunutze machen.

Ebenfalls einem Beispiel aus dem ‚pädagogischen' Bereich folgt er in dem Feuilleton „Der Frühling, die schönste Jahreszeit" (107), das den Untertitel trägt: „eine Hausarbeit von Joseph Roth". Auch Ludwig Thoma bediente sich schon einmal dieses ‚Musters' (108). In seiner Studie „Der Krieg" schreibt ein „Schüler" einen Aufsatz über den Krieg. Indem dieser Stil durchgehalten wird, der Knabe mit entsetzlicher Schläue die Dinge schreibt, die man von ihm erwartet, gibt der Aufsatz Aufklärung über einen sich entwickelnden Opportunisten, dessen kindliche Unbekümmertheit aber in kritischer Weise Licht auf die Umgebung wirft, die von ihm solche Balanceakte erwartet. Er kommt diesen Erwartungen bereitwillig entgegen, weil er auf Belohnung hofft. Die psychologisierende Intention fehlt in Roths Feuilleton. Die Kritik ist ‚direkter' und eindeutiger. In Thomas Aufsatz ergab sich die Kritik aus den ‚Brüchen', aus dem Nebenein-

105 Starke Zukunftsgewißheit spricht auch aus dem Feuilleton „Der chinesische General" (19. 1. 1924). Hier wird der Gedanke der internationalen Gleichheit der Klassen gestaltet. Die internationale Solidarität des herrschenden Militarismus besteht schon: „(. . .) nur die Kulis aller Länder, die gelben, die braunen, die schwarzen, die weißen, haben noch nicht erfahren, daß sie auch Brüder sind" (s. Anhang S. 206f.).

106 Es erschien am 30. 12. 1922, s. Anhang S. 199.

107 24. 3. 1923, S. Anhang S. 202f.

108 „Der Krieg. Ein Schulaufsatz". In: „Der Münchner im Himmel." München ^{5}1968, S. 144/5.

ander von grausamen Vorstellungen und Gedanken einerseits und frischer, unbedenklicher Ausdrucksweise des Schülers andererseits. In dem Rothschen Feuilleton besteht der Bruch hauptsächlich nur in der Differenz zwischen Überschriften und Inhalt des ausgeführten Textes. In der Eingangsformel folgen Roth und Thoma demselben Muster: der Schüler bei Thoma bringt gelehrig seine Lateinkenntnisse an: „Der Krieg (bellum) (109) (. . .)"; der ‚Schüler' Joseph Roth erfüllt seine Pflicht, die Verbindung von Frühling und ‚Poesie' herzustellen: „Der Frühling, auch „Lenz" genannt, (. . .)". Der Aufsatzstil wird jedoch wie der Lesebuchstil im vorigen Beispiel nicht vollständig durchgehalten. Deshalb fällt im Gegensatz zur Thomaschen Studie eine Dimension der Kritik aus. Dennoch kann aus der Verwendung des Stils einer „Hausarbeit" ein neues Kriterium gewonnen werden. Hier schreibt einer, der sich anfänglich scheinbar harmlos den Konventionen fügt, im weiteren Verlauf des Textes aber unerwartete Inhalte formuliert und damit offen die Konventionen verhöhnt. Er macht die Kluft zwischen wirklichkeitsferner „Lenzpoesie" und den gesellschaftlichen Verhältnissen sichtbar. Aufzählungen, ein beliebtes Mittel im Schulaufsatz, um Kenntnisse anzubringen, dienen hier der schockierenden Verbindung von Gegensätzen.

> „Die Bettler enthüllen ihre Gebrechen und die vornehmen Spaziergänger ihre Frühlingstoiletten. (. . .) Der unbegrenzte Genuß der linden Lüfte ist nur den Auserwählten gestattet und den Arbeitslosen. Jenen behagt es, diese sterben infolge des ungewohnten Vergnügens."

Statt die Substantive zu wiederholen, werden brav-umständlich die Pronomen verwendet. Eine verallgemeinernde, geschwätzige Feststellung kommentiert die beiden letzten Sätze: „Es ist nicht jedermanns Sache, in vollen Zügen zu genießen." Im Schulaufsatz würde man sie altklug nennen, hier, in diesem Zusammenhang ist sie voll ätzender Schärfe. Auch in dieser „Hausarbeit" begegnen Anspielungen auf biblische Wendungen: von den Auserwählten, d.h. den Reichen, heißt es: „sie leben wie die Lilien im Felde, für sie wachsen die Anzüge bei den Schneidern (. . .)". In der Verbindung dieser beiden Satzteile wird die Sorglosigkeit ihrer Existenz deutlich. Sie können wie die Lilien im Felde leben, weil für sie gesorgt ist. Die Welt ist auf ihre Bedürfnisse zugeschnitten.

Der Schreiber dieser „Hausarbeit" hat nicht die Naivität des Thomaschen „Schülers". Er bringt seine Feststellungen als Provokationen vor. Es ist möglich, daß Roth hier bewußt den „Kleinen Moriz" in Erinnerung bringen will. Seine Perspektive wird nicht vollständig eingehalten, sie erscheint dennoch feststellbar.

In der Glosse „Der kleine Moriz in der Windjacke" (110) skizziert er den früheren „Stammgast der Witzblätter". „Vorlaute Arroganz" war ein Merkmal dieser Figur, die scharfsichtig und unbestechlich ihre Meinung sagte. „Der Typ des vorlauten, frühreifen, intellektuellen Judenknaben", der nach Roths Ausführungen als „Abart", d. i. „der völkische kleine Moriz in der Windjacke" weiter existiert, – „seht wie er sich im Laufe der antisemitischen Zeiten verändert hat (. . .)!", scheint wohl auch in dem Frühlingsfeuilleton aufzutreten. Er setzt sehr bestimmt – und das unterscheidet ihn von dem Thomaschen Schüler – seine intellektuellen kritischen Fähigkeiten ein, um die Erwachsenen zu schockieren. Roth bedient sich im Feuilleton seiner Perspektive, um nicht den „Erwachsenen", aber den „Sorglosen" die Ungerechtigkeit der sozialen Verhältnisse vor Augen zu führen.

---

109 Zur Unterscheidung: das Wort „bellum" steht im Originaltext in Klammern.
110 Sie erschien am 1. 5. 1924, s. Anhang S. 216f.

Die Perspektive des „kleinen Moriz" kann nicht für alle sozialkritischen Feuilletons festgestellt werden, wohl aber bei vielen die Verwendung von Gattungen, die der Belehrung dienen (111). Das gilt für „Die Freuden des Winters, fürs deutsche Lesebuch bearbeitet von Joseph Roth", aber auch für das politische Feuilleton „Der Korpsstudent" (112). Dieses Feuilleton gliedert sich in drei Teile. Im ersten werden die äußeren ‚Merkmale' geschildert, im zweiten das Lebensgefühl, im dritten die ‚Carriere'. Ohne den Begriff ‚politisch' ein einziges Mal zu nennen, gelingt es Roth, den Typus des reaktionären Akademikers darzustellen. Bereits im „Neuen Tag" hatte er in einem erörternden Beitrag versucht, seinen Ansichten von der Gefährlichkeit dieses Typus Ausdruck zu verleihen (113). Im Feuilleton „Der Korpsstudent" bedient er sich nachahmend eines ‚informierenden' Stils und geht von der Beobachtung der äußeren Erscheinungen aus. Die heftige Kritik wird durch die Verwendung des kühl-sachlichen Stils eines Nachschlagewerks (114) gestaltet. Er erweist sich darüber hinaus als angemessen zur Gestaltung des Gedankens, daß es sich beim „Korpsstudenten" nicht um ein individualpsychologisches, sondern um ein gesellschaftliches Problem handelt:

> „Der Korpsstudent ist das einzige zoologische Lebewesen, dessen „Vorkommen" nicht von geographischen und klimatischen Verhältnissen abhängig ist, sondern von staatlichen und nationalen. Während er also in Ländern, welche dieselben biologischen Bedingungen haben wie Deutschland, entweder bereits ausgestorben oder überhaupt nicht entstanden ist, kommt er bei uns in zahllosen, durch die („Couleur" genannte) Färbung voneinander verschiedenen Gattungen vor".

In den weiteren Sinn einer ironisch gemeinten Belehrung, einer nur vorgespiegelten Information kann auch das Feuilleton „Der Prinz" (115) gestellt werden. Im Stil einer Kleinreportage für eine Illustrierte Zeitung schildert Roth mit ironischer Anteilnahme die Umgebung und den Tagesablauf eines deutschen Prinzen im Jahre 1922. Der Bericht ist in parodistischer Weise vornehmlich für die weibliche Leserschaft verfaßt:

> „Ihr Blick verweilt auf seinem Porträt in der Illustrierten Zeitung länger als auf den Schnitten der Modebeilage. Sie finden ihn sogar interessanter als die Plauderei über die letzte Pariser Schuhform"

„Die Frauen im Lande" sind besonders stark an den Lebensgewohnheiten eines Prinzen interessiert:

> „Der Prinz lebt in stiller Abgeschlossenheit, der Arme".

Die durch das Komma entstandene Pause beinhaltet einen ironischen Seufzer. Der Bericht über den Prinzen schildert das, was das Publikum über einen Prominenten gerne liest, wobei die Betonung auf der Heraushebung wertvoller Charaktereigenschaften liegt:

> „Im Sommer steht der Prinz um acht Uhr auf, im Winter schon um neun".

---

111 Hierzu gehört im weiteren Sinn auch die „Hausarbeit". – Es sei noch erwähnt, daß auch *Polgar* einen „Schulaufsatz" schrieb: „Das Leben ist der Güter höchstes nicht."

112 Es erschien am 24. 2. 1924, s. Anhang S. 209f.

113 S. den Aufsatz: „Die reaktionären Akademiker".

114 Roth kennzeichnet in dem Feuilleton „Der gut angezogene Herr" (20. 9. 1922, s. Anhang S. 196f.) nochmals ein „Gattungsexemplar". Dieses ist politisch nicht gefährlich, sondern nur „Gegenstand in den Journalen der eleganten Welt."

115 Es erschien am 8. 7. 1922, s. Anhang S. 194f.

Hier wird in spöttischer Weise auf geforderte Selbstdisziplin angespielt; auch die Bescheidenheit kommt zur Sprache:

> „Der genügsame Prinz greift die Tasse nur mit vier Fingern und spreizt den fünften, kleinen ganz weit und vornehm weg".

Sorgsam registriert die Reportage, wie er die Zeit zwischen Frühstück und Mittagessen ausfüllt: „Nach dem Frühstück reitet der Prinz." Die „Förster" und „Oberförster", denen er begegnet, bangen um einen Gruß:

> „Ein gütiges Geschick treibt manchmal einen von ihnen vor die Pferdehufe. Dann schlagen sie die redlichen Jägeraugen auf und grüßen".

Der Prinz legt grundsätzlich großen Wert auf ausdrucksvolle Blicke, die ihn seiner Wertschätzung vergewissern. Deshalb legte „der verständige Optiker einen frommen Ausdruck von Untertanendemut" in die künstlichen Augen der Hirsche und Rehe im Jagdzimmer des Prinzen. Bei dieser Feststellung macht Roth eine sehr aggressive politische Anmerkung (116):

> „Von allen für den Prinzen gefallenen Lebewesen befinden sich in seiner Wohnung nur die Häupter der Hirsche und Rehe. (. . .) Die Tiere erinnern in ihrem seelenvollen Blick an ausgemusterte und von einer Hoheit angesprochene Kadetten."

Der Prinz selbst wird erst am Nachmittag politisch aktiv, und auch das nur „zweimal in der Woche". Mit einem General, der aus Berlin anreist, führt er Gespräche:

> „Der Prinz und der General plaudern von Vergangenheit und Zukunft".

Der Prinz läßt die Gegenwart außer acht, doch er hofft auf neue Macht in der Zukunft. Gegen diese Bestrebungen reaktionärer Kräfte wendet sich Roth auch mit diesem Feuilleton. Gleichzeitig mokiert er sich über das Bedürfnis in der Bevölkerung nach Berichten, in denen Lebensgewohnheiten (117) der Prominenz ausgebreitet werden. Die Neugierde auf Mitteilungen ist unreflektiert; sie erkennt nicht die politische Bedeutung mancher Persönlichkeiten und verkennt damit die Gefahr, die sie für die Demokratie darstellen. Illustriertenreportagen verwischen und verharmlosen politisch relevante Zusammenhänge. Auch dieses Feuilleton ist, wie die anderen, die sich im Stil an Gattungen anlehnen, die der Belehrung dienen, auf Aufklärung gerichtet.

e) Groteske Elemente im gesellschaftskritischen Feuilleton

Der Begriff der „panoptikalen Sehweise" (118), den I. Plank als ein Hauptmerkmal des feuilletonistischen Stils Joseph Roths herausgearbeitet hat, kann auch in Zusammenhang mit einigen Feuilletons im „Vorwärts" gebracht werden. F. Hakkert (119) stellt die panoptikale Sehweise mit Recht in den Kreis des Wiener

---

116 Der mild-ironische Erzählton, in dem sie ausgedrückt wird, läßt den Einfluß *Polgars* erkennen.

117 Das Bedürfnis nach „Enthüllungen" greift Roth auch in dem Anfang des Feuilletons „Zoo im Frühling" an. (7. 4. 1923) „Den lieben Menschen zum Wohlgefallen hat man den Zoo wiedereröffnet und das intime Familienleben der Tiere enthüllt" (s. Anhang. S. 203).

118 *Plank,* S. 44.

119 *Hackert,* S. 42f.

Feuilletons. Alfred Polgar, Karl Kraus, Peter Altenberg wären zu nennen. In der Erwähnung der verfremdenden Perspektive, aus der der Mensch als Automat, als Marionette gesehen wird, läßt sich beim Rothschen Gebrauch noch eine weitere Dimension gewinnen. Metaphorische Sprache – „(. . .) organische und mechanische Elemente zu einem einheitlichen Bild von Natürlichkeit und Künstlichkeit verbunden" (120), dienen Roth dazu, die gesellschaftliche Minderbewertung arbeitender Menschen dazustellen.

Nahe an der Grenze zum Grotesken liegen die Bilder, die Roth in dem Feuilleton „Die Abseits-Menschen" (121) entwirft. Sie werden von musikalisch gestalteten Anfangssätzen eingeleitet:

> „Eine Droschke wartet, im Regen, vor der Diele . . ."

Die Pausen, die die Satzteile voneinander trennen, sind auf musikalische Weise eingesetzt. Die Teile ‚tropfen', sie sind nicht verbunden. Das Bild ist farblos. Drinnen in der Diele dagegen findet man Verbundenheit, Geselligkeit, Wärme und Farbe. Hier sieht man „angeschmiegt kreisende Paare". „Die Diele hat alle ihre Lichter rötlich besänftigt, (. . .)" (122). Doch die Menschen, die Roth in diesem Feuilleton schildert, gehören nicht zu dieser Gesellschaft, sie sind nur zu ihrer Bedienung da; sie sind „Abseits-Menschen". Sie werden von den Besuchern der Diele nicht als Menschen angesehen, sondern als zweckgebundene Institutionen. Wenn es von dem Portier heißt:

> „Vor der Drehtür wacht, goldbetreßt und imposant, ein Portier. Sein Schnurrbart mitten im Gesicht ist ein blonder Draht und läuft in zwei feine, aufwärtsgereckte Spießhaken aus, an denen man, wenn alle Kleiderrechen schon benützt sind, je einen Stadtpelz aufhängen könnte."

so wird hier der Gedanke in ein Bild gebracht, der Portier sei nichts weiter als ein „Kleiderrechen", ein Ding. Das groteske Bild dient der Darstellung der Verdinglichung gesellschaftlicher Beziehungen. Der Mensch wird auf seine berufliche Funktion reduziert. In einem Vergleich wird dieser Gedanke ausgesprochen:

> „Wenn er wirklich einmal: Guten Abend! sagt, antwortet ihm keiner, als wäre er ein Automat oder ein Grammophon."

Der Portier ist zu einem Automaten degradiert worden. Die Besucher wollen keinen menschlichen Kontakt herstellen. Sie erwarten für ihre Bezahlung die Dienstleistungen einer Bar. Dazu gehören „Kleiderrechen" in ausreichendem Maße, an die man „Stadtpelze" hängen kann, Begrüßung am Eingang. Nur von solchen Besuchern, die „die Menschen nicht mehr einschätzen" können, das heißt, die sie nicht nur auf ihre beruflichen Funktionen und ihre gesellschaftliche Stellung hin

---

120 *Hackert*, S. 42.

121 Das Feuilleton erschien am 7. 1. 1923. S. Anhang S. 200f.

122 Die Atmosphäre einer „Bar" schildert Roth auch in einem anderen Feuilleton. („Bar" 20. 10. 1922, s. Anhang S. 197). Auch hier beschreibt Roth ihre rötlichen Lichter: „In der Bar ist die Musik gedämpft wie das Licht. (. . .) Die Musik spielt einen rötlich gedämpften Foxtrott." Die eben zitierten Sätze scheinen mir wieder den Einfluß *Polgars* zu zeigen. Die Synästhesie in der Darstellung entwickelt sich hier natürlich besonders aus dem mit allen Sinnen aufgenommenen Gegenstand. Die Worte „rötlich gedämpften Foxtrott" enthalten außerdem ein nachahmendes Element, ihr Rhythmus bezieht sich auf den Rhythmus des Foxtrott, die Dumpfheit der Vokale und Konsonanten imitiert spielerisch gedämpfte Blasinstrumente (wie sie etwa beim „Salon-Jazz" verwendet werden).

ansehen, wird ein Kontakt hergestellt. Der Betrunkene fällt aus seiner gesellschaftlichen Rolle, er tut das, was er in nüchternem Zustand nicht nötig hätte und auch nicht unternähme. Er „antwortet" dem Portier. Als er „zugeschaukelt kommt", weiß der Portier sogleich Bescheid: er „lächelt gönnerhaft und mit Kennermiene." Normalerweise

> „(. . .) greift (er) immer mit der Rechten an die goldene Kappentresse, wie einer, der grüßen will, aber es doch unterläßt."

Der Portier übt eine kleine Rache, er behandelt jetzt den betrunkenen Gast wie einen Automaten. Er sagt „Guten Abend!" und weiß schon: „der Betrunkene antwortet". Er antwortet automatisch. Der Portier ist befriedigt, er hat das Verhältnis vertauscht.

Auch der Kutscher ist für die Besucher der Bar (123) nicht bedeutungsvoller als seine Kutsche. In der Formulierung kommt dies zum Ausdruck: „die Droschke (. . .) besteht aus einem Gefährt, einem Kutscher und einem Pferd." Hier stellt das Bild dar, was dann im Begriff zusammengefaßt wird:

> „Dann steht er unten und beweist, daß ein Kutscher (. . .) nicht ein Bestandteil der Droschke ist."

Der Dienstmann ist in dem Augenblick, in dem Roth von ihm spricht, ohne Beschäftigung; seine Funktionslosigkeit ist offenkundig. Er hat nur die Bedeutung einer „Verzierung":

> „Der Dienstmann hockt auf einem Schemel, an die Wand gedrückt, eine rot- und dunkelangestrichene Verzierung."

Im weiteren Verlauf des Feuilletons erscheint noch ein „grauhaariger Mann aus der Toilette und sieht geblendet in die tönende Helle, (. . .)". Es ist der Toilettenwärter. Er ist für Sauberkeit zuständig. Deshalb heißt es von ihm im Vergleich: „Er lehnt wie ein zufriedener Besen an seiner Tür und lächelt" (124). Die arbeitenden Menschen werden nur als Verkörperung der erwarteten Dienstleistungen angesehen. Roth verwendet die grotesken Bilder und Vergleiche hier in gesellschaftskritischer Absicht. „Diente Schnitzler diese Metaphorik zur Formulierung psychologischer Ahnungen und Kraus zur Darstellung der Perversionserscheinungen seiner Zeit (und) handhabte sie Polgar nornehmlich um ihres ästhetischen Reizes willen" (125), – so ist sie bei Roth überwiegend darum eingesetzt, um die Verdinglichung menschlicher Beziehungen darzustellen.

f) Überarbeitungen aus dem „Neuen Tag"

Die Überarbeitung und erneute Verwendung von bereits veröffentlichten Artikeln ist in der journalistischen Praxis nichts Ungewöhnliches. Sie gehört im erweiterten Sinne zum Begriff der ‚Routine', der mit dem Journalismus in Verbin-

---

123 In dem Feuilleton „Bar" wird die Bardame als ein Bestandteil der Einrichtung gekennzeichnet: „Hinter dem Bartisch wächst aus der Mitte von Flaschen und Likörgläsern eine hochfrisierte Blondine hervor, wie eine Reklame."

124 Im „Vorwärts" erschien ein Feuilleton, das diese Figur zum Gegenstand hat: „Der Mann in der Toilette" (20. 1. 1923, s. Anhang S. 201f.). Roth hat darauf in seinem Roman „Die Rebellion" zurückgegriffen (s. S. 128f. der Arbeit). – Auch *Polgar* schilderte dieses Milieu in „Dort unten".

125 *Hackert,* S. 42. Zusatz in der Klammer von der Verfasserin.

dung gebracht wird. Wie bereits erwähnt, arbeitete auch Roth während seiner journalistischen Tätigkeit des öfteren mit Übernahmen. Die Feuilletons (126) „Zoo im Frühling", „Menschen am Sonntag", „Cochinchina" sind Bearbeitungen der im „Neuen Tag" erschienenen (127) „Tiere", „Fenster", „Cochinchina". Das Feuilleton „Tiere", das in kritischer Weise auf politische Verhältnisse und auf menschliche Schwächen anspielte, sieht in der späteren Fassung im „Vorwärts" von Kritik an aktuellen Ereignissen ab. Durch die Eliminierung von lokal- und zeitbezogenen Hinweisen ist es aus dem Wiener Zusammenhang herausgenommen worden. Hierzu gehört die Streichung des Satzes: „Im Schönbrunner Park kann man wieder die Tiere sehen." Im „Vorwärts" heißt es stattdessen in einer Mischung von Anklängen an die biblische Sprache und Illustriertenstil:

> „Den lieben Menschen zum Wohlgefallen hat man den Zoo wiedereröffnet und das intime Familienleben der Tiere enthüllt."

Auf die deutliche Anspielung, daß er im folgenden zwischen Mensch und Tier nicht klar unterscheiden werde – „in den Käfigen sind nur noch sehr wenige (Tiere)" – wird in der späteren Fassung gänzlich verzichtet. Bis auf die Schilderung des Bären, die um die Hälfte verkürzt worden ist, sind die Tierbeispiele unverändert übernommen worden. Zu den Streichungen von „Wiener Symptomen" (128) gehört die Passage:

> „Die meisten Käfige sind leer. Die Herrschaften haben die Monarchie nicht überleben wollen und mit einer aristokratischen Geste ihre Behausungen Staatssekretären freigegeben. Ihre hochvornehmen lateinischen Visitenkarten haben sie mitgenommen."

Der Vergleich „Affenhaus" mit „Parlament" ist ebenfalls im „Vorwärts" weggefallen. Es ist möglich, daß Roth eine solche systemimmanente Kritik – auch, wenn sie voll ätzender Schärfe war – zum damaligen Zeitpunkt überflüssig erschien. Die erste Fassung endete bieder und deutlich: „Sonst sind keine Tiere im Schönbrunner Park zu sehen." Dieser Schlußsatz ist in der zweiten Fassung durch einen anderen ersetzt worden, der eine populär-philosophische Anspielung enthält: „Der Mensch ist gut . . .".

Eine weitere Übernahme stellt das Feuilleton „Menschen am Sonntag" (129) dar, das aus einer Umarbeitung des Feuilletons „Fenster" (130) hervorgegangen ist. In beiden Stücken handelt es sich um die Schilderung von Beobachtungen, die von einem Fenster aus in der Nachbarschaft gemacht werden. In der ersten Fassung werden folgende Einzelbeobachtungen aneinander gereiht: Familienleben in einer Wohnung, eine Etage, aus der ein Grammophon tönt, eine Dachwohnung, in der eine Katze auf die Rückkehr ihrer Besitzerin wartet. In der überarbeiteten Fassung finden wir nur die Schilderung des Familienlebens und die Katzenepisode wieder. Die Beobachtung der Etage mit dem Grammophon ist weggefallen, dafür ist die Charakterisierung eines ärmlichen Buchhalters aufgenommen worden. Im Feuilleton „Menschen am Sonntag" geschehen die Beobachtungen im Ablauf eines Sonntags. Die kleinbürgerlichen Charakteristiken des beobachteten Familienlebens sind stärker betont worden. Die Mutter, die in der

---

126 7. 4. 1923, s. Anhang S. 203f.; 4. 2. 1923; 27. 11. 1922, s. Anhang S. 198f.

127 7. 3. 1920, s. Anhang S. 188f.; 25. 4. 1920, s. Anhang S. 192f.; 15. 2. 1920, s. Anhang S. 181f.

128 Wie erwähnt, war das der Titel einer Reihe von Beiträgen Roths im „Neuen Tag".

129 Vgl. die ein wenig erweiterte Fassung in Werke III, S. 287 - 289.

130 S. Anhang S. 192f.

ersten Fassung „(. . .) den ganzen Tag besänftigend über den Tischläufer (. . .)" strich, wird im „Vorwärts" als unangenehm und hartherzig geschildert: „Sie züchtigt die Kinder, weil sie das Tischdeckchen verschieben." In beiden Fassungen wird erwähnt, daß der Erzähler dem rutschenden Deckchen Abhilfe verschaffen wollte. Die Reaktion auf dieses Angebot wird in beiden Fällen verschieden formuliert. Im früheren Feuilleton heißt es: „Aber sie glättet ihn immer noch", im späteren, in dem die kleinbürgerlichen Charakteristiken betont werden: „Aber sie prügelt die Kinder immer noch." Weil es aber Sonntag ist und die Menschen „sich gewandelt haben" – „Gott im Herzen und Morgenkaffeegeschmack noch im Mund" – werden die Kinder ausnahmsweise nicht bestraft. Die Mutter steht ungewohnt friedlich „(. . .) am Fenster und ergötzte sich an des Kanarienvogels Deklamationen". Die Buchhalter-Schilderung, die neu aufgenommen ist, zeigt einen Menschen, der am Sonntag die Freiheit vom Beruf genießt und dabei Mut schöpft, am Montag seine Stellung zu kündigen (131). Die Katzenepisode, die beide Fassungen abschließt. ist inhaltlich nicht verändert worden. In beiden Feuilletons kommt der Gedanke zum Ausdruck, daß die Katze die wahre Besitzerin ihrer Herrin ist. Beide Episoden gipfeln in der Pointe, daß die Katze ihre spät heimkehrende Herrin entlassen will. In der ersten Fassung wird diese Pointe jedoch besser vorbereitet, die Details werden bis zu ihr hin gesteigert. Gleich im Einleitungssatz deutet sich eine Spannung an, die aus dem mißverständlichen Anschluß eines Relativsatzes entsteht: „Im vierten Stock, just mir gegenüber, wohnt eine grauweiß getigerte Katze, die sich ein ältliches Mädchen hält." In der zweiten Fassung fehlt diese Vorbereitung. Stattdessen schaltet sich der Erzähler mit einer Vermutung ein, die die Beobachtungen unterbricht und sich ungünstig auf die Geschlossenheit der Darstellung auswirkt: „Ich glaube, sie zählt die Schläge, denn sie wartet auf ihre Herrin."

Das Feuilleton „Cochinchina" aus dem „Neuen Tag", das die Schilderung eines Besuchers im „Panorama" zum Thema hat, ist unter demselben Titel in den „Vorwärts" übernommen worden. Es wurde lediglich gekürzt; die Kürzungen haben keine Veränderungen des Inhalts und der Intention zur Folge. Dieses Feuilleton hat keinen politischen Charakter, es gestaltet die Erinnerung an ein Kindheitserlebnis. Eine durch Überarbeitung entstandene Politisierung eines früheren Feuilletons ist nur stellenweise in dem Feuilleton „Menschen am Sonntag", das aus dem Beitrag „Fenster" im „Neuen Tag" hervorging, festzustellen.

g) Aktuelle Kommentare – Glosse und Dialog

Wie schon früher dargestellt, gehen in Roths Arbeiten verschiedene Stilzüge ineinander über. Viele Beiträge sind gar nicht daraufhin angelegt, ihre Wirkung aus der Einhaltung einer bestimmten Perspektive – beispielsweise der „panoptika-

---

131 Hier sei erwähnt, daß das Feuilleton „Menschen am Sonntag" in einer ein wenig erweiterten Fassung bereits im „Berliner Börsen-Courier" unter demselben Titel erschienen war (3. 7. 1921). Beide Fassungen differieren kaum. Lediglich über den Buchhalter wird in der BBC-Fassung zusätzlich berichtet: „Und Gabriel ist bestimmt sein Vorname." Roth knüpft hier an ein Motiv an, das er bereits in einer Geschichte verarbeitet hatte, die im „Neuen Tag" erschienen war: „Karriere" (7. 3. 1920). In der Geschichte wird ein Ausschnitt aus dem Leben des kontaktarmen Buchhalters Gabriel Stieglecker erzählt, der entgegen seinem festen Entschluß nicht den Mut findet, zu kündigen. Er schlägt eine bessere Stellung aus, weil er sich durch ein unbedeutendes Geschenk seines Chefs verpflichtet fühlt. – Vgl. S. 55 dieser Arbeit und s. S. 184 ff. im Anhang.

len" oder der naiven des „kleinen Moriz" – zu beziehen. Die Betonung des Gespenstischen, Unwirklichen, die I. Plank am Beispiel des Beitrages „Vienne" (132) erläutert, begegnet auch in denjenigen Arbeiten im „Vorwärts", die als Glossen bezeichnet werden können. Hier werden Anspielungen auf den Bereich des Geisterhaften eingesetzt, um Kritik an politischen Ereignissen auszudrücken. Als Beispiele sollen die Artikel „Die Parade" (133) und „Geträumter Wochenbericht" (134) herangezogen werden.

In dem Artikel „Die Parade" (135) nimmt Roth kritisch zu dem Sinn militärischer Gedenkfeiern Stellung. Er bezeichnet diese Veranstaltungen als Zwischenstationen im Kreislauf der Kriege:

> „Der General befiehlt den Heldentod, dann kommt man auf eine Gedenktafel, dabei hält der General eine Rede für den neuerlichen Heldentod und dann kommt wieder die Gedenktafel."

Die Verwendung des grotesken Elementes geschieht im Zusammenhang des Aufsatzes in sehr plakativer Weise: „Aber manchmal erschüttert mich eine schaurige Vision." Diese Feststellung ist nicht nötig, sie ist überflüssig, wirkt wie eine unerlaubte Gesprächigkeit, die das Folgende sehr ‚geschickt' einführen muß.

> „Ich sehe, wie die toten Soldaten, (. . .) des Nachts, wenn die Generäle schlafen, zu der Gedenktafel marschieren. Voran trommelt der Tod den Fridericus-Rex-Marsch."

Diese Bilder wurden nicht durch den vorhergehenden Zusammenhang vorbereitet. Die Details steigerten sich nicht zum Unheimlichen. Hier könnte man Roths Bemerkung von den „Kettengliedern ohne Bindung" (136) zitieren, die durch einen schwachen Verbindungssatz gehalten werden. Die Glosse „Die Parade" wendet sich – wie viele Beiträge im „Vorwärts" – gegen den Militarismus und die politische Reaktion.

Besser gelingt es, das Motiv des Unwirklichen und Gespenstischen einzusetzen, wenn Roth es wie im „Geträumten Wochenbericht" in ironisch-kritischer Absicht verwendet. Mit Vehemenz nimmt er den Standpunkt eines „Fastnachtstraums" ein, um die Unbegreiflichkeit der Vorgänge anläßlich des Hitler-Prozesses in München deutlich zu machen:

> „Ich leugne die Wirklichkeit des bedeutenden Ereignisses, das in dieser Woche Deutschland so schwer betroffen hat; ich leugne die Wirklichkeit des Hitlerprozesses."

Die kategorische Weigerung, die Wirklichkeit als solche anzuerkennen, ist das Mittel, durch das er dann beispielsweise den folgenden Teil:

> „In München öffnen sich die Gräber der Weltgeschichte und aus ihnen steigen die begraben gewähnten Leichname."

in den Zusammenhang integrieren kann. Die Beteuerung des Traumhaften bereitet auch eine ausdrückliche Rechtfertigung des Genres vor. Roth schreibt:

---

132 Werke III, S. 523; *Plank*, S. 51.

133 13. 5. 1923, s. Anhang S. 205f. (Der rote Joseph).

134 24. 3. 1924, s. Anhang S. 210f.

135 Vgl. die Feuilletons von *Polgar*, die sich auf dieses Thema im weiteren Sinne beziehen – z. B. „Perspektiven" und „Der unbekannte Soldat".

136 Brief vom 11. 2. 1926 an Bernhard *von Brentano;* s. auch S. 44 dieser Arbeit. (Zusatz 1976: Briefe, S. 78f.)

„Infolgedessen degradiere ich das Ereignis dieser Woche und zerre es aus den Regionen des ernsten Leitartikels in die tieferen unter dem Strich. Es ist kein Ereignis des politischen Lebens, sondern der geistigen Dekadenz. Es ist keine Gerichtssaalsitzung, sondern eine spiritistische Séance."

Die Anspielungen auf das Gespenstische und Traumhafte sind in dieser Glosse eingesetzt, um den aufkommenden Rechtsradikalismus anzugreifen.

Eine besondere Form der politisch-journalistischen Auseinandersetzung mit der Reaktion stellt unter den Beiträgen im „Vorwärts" der „Dialog" dar, den Roth anstelle einer Glosse verfaßte. Diese Beiträge (137) haben den Charakter kleiner Kabarettszenen. „Alfred und Eduard, zwei unpolitische Naturen, die sich aber leidenschaftlich für die Politik interessieren (. . .)", führen ein Gespräch über „Das Wochenereignis" (138), über „Walhall" (139) und über den „deutschen Professor" (140).

Die Dialoge sind nach dem Frage- und Antwortprinzip aufgebaut. Eine von beiden Figuren ist immer diejenige, die naiv-direkte Fragen stellt, die andere gibt dann ausführlichen Bescheid. Im „Dialog über Walhall" erweist sich „Eduard" als derjenige, der über die Platzverteilung in der Götterburg dem ungläubig fragenden „Alfred" bereitwilligst Auskunft gibt. Die Kritik in diesem Beitrag ist vor allem auf Ludendorff (141) gerichtet, der auch im „Gespräch über den deutschen Professor" erwähnt wird. Hier ist „Alfred" derjenige, der über die Verhältnisse an den deutschen Universitäten unterrichtet ist:

„Sie (die Professoren) sind höchstens das Agitationsmaterial im Wahlkampf der nationalistischen Parteien."

Die Angriffe gelten vor allem der nationalistisch gesonnenen Professorenschaft, für die in diesem Dialog der Germanist Roethe stellvertretende Bedeutung hat. Die Ideologisierung der Wissenschaft wird in aggressiver Weise herausgestellt:

„Die Chemiker sind praktische Naturen, die Germanisten romantische. Aber deutsche Professoren sind sie alle, das heißt: Menschen, denen der geistige Stahlhelm über Augen und Ohren gerutscht ist, so daß sie Stimmen und Erscheinungen der Außenwelt nicht mehr wahrnehmen können."

Die Dialoge tragen ausgeprägt polemischen Charakter. Roth hat sie, soweit es heute überblickbar ist, in späterer Zeit nicht mehr verwendet.

Den letzten Beitrag Roths im „Vorwärts", bevor er seine Tätigkeit dort aufgibt, bildet die Erstveröffentlichung seines Romans „Die Rebellion". Sie erstreckt sich auf die Zeit vom 27. 7. bis 29. 8. 1924. Bereits im April 1924 hatte Roth ein ausgewähltes Kapitel im Vorabdruck erscheinen lassen (142). Die Vielfalt der Beiträge Roths im „Vorwärts" wird hierdurch weiter bereichert. Wie dargestellt wurde, setzt sie sich aus Theaterrezensionen, Feuilletons und Glossen

---

137 Roth nahm hier, wie bereits erwähnt, eine Anregung aus dem „Neuen Tag" auf. Hierüber s. S. 50.

138 9. 3. 1924.

139 30. 3. 1924. (Zusatz 1976: Der Neue Tag, Köln/Berlin 1970, S. 51f.)

140 13. 4. 1924, s. Anhang S. 212f.

141 Gegen Ludendorff richtet sich noch eine weitere, höchst polemische Glosse „Ludendorff und das Schlachtvieh". Sie erschien am 7. 3. 1924. Roth sah in Ludendorff die Verkörperung des gefährlichen Militaristen und Reaktionärs (s. Anhang S. 211f.).

142 Es handelt sich um das 16. Kapitel des Romans. Im Vorabdruck trug es den Titel „Der Häftling" (20. 4. 1924).

zusammen, in denen fast ausnahmslos Roths sozialistisches Engagement erkennbar wird. In den Feuilletons ist eine Neigung zur Stilparodie festzustellen, die im weitesten Sinn dem Wunsch nach politischer Aufklärung entspricht. In den Glossen hat diese Intention die Gestaltung des „Dialogs" zur Folge, der ebenfalls belehrenden Charakter trägt.

V. RESIGNATION UND ABWENDUNG VOM POLITISCHEN ENGAGEMENT – TÄTIGKEIT FÜR DIE „FRANKFURTER ZEITUNG“ / REISEBERICHT AUS SÜDFRANKREICH UND RUSSLAND

1. *„Im Mittäglichen Frankreich“*

a) Roths Beiträge zur „Frankfurter Zeitung" (1923 – 1926) – ein kurzer Überblick

Joseph Roth war seit Januar 1923 neben seiner Tätigkeit am „Vorwärts" Berliner Korrespondent für die „Frankfurter Zeitung". Die Beiträge, die er in den Jahren 1923 bis 1926 verfaßte, trugen vornehmlich den Charakter kleiner Lokalreportagen (143). Roth schrieb über „Die Toten ohne Namen" (21. 1. 1923), er berichtete über das Berliner „Sechstagerennen" (26. 2. 1923), über den „Wahlkampf in Berlin" (29. 4. 1924), über Kinomusik: „H-Moll im Kino" (5. 3. 1923), über „Mütter in der Revue" (27. 10. 1923) – der Beitrag galt den „Tillergirls". „Verlegertee", „Aida-Rummel" waren Ereignisse aus dem Berlin der zwanziger Jahre. Häufig finden wir Berichte über Filmvorführungen, Zirkus, Variété, Panoptikum. Von einer großen Zahl der Arbeiten gilt wohl eine Feststellung von Karl H. Horst: „Der Inhalt läßt uns merkwürdig kalt. Was kümmern uns die Hutmoden à la Asta Nielsen, die Boxstars (. . .)" (144). Dennoch sind aber einige Beiträge Roths zu der „Frankfurter Zeitung" im Rahmen einer Erforschung seiner politischen Haltung in ihrer Entwicklung von besonderer Bedeutung, nämlich die Reiseberichte „Im Mittäglichen Frankreich" und „Reise in Rußland".

b) Die Verwechslung der Beiträge Roths aus Südfrankreich – Feuilletons und „Reisebuch"

Joseph Roths Reise in das „Mittägliche Frankreich" hat in literarischer Hinsicht einen doppelten Ertrag gebracht: Wie sich bei einer Überprüfung der Quellen zu der Werk-Ausgabe herausstellte, hat er seine Eindrücke von der Reise in Feuilletons für die „Frankfurter Zeitung", die bisher nicht wieder veröffentlicht worden sind, *und* in einem Reisebuch gestaltet. Die Beiträge, die in der Werk-Ausgabe als Feuilletons der „Frankfurter Zeitung" bezeichnet werden, sind nicht mit diesen identisch und hätten die damaligen Leser der Zeitung sicherlich erstaunt, die die früheren Reiseberichte Roths kannten. Die Eindrücke, die er von Reisen durch Galizien, Deutschland und das Ruhrgebiet für die „Frankfurter Zeitung" berichtet hatte, waren diesen wenig ähnlich. Sie entwarfen sicher umrissene Bilder der bereisten Gegend mit ausdrucksstarken Details und sie zeichneten sich durch eine Prägnanz der Formulierung aus, die Vorbedingung für ein Zeitungsfeuilleton ist und gleichzeitig künstlerische Gestaltungskraft verrät. Schon in der

---

143 Vgl. das Verzeichnis der Arbeiten im Quellenverzeichnis S. 139ff.
144 Merkur 11., Jg., 110, 1957, S. 395.

Länge würden sie sich von den meisten Beiträgen, die Roth in der „Frankfurter Zeitung" „unter dem Strich" schrieb, unterscheiden.

Durch die Nachforschungen im Rahmen dieser Arbeit konnte jetzt erstmals festgestellt werden, daß es sich hier um eine folgenreiche Verwechslung zweier verschiedener „Gattungen" handelt, die auch verknüpft ist mit der Verwechslung der schriftstellerischen und journalistischen Absicht Roths. Vorwegnehmend sei angedeutet, daß durch dieses Mißverständnis der Journalist Roth unterschätzt wurde, der, wie er schon im „Neuen Tag" und im „Vorwärts" bewiesen hatte, die Gattungsgesetze des Feuilletons einfallsreich zu erfüllen wußte.

Die Verwechslung der Beiträge ist jedoch durch eine merkwürdige Übereinstimmung äußerer Daten teilweise verständlich und erklärbar.

Die Reihe „Im Mittäglichen Frankreich" (145), die in der Zeit vom 8. 9. bis zum 4. 11. 1925 in der „Frankfurter Zeitung" erschien, besteht aus zehn Feuilletons. Die Prosaarbeit mit demselben Titel („Im Mittäglichen Frankreich"), die in der Werk-Ausgabe abgedruckt ist, setzt sich ebenfalls aus zehn ‚Kapiteln' zusammen. Die Anzahl und der Titel stellen jedoch die einzigen Gemeinsamkeiten dar. Bereits die Überschriften der einzelnen Teile differieren:

Werk-Ausgabe	Frankfurter Zeitung
Die weißen Städte	Lyon, 8. 9. 25
Lyon	Kino in der Arena, 12. 9.
Vienne	Nichts ereignet sich in Vienne, 15. 9.
Tournon	Tournon, 23. 9.
Avignon	Stierkampf am Sonntag, 1. 10.
Les Beaux	Marseille, 15. 10.
Nîmes und Arles	Ein Bootsmann, 17. 10.
Tarascon und Beaucaire	Die Gasse der Liebe, 21. 10.
Marseille	Nizza, 26. 10.
Die Menschen	Ein Kino im Hafen, 4. 11. 25

c) Roths briefliche Mitteilungen über die Feuilletons

Es sei hier versucht, zunächst von außerliterarischer Seite her eine Erklärung zu geben. Roth schrieb von seinem Aufenthalt in Südfrankreich im Frühjahr und Sommer 1925 einige Briefe (146) an Bernhard von Brentano und Benno Reifenberg. Aus ihnen geht hervor, daß er die Beiträge für die „Frankfurter Zeitung" schon im August 1925 an die Redaktion schickte, die dann in der Zeitung von September bis November 1925 erschienen. Roth schrieb am 22. August aus Marseille an Brentano: „Der Frankfurter Zeitung habe ich sieben Artikel geschickt. (. . .)" und von dort am 26. August an Benno Reifenberg: „Ich habe der Feuilletonredaktion heute drei Feuilletons geschickt." Obwohl Roth in den Mitteilungen keine Titel und keine genauere Bezeichnung nennt, ist doch anzunehmen, daß die „sieben Artikel" vom 22. 8. und die „drei Feuilletons" vom 26. 8. eben die zehn Beiträge darstellen, die dann in der Zeitung abgedruckt wurden.

---

145 Vollständige Wiedergabe, s. Anhang S. 220ff.

146 Zusatz 1976: Inzwischen sind sie im Briefband publiziert; im folgenden verweise ich jeweils auf die dortigen Seitenzahlen.

d) Roths briefliche Mitteilungen über das „Reisebuch"

Auch zur näheren Bestimmung der Arbeit in der Werk-Ausgabe können wir aus den genannten Korrespondenzen Hinweise entnehmen. Bereits im Juni 1925 – also einige Monate vor der Abfassung der Feuilletons – hatte Roth Pläne, die jedoch noch sehr unbestimmt waren, ein Buch über seinen südfranzösischen Aufenthalt zu schreiben. Er berichtete darüber kurz an Brentano (147): „Wahrscheinlich schreibe ich ein Buch über Marseille."

Die nächste, uns heute vorliegende Mitteilung, die er über das geplante Buch machte, ist in dem Brief vom 18. August an Benno Reifenberg enthalten. Die Angaben sind sehr viel konkreter geworden; der Titel der entstehenden Arbeit wird bereits genannt, aus dem hervorgeht, daß Roth das Thema „Marseille" erweitert hatte: „Ich habe Material für ein schönes Buch mit dem Titel ‚Die weißen Städte' für den Buchverlag" (148).

Es ist anzunehmen, daß die Beiträge in der Werk-Ausgabe unter dieser Überschrift zusammengefaßt werden müßten. Wahrscheinlich stellen sie das Reisebuch – oder das Konzept –, von dem Roth schrieb, dar. Es ist heute unbekannt, ob Roth diese Fassung veröffentlichen wollte, ob er sie überhaupt als abgeschlossen ansah. Wie wir aus dem Brief vom 11. September 1925, den er an Brentano aus Paris schrieb, entnehmen können, begann er wohl mit dem Schreiben des Reisebuchs Anfang September – also zu einer Zeit, als die ersten Feuilletons schon in der Zeitung abgedruckt worden waren. „Ich bin sehr beschäftigt, ich fange morgen mein Reisebuch an und will damit Ende September fertig sein. (. . .) Ich fahre wahrscheinlich mit dem fertigen Buch selbst nach Frankfurt." (149) Es konnte bisher nicht festgestellt werden, ob jemals ein Reisebuch von Roth veröffentlicht wurde; wir nehmen daher an, was noch näher erläutert werden soll, daß die Arbeit in der Werk-Ausgabe zu Lebzeiten Roths nicht publiziert worden ist und aus seinem Nachlaß stammt.

e) Aspekte der Interpretation

Der geplante Buchtitel stellt in der Werk-Ausgabe die Überschrift des ersten Kapitels dar. Dieses erste Kapitel hat durch seinen bekenntnishaften Charakter oftmals zu Mißverständnissen geführt. (Möglicherweise hat auch die unrichtige Bezeichnung der gesamten Arbeit ein falsches Vorverständnis bewirkt.) Besonders die ersten beiden Absätze sind wiederholt für ‚direkte Aussagen' Roths gehalten worden:

> „Ich wurde eines Tages Journalist aus Verzweiflung über die vollkommene Unfähigkeit aller Berufe, mich auszufüllen. Ich gehörte nicht der Generation der Leute an, die ihre Pubertät mit Versen eröffnen und abschließen. Ich gehörte noch nicht der allerneuesten Generation an, die durch Fußball, Skilauf und Boxen geschlechtsreif wird. Ich konnte nur auf einem bescheidenen Rad ohne Freilauf fahren und mein dichterisches Talent beschränkte sich auf präzise Formulierungen in einem Tagebuch."

Ilse Plank schreibt hierzu: „So knapp und aggressiv diese Einleitungssätze (. . .) sein mögen, so lernen wir doch den Autor durch sie kennen (. . .)" (150). Sie

147 Brief vom 14. 6. 1925. (Zusatz 1976: Briefe, S. 48)
148 18. 8. 1925. (Zusatz 1976: Briefe, S. 54f.)
149 11. 9. 1925. (Zusatz 1976: Briefe, S. 66f.)
150 *Plank*, S. 10.

hält diesen Anfangspassus für „eine subjektiv gehaltene, autobiographische Einleitung". Diese Interpretation erscheint übereilt (151). Sie dürfte aber auch aus methodischen Gründen nicht zu unterstützen sein, weil die künstlerische Gestaltung nicht berücksichtigt wird. Auch die Interpretation des zweiten und dritten Abschnittes des Einleitungskapitels durch P. W. Jansen, durch die eine Verbindung Roths zur Romangestalt des Theodor Lohse im „Spinnennetz" hergestellt wird, setzt voraus, daß der Passus (152) ein Bekenntnis des Autors enthält. Die Feststellung, daß diese Einleitung darüber Aufschluß gebe, „wie sehr sein (Roths) Wirklichkeitsbewußtsein mit dem seiner Gestalten korrespondiert" (153), halte ich aus den oben genannten Gründen für anzweifelbar.

Im folgenden soll versucht werden, die Gedanken und Bekenntnisse des Ich-Erzählers zu charakterisieren und dabei von einer Verbindung mit den wenigen biographischen Gesichtspunkten, die wir haben, abzusehen. Es erscheint methodisch richtiger, die Aufmerksamkeit zuerst der Gestalt des Ich-Erzählers zuzuwenden und erst darauf die Berechtigung zu einem biographischen Ansatz zu überprüfen.

f) Das Reisebuch – „Kritik an Deutschland"

Das Bekenntnis, das im ersten Kapitel (154) abgelegt wird, charakterisiert den Ich-Erzähler als einen Menschen, der sich in Deutschland fremd in der Zeit fühlt. Die Kluft, die der Krieg zwischen Kindheit und Gegenwart gerissen hat, empfindet er als ein selbstverschuldetes Leiden. Er stellt sich in die Generation derjenigen, „(. . .) die Ursache, Werkzeug und Opfer einer großartigen Zerstörung gewesen sind."

Für seinen Reisebericht hat er ein Programm. Im Gegensatz zu vielen Reisebüchern, die ihm unvollständig zu berichten scheinen, weil sie „(. . .) mit historischer Sicherheit" von der Gegenwart sprechen, will er auch dem Leser von sich selbst berichten. Er will „in sich selbst lauschen": „Ich kann nur erzählen, was in mir vorging und wie ich es erlebte."

Der folgende Teil des Bekenntnisses enthält konkretere Angaben. Er bildet einen merkwürdigen Gegensatz zum Abschluß des vorherigen, in dem ein Stilzug aus Roths Romanen (155) – die Einbeziehung des Lesers in ein „wir" – auftritt, der eine Verbindung vom Erzähler zum Leser intendiert. Die grundsätzliche, weltbetrachtende Haltung wird mit einer konkreten Situation in Verbindung gebracht. Konnte man im letzten Absatz noch eine Zuwendung zum Leser erkennen: „Und ehe wir ein Wort niederschreiben, hat es nicht mehr dieselbe

---

151 Zusatz 1976: Diese Beurteilung wird auch von der inzwischen erschienenen Biographie gestützt.

152 Der Passus, den *Jansen* heranzieht, beginnt: „Seit jeher mangelte es mir an Herz. Seitdem ich denken kann, denke ich mitleidslos. Als Knabe fütterte ich Spinnen mit Fliegen. Spinnen sind meine Lieblingstiere geblieben. Von allen Insekten haben sie, neben den Wanzen, am meisten Verstand. Sie ruhen als Mittelpunkt selbstgeschaffener Kreise und verlassen sich auf den Zufall, der sie nährt. Alle Tiere jagen der Beute nach. Von der Spinne aber könnte man sagen, sie sei vernünftig, sie sei in dem Maße weise, daß sie das verzweifelte Jagen aller Lebewesen als nutzlos und nur das Warten als fruchtbar erkannt hat." *Jansen* interpretiert bis: „Wirklichkeit lebe".

153 *Jansen,* S. 45.

154 Im folgenden wird aus Band III der Werk-Ausgabe zitiert.

155 Z.B. von den frühen: „Die Rebellion".

Bedeutung. Die Begriffe, die wir kennen, decken nicht mehr die Dinge", so bleibt das „wir" im zweiten Absatz unklar: „Denn uns umgibt ein Zaun, uns Menschen, die wir zur deutschen Welt sprechen." Hier wird eine Distanz „zur deutschen Welt" angedeutet, die aber im darauffolgenden Satz nicht geklärt, sondern unkenntlich wird: „In Deutschland ist der ‚Begriff' heilig und unwandelbar. Wir glauben an die Nomenklatur." Dies bedeutet wiederum eine andere Identifizierung, die mit der deutschen Welt, von der aber doch „ein Zaun" trennte. „Der Zaun" erweist sich im nächsten Absatz als eine ganz konkrete Grenze: Er trennt Frankreich von Deutschland. Der Erzähler erlebt die Reise in das Land „hinter dem Zaun" als eine Rückkehr in eine Heimat. Heimat ist jedoch für ihn gleichbedeutend mit Kindheit. Als Kind hatte er von den „weißen Städten" geträumt; nun, als er hinfährt, erlebt er die Erfüllung eines Kindheitstraums. Beide Erlebnisse, die Empfindung von Heimat und die Erfüllung des Kindheitstraums vermischen sich. Im Kennenlernen des Landes „hinter dem Zaun" wird die vergessene Vergangenheit wieder lebendig; beide Erfahrungen verschmelzen und stellen auf diese Weise die Ich-Identität des Erzählers her: „Hinter dem Zaun gewann ich mich selbst wieder." Die Konkretheit, mit der von deutschen Verhältnissen gesprochen wurde – „Die ‚Realpolitik' rechnet mit gegebenen ‚Tatsachen'" –, verschwimmt wieder und steht aufs neue in unglücklicher Spannung zu den weltanschaulichen Erörterungen. Dem Leser will das Glück des Erzählers, das ihm in dem neuen Land widerfuhr, nicht vollständig deutlich werden. Es erscheint mehr als eine Beschwörung denn als ein Erleben. Eine merkwürdige Gespaltenheit zwischen ausführlichen Beteuerungen und unbewußten Einschränkungen tritt hier zutage:

> „Glückliches Land, in dem man wieder träumen kann und glauben lernt an die Mächte der Vergangenheit, von denen wir dachten, sie wären, wie so vieles, ein Irrtum und eine Lüge des Lesebuches." (S. 516)

Einen Absatz vorher hieß es:

> „Wie wenig weiß diese Welt (156) von den Lawinen, die langsam heranrollen! Werden sie nicht bis hierher gelangen?" (S. 516)

Rationaler Vorbehalt mischt sich mit Bereitschaft zum Träumen. Der Jubel über eine wiedergefundene Hoffnung verdrängt die Zweifel an ihrer Beständigkeit. Die Reise erweist sich als eine Flucht vor den „Lawinen". Sie ist Konsequenz einer Kapitulation. Diese Kapitulation wird ausführlich begründet; deutsche Verhältnisse werden mit dem Weltgeschehen in Verbindung gebracht. Er flieht vor Deutschland, weil dort an einer „verstorbenen letzten Vergangenheit" in „kindischer" Weise festgehalten wird und die Einflüsse „des Ostens" und des „kapitalistischen Amerikas" im Kampf liegen. Er lernt im „mittäglichen Frankreich" jedoch wieder an die „Mächte der Vergangenheit" glauben, an die „mächtige Kulturtradition des antiken und mittelalterlichen Europas". In dem Bekenntnis liegt ein deutliches Mißverhältnis zwischen der großen Gebärde zur Vergangenheit und dem ungeduldigem Fingerzeig auf die politische Aktualität.

Das Mißverhältnis ist auch am sprachlichen Ausdruck ablesbar. Saloppe Formulierungen – „Und während uns die Älteren Tag für Tag mit ihrer Mahnung (. . .) in den Ohren liegen (. . .)" – wechseln mit „weltanschaulich" befrachteten Sätzen: „Wir kommen, mit der ganzen Weisheit des Jenseits beladen, wieder herab zu den ahnungslosen Irdischen. Wir haben die Skepsis der metaphysischen Weisheit." Ungeduld spricht aus vielen Formulierungen; allzu deutlich soll sie

---

156 D. i. „Das Mittägliche Frankreich".

von der großen Gebärde verdeckt werden. Das Bekenntnis bleibt unklar, das neue Glück unglaubwürdig. Die Harmonie, von der gesprochen wird, erweist sich als eine verkrampft herbeigeholte, künstliche Harmonisierung. Die großen Verbindungen, die er aufzeigt, verraten den hastigen Atem eines Menschen, der sie mit Anstrengung schaffen will. Obwohl er sagt und beteuert, daß er seine Identität gefunden habe, wird jedoch aus der Gestaltung seines Bekenntnisses deutlich, daß er sie sucht. Er sucht sie im „mittäglichen Frankreich". Seine schriftstellerische Absicht war es, „(. . .) von seinen Stimmen zu berichten"; aus den einzelnen Reiseberichten spricht, „was in mir vorging und wie ich es erlebte":

> „Ein paar Kilometer liegen zwischen dem Triumphbogen und den weißen Ruinen. Schmal sind die Grenzen der Epochen. Ein Schritt trennt die Zeiten. Trennt er sie? Ist das eine Grenze? (. . .) Gibt es wirklich verschiedene Welten? Gibt es nicht eine einzige? Was uns trennend erscheint, ist es nicht einigend? Kein Führer gibt Antwort. Wir sind da, um zu sagen. Wir sind da, um zu glauben." (S. 541)

Unbewußte Zerrissenheit drückt sich in seinen Beobachtungen und Feststellungen aus. Sprach er in mutwilliger Forschheit von romantischen Begriffen – „Ich fahre niemals mehr in die ‚Fremde'. Welcher Begriff aus einer Zeit der Postkutsche!" –, so verrät der Bericht aus „Tournon" mehr von seiner inneren Einstellung zu ihnen, als er formulieren wollte:

> „Ich bin nicht mit der Bahn nach Tournon gekommen, sondern zu Fuß. Drei Tage war ich unterwegs. Ich bin die Rhône entlang gegangen, ohne Plan, ohne Führer und ohne länger als eine Nacht zu rasten."

Das „Reisebuch" schließt mit einem Kapitel, das den Titel trägt „Die Menschen". Auch aus ihm wird das Harmonisierungsbestreben deutlich, das alle vorhergehenden durchzieht. Ins Unfreiwillig-Komische wird es in den letzten drei Sätzen gesteigert:

> „Wie heiter ist das Leben! Aber wie leicht ist die Heiterkeit! Wie weit ist der Tod, obwohl überall Gräber sind, obwohl man täglich überall Menschenknochen findet und Monumente bloßlegt."

g) Abstinenz vom politischen Engagement

Ehe wir den (wie schon angedeutet) berechtigten Ansatz eines Vergleichs des hier gestalteten Bekenntnisses mit Roths damaliger persönlicher Lage verfolgen, erscheint es methodisch günstig, noch einmal äußere Daten zu bedenken. Roth hatte aus ungeklärten Gründen seine Tätigkeit am „Vorwärts" Ende des Jahres 1924 aufgegeben. Da wir aus der Zeit danach keine literarisch faßbaren Äußerungen eines sozialistischen Engagements haben, ist daraus zu schließen, daß sich seine Interessen verschoben hatten. Diese Annahme berechtigt noch nicht, eine Veränderung seiner Stellung zum Sozialismus zu vermuten. Ganz vordergründig wäre zuerst festzustellen, daß Roth sich ein anderes Forum gewählt hatte. Er schrieb nicht mehr für einen Leserkreis, dem er sich durch eine gleichgerichtete politische Meinung verbunden wissen konnte. Die Artikel für die „Frankfurter Zeitung" boten wenig Möglichkeit zu politischen Äußerungen, wurden von ihm gar nicht dazu verwendet. Der Bericht von der „Reise durch Galizien" enthielt nur einen sozialkritischen Beitrag: „Die Krüppel", der ein polnisches Invalidenbegräbnis schildert. (Dieser Aufsatz ist in der Werk-Ausgabe nicht aufgenommen.) In der „Reise durch Deutschland" (ebenfalls nicht in der Werk-Ausgabe aufgenommen) finden sich einige wenige politische Bemerkungen, die aber nicht mit denen zur Zeit seines Engagements am „Vorwärts" vergleichbar sind.

Gänzlich ‚unpolitischen' Charakter haben die veröffentlichten Feuilletons aus Südfrankreich (157); sie sind vornehmlich unterhaltsamer Natur und beinhalten keine gedanklichen Erörterungen. In ihnen werden keine philosophischen und kulturhistorischen Probleme berührt. Die Themen und die Darstellung weisen überwiegend weder politische noch sozialkritische Dimensionen auf. Im Rahmen einer Nachzeichnung der politischen Haltung Roths in ihrer Entwicklung muß hier auf eine erläuternde Darstellung der Arbeiten verzichtet werden.

In das Jahr 1925, das in politischer Hinsicht, wie bereits erwähnt, von Zurückhaltung und Resignation Roths bestimmt wird, fällt die Veröffentlichung der beiden Arbeiten „April. Die Geschichte einer Liebe" und „Der blinde Spiegel. Ein kleiner Roman". Auch diese Arbeiten stehen nicht in einer Verbindung mit den bekannten journalistisch-politischen Interessen Roths. Weder hat er sie, soweit festgestellt werden konnte, zuerst in Zeitungen erscheinen lassen – wie die drei Romane der Jahre 1923 und 1924 –, noch können in ihnen Themen oder Motive festgestellt werden, die aus dem Bereich seiner Feuilletons oder der politischen Arbeiten stammen. Im „Blinden Spiegel" konzentriert sich die Darstellung auf eine Frauengestalt. Nur in der Erzählung „Barbara" (158), die 1918 in „Österreichs Illustrierte Zeitung" erschienen war, hatte Roth bisher ein Frauenportrait entworfen; in den drei erwähnten Romanen bilden Frauen nur immer Nebengestalten. „Der blinde Spiegel" ist wie die Feuilletons und das Reisebuch auf der Südfrankreichreise entstanden (159). Veröffentlicht wurde er jedoch erst am Ende des Jahres; Roth schickte ihn im November 1925 (160) an den Dietz-Verlag. Wie „Der blinde Spiegel" hat auch „April. Die Geschichte einer Liebe" für eine Erforschung der Entwicklung des politisch-journalistischen Engagements Roths nur eine indirekte Bedeutung, denn die von einer starken Erzähleranteilnahme begleitete Darstellung der „kleinen Fini" und das Psychogramm, das in der Ich-Erzählung „April" gestaltet wird, sind nur ganz am Rande sozialkritisch ausgerichtet. Eine aufklärerisch-politische Intention steht bei der Darstellung zwischenmenschlicher Beziehungen in beiden Arbeiten nicht im Vordergrund. Trotz ihrer gattungsbedingten Verschiedenheit gegenüber den Arbeiten in der „Frankfurter Zeitung" können sie im Hinblick auf ihre Bedeutung für die politische Haltung Roths im Jahre 1925 mit den Feuilletons zusammengefaßt werden.

Um noch eindeutiger und konkreter zu erfassen, in welcher Weise die Auseinandersetzung mit aktuell-politischen und historisch-weltanschaulichen Themen im Reisebuch, als dem politischen und literarischen ‚Gegenstück' besonders zu den Feuilletons, mit der damaligen politischen Haltung Roths vergleichbar sind, seien noch einmal außerliterarische Zeugnisse herangezogen.

Aus den Briefen Roths an Bernhard von Brentano und Benno Reifenberg geht hervor, daß Roth seiner Reise nach Südfrankreich die Bedeutung einer vorläufigen Überbrückung seiner Resignation über die politischen Verhältnisse in Deutschland gab:

---

157 Sie stellen sicherlich einen Höhepunkt der Essaykunst Joseph Roths dar.

158 Vgl. S. 39 dieser Arbeit.

159 Dies geht aus dem Brief vom 14. 6. 1925 an *v. Brentano* hervor. (Zusatz 1976: Briefe, S. 48)

160 Roth an *v. Brentano:* Berlin, 29. 11. 1925. (Zusatz 1976: Briefe, S. 67f.)

„Meine Begeisterung (über Frankreich) (161) ist nicht kleiner geworden, meine Trauer über Deutschland nicht geringer. (. . .) Ehe wir eine deutsche Nation geworden sind, gibt es eine europäische. Vielleicht mit Ausschluß der deutschen. (. . .)"

Die Wachsamkeit gegenüber antidemokratischen und reaktionären Strömungen, die seine politische Haltung seit 1919 ausgezeichnet hatte, erschien Roth nun vergeblich und wirkungslos. Die „Begeisterung" über Frankreich, besonders über den Süden, als einer letzten nicht „amerikanisierten" und „bolschewisierten" Insel in Europa und die „Trauer über Deutschland", die Roth empfand, sind in dem Reisebuch verarbeitet worden. Es enthält, wie wir jetzt feststellen können, viele autobiographische Elemente, ist jedoch nicht als Autobiographie von Roth konzipiert worden. Deshalb gibt es nicht unmittelbar Aufschluß über seine Haltung von damals. Das Erzähler-Ich ist künstlerisch gestaltet und nicht in eindeutiger Weise mit dem Autor identisch. Eine Bestätigung dieser Beobachtungen bildet der Brief Roths an Benno Reifenberg (162), in dem er sein Konzept zu diesem Reisebuch erläutert:

„Ich habe Stoff für ein Buch. Auch da bitte ich Sie um einen redaktionellen Rat: Ich kann am besten ein ganz „subjektives" also im höchsten Grad objektives Buch schreiben. Die „Beichte" eines jungen, resignierten, skeptischen Menschen, der irgendwo hinfährt, in einem Alter, in dem es ihm bereits ganz gleichgültig ist, ob er Neues sieht oder nicht. In dem es keine „Romantik des Reisens" mehr gibt. Und er sieht die letzten Reste Europas, die noch keine Ahnung haben, von der inzwischen immer stärker gewordenen Amerikanisierung und Bolschewisierung Europas. Denken Sie, bitte, an die Bücher der Romantik. Abstrahieren Sie davon die Untensilien und Requisiten der Romantiker, die sprachlichen und die der Weltanschauung. Setzen Sie dafür die Requisiten der modernen Ironie und der Sachlichkeit ein. Dann haben Sie das Buch, das ich schreiben will, kann und beinahe muß. Es ist ein Reisebuch durch die Seele des Schreibers, wie durch das Land, das er durchfährt. Was halten Sie davon? Es ist im höchsten Grade dichterisch, mehr, als ein Roman. Ich glaube, daß diese Gattung für den Buchverlag geeignet wäre. Um es zu formulieren, was Sie nicht mögen und ich immer muß: Bücher mit sachlichem Anlaß in dichterische Sphäre gehoben. Wäre ich der Verleger, es wäre mein Motto. Es wird aber noch etwas dabei sein müssen, was Sie in der Zeitung mit Recht nicht sehen mögen, was aber im Allgemeinen und in Büchern geradezu sein muß. Nämlich der Vergleich. Das erste Kapitel müßte „Hinter dem Zaun" (163) heißen. Das Buch ist aber in einer viel zu hohen Sphäre, als, daß es eine „Kritik" an Deutschland enthalten könnte. Sagen wir, diese Kritik wäre bereits so geistig, daß sie keine mehr wäre."

Daß es ihm in dem Reisebuch nicht gelungen ist, die „Kritik an Deutschland" in der vorgestellten Weise zu sublimieren, „in dichterische Sphäre" zu heben, hat Roth, der auf dem Höhepunkt seines sozialistischen Engagements seine künstlerische Urteilskraft und seinen Kunstverstand immer bewahrt hatte, sicherlich gespürt. Ich halte die Annahme für erlaubt, daß Roth, weil er mit der künstlerischen Gestaltung seiner politischen Resignation und einer einsetzenden Neuorientierung nicht einverstanden war, das Reisebuch nicht veröffentlichte. Nach der bisherigen Kenntnis seines politisch-journalistischen Engagements stimmt

161 Erläuternder Zusatz der Verfasserin. – Es handelt sich hier um den Brief an Bernhard *von Brentano* vom 14. Juni 1925. (Zusatz 1976: Briefe, S. 48)

162 Es handelt sich um den Brief vom 30. August 1925. (Zusatz 1976: Briefe, S. 61f.)

163 Das trifft auf das erste Kapitel der Arbeit in der Werk-Ausgabe zu.

diese Annahme mit der bisherigen Praxis Roths überein: er hielt künstlerische Selbstdisziplin für erforderlich:

„Nicht nur, wenn man nichts zu sagen hat, muß man schweigen, sondern auch, wenn man etwas nicht genau ausdrücken kann" (164).

Wie aus den Briefstellen erkennbar wurde, hat Roth versucht, seine politische Resignation und Skepsis in dem Reisebuch künstlerisch zu gestalten. Es enthält also gewiß autobiographische Elemente. Ich halte jedoch nicht die ‚Aussagen' dieses nicht gelungenen Buches für relevant, sondern primär die Tatsache, daß Roth es nicht zur Veröffentlichung gelangen ließ.

Dies ist als politische und als künstlerische Willensäußerung Roths aufzufassen.

2. *Die Rußlandreise*

a) Zweifel an der Emanzipation der deutschen Arbeiterschaft

Unter den feuilletonistischen Berichten, die Roth von seiner Reise im Juni des Jahres 1926 durch das Ruhrgebiet in der „Frankfurter Zeitung" veröffentlichte (165), befindet sich ein Aufsatz, der erörternden Charakter hat und nicht durch seine künstlerische Gestaltung Aufmerksamkeit beansprucht. (Der Aufsatz wurde nicht in der Werk-Ausgabe veröffentlicht.) Roth nimmt nun wieder ausführlich ein politisches Thema auf. Die politische Abstinenz des Jahres 1925 wird hier zum ersten Mal eindeutig gebrochen. Der Artikel trägt den Titel: „Privatleben des Arbeiters" (166). Roth kritisiert in ihm die Befangenheit des deutschen Arbeiters in einer Ideologie, die nach seiner Ansicht bewirkt, daß sich der Arbeiter mit einem proletarischen Schein umgibt. Um diesen Schein aufrechtzuerhalten, verzichtet er auf Errungenschaften der Gesellschaft, die ihm durchaus zur Verfügung stehen könnten. Die Verinnerlichung von längst nicht mehr gültigen Begriffen erschwert und hemmt eine Verbesserung seiner gesellschaftlichen Stellung. „Weshalb verachtet er die Bügelfalte, die umsonst herzustellen ist (. . .)? (. . .) Sein Kampf geht nicht um Realitäten, sondern um Symbole." Die Anspruchlosigkeit des Arbeiters gegenüber dem „Musischen" hält er für trostlos: „Ich stelle fest, daß der sogenannte Gegensatz der Klassen viel geringer ist als der Gegensatz der Bedürfnisse der Klassen." Es geht ihm nicht darum, auf das soziale Elend der Arbeiter aufmerksam zu machen – er hat von ihrer „Not gewußt und sie voraus-gesetzt" –, sondern er fürchtet die Veränderung des „Proletariers zum Kleinbürger". Dort, wo die materielle Not gebannt ist, hindert die Befangenheit in einer überholten Klassenmoral die Entwicklung des Arbeiters zum „modernen Kulturmenschen".

Die Gegnerschaft und den Kampf gegen reaktionäre Kräfte hatte Roth bis 1924 mit einem Bekenntnis zum Sozialismus verknüpft. Wie schon erwähnt, gibt es über dieses Verhältnis zum Sozialismus keine ausführlichen theoretischen Äußerungen von ihm, jedoch konnten wir sein Eintreten für eine revolutionäre Ar-

---

164 Brief vom 19. 12. 1925 an Bernhard *von Brentano*. (Zusatz 1976: Briefe, S. 70f.)

165 9. 3. 26: Trübsal einer Straßenbahn im Ruhrgebiet (Werke III, S. 433f.); 18. 3. 26: Der Rauch verbindet Städte (Werke III, S. 433f.); 22. 3. 26: Der Kavalier in der Provinz.

166 10. 4. 26: Privatleben des Arbeiters.

beiterbewegung aus dem Zusammenhang der Artikel im „Neuen Tag" – mit Einschränkung – und der Arbeit am „Vorwärts" erkennen. In dem Aufsatz „Privatleben des Arbeiters" zeichnet sich eine Veränderung seiner Einstellung zur sozialen Frage ab.

Die Zukunftsgewißheit (167) gegenüber einer revolutionären Lösung bestehender gesellschaftlicher Widersprüche, die in vielen Beiträgen im „Vorwärts" erkennbar war, ist in eine Krise geraten. Zweifel an einer Emanzipation der Arbeiterklasse sind an die Stelle eines sozialistischen Engagements getreten. Wie aus den Zusammenhängen seiner Südfrankreicheindrücke sichtbar war, hatte er Deutschland im Sinne einer Flucht verlassen. Das weitere Anwachsen der reaktionären Strömungen machte ihm das politische Leben unerträglich. Neben das Entsetzen über die politische Reaktion tritt nun der Zweifel an der inneren Kraft der sozialistischen Bewegung, neben das nationale tritt nun zusätzlich ein internationales Problem. Sicherlich stand es für Roth aber auch in engem Zusammenhang mit der deutschen „Mentalität" (168), der seine Angriffe schon im Reisebuch über Südfrankreich galten.

Zum politischen Konflikt Roths kamen zum damaligen Zeitpunkt für ihn als Künstler noch außerpolitische Probleme hinzu, die ihm unlösbar schienen. Sein Engagement für den Sozialismus – als Schriftsteller und als Journalist – war immer von einer aufklärerischen Absicht getragen worden. In der Wirkungslosigkeit dieser Bemühung sah er auch einen Beweis für die Schwäche, die Unzulänglichkeit der deutschen Sprache:

> „Deutsch ist eine tote Sprache, wie das mittelalterliche Latein. Es wird nur von Gelehrten und Dichtern gesprochen. Von Juden. Aber im Mittelalter war Einer mächtig, der eine solche Sprache schrieb. In der demokratischen Neuzeit ist er ein Dreck. Ich kann darüber hinweg, daß die Deutschen Barbaren sind. Aber nicht darüber, daß ich sie nicht bekehren kann. Wir gleichen Missionaren, die lateinisch zu Heiden sprechen, um sie zu bekehren. Vergebliches Bemühen" (169).

Aus seiner Enttäuschung über die Entwicklung der politischen Verhältnisse in Deutschland kann die Vermutung gefolgert werden, daß er, der sich noch nicht eindeutig vom Sozialismus abgewendet hatte, im kommunistischen Rußland – als einer anderen Nation und als einem anderen politischen System – eine befriedigende Lösung der sozialen Fragen erwartete. Es ist möglich, daß seine Reise nach Rußland dem Bedürfnis nach einer persönlichen Anschauung der dortigen gesellschaftlichen Verhältnisse entsprang.

Solch ein Wunsch war in den zwanziger Jahren nicht außergewöhnlich. Das Interesse an Rußland war besonders in linksintellektuellen Kreisen sehr groß. Louis Fischer, ein amerikanischer Journalist, hat in einem Aufsatz seine Beweggründe für eine Reise in das kommunistische Rußland dargelegt. Seine Feststellungen könnten auf Roths damalige Situation zutreffen:

---

167 Zum Beispiel: „Der Feiertag", 1. 5. 1924, s. Anhang S. 204f.

168 Der Hinweis, den Roth am 14. 6. 1925 in einem Brief *Brentano* gegenüber auf seinen russischen Leserkreis machte, soll jedoch an dieser Stelle erwähnt werden: „Mein Buch ist viermal ins Russische übersetzt. (d.i. „Die Rebellion"). Ich habe 200 000 Leser in Rußland. In Deutschland vier und ein Halb. Bin ich ein deutscher Schriftsteller?" (Zusatz 1976: Briefe, S. 48)

169 Zitiert aus dem Brief an B. *v. Brentano* vom 22. 8. 1925 (Zusatz 1976: Briefe, S. 55f.)

„Noch betäubt und triefend vom Blut des ersten Weltkrieges wankte Europa bereits blindlings auf einen zweiten zu, indessen seine Staatsbürger und Politiker bestenfalls in hilfloser Verzweiflung die Hände rangen. (. . .) Ich reiste nicht nach Utopia oder Mekka" (170).

Reiseberichte aus Rußland bedeuteten keine aufsehenerregenden Sensationen. Auch Egon Erwin Kisch, ebenfalls ein ehemaliger Mitarbeiter am „Neuen Tag", dessen journalistische Begabung Roth lobend anerkannte (171), unternahm damals eine Reise durch Rußland. Im „Deutschen Tagebuch" erschien ein Bericht von Axel Eggebrecht: „Die russische Wirklichkeit"; auch in der „Frankfurter Zeitung" war bereits im Sommer 1925 ein Reisetagebuch aus Rußland von Fritz Schotthöfer erschienen. Roth knüpfte jedoch nicht ausdrücklich an diesen Beitrag an.

b) Roths Reiseeindrücke – Kleinbürgerlichkeit und Bürokratismus

Joseph Roths erste Eindrücke von seiner Rußlandreise im Sommer 1926 liegen uns heute in Reiseberichten (172), Briefen (173) und einem Konzept (174) zu einer Rede, die er in Frankfurt am Main gehalten hat, vor.

Die Berichte, die in der „Frankfurter Zeitung" in der Zeit von September 1926 bis Februar 1927 veröffentlicht wurden, stellen ausführliche Beiträge dar, in denen er die neuen gesellschaftlichen Verhältnisse in Rußland in differenzierter Weise schildert. Er schreibt über das russische Schulsystem, die Jugenderziehung, über die Lage nationaler Minderheiten, über die Praxis der atheistischen Propaganda, über die gesellschaftliche Stellung der Frau. Die Berichte sind ausführlich und vielseitig. Das auffälligste Merkmal dieser Aufsätze ist wohl, daß Roth sich bei der Schilderung seiner Eindrücke sehr intensiv um ein gerechtes Urteil bemüht, daß er mit großer Behutsamkeit versucht, die russischen Verhältnisse zu erfassen. Die Berichte verfertigte er zum größten Teil (175) noch in Rußland; er hatte also noch keine zeitliche und räumliche Distanz von seinen Eindrücken gewonnen. Auch die Briefe an Bernhard von Brentano schrieb er noch von Rußland aus. Der Vortrag, in dem er über die Verbürgerlichung der russischen Revolution sprach, wurde im Januar 1927 in Frankfurt am Main gehalten – also sehr kurze Zeit nach Beendigung der Reise.

Roths Interesse und Engagement für den Sozialismus hatten sich, wie schon dargestellt, ab 1925 in starkem Maße verringert. Seine Rußlandreise unternahm er nicht mehr als engagierter Sozialist. Während dieser Reise wird aus der Resignation eine Abwendung vom Sozialismus. Aus ihr entsteht jedoch nicht ein andersgerichtetes politisches Engagement, vielmehr vollzieht sich zu dieser Zeit

---

170 Ein Gott der keiner war. dtv-Dokumente, 1962. Darin: Louis *Fischer:* S. 198f.

171 Frankfurter Zeitung, 19. 12. 1925, Joseph Roth: „Einbruch der Journalisten in die Nachwelt". Hier spricht sich Roth u. a. anerkennend über *Kischs* „Hetzjagd durch die Zeit" aus. (S. Anhang S. 236f.)

172 Datierung und Themen s. S. 142.

173 Zwei Briefe an Bernhard *von Brentano.*

174 Das Typoskript lag bei Kiepenheuer & Witsch vor: Es hat einen Umfang von 6 DIN-A4-Seiten und stammt aus der Sammlung des Leo-Baeck-Institutes, New York. Die eingeklammerte Überschrift lautet: „Vortrag über die Verbürgerlichung der russischen Revolution. Entwurf zur Frankfurter Rede." Das Datum: Frankfurt a. M., Januar 1927. (Zusatz 1976: Der Vortrag ist inzwischen abgedruckt in: Der Neue Tag, Köln/Berlin 1970, S. 149ff.)

175 Über die genaue Entstehungszeit liegen uns heute keine Angaben vor.

eine grundsätzliche Veränderung der Perspektive. Aus allen Berichten wird die Enttäuschung Roths über die Folgen spürbar, die die russische Revolution mit sich gebracht hat:

> „Es kann nicht der Sinn der Revolution sein, den Bürger durch Bürger abzulösen, den ausbeutenden Bourgeois durch den ausgebeuteten Bourgeois, den grausamen Spießer durch den leidenden Spießer. Es kann nicht ihr Sinn sein, alle Welt mit Grammophon, Museen, Schach zu beglücken; es kann nicht ihr Schicksal sein zu ‚verbürgerlichen' " (176).

Hier kommt noch einmal der von früher bekannte Wille Roths zu grundsätzlichen gesellschaftlichen Veränderungen zum Ausdruck. In der verzweifelt wiederholten Beschwörung „es kann nicht sein" liegt jedoch schon eine Ablehnung des Beobachteten beschlossen, die in dem ebenso lapidaren wie inhaltsschweren Satz zusammengefaßt wird: „In Rußland aber verbürgerlicht sie". Die Befürchtung, die Roth auf seiner Reise durch das Ruhrgebiet geäußert hatte, daß sich der Proletarier zum Kleinbürger entwickele, bestätigt sich ihm in gigantischem Ausmaß, als er Rußland bereist. In dem Frankfurter Vortrag faßt er seine Feststellungen zusammen:

> „Ironien der Weltgeschichte hat es immer gegeben. Aber daß die Weltgeschichte höhnisch wird, erlebt man selten. Dies ist nun der Fall, in dem die Geschichte offenkundig Hohn zeigt. Diese Theorie (. . .) macht, wo sie zum ersten Mal angewendet wird, aus allen Menschen kleine Bürger. Es ist ihr besonderes Pech, daß sie gerade in Rußland zum ersten Mal ausprobiert wird, wo es niemals kleine Bürger gegeben hat. Der Marxismus erscheint in Rußland eben auch nur als Teil der bürgerlich-europäischen Zivilisation. Ja, es sieht beinahe so aus, als hätte die bürgerliche europäische Zivilisation den Marxismus mit der Aufgabe betraut, in Rußland ihr Schrittmacher zu sein."

Die Symptome dieses Prozesses schildert er in beispielhaften Beobachtungen in seinen Reiseberichten. Grotesk anmutende Erscheinungen bestimmen das Bild des öffentlichen Lebens:

> „(. . .) Lenin auf einem Tintenfaß, Marx als Papiermessergriff, Lassalle über Kaviarbüchsen, (. . .) revolutionäre Führerphysiognomien auf Beeten in öffentlichen Parks aufs Gras gezeichnet; (. . .)" (177)

Die Beendigung der Revolution hat eine Verspießerung des Lebens mit sich gebracht. Der Umschlag von der Revolution zur Bürokratie wirkt sich im ganzen Land aus und begegnet in vielerlei Gestalt im Alltag:

> „Nach dem roten, ekstatischen, blutigen Terror der aktiven Revolution kam der dumpfe, stille, schwarze, der Tinten-Terror der Bürokratie. Man könnte sagen: Wem Gott in Sowjetrußland ein Amt gibt, dem gibt er auch eine bourgeoise Psychologie" (178).

Von dieser „kleinen Schreibtisch-Bürgerlichkeit" scheint keiner in Rußland frei zu sein:

---

176 Zitiert aus dem Artikel „Jewgraw oder der liquidierte Heroismus". (Zusatz 1976: Der Neue Tag, Köln/Berlin 1970, S. 244ff.)

177 Zitiert aus „Jewgraw oder der liquidierte Heroismus". (Zusatz 1976: Der Neue Tag, Köln/Berlin 1970, S. 244ff.)

178 Zitiert aus dem Typoskript des Vortrags, (Zusatz 1976: Der Neue Tag, Köln/Berlin 1970, S. 149ff.)

„Alles ist beamtet. Jeder Mensch auf der Straße trägt irgendein Abzeichen. Jeder ist eine Art öffentlicher Faktor. Alles ist mobilisiert" (179).

„Karriere", „Protektion" spielen eine wichtige Rolle auch im „neuen" Rußland. Die Wege, auf denen ‚außergesetzliche' Vorteile erreicht werden können, sind nicht abgeschnitten worden; sie haben sich verändert, erfreulicher erscheinen sie nicht:

„Es gibt keinen schlimmeren Typus als den kleinbürgerlichen Karrieremacher, den arrivierten Bürokraten. Es ist ein Gedränge vor den engen Türen der kommunistischen Partei, es gibt Protektionskinder wie nur in dem sehr bürgerlichen Frankreich, es gibt Streber und Mißgünstige, von augenblicklich Herrschenden getragen und von Gefallenen fallen gelassen. Es ist wahr, daß in Rußland nicht mehr bestochen wird wie zur Zeit des Zaren. (. . .) Man konnte sagen: charakteristisch für das alte Rußland war die nach Trinkgeld ausgestreckte Hand. Aber charakteristisch für das heutige ist der gekrümmt Rükken" (180).

Auch diejenigen, die nicht zu den „Karrieremachern" gehören, haben Pflichtübungen zu absolvieren, zu denen die Teilnahme an den Paraden, den Umzügen gehört, die an den Feiertagen der Revolution veranstaltet werden. Affirmation des Bestehenden ist oberste Pflicht im neuen Staat:

„Sie (181) marschieren ja auch fleißig an den revolutionären Feiertagen in den proletarischen Umzügen mit, freilich, weil sie sich fürchten, und nicht, weil es ihnen ein Bedürfnis ist."

Ein wichtiger Bestandteil des Bürokratieunwesens ist der Aberglaube an die Statistik, der den Charakter einer Ideologie angenommen hat:

„Es herrscht in Rußland ein Fanatismus der Statistik, eine Anbetung der Ziffer, die man in den Rang eines Arguments erhebt. (. . .) Die verantwortlichen Männer Rußlands leben im Rausch der Zahlen und die großen runden Nullen verdecken die Gesichter der wahren Realitäten" (182).

Nach Roths Beobachtungen vermittelte die Revolution keine geistige Erneuerung, doch brachte sie neben dem sich ausbreitenden Geist der Bürokratie und der Kleinbürgerlichkeit einen „neuen", einen zweiten Bürger hervor: „Diese grausame bolschewistische Revolution hat ihren eigenen Bürger geschaffen (183). Der „neue" russische Bürger wird von Roth mit dem Typ des „Schiebers" aus der Inflationszeit verglichen: „Aber allerdings ein Schieber von russischen Ausmaßen" (184). In allen Berufen tritt dieser Typ auf: „(. . .) der neue Händler

179 Zitiert wie 178.

180 Zitiert wie 178.

181 Roth meint in diesem Zusammenhang: „Alle Menschen, die früher freie Berufe ausgeübt hatten, Kaufleute, Rechtsanwälte, Bankdirektoren, Fabrikanten (. . .)". Zitiert aus dem Typoskript des Vortrags. (Zusatz 1976: Der Neue Tag, Köln/Berlin 1970, S. 149ff.)

182 Zitat aus „Jewgraw oder der liquidierte Heroismus". Besonders im bildungspolitischen Bereich empfand Roth diese Haltung als unangebracht: „(. . .) aber aus keiner Statistik geht hervor, ob man nicht statt der 70% Analphabeten 95% Spießer bekommt, kleine Reaktionäre, ob der sechshundertste Bauer das liest, was ihn klüger macht oder das, was ihn dümmer macht (denn man kann auch durch Lesen dumm werden), (. . .)." (Zusatz 1976: Der Neue Tag, Köln/Berlin 1970, S. 244ff.)

183 Zitat aus dem Typoskript des Vortrags. (Zusatz 1976: Der Neue Tag, Köln/Berlin 1970, S. 149ff.)

184 Zitiert aus dem Typoskript des Vortrags. (Zusatz 1976: Der Neue Tag, Köln/Berlin 1970, S. 149ff.)

und der neue Industrielle, primitiv wie in den Urzeiten des Kapitalismus" (185), erscheinen nicht menschenfreundlicher als der herkömmliche Typ des Kapitalisten, des „Bourgeois". (Von ihm hat man in Rußland jedoch nur klischeehafte Vorstellungen.)

Man trifft auf „eine falsche, eine verhüllende Nomenclatur für die alten wohlbekannten Zustände" (186). Zwar erwecke es den Anschein, als ob Kritik an den bestehenden Verhältnissen auf jeden Fall willkommen sei und gefördert werde, schreibt Roth in dem Aufsatz „Öffentliche Meinung, Zeitungen, Zensur"; doch hat sich der Apparat des großen Staates bereits der Lenkung der Kritik bemächtigt, die nur noch die Funktion einer Ab-Lenkung hat:

> „(. . .) von oben wird der Haken mit den fetten „Mißständen" ausgeworfen und die kritikhungrigen Massen schnappen danach. (. . .) Die öffentliche, laute, staatstreue Kritik ist eine Kritik der Parolen, der Losungen, der Schlagworte; die erkennbare „öffentliche Meinung" im heutigen Rußland ist die gewaltige Summe (nicht die Potenz) addierter *Echos auf eine den Massen zugerufene Formulierung.* Der geübte Hörer erkennt am Echo den Rufer. Der Rufer steht oben" (187).

Abgegrenzte Bezirke des öffentlichen Lebens werden zur Kritik freigegeben. Sie dienen dazu, daß sich das vorhandene Unbehagen äußern kann, ohne jedoch ‚staatsgefährdende' Ausmaße anzunehmen. Es handelt sich bei diesem Prozeß nicht um manifeste Unterdrückung, wohl aber um ‚Manipulation'. Die Kritik wird vorgeschrieben und damit entschärft, wirkungslos gemacht. Die Existenzberechtigung des Systems darf nicht in Frage gestellt werden, sie ist tabuiert. Das hat zur Folge, daß die Berichterstattung (188) in der Presse der Zensur unterworfen ist:

> „Die ideologisch gebundene Betrachtung der Welt verursacht provinzielle, kleinliche und außerdem falsche Berichte. ‚Provinziell' ist nicht etwa ein geographischer Begriff, sondern ein geistiger" (189).

Auch bei seiner Beurteilung der Atheismuspolitik stellt Roth mehr eine Lenkung durch den Staat als ein Verbot fest. Er empfindet ihre Methoden eher als „prophylaktische" denn als „chirurgische". Ihm erscheint die Praxis der atheistischen Propaganda nicht grausam, sondern entwürdigend: „Verletzend ist nicht das Argument des Materialismus, sondern die Billigkeit seines Arguments." Roth ist erschüttert von der

> „(. . .) unglaublichen Primitivität dieses Materialismus, der so stolz ist, den allsonntäglichen Gottesdienst endlich als allerhand Unwesen entlarvt zu haben (. . .)" (190).

---

185 Zitiert wie 184.

186 Zitiert wie 184.

187 Zitiert aus „Öffentliche Meinung, Zeitungen, Zensur". (Zusatz 1976: Der Neue Tag, Köln/Berlin 1970, S. 249ff.)

188 „Zensor und Journalist stehen wirklich oder angeblich auf dem Boden derselben Weltanschauung; sie verstoßen zumindest nicht gegen die Staatsreligion, die in diesem Staat der Atheisten kommunistische Ideologie heißt." (Öffentliche Meinung, Zeitungen, Zensur) (Zusatz 1976: Der Neue Tag, Köln/Berlin 1970, S. 249ff.)

189 Zitiert aus: „Öffentliche Meinung, Zeitungen, Zensur".

190 Zitiert aus: „Die Kirche, der Atheismus, die Religionspolitik". – Aus einer Anweisung für „antireligiöse Propaganda im Dorf (. . .), die für Dorfagitatoren bestimmt ist", entnimmt Roth in demselben Artikel „folgende Definitionen: Das Peter- und Pauls-Fest gehört zu jenen Feiertagen, die den Zweck haben, die Ausbeutung der arbeitenden Massen durch

Er bekennt sich in diesem Zusammenhang zu einem „Wir", das jetzt aber eine andere Gemeinschaft einschließt als diejenige zur Zeit seiner Tätigkeit beim „Vorwärts":

„Wir haben den Weg schon zurückgelegt, auf dem man erfreut feststellt, daß die Wunder ‚erklärbar' sind. Wir wandern schon auf dem Weg, auf dem man erfährt, daß auch das Erklärliche ein Wunder ist" (191).

Die Zurückdrängung des metaphysischen Moments stellt Roth auch bei der neuen Auffassung zwischengeschlechtlicher Beziehungen als entscheidendes Merkmal fest. Die neue Geschlechtsmoral (192), die sich in der Weise auswirkt, daß der Mensch auf ein „sexuell funktionierendes Säugetier" reduziert wird, kritisiert er aufs schärfste:

„‚Darwinismus' ist reaktionärer als die guten russischen Revolutionäre glauben; und das Metaphysische, vor dem sie eine genau so große Angst haben, wie Bürger vor der Kapitalsenteignung, ist revolutionärer als die atheistische Spießigkeit" (193).

Die Anstrengungen, das metaphysische Moment zu verleugnen, hält er für lächerlich und müßig. Auch derjenige, der „der Naivität eines aufgewärmten Materialismus" zum Opfer gefallen ist, wird eines Tages seine Seele entdecken:

„Auch wenn er ein absoluter Leugner der Seele ist, in einem Punkt macht sie sich eines Tages bemerkbar, in der Liebe" (194).

c) Erkenntnis einer grundsätzlichen Problemverschiebung

Roth stellt fest, daß sich die egoistischen Bestrebungen der Menschen auch in dem neugeschaffenen kommunistischen System durchzusetzen verstehen. In der Frankfurter Rede, die eine Zusammenfassung seiner in Rußland gewonnenen Eindrücke darstellt, löst er sein früheres Postulat vom Gegensatz der Klassen auf:

„Man ist nicht unmoralisch, weil man ein Arbeitgeber ist, ebenso wie man nicht unmoralisch ist, weil man ein Arbeitnehmer ist. (. . .) Zwischen dem Arbeitnehmer und dem Arbeitgeber, die sich beide so feindlich gegenüber stehen, sind mehr Ähnlichkeiten, als beide wissen. Bindender als eine Gesinnungsgemeinschaft ist die Gegenwartsgemeinschaft und näher als der tote

---

die Kapitalisten zu rechtfertigen (. . .) oder: Alle unsere Seelenerscheinungen, Ärger, Freude (. . .) sind Folgen des Zentralhirns und der Nerven." (Zusatz 1976: Der Neue Tag, Köln/Berlin 1970, S. 230ff.)

191 Zitiert aus: „Die Kirche, der Atheismus, die Religionspolitik". (Zusatz 1976: Der Neue Tag, Köln/Berlin 1970, S. 230ff.)

192 Der Beginn des Artikels „Die Frau, die neue Geschlechtsmoral und die Prostitution" lautet: „Wer von einer häßlichen Verwirrung der Sitten in Sowjetrußland spricht, verleumdet es; wer den Anbruch einer neuen Geschlechtsmoral in Sowjetrußland sieht, ist ein heiterer Optimist; (. . .)"; der Schlußteil greift dieses Problem noch einmal auf: „Rußland ist nicht unmoralisch, keineswegs, es ist nur hygienisch; (. . .) Rußland ist kein ‚Sündenpfuhl', sondern ein naturwissenschaftliches Lesebuch. . ." Im Gegensatz zu seiner Meinung über die ‚Sitten' hat Roth sich aber sehr anerkennend über die neue Gesetzgebung geäußert, die die gesellschaftliche Stellung der Frau verbesserte. (Zusatz 1976: Der Neue Tag, Köln/Berlin 1970, S. 224ff.)

193 Zitiert wie 192.

194 Zitat aus „Die Frau, die neue Geschlechtsmoral und die Prostitution". (Zusatz 1976: Der Neue Tag, Köln/Berlin 1970, S. 224 ff.)

Parteigenosse ist mir der lebendige Zeitgenosse. Wenn also der Kommunismus Rußland, das hundert Jahre hinter Europa war, in die vollste Gegenwart hineinstoßen will, so muß er es schon bürgerlich machen. Denn diese Gegenwart ist bürgerlich. (. . .) Rußland war ein feudales Land. Es fängt an, ein urbanes, ein stadtkulturelles, ein bürgerliches zu werden."

Hier nimmt er deutlich von seiner früheren Einstellung Abstand. Was er früher als ein politisches Problem empfand, erscheint ihm jetzt als ein kulturelles. Sein Problembewußtsein ist umfassender geworden. Für diese grundsätzliche Umorientierung stellt der Brief an Bernhard von Brentano ein höchst wichtiges Zeugnis dar. In ihm kommt auch die Ursache zum Ausdruck, die Roth trotz seiner Enttäuschung in erstaunlicher Weise dazu befähigte, die russischen Verhältnisse sehr differenziert zu betrachten:

„Es handelt sich mir nicht um die positive oder negative Einstellung den Sowjetstaaten gegenüber – ich will Ihnen deutlich machen, daß sowohl die positiven als auch die negativen vollkommen falsch sehen, wenn sie politisch sehen. Das Problem aber ist hier keineswegs ein politisches, sondern ein kulturelles, ein geistiges, ein religiöses, ein metaphysisches" (195).

Roth fühlt sich von einer politischen Stellungnahme befreit, als er diese elementare Problemverschiebung empfindet:

„Ich glich einem primitiven Seefahrer aus dem Altertum oder dem frühen Mittelalter, der ein Land sucht, in dem Glauben, die Erde sei eine flache Scheibe. Wenn man weiß, daß sie rund ist, sieht man, wie verkehrt die Forschungsreise war" (196).

Roth gelangt während seiner Reise zu der Erkenntnis, daß nicht die ökonomischen Besitzverhältnisse allein die Kultur und das Lebensgefühl bestimmen:

„Die Sitte einer Zeit wird eben nicht nur und nicht in erster Linie bestimmt von den Produktionsverhältnissen, von Einnahmen, von Erwerbsformen. Sie wird bestimmt von dem Lebensinhalt der Menschen, vom Lebensinhalt der Zeit" (197).

Der Kausalzusammenhang, den Roth früher annahm, und den er mit der Durchsetzung eines politischen Programmes verändern wollte, erweist sich für ihn während seines Rußlandaufenthaltes als nicht existent. Seine neugewonnene Erkenntnis spricht er mit großer Gewißheit aus; sie befähigt ihn, die Eindrücke noch während der Reise ohne Affekt gegenüber früher politisch Gleichgesinnten zusammenzufassen und von deren Urteil abzusetzen: „Alles was Toller und Kisch über Rußland erzählt haben, war falsch" (198). – Weil er den Zusammenhang zwischen ökonomischen Verhältnissen und gesellschaftlichem Bewußtsein nicht mehr als ein unumstößliches Gesetz ansieht, aus dem ein Programm zum politischen Handeln abzuleiten sei, ist er aber auch imstande, die wirtschaftlichen Verhältnisse ohne Vorurteile zu betrachten. Er gesteht seine Bewunderung für die russischen Aufbauleistungen. Die russische Revolution hat den beginnenden Anschluß Rußlands an die Welt der Technik und der Automaten zur Folge;

---

195 Brief an *v. Brentano,* 26. 9. 1926. (Zusatz 1976: Briefe, S. 94f.)

196 Brief an *v. Brentano,* 26. 9. 1926.

197 Zitat aus dem Typoskript des Vortrags. (Zusatz 1976: Der Neue Tag, Köln/Berlin 1970, S. 149ff.)

198 Brief an *v. Brentano,* 26. 9. 1926: hier zitiert er *Toller* und *Kisch* als Vertreter der äußersten Linken. (Zusatz 1976: Briefe, S. 94f.)

das neue Regime begünstigt die industrielle Entwicklung Rußlands. Das Streben nach technischem Fortschritt, das Roth als ein Hauptmerkmal der russischen Gesellschaft erscheint, orientiert sich nach Roths Einsicht an „Amerika" als dem Inbegriff des zu erreichenden Lebensstandards. Roth faßt diesen Eindruck in der Formel zusammen: „Rußland geht nach Amerika" (199). Nicht die Besitzverhältnisse, sondern den „Lebensinhalt der Menschen", den „Lebensinhalt der Zeit", der eben gegenwärtig von der Entwicklung und dem Stand der Technik mitbestimmt wird, erkennt Roth als kulturprägenden Faktor. In seiner Frankfurter Rede formuliert er diese Auffassung:

> „Es ist (. . .) eine Weltfremdheit echter Ideologen, wenn man nicht sieht, daß Jazz und Charleston stärker mit der Maschine zusammenhängen, mit der Mechanisierung des ganzen Lebens, als etwa mit der sogenannten bürgerlichen Unmoral. (. . .) man tanzt nicht Charleston, weil die Welt kapitalistisch ist" (200).

Die frühere Erwartung, daß eine Veränderung der wirtschaftlichen Besitzverhältnisse auch eine des geistigen Lebens gesetzmäßig mit sich führe, fand er nicht bestätigt:

> „Wer in den Ländern der westlichen Welt den Blick nach dem Osten erhebt, um den roten Feuerschein einer geistigen Revolution zu betrachten, der muß sich schon die Mühe nehmen, ihn selbst an den Horizont zu malen; viele tun es. Sie sind weniger Revolutionäre als Romantiker der Revolution."

d) Neugewonnenes Selbstverständnis

Das Streben nach Technisierung, nach Aufbau und Fortschritt erkennt er vollständig an, doch flößt es ihm gleichzeitig Unbehagen ein. Dieses Unbehagen formuliert er im Sinne einer Selbsterkenntnis. Im Gegensatz zur Zeit seines Frankreich-Aufenthaltes ist er jetzt fähig, sie als ein Geständnis auch in feuilletonistischer Weise (201) zum Ausdruck zu bringen:

> „(. . .) mitten in der Bewunderung (202) ergreift mich ein Heimweh nach unserem Leichtsinn und unserer Verwerflichkeit, eine Sehnsucht nach dem Aroma der Zivilisation, ein süßer Schmerz um unsere wissenschaftlich schon ausgemachte Dekadenz, ein kindischer, dummer aber inbrünstiger Wunsch, noch einmal eine Modenschau bei Moulineux zu sehen, ein holdseliges Abendkleid auf einem törichten Mädchen, einer Nummer vom „Sourire" und den ganzen Untergang des Abendlandes: wahrscheinlich ist das ein bourgeoiser Atavismus."

Das in feuilletonistischer Weise angedeutete Zugehörigkeitsgefühl zum Abendland formuliert er auch in einem Brief an Bernhard von Brentano (203):

---

199 Titel eines Feuilletons in der „Frankfurter Zeitung" (23. 11. 1926). (Zusatz 1976: Der Neue Tag, Köln/Berlin 1970, S. 219ff.)

200 Zitat aus dem Typoskript des Vortrags. (Zusatz 1976: Der Neue Tag, Köln/Berlin 1970, S. 149ff.)

201 Der Passus wird aus dem Feuilleton zitiert, das am 31. 10. 1926 in der „Frankfurter Zeitung" erschien: „Wie sieht es in der russischen Straße aus?" (Zusatz 1976: Der Neue Tag, Köln/Berlin 1970, S. 201ff.)

202 Roth hatte die Aufbauleistungen in Rußland im vorhergehenden Text geschildert.

203 26. 9. 1926. (Zusatz 1976: Briefe, S. 94f.)

„Niemals habe ich so stark gefühlt, daß ich ein Europäer bin, ein Mittelmeer-Mensch, wenn Sie wollen, ein Römer und ein Katholik, ein Humanist und ein Renaissance-Mensch."

Seine Selbsterkenntnis bedeutet ihm Befreiung zu neuem Schaffen. Nach langer Unterbrechung fühlt er sich wieder in der Lage, einen Roman zu schreiben: Es spricht für die völlige Klarheit und große Eindrücklichkeit seiner neugewonnenen Erkenntnisse, daß er diesen Roman „(. . .) vielleicht noch in Rußland schreiben (. . .)" wollte. Ob er mit der Arbeit am Roman tatsächlich noch in Rußland begann, ist heute nicht mehr feststellbar. Aus seinen Mitteilungen an Bernhard von Brentano (26. 9. 1926) (204) spricht der Mut zu einem Neuanfang:

> „Es ist ein Glück, daß ich nach Rußland gefahren bin. Ich hätte mich niemals kennengelernt. Endlich habe ich auch ein Buch-Thema gefunden, das ich allein schreiben kann (. . .). Es wird der Roman sein, auf den ich so lange gewartet habe und auf den, hoffe ich, noch ein paar Menschen im Westen warten. Sie wären sehr erstaunt, wenn ich ihn Ihnen erzählen würde. Aber Sie werden ihn in einem Jahr lesen."

1927 erschien der Roman „Die Flucht ohne Ende". Roth war sich darüber im klaren, daß er mit diesem neuen Roman im Gegensatz zu seinen früheren (205) nicht auf ein offizielles russisches Publikum rechnen konnte. Von Paris aus schrieb er daher an Stefan Zweig (206):

> „Herzlichen Dank für die Bereitschaft, die ‚Flucht ohne Ende' nach Russland zu schaffen. Es wird des Inhalts, der Gesinnung wegen bestimmt nicht gehen."

---

204 Briefe, S. 94 - 96.

205 Dies sind „Hotel Savoy" und „Die Rebellion". Beide Romane waren ins Russische übersetzt.

206 Aus dem Brief an Stefan *Zweig* vom 29. 3. Das Datum enthält keine Jahreszahl. (Zusatz 1976: Der Brief ist inzwischen veröffentlicht und datiert worden: 1929. In: Briefe, S. 151f.)

DRITTER TEIL

JOSEPH ROTHS ‚ZEITUNGSROMANE‘ „DAS SPINNENNETZ“ „HOTEL SAVOY“ „DIE REBELLION“ CHARAKTERISIERUNG UNTER BERÜCKSICHTIGUNG SEINER JOURNALISTISCHEN ARBEITEN DIESER ZEIT

I. „EINBRUCH DER JOURNALISTEN IN DIE NACHWELT“ – DER JOURNALIST ALS ROMANCIER

„Wenn deutsche Journalisten Bücher schreiben, bedürfen sie beinahe einer Entschuldigung" (1). Diese ironische Feststellung, die Joseph Roth 1925 machte, hat ihn nicht gehindert, bis zu diesem Zeitpunkt neben seiner journalistischen Tätigkeit drei Romane zu schreiben und sie in dichter Abfolge erscheinen zu lassen.

Wie die Nachforschungen ergaben, sind alle drei Romane zum ersten Mal in Zeitungen veröffentlicht worden. Man kann sie jedoch nicht als „Zeitungsromane" bezeichnen, wenn man unter diesem Begriff einen Roman versteht, „mitunter der billigsten Unterhaltungsliteratur, der in gleichgroßen Folgen erscheint und zum Teil auch im Spannungsaufbau darauf Rücksicht nimmt" (2). Roths Romane sind keine Zeitungsromane, er hat sie nicht im Auftrag für die Zeitung geschrieben. Er hielt sie aber für geeignet, sie vor ein breites Publikum zu bringen. Zwischen Roths frühen Romanen und seinen journalistischen Arbeiten sind vielfach Verbindungslinien erkennbar. Sie beziehen sich im Themenkreis auf Roths politisches Interesse und auf in beiden Gattungen verwendete Motive und Gestalten. Auch in formaler Hinsicht wäre möglicherweise ein Anhaltspunkt feststellbar. Hier sei auf die auffällige Einteilung der Romane in zahlreiche, sehr kurze Abschnitte hingewiesen. Sie berührt jedoch das Problem der Vermittlung im weitesten Sinn. Roth war in seinen journalistischen Arbeiten gezwungen, seine Intentionen in leicht erfaßbare Einheiten zu bringen. Die Kürze der Form war ihm natürlich durch die Bedingungen der journalistischen Arbeitsweise vertraut. Sie steht mit der Absicht in Zusammenhang, Verständlichkeit bei einem heterogenen Publikum zu erreichen.

Joseph Roth hielt die Fähigkeiten, einen Roman zu schreiben und gleichzeitig ein Feuilleton abzufassen, nicht für unvereinbar (3). Er sah es grundsätzlich als möglich an, den Gesetzen beider Gattungen nachzukommen, die die gegensätzlichsten Forderungen stellen: epische Breite und feuilletonistische Knappheit. (Über Formprobleme hat er sich in diesem Zusammenhang nicht geäußert.) Roth wies auf die ‚außerliterarischen‘ Voraussetzungen hin, die nach seinen Auffassungen bei einem Journalisten ebenso wie bei einem Romancier gegeben sein müßten. In seinem Aufsatz „Einbruch der Journalisten in die Nachwelt" (4) faßt er diese Vorbedingungen unter dem Begriff der „echten Aktualität" zusammen:

> „Die echte Aktualität ist keineswegs auf vierundzwanzig Stunden beschränkt. Sie ist zeit- und nicht tagesgemäß. (. . .) das Genie ist nicht zeit-fremd, sondern zeit-nahe. Es erobert das Jahrtausend, weil es so ausgezeichnet das Jahrzehnt beherrscht."

---

1 Zitiert aus: „Einbruch der Journalisten in die Nachwelt", Frankfurter Zeitung, 19. 12. 1925. Der Aufsatz ist nicht in der Werk-Ausgabe enthalten. S. Anhang S. 236f.

2 Zitiert aus v. *Wilpert*, Gero: Sachwörterbuch der Literatur, Stuttgart 1964, S. 791.

3 Diese Feststellung hat er in einem Brief (7. 5. 1924) an B. *v. Brentano* niedergeschrieben. Er zählt es zu einer „typisch-deutschen Unfähigkeit", beide Arbeiten nicht zeitlich nebeneinander durchführen zu können. (Zusatz 1976: Briefe, S. 41f.)

4 Frankfurter Zeitung, 19. 12. 1925, s. Anhang S. 236f.

Zu der Zeit, als Roth seine ersten drei Romane veröffentlichen ließ, gehörte für ihn zur „Aktualität" die Beschäftigung mit politischen Problemen. Wir wissen, daß seine journalistische Tätigkeit in starkem Maß politisch ausgerichtet war. Mit dieser Feststellung soll nicht präjudiziert werden, daß es sich bei den Romanen um politische oder speziell sozialistisch gefärbte handelt; jedoch kann natürlich keinesfalls von Roths damaligen politischen Interessen von vornherein abgesehen werden. Sie galten zum damaligen Zeitpunkt, wie bereits in der Erläuterung seiner Arbeit am „Vorwärts" dargestellt, dem sozialen Elend, den Klassengegensätzen und dem Kampf gegen die Reaktion. Mit diesen Problemen, besonders mit dem der politischen Reaktion, beschäftigte er sich ab dem Jahre 1920, wie wir dem Zusammenhang seiner Arbeiten im „Neuen Tag" entnehmen konnten.

Wir haben bis heute keine Kenntnis über die genaue Entstehungszeit der frühen Romane. Eine Mitteilung Roths an Stefan Zweig (5) gibt jedoch zu erkennen, daß er sich seit dem Jahre 1920 dem Romanschreiben zuwandte: „Ich habe seit 1920 Entwürfe liegen, halbfertige Manuskripte, die zu vollenden mich meine materielle Not gehindert hat."

---

5 Brief an Stefan *Zweig*, 24. 1. 1928. (Zusatz 1976: Briefe, S. 121 f.)

II. „DAS SPINNENNETZ“ – PSYCHOLOGISCHE STUDIE UND POLITISCHES ‚KOLORIT‘

1. Psychische und soziale Bedingungen eines Typus

a) Vorwort der Redaktion

„Das Spinnennetz" ist nach den heutigen Kenntnissen der erste veröffentlichte Roman von Joseph Roth. Das Originalmanuskript existiert nicht mehr. Ein Ausschnittsexemplar der Wiener Arbeiterzeitung, in der der Roman vom 7. Oktober bis zum 6. November 1923 erschien, bildete daher die Vorlage zum Abdruck.

Die Veröffentlichung in der sozialistischen Arbeiterzeitung entsprach Roths damaligen politischen Auffassungen. Der Roman erschien in Wien, während Roth sich in Berlin aufhielt, wo er für den „Vorwärts" schrieb und für die „Fankfurter Zeitung" tätig war.

Die Wiener Redaktion führte den Roman am 6. Oktober mit einem Vorwort ein:

> „Der Roman, der in der Arbeiterzeitung zum ersten Mal gedruckt erscheint, schildert den Sumpfboden der Reaktion, die moralische und geistige Verwilderung, aus der als Blüte das Hakenkreuzlertum aufsteigt. Obwohl die Handlung des Romans in Deutschland spielt, ist sie doch allgemein gültig; die Ereignisse und Erscheinungen wiederholen sich überall, wo die gleichen Vorbedingungen gegeben sind. Wir sind überzeugt, daß unsere Leser dem packend geschriebenen Roman mit der Teilnahme folgen werden, die dem lebendigen Gefühl eines Miterlebens entspringt."

Wie auch schon hier in dem leicht pathetischen Vorwort erwähnt wird, handelt es sich beim „Spinnennetz" um einen Zeitroman. Er schildert den politischen Aufstieg eines ehemaligen Leutnants, der Mitglied einer rechtsradikalen Geheimorganisation geworden ist. Theodor Lohse, der Typus des frustrierten Kleinbürgers, erkämpft sich brutal seine gesellschaftliche Position. Der Roman, der anscheinend nicht zu Ende geführt ist, läßt den Machtkampf zwischen Lohse und einem seiner Gegenspieler unentschieden.

Wie wir von Roths damaligen journalistischen Arbeiten wissen, hat er einen sehr großen Teil der politischen Aufmerksamkeit auf die reaktionären Bewegungen gerichtet. Theodor Lohse, dessen Leben im „Spinnennetz" modellhaft vorgeführt wird, ist ein politischer Reaktionär. Er bildet die Hauptfigur des Romans, auf die sich das Interesse des Erzählers vornehmlich konzentriert.

b) Lohses Kindheit – Mühsal und Angst

Theodor Lohse wurde in jene furchtbaren bürgerlichen Kreise hineingeboren, in denen gesellschaftlicher Erfolg und Rangordnung das Lebensgefühl und alles Handeln des Menschen bestimmen. Im ersten und zweiten Abschnitt des ersten Kapitels (6) wird diese Welt vorgestellt:

6 Zitiert hier immer aus: „Das Spinnennetz", Köln/Berlin 1967.

„Theodor wuchs im Hause seines Vaters heran, des Bahnzollrevisors und gewesenen Wachtmeisters Wilhelm Lohse" (S. 5).

Berufsstand und volle Titulierung des Vaters erscheinen altertümelnd genitivisch nachgestellt. Eine umständliche Formulierung bringt die Wörter „gewesener Wachtmeister Wilhelm. . ." in einen Stabreim. In dieser Welt „schreitet" man, ist es „vergönnt". Rang und gesellschaftliche Anerkennung sind die Maximen von der Wiege bis zum Grabe. Schon das Denken des kleinen Theodor richtet sich danach aus:

„Er hatte die Bedeutung, die er später erhielt, sehnsüchtig erhofft, aber niemals an sie zu glauben gewagt" (S. 5).

Mit abergläubischer Scheu rückt er das Ziel seiner Hoffnungen in die Sphäre der „Transzendenz". Seine Einstellung gegenüber der angestrebten gesellschaftlichen Bedeutung wird mit einem Vokabular ausgedrückt, das zur Kennzeichnung einer religiösen Haltung herangezogen werden könnte. Dahinter verbirgt sich der Mangel einer solchen Einstellung. Zugleich charakterisiert es sein Verhältnis zum gesellschaftlichen Aufstieg: Lohse nimmt ihm gegenüber eine irrationale Haltung ein. Nicht kühles Planen und Abwägen oder energische Gestalten stehen im Vordergrund, sondern ein dumpfer, zwanghafter Drang, eine verschwommene Hoffnung. „Theodor in der Uniform des Reserveleutnants zu schauen", bedeutet für den alten Lohse die Erfüllung seines Lebenswunsches. Sein Sohn hat den Aufstieg geschafft. Der alte Lohse hat seinen Lebenswunsch selbst durchgesetzt. Denn, wenn der Erzähler auch sagt: „Mehr hatte sich der Alte niemals gewünscht", so birgt diese Formulierung doch einen Doppelsinn in sich. Sie klingt bescheiden und verbirgt doch gleichzeitig einen großen Mangel. Denn „mehr" konnte der alte Lohse seinem Sohn als Vorbild auch nicht geben – und deswegen hat er ihm zugleich alles genommen. Er hatte ihm das Recht auf eigene charakterliche Entwicklung vorenthalten. Die Forderungen nach Weiterkommen, nach Aufstieg und Bedeutung sind so bedrückend groß, daß für nichts anderes Raum bleibt. Als „Knabe" schon ist Theo zu einem fürchterlichen kleinen Bürger verkrüppelt worden (7).

In sozialer Isolierung – Freunde hat er nie – trägt er die Erwartungen und Wünsche seiner Familie mit sich herum. Als einzigem Sohn neben den zwei Schwestern wird ihm eine besonders große Last aufgebürdet. Psychologische und soziologische Momente greifen in der Motivierung seiner Entwicklung ineinander. Der unmittelbare Einfluß der Eltern kommt gar nicht mehr zur Sprache. Es bedarf ja nicht mehr viel äußeren Drucks; Theo hat längst die elterlichen Vorbilder zu seinen eigenen gemacht. Seine Überlegungen und seine Handlungen stellt er bereits als „Knabe" in den Dienst der Welt, wie sie ihn sehen gelehrt wurde:

„In der Schule vollbrachte er das erste Geschäft. Er sammelte für einen Kranz. Der kleine Berger war gestorben. Zwei Mark vierzig Pfennig bekam Theodor. Er kaufte den Kranz für zwei Mark zehn Pfennig. Dreißig Pfennig behielt er. Er hielt sie ein Jahr lang." (S. 76)

Bis auf die wenigen heimlichen Triumphe verläuft das Leben für den kleinen Theo lustlos; es erscheint ihm mühselig. Als er zur Schule kommt, ist er bereits

7 *Jansen* interpretiert das Milieu, in dem Theo aufwuchs: „Es ist die Ordnung, die Wirklichkeit der Väter, die der Jüngling verläßt (. . .) und in die er nie wieder zurückkehren kann" *(Jansen,* S. 27). *Jansen* sieht Lohse (wie auch Pum und Dan) in erster Linie als „Heimkehrer" an.

alt und grämlich. „Aufstieg" steht als Motto schon über seinem Schülerdasein. Das Lernen verschafft ihm keinen Lustgewinn. Von vornherein ist das zu Erlernende feindlich und von der Drohung begleitet, daß nur seine tadellose Beherrschung Erfolg sichern wird; in geheimer Qual lernt er, begreift aber nicht, was er aufnimmt:

„Nur das auswendig Gelernte, dessen Klang schon fertig und ein Dutzendmal lautlos geformt in seinen Ohren, seiner Kehle lag, konnte er sprechen. Er mußte lange lernen, ehe die spröden Worte nachgiebig wurden und sich seinem Gehirn einfügten. Erzählungen lernte er auswendig wie Gedichte, das Bild der gedruckten Sätze stand vor seinem Auge, als sähe er sie im Buch, darüber die Seitenzahl und am Rande die Nase, gekritzelt in müßigen Viertelstunden." (S. 7)

Der Inhalt dessen, was er lernt, dringt gar nicht in sein Bewußtsein. Unablässig wacht er über seinem Aufstieg zum Klassenbesten, und er arbeitet nur im Hinblick auf ein Weiterkommen.

Auch auf indirektem Wege (8) erstrebt er eine Verbesserung seiner Position:

„Schon in der Schule hatte er es durch allerlei Dienst- und Ehrenerweisungen erreicht, daß ihn der Leiter in den Pausen mit irgendeinem persönlichen Auftrag begnadete." (S. 28)

So ist all sein Denken und Handeln zweckgebunden. Die verinnerlichte Forderung nach Aufstieg ergreift sein ganzes Lebensgefühl. Der Erfolg wird zur Fortsetzung seiner Person, so daß alles, was ihn gefährdet, auch ihm existentielle Bedrohung bedeutet. Alles, was auch nur potentiell sein Streben in Frage stellt, bereitet ihm Angst. Er und seine Umgebung schätzen denjenigen, der es „zu etwas" bringt. Einer, der es nicht schafft, wird der Verachtung ausgesetzt. Theodor schwebt, da er diese Grundsätze als für sich verbindlich ansieht, ständig in der Gefahr, der Selbstverachtung anheimzufallen. Auch das bereitet Angst. So schließt sich für ihn ein Teufelskreis: weil er sich gesellschaftlichen Erfolg als höchstes Ziel gesetzt hat, steht er infolge dieses hohen Ich-Ideals gleichzeitig in der Furcht, diesem Anspruch nicht zu genügen. Die Angst aber lähmt seinen Realitätssinn und hemmt seine Kraft. Er starrt ängstlich auf die stets wechselnden Situationen und hat jegliche Spontaneität verloren:

„Jede Stunde hatte ein fremdes Gesicht. Alles überraschte ihn. Jedes Ereignis überraschte, nur weil es neu war, und verschwunden, ehe er sich es eingeprägt hatte." (S. 7)

Er kann der Welt nur entgegentreten, wenn er sich „genügend" vorbereitet hat. In dem Maße, wie sein Bemühen um eine Vorbereitung auf neue Situationen ängstlich und kleinmütig erscheint, drückt es aber auch einen großen Glauben daran aus, daß sie völlige Sicherheit bieten könnte. In diesem Glauben befangen, ist er unfähig, auf neue, nicht vorbereitete Ereignisse zu reagieren:

„Aus Furchtsamkeit lernte er Sorgfalt, wurde fleißig, bereitete sich mit hartnäckiger Ruhelosigkeit vor, und wieder und wieder entdeckte er, daß die Vorbereitungen noch zu mangelhaft gewesen." (S. 7)

Angst vor jeglichem Wagnis kennzeichnet ihn bereits in der Kindheit als fertigen Spießbürger.

---

8 Er erinnert in diesen Bestrebungen an den „Vorzugsschüler" Anton Wanzl.

c) Flucht in das Vorurteil

Trotz „verzehnfachtem Eifer" bringt er es nur „bis zum zweiten Platz in der Schule", von dem aus er mit der ganzen aufgestauten Aggression auf den Primus schaut. „Das war der Jude Glaser" (S. 7). An dieser Stelle tritt nun wieder das soziale Moment neben das psychologische (9). Der Akzent wird von den individual-psychischen Vorgängen auf die gesellschaftlichen Bedingungen verlagert. Doch noch einmal wird das psychologische Motiv in den Vordergrund gerückt: Die Unsicherheit des Schülers Theodor wird der Souveränität des Mitschülers Glaser und – hier greift der Erzähler zeitlich wieder vor – die Lebensangst des ehemaligen Leutnants Theodor dem Selbstbewußtsein des Juwelierssohns Efrussi gegenübergestellt. Seine Unsicherheit konnte nur in der Armee aufgehoben werden. Er braucht den Schutz der Gruppe. Nach seiner Entlassung aus der Armee verliert er seine Geborgenheit und fühlt sich schutzlos der Welt preisgegeben. So bricht die alte Angst aus der Schulzeit wieder hervor, er ist ihr ausgeliefert. Theodor fürchtet alles und jeden. Sein Denken weist paranoide Züge auf:

> „Anders war das Leben in Zivil, grausam voller Tücke in unbekannten Winkeln. (. . .) es war ein unaufhörliches Aufbauen von Kartenhäusern, die ein geheimnisvoller Windzug umblies (. . .) Denn alles war Schwindel (. . .) Alle waren Vorgesetzte, alle Menschen in den Straßen, die Kollegen im Hörsaal, die Mütter sogar und die Schwestern auch." (S. 8)

Seine Angstausbrüche nach dem Verlassen der Armee machen ihn unfähig zu existieren – was für ihn schicksalhaft mit „Vorwärtskommen" verknüpft ist. Er braucht einen Ausweg, er kann es nicht ertragen, daß er allein gegen „alle" steht. Die zitierten letzten beiden Abschnitte (S. 7 unten bis S. 8 Mitte) machten Theos psychische Verfassung deutlich. Der erste Satz des folgenden Abschnittes lenkt nun zurück zum bereits angeklungenen antisemitischen Motiv:

> „Alle hatten es leicht, am leichtesten die Glasers und Efrussis. (. . .) Denn alles war Schwindel, Glasers Wissen unredlich erworben, wie das Geld des Juweliers. Es ging nicht mit rechten Dingen zu, wenn der Soldat Grünbaum einen Urlaub erhielt und wenn Efrussi ein Geschäft machte." (S. 8)

Theo braucht einen Sündenbock. Von ihm, der nur Schwindel und „geheimnisvollen Windzug" sah, der, wie in den beiden vorausgehenden Abschnitten dargestellt, zu einer realitätsgerechten Beurteilung aufgrund der psychischen Hemmnisse nicht kommen konnte, sagt nun in offensichtlichem Hohn der Erzähler: „Theodor sah das alles selbst, und die Meinung der anderen verstärkte seine Eindrücke" (10). Auch als Theodor jetzt zu einer „Erkenntnis" gekommen ist, bleibt die hilflose, undifferenzierte Betrachtungsweise bestehen: „Theodor sah das *alles* (11) selbst (. . .)". Und da er ja gerade nichts sieht und nichts er-

---

9 *Jansen:* „Im Gegensatz zu den meisten späteren Romanen Roths ist im Spinnennetz der Welt- und Wirklichkeitsbezug des ‚Helden' Theo Lohse schon in dessen Jugend angelegt, d.h. vom Erzähler psychologisch fundamentiert." *Jansen* übersieht die soziale Motivierung, d.h. das Milieu, in dem Theos Komplexe entstehen. *(Jansen,* S. 30.)

10 *Jansen,* der in seiner Arbeit hauptsächlich das Verhältnis Theodors zur Wirklichkeit untersucht, sieht in diesem Einwurf des Erzählers nur die Rückkehr zur auktorialen Erzählhaltung „(. . .) dann nimmt der Erzähler wieder die Fäden in die Hand, sammelt sie, schließt sie zusammen (. . .) Damit ist ein Doppeltes erreicht: Jenes Wirklichkeitsbild wird als dasjenige Theodor Lohses bestätigt und der Erzähler setzt sich von ihm ab.' *Jansen* entgeht hier die ironische und die kritische Intention des Erzählers.

11 Unterstreichung von der Verfasserin.

kennt, weil er sich selbst nicht erkennen kann, verweist er autoritätsgläubig auf ,,kluge Köpfe". Theodor braucht den Schutz einer Gruppe, dies ist ein Grund für seinen Beitritt in die Organisation des Dr. Trebitsch.

Das Gruppendenken ist ihm nach dem Verlust der Armeegeborgenheit, die einzige Möglichkeit, relativ unproblematisch zu existieren. Die Wahl der Gruppe ergibt sich aus seiner seelischen Verfassung und der Erinnerung an ihm von zu Hause bekannte Vorurteile:

> ,,Oft hatte der Vater Lohse seine Töchter vor dem Verkehr mit jungen Juden in der Tanzstunde gewarnt. Beispiele gibt es, Beispiele. Ihm selbst, dem Bahnzollrevisor Lohse, passierte es mindestens zwei Mal im Monat, daß ihn Juden aus Posen, welche die schlimmsten sind, zu bestechen versuchten." (S. 9)

Die frühen Ermahnungen seines Vaters sind Theodor so gegenwärtig wie nötig. (Teile dieser Ermahnungen werden ins Präsens gestellt.)

Die Erklärungen seines Vaters kommen Theo gerade zum rechten Zeitpunkt wieder ins Bewußtsein. Einmal auf diese Fährte gesetzt, hat Theo nun eine Erklärung für alle unangenehmen Ereignisse bereit. Die neuen und unbequemen Situationen „im juridischen Seminar" waren seiner Meinung nach von den Juden geschaffen, und er fühlte sich ,,(. . .) zu neuerlichen, unangenehmen, eifervollen, hartnäckigen Arbeiten gedrängt."

Seine Flucht in die Ideologie erspart ihm die Selbstbesinnung. Es steht seiner frustrierten Seele aber noch ein weiterer Fluchtweg offen, der sich jedoch nicht an äußere Veränderungen knüpft: Theo genießt in Tagträumen die Erfüllung seines Lebenswunsches, herauszuragen aus der Menge der Unbedeuteten und zugleich von ihr bejubelt und verehrt zu werden. Er sehnt sich nach Zustimmung und Bestätigung:

> ,,Sooft er durch das Brandenburger Tor ging, träumte er den alten verlorenen Traum vom siegreichen Einzug auf schneeweißem Roß, als berittener Hauptmann an der Spitze seiner Kompanie, von Tausenden Frauen beachtet, vielleicht von manchen geküßt, von Fahnen umflattert und Jubel umbraust." (S. 14) (12)

Seine Tagträume ähneln kindlichen Allmachtsfantasien. Theos Wunsch nach Geborgenheit bestimmt auch die Auswahl der Mädchen, die er sich stundenweise sucht:

> ,,Er liebt es, Zuflucht und Heimat zu finden im Weibe. Er will nach vollendeter Liebe Mütterlichkeit, weite, breite, gütige." (S. 23)

d) Erniedrigung und Ermüdung

Nachdem er die ersten Kontakte geknüpft hat, die ihn einem gesellschaftlichen Aufstieg näherbringen sollen, wird er sogleich enttäuscht. ,,In einer erschreckenden Wachheit sah er alle Ereignisse der vergangenen Nacht" (S. 18). Nach der Begegnung mit dem Prinzen erhält Theo eine Stelle in Trebitschs Geheimorganisation. Den Beginn seiner Karriere bildet eine „preußische" Erniedrigung und

---

12 *Jansen* schreibt hierzu: „Doch diese Traumwirklichkeit wird gestört durch eine Gegenwart, die ihr nicht entspricht." (S. 30) Ich interpretiere umgekehrt: Lohse flüchtet angesichts der Wirklichkeit in diesen Traum. (Vgl. S. 14 im „Spinnennetz".)

nicht etwa – wie es nach seiner „Kenntnis" hätte sein müssen – die Aufdeckung einer jüdischen Verschwörung.

In seiner neuen Position ist er übereifrig, er erweitert unaufgefordert seine Aufgaben. Aber es ist umsonst: er wird getadelt, mehr noch, er wird wieder gedemütigt. Doch er unterdrückt seine Empörung; er ist still, obwohl es ihm schlimmer ergeht als bei seinen vermeintlichen Feinden. Diejenigen, von denen er sich Gruppensolidarität erhofft hatte, erweisen sich als seine wirklichen Widersacher. Nach einer großen Demütigung durch Klitsche, die er aber vor sich selbst nicht wahrhaben will, läßt sich seine Verzweiflung nur an dem Wunsch erkennen, wieder ein Kind zu sein:

> „Theo möchte krank sein und ein kleiner Junge und in seinem Bett liegen." (S. 31)

Er verdrängt alle Demütigungen, weil er sich auf dem Weg nach „oben" weiß:

> „Und er vergaß den Besuch bei Klitsche, wie er den beim Prinzen Heinrich vergraben hatte. Über Abhänge und durch Niederungen führte der Weg." (S. 31)

Sein Kampf richtet sich nun nicht in erster Linie gegen die „Staatsfeinde", sondern gegen die Rivalen in der eigenen Organisation. Sein früheres Freund-Feind-Denken wird ad absurdum geführt: alle Menschen werden ihm wieder zu Feinden. Die alte Angst und Lebensunsicherheit werden wieder lebendig. Er bereitet sich auf seine Aufgabe vor – wie in der Schule –, um nicht von einer neuen Situation hilflos überrascht zu werden.

Es geht ihm nur um Erfolg und Ruhm. Als er in München mit nationalsozialistischen Führern zusammentrifft, wird er vollends unzufrieden, obwohl er in Pommern einen Landarbeiteraufstand „vereitelt" hatte. Er ist neidisch auf die Popularität, die die Führer der Partei genießen, die ihm als Mitglied einer geheimen Organisation verwehrt bleiben muß:

> „Sie lebten in Rausch, in Begeisterung. Viele strömten ihnen zu. Sie waren Partei, nicht Geheimverbindung. Jenes schien Theo machtvoller. Dort klingt der Name wie tausend Glocken. Er ging zu Versammlungen. Alle jubelten (. . .), es war ein Volksfestjubel. Theo war neidisch." (S. 71/72)

Neidisch ist er auch auf Hitler:

> „Wenn der Führer sein Büro verließ, grüßten 50 Menschen im Vorzimmer und 20 standen stramm. (. . .) Mag sein, daß er nicht alles wußte. (. . .) Aber ihn kannte jeder. Wer grüßte Theodor Lohse?"

Daß er nun geheime Zusammenhänge durchschauen kann, genügte ihm nicht mehr, er strebt nach größerer Macht. Deswegen tritt er in die Reichswehr ein und will dort Anhänger gewinnen. Er will reich werden:

> „Ein Jahr noch und er wäre vielleicht reich, und Geld erwarb ihm alles, wozu der Eifer nicht reichte." (S. 83)

Seine Taktik hat sich geändert. Er fühlt sich stark genug, um ohne Wissen seiner Rivalen mächtig zu werden. Um seine Unabhängigkeit von der Organisation zu verstärken, stellt er selbständig Kontakte zu linken Gruppen her:

> „Was war Sozialismus? Ein Wort. (. . .) War er ein Verräter? Er ist es nicht. Er will wirklich nur die anderen aushorchen, seine Spione beaufsichtigen." (S. 84)

e) Resignation und Abhängigkeit

Dieser Entschluß leitet, ohne daß er es weiß und will, seine Abhängigkeit von Benjamin Lenz ein:

> „Benjamin Lenz, ein Jude aus Lodz, war im Kriege (. . .) als Spion verwendet worden (S. 86). Seine Idee hieß: Benjamin Lenz. Er haßte Europa, Christentum, Juden, Monarchen, Republiken, Philosophie, Parteien, Ideale, Nationen. Er diente den Gewalten, um ihre Schwäche, ihre Bosheit, ihre Tücke, ihre Verwundbarkeit zu studieren. Er betrog sie mehr, als er ihnen nützte." (S. 87)

Theodor überläßt sich ihm vertrauensselig, ihm, der seinen blinden Ehrgeiz und seine Beschränkung sofort durchschaut. Theodor ist müde geworden. Seine Unruhe, die Erinnerungen an die begangenen Vergehen – Mord und Verrat – zerreiben ihn. Die Enttäuschung über den ausbleibenden Erfolg bei der Organisation macht ihn sentimental, er sucht wieder nach irrationalem Einverständnis. Seine Kraft beginnt nachzulassen:

> „An Theodors Seite geht Benjamin Lenz und das ist vielleicht sein Freund." (S. 93)

In dem „vielleicht" liegt noch ein letzter schwacher Rest seines früheren Mißtrauens. Entgegen seinem Verschwörungsglauben – Lenz ist Jude – vertraut er sich ihm an:

> „Er ist dein Waffengefährte, Theodor. Seine Schlauheit ist nützlich. Zu zweit ist man erfolgreich. Und wer anderer könnte dein Bundesgenosse sein als Lenz? Benjamin Lenz versteht Theodor Lohse." (S. 93)

Benjamin Lenz verstärkt und unterstützt Theodors Ambitionen. Er treibt seine Karriere voran, indem er ihm rät, eine preußische Adlige zu heiraten. Er setzt seine vielfältigen Beziehungen ein. Mit seiner Hilfe erhält Theodor eine Staatsstellung, er wird Chef des Sicherheitswesens. Doch Lenz handelt nur in seinem eigenen Interesse:

> „Benjamin Lenz will an der Quelle sitzen, er braucht nicht beliebige Freunde, er braucht Männer in hohen Ämtern. Benjamin hat keinen Bedarf an kleinen Leutnants. Er will Berichte aus erster Hand; Einblick in einen wichtigen staatlichen Betrieb." (S. 123)

Theodor entwickelt keine eigene Initiative mehr, er wird von Lenz geschoben, geführt, gelenkt. Lenz ist zur Hauptfigur (13) in Lohses Leben geworden, und das macht auch der Erzähler deutlich. Ab Kapitel 17 tritt Lenz als zweite Hauptfigur gleichrangig neben Theodor. Als Theodor Lohse eines Abends im Büro

---

13 „Wenn sich der Erzähler dem Benjamin Lenz zuwendet, so tut er das (. . .) mit der gleichen Intensität wie bei Theodor Lohse: Er stellt sich ihm nicht gegenüber, sondern hinter ihn, blickt über seine Schultern, mit seinen Augen, er schlüpft in ihn hinein." Diese Beobachtung von *Jansen* trifft auf viele Passagen zu, doch die folgende Interpretation erscheint abwegig: „Wie weit der Positionswechsel geht, zeigt sich, wenn es Lenz vorbehalten bleibt, die Existenz Lohses auf eine Formel zu bringen: Sie können nicht umsonst Blut vergossen haben, Herr Leutnant Lohse (. . .)." *(Jansen,* S. 43.) Hier handelt es sich nicht um einen Positionswechsel des Erzählers, sondern es soll verdeutlicht werden, wie sehr Lenz Lohse durchschaut. (Zudem ist der 2. Teil des 16. Kap. ganz aus der Perspektive des Theos geschildert: z.B. der innere Monolog: „Oh, wie wußte Lenz Bescheid. Man sollte sich mit Benjamin Lenz gut verhalten."). Lenz will mit dieser Feststellung Lohses Vertrauen gewinnen und daneben seinen Ehrgeiz neu entfachen.

Lenz überrascht, wie er Akten fotografiert, das heißt, wie er spioniert, muß er endgültig erfahren, daß er gegenüber Lenz ohnmächtig ist, der ihm sofort alle seine Verfehlungen drohend entgegenhält. Theo muß schweigen, muß nach Hause fahren, aber er „dachte an die Ermordung Benjamins" (S. 150). Ob er sie ausführt, ist ungewiß. Der Schluß der Handlung bleibt offen, der Roman ist nicht zu Ende geführt.

2. Politische Intention Roths im Zeitroman und im Feuilleton

a) Kennzeichnung eines Typus im Roman

„Das Spinnennetz" ist ein Zeitroman, in dem in raschem Tempo mannigfaltige Ereignisse und Situationen aus dem politischen Leben der zwanziger Jahre vorüberziehen. Roth wendet sich in aufklärerisch-pädagogischer Absicht an ein breites Publikum, um Herkunft und Laufbahn eines Typus darzustellen und dessen Borniertheit als öffentliche und politische Gefahr kenntlich zu machen. Dieser Typus sollte in dem politischen Klima, das seinen Plänen förderlich ist, exemplarisch vorgeführt werden. Die Umgebung wird schlaglichtartig beleuchtet; Klischees werden eingesetzt: der Onkel aus Amerika, der degenerierte preußische Prinz, die verarmte Adelige treten auf. Das Geschehen wird – streckenweise in der Form des Berichts – von einem Erzähler deutlich vermittelt. Er tritt nicht selbständig auf, dennoch schaltet er sich gleich zu Anfang unüberhörbar ein. Sein Verhalten ist oftmals auf Entlarvung von Ideologien gerichtet. Der Erzähler nimmt gegenüber der Hauptfigur Theodor eine kritische, mitunter ironische Haltung ein. Distanz und Identifikation des Erzählers mit Theodor wechseln sich ab (14). Das unvermittelte Interesse des Erzählers für Benjamin Lenz ergibt sich nicht bruchlos aus dem Geschehen (15). An diesem Bruch wird noch einmal – sozusagen ex negativo – deutlich, daß es Roth nicht um eine geschlossene Fabel geht, sondern um die Kennzeichnung von Typen, die im verworrenen politischen Leben der zwanziger Jahre entscheidende Positionen innehaben. Bei der Vehemenz seines Anliegens ist die Vernachlässigung der Fabel verständlich.

Wiederholungen, Fragesätze, parataktischer Stil, Interjektionen, kurze Kapitel dienen als Mittel, ein schnelles Erzähltempo zu erreichen, das mit dem Ende des ersten Kapitels einsetzt, nachdem die sozialen und psychischen Bezüge des Problems dargelegt wurden.

Im Roman „Das Spinnennetz" hat Roth die psychischen und sozialen Bedingungen zur Herausbildung des Typus eines politischen Extremisten in den Vordergrund gestellt. Theodors Entwicklung wird modellhaft vorgeführt. Roth ‚argumentiert' bei der Darstellung eines politischen Typus nicht politisch, sondern

---

14 *Jansen* stellt fest: „Roth gelingt es schließlich nicht, Distanz und Identifikation zu einer schwebenden Mitte hin auszupendeln." Diese „schwebende Mitte" kann aber doch wohl im „Spinnennetz" kein Desiderat sein, da der Erzähler in seiner Haltung nicht „pendelt", sondern sich durch die Aufgabe der Identifikation sich von Theos Gedanken distanziert *(Jansen,* S. 30).

15 *Jansen,* S. 45: „Der Roman wird uneinheitlich, unökonomisch, die Geschlossenheit der Fabel wird gesprengt zugunsten der Profilierung der Romangestalten, (. . .)."

psychologisch. Er erreicht dies, wie aufgezeigt wurde, im ersten Kapitel dadurch, daß er den Erzähler Rückblenden in Theos Kindheit einschalten läßt. Aus der Abfolge der vorgeführten Beispiele läßt sich ein psychologischer Zusammenhang erschließen, auf den im Verlauf des Romans an mehreren Stellen angespielt wird (16).

b) Der Typ des Reaktionärs im Feuilleton

Der Typ des „säbelsehnsüchtigen, purpurverlangenden" (17) Jugendlichen, wie ihn Theo verkörpert, wurde von Roth auch in den journalistischen Arbeiten dieser Zeit in seiner Gefährlichkeit für die Demokratie der zwanziger Jahre empfunden und dargestellt. Der früheste Beleg einer solchen Stellungnahme findet sich bereits in einem Feuilleton des Neuen Tag „Die reaktionären Akademiker". Aus den uns bekannten journalistischen Arbeiten dieser Zeit hat Roth in das „Spinnennetz" jedoch keine Teile übernommen; es finden sich keine Anhaltspunkte, die auf überarbeitete Passagen eines Feuilletons oder einer Glosse schließen lassen.

Das Feuilleton „Der Herr Offizier", das im „Vorwärts" erschien, steht dem Roman inhaltlich und zeitlich am nächsten (18). In ihm wird die reaktionäre Gesinnung mit der Funktionslosigkeit des Militaristen nach Kriegsende in einen ursächlichen Zusammenhang gebracht. Der soziale Teil des Komplexes wird herausgestellt, der im Roman aber nur eine Nebenrolle spielt. Auch Theo ist, als er aus der Armee entlassen wird, „ein Zeiger ohne Zifferblatt" (19), doch der Erzähler führt vor, daß Theo sich bereits in der Kindheit nicht realitätsgerecht orientieren konnte (20). Im Gegensatz zur feuilletonistischen Gestaltung legt Roth im Roman aber noch eine weitere, eine tiefere Problemschicht frei, nämlich die psychologische.

Politische Spionage, Verrat, Mord, sind die Mittel, die Theo in seinen Machtkämpfen einsetzt. Streikbekämpfung, Niederwerfung eines Aufstandes, politische Versammlungen bilden die aktuellen Stationen in Theos Laufbahn. Als aufmerksamer Beobachter politischer Ereignisse und als engagierter Gegner des aufkommenden Rechtsradikalismus hat Roth den politischen Hintergrund der Handlung mit aktuellen Ereignissen angefüllt. „Der Stoff zu diesem Roman lag nicht in der Luft, sondern war der Tagespresse zu entnehmen" (21). Hier hat Roth einige Male, wie bereits dargestellt, aktuelle politische Ereignisse glossiert. Ludendorff, den Theodor stark bewundert, dem er „einen ehrerbietigen Brief" schreibt (S. 28), galten in Roths Glossen oftmals sehr scharfe Angriffe. Ihn sah Roth als eine Zentralfigur der gefährlichen politischen Reaktion an. In den „Dialogen", die er verfaßte, bildet er einen besonders bevorzugten Gegenstand der Kritik. Den Umbau eines Stinnesschen Dampfers zum Transport von Rindern nach Europa – der Dampfer trug den Namen „Ludendorff" – veranlaßte Roth

---

16 Z.B. S. 28: „Schon in der Schule hatte er es durch allerlei kleine Dienst- und Ehrenerweisungen erreicht (. . .)."

17 Zitat aus Roths Aufsatz „Die reaktionären Akademiker", s. Anhang S. 178.

18 15. 7. 1922 im „Vorwärts", s. Anhang S. 195f.

19 „Der Herr Offizier", s. Anhang S. 195.

20 „Jede Stunde hatte ein fremdes Gesicht. Alles überraschte ihn. Jedes Ereignis war schrecklich, nur weil es neu war (. . .)". (S. 7)

21 *Fröhlich,* H. J.: „Im Spinnetz des Rechtsradikalismus". In: Welt der Literatur, 3. 8. 1967.

dazu, eine Glosse zu schreiben, die den Titel trägt „Ludendorff und das Schlachtvieh" (22). Roth nennt Ludendorff einen Mann, dessen Name „assoziativ die Vorstellung von deutschen zum Schlachtvieh degradierten Soldaten wachruft".

Das Thema des Romans „Das Spinnennetz" stammt aus dem damaligen politischen Interessenbereich Roths. Ereignisse, die er als Journalist verfolgte und glossierte, nahm er in den Roman auf. Sie bilden das politische ‚Kolorit', mit dem die psychologisch modellhaft angelegte Schilderung eines Typus begleitet wird.

Exkurs:
Die erste Veröffentlichung des Romans

Der Roman „Das Spinnennetz" hat mitunter (23) den Verdacht hervorgerufen, er sei nicht nur in Fortsetzungen erschienen, sondern auch in diesem Verfahren geschrieben worden. Bei Roths bekannter Fähigkeit zum schnellen Schreiben (24) und seiner damaligen Tätigkeit als Journalist kann diese Vermutung nicht von vornherein abgewiesen werden. Die Einteilung des Romans in viele sehr kurze Kapitel, die Aktualität des Themas und der offensichtlich nicht erarbeitete Schluß des Romans tragen zu solchen Vermutungen bei. Der Hinweis, daß auch die beiden anderen frühen Romane ähnlich stark unterteilt sind, kann die Vermutungen noch nicht zurückweisen.

Wir haben jedoch einen außerliterarischen Anhaltspunkt, der es wahrscheinlich macht, daß der Roman, bevor er in Fortsetzungen abgedruckt wurde, bereits vorlag. Das redaktionelle Vorwort in der Wiener „Arbeiter-Zeitung" führt den Roman als einen „packend geschriebenen" ein. Der Text läßt darauf schließen, daß der Roman in der Redaktion bereits vor dem Abdruck bekannt war. Es ist allerdings möglich, daß zu dem Zeitpunkt des Vorworts das Schlußkapitel noch nicht eingereicht worden war. Hierüber gibt es aber bis heute keine Mitteilung. Wie bei einer Nachprüfung in der „Arbeiter-Zeitung" festgestellt werden konnte, schließt die letzte Fortsetzung, die mit „Ende" unterzeichnet ist, mit den Worten: „Viele Lokomotiven pfiffen irgendwo auf Geleisen." Ein Schlußkapitel folgte nicht mehr (25). Da das Manuskript nicht mehr existiert, gibt es zur Zeit keine Erklärungen für den Abbruch des Romans an dieser Stelle. Möglicherweise kann aber Roths Abwesenheit – er lebte bereits in Berlin – Mißverständnisse beim Abdruck verursacht oder begünstigt haben.

---

22 „Vorwärts", 7. 3. 1923, s. Anhang S. 211 f.

23 *Fröhlich,* H. J., in: „Welt der Literatur", 3. 8. 1967.

24 Roth selbst bekannte sich einmal in einem Brief an B. *Reifenberg* (30. 8. 1925) zu dieser Fähigkeit: „Sie erliegen hoffentlich nicht der deutschen Anschauung, daß man ein gutes Buch nicht schnell schreiben kann. Ich kann nur gut und schnell schreiben." (Zusatz 1976: Briefe, S. 61 f.)

25 *Jansen* berichtet in dem Nachwort zum „Spinnennetz" davon, daß Roth das Wort „Ende" auf dem Ausschnittexemplar ausgestrichen habe. (S. 160)

III. „HOTEL SAVOY“ – SOZIALKRITIK OHNE ENGAGEMENT

1. Charakterisierung des Ich-Erzählers

a) Seelische Labilität und Unrast

Joseph Roths Roman „Hotel Savoy" ist sein erster Roman, der in Deutschland erschien. Er wurde, wie erstmals festgestellt werden konnte, in der Zeit vom 9. Februar bis 16. März 1924 im Feuilletonteil der „Frankfurter Zeitung" veröffentlicht. Die Veröffentlichung in Buchform erfolgte in demselben Jahr. Es handelt sich um den ersten Roman Roths, in dem ein Ich-Erzähler auftritt. Diese Erzählform verwendete Roth auch noch in der Erzählung „April" (1925) und dann erst wieder in dem Roman „Die Flucht ohne Ende", in dem er sich ihrer bediente, um sich mit der „Neuen Sachlichkeit" auseinanderzusetzen. Durch die Vermittlung des Ich-Erzählers Gabriel Dan „erfährt die erzählte Welt eine spezifische Brechung" (26), die zugleich Aufschluß über die Haltung des Erzählers gibt. Ihm gilt vornehmlich das Interesse der Untersuchung. Alles, was berichtet wird, ist durch seine Sehweise geprägt.

Gabriel Dan, ein Heimkehrer aus russischer Kriegsgefangenschaft nach dem ersten Weltkrieg, erreicht nach langen Wanderungen wieder die „Tore Europas". Sie öffnen sich ihm im „Hotel Savoy", in das er einzieht, um nach den Entbehrungen wieder den Luxus der europäischen Zivilisation zu genießen. Voll freudiger Erwartung unbekannter Ereignisse bezieht er sein Zimmer. Der Genuß der lang entbehrten Annehmlichkeiten stimmt ihn froh, er fühlt sich in der neuen Umgebung heimisch. Unternehmungslustig macht er einen Gang durch die unteren Stockwerke des Hotels – in diesen wohnen die Reichen – und schließt einen Rundgang durch die Stadt an. Ihre Ungepflegtheit gesteht er ein, doch sie bedrückt ihn nicht. Er hat diese Stadt als Zwischenstation gewählt, um sich von seinem hier lebenden reichen Onkel Geldmittel zu besorgen und nach dem Westen weiterzufahren. Es wird sich herausstellen, daß Gabriel das Hotel nicht mehr freiwillig verläßt. Er kann sich zu einer Weiterfahrt nicht entschließen, obwohl ihn keine äußeren Umstände daran hindern (27).

Erst als das Hotel in den Wirren eines Aufstandes abbrennt, reist er ab. Gabriel Dans Erzählung schließt an dieser Stelle. Sein Sprachstil ist durch eine gewisse Lässigkeit gekennzeichnet. Er ist ein lebhafter Beobachter, der nicht zu tiefgehenden Reflexionen neigt. Er ist stark an allen Vorgängen in seiner Umgebung interessiert, immer bereit, Kontakte zu knüpfen und neue Bekanntschaften zu schließen (28). Trotz der Schnelligkeit, mit der er neue Eindrücke aufnimmt, ver-

---

26 *Lämmert,* E.: Bauformen des Erzählens, Stuttgart 1955, S. 205.

27 *Jansen* (S. 71/72): „Nichts hält Gabriel Dan zurück, was nicht in ihm selbst wäre. Es ist vielmehr seine Neugier, seine Sucht, Menschen und ihren Geheimnissen auf die Spur zu kommen, (. . .)."

28 *Jansen* (S. 72): „Die dem Romancier mit der Ich-Erzählung gesetzte Notwendigkeit, seinen Ich-Erzähler *bei* den Ereignissen zu lassen (. . .), ist glücklich verbunden mit der Eigenschaft des Gabriel Dan als Erlebenden."

raten seine Beobachtungen einen ausgeprägten Sinn für die Atmosphäre seiner Umgebung. Das Geschehen im Hotel Savoy und in der Stadt erfahren wir nur durch seinen Bericht; dabei stellt sich heraus, daß seine jeweiligen Beobachtungen stark seiner jeweiligen Stimmung unterworfen sind.

Als er im Hotel ankommt und schwungvoll die Vorhalle betritt, weil er sich freut, „wieder ein altes Leben abzustreifen", grüßt ihn der Portier zuvorkommend, und ein Boy will ihm behilflich sein:

> „Ein Lift nimmt mich auf, Spiegel zieren seine Wände, der Liftboy, ein älterer Mann läßt das Drahtseil durch seine Fäuste gleiten (. . .). Ich schwebe (. . .)." (S. 800) (29)

Als er nach seinem Rundgang durch die Stadt und durch den Verzicht auf einen Besuch bei seinem reichen Onkel „mißmutig", wie er selbst berichtet, ins Hotel zurückkehrt, findet er die Atmosphäre nicht mehr übermäßig gastfreundlich:

> „Der Portier grüßte nicht mehr, als ich ins Hotel trat. Der Liftmensch beeilte sich nicht, als ich auf den Knopf drückte. Er kam langsam, in meinem Gesicht forschend. Es war ein fünfzigjähriger, livrierter Mensch, ein alter Liftknabe." (S. 805)

Gabriel Dan ist gereizt, die Erinnerungen an seinen reichen geizigen Onkel und an die Ärmlichkeit seines eigenen Elternhauses haben seine anfängliche Begeisterung über den neuen Aufenthaltsort sehr gedämpft: „Ich ärgerte mich, daß in diesem Hotel nicht kleine rotwangige Knirpse den Fahrstuhl bedienten" (S. 805). Nachdem er zu seinem Zimmer hinaufgefahren ist, steigt er noch in das letzte Stockwerk des Hotels, wo die ärmsten Gäste wohnen, um sich dort umzusehen. Die Atmosphäre hier wirkt bedrückend. Als er wieder hinuntergeht, fühlt er sich plötzlich beobachtet. Er ist unsicher, das Hotel empfindet er nicht mehr als heimisch, sondern eher als unheimlich:

> „Etwas zwang mich, vom letzten Treppenabsatz wieder aufzublicken, da glaubte ich, die biergelben Augen des Liftboys vom Treppengeländer her auf mich gerichtet zu sehen. Ich schloß meine Tür ab, weil ich eine unbestimmte Furcht hatte. (. . .)." (S. 805)

Erinnerungen belasten ihn jedoch sonst nur wenig. Als er durch den Besuch bei seinem Onkel gezwungen wird, an die ärmlichen Verhältnisse in seinem Elternhaus zu denken, trüben die Vorstellungen, wie erwähnt, seine gute Stimmung. Da er seinem Wesen nach nicht zum Problematisieren neigt, unterdrückt er diese Erinnerungen von nun an und läßt das Unbehagen nicht mehr aufkommen.

Die Gedanken an die Kriegsjahre belasten ihn überhaupt nicht, obwohl er offensichtlich auch persönliche Schuld auf sich geladen hat. Rückblickend sagt er von sich: „Ich sehe den Soldaten, den Mörder, den fast Gemordeten, den Auferstandenen, den Gefesselten, den Wanderer" (S. 799). Er ist immer bereit, „wieder ein altes Leben abzustreifen". Gabriel Dan „hat keine (. . .) Geschichte, nur Geschichten" (30). Deshalb ist die Feststellung: „Ich verstand Henry Bloomfield. Er hatte Heimweh, wie ich und Zwonimir" (31), nicht mehr als eine Selbsttäuschung. Denn „Heimat", das wäre für ihn die Leopoldstadt in Wien. Doch als

---

29 Im folgenden wird aus Band I der Werk-Ausgabe zitiert.

30 *Wiegenstein*, R.: Die gerettete Welt des Joseph Roth, in: Frankfurter Hefte, Aug. 1957, S. 582.

31 Werke I, S. 876.

er von seinem Vetter die Möglichkeit zur Weiterreise erhält, fährt er nicht fort. Aber als das Hotel abbrennt und er die Stadt verläßt, ist nicht mehr von Wien, der Heimat, die Rede, sondern es scheint, als werde er sich zu einer Reise nach Amerika (32) entschließen.

Gabriel Dan hat sein Leben ganz auf Vorläufigkeit eingerichtet. Seine seelische Labilität verhindert, daß er ausruht oder seßhaft wird. Er lebt mit einer unbestimmten Sehnsucht und Erwartung, aber er leidet nicht darunter, daß er sie nicht erkennen und erfüllen kann. Sehr schnell ist für ihn der Reiz des Neuen vorbei. Das enttäuscht ihn jedoch nicht, er zieht nur die Konsequenz, daß er sich wiederum nach neuen Eindrücken umsieht. Sein Bedürfnis nach Veränderung und Wechsel der Eindrücke ist unersättlich; formende Kraft haben sie für ihn jedoch nicht:

> „So vieles kann man in sich saugen und dennoch unverändert an Körper, Gang und Gehaben bleiben. Aus Millionen Gefäßen schlürfen, niemals satt sein, wie ein Regenbogen in allen Farben schillern, dennoch immer ein Regenbogen sein, vor der gleichen Farbskala." (S. 800)

Die Atmosphäre des großen Hotels kommt Gabriel Dans Bedürfnis nach Abwechslung und Abenteuern sehr entgegen. Die Unruhe des Hotels zieht ihn an und ist ein Grund für ihn, es nicht so bald zu verlassen.

b) Bindungslosigkeit und Beeinflussung

Einen Höhepunkt seines Aufenthaltes bedeutet für ihn die Ankunft seines Freundes Zwonimir, eines ehemaligen Soldaten, der im Gegensatz zu Gabriel willensstark und tatkräftig ist. Ihm kann er sich anschließen; seine Gegenwart gewährleistet Unruhe und Aufregung:

> „Zwonimir war ein Revolutionär von Geburt" (S. 840). „Ich will hier eine Revolution machen, sagte Zwonimir so einfach, als sagte er: ich will hier einen Brief schreiben." (S. 842)

Gabriel Dan freut sich über die Ankunft Zwonimirs. Er fühlt sich von seiner Entschlossenheit angezogen, obwohl er sich für die revolutionären Pläne nicht begeistern kann:

> „Er ist ein Wirrkopf, aber ehrlich und er glaubt an seine Revolution." (S. 842)

Die Abwertung eines politischen Engagements kommt in dieser Beurteilung zum Ausdruck. Zwonimirs politische Aktivität wird in Gabriels Bemerkung mit einer privaten Marotte gleichgesetzt. Die Revolution ist „seine Revolution", die Laune eines „Wirrkopfs". Die Distanzierung, die Gabriel hier ausdrückt, ist kompromißlos. Indem er die revolutionäre Aktivität Zwonimirs zu dessen Privatangelegenheit verharmlost, erspart er sich eine Stellungnahme zu politischen Fragen. Gegenüber Zwonimir empfindet er aber dennoch einen charakterlichen Mangel. Im Gegensatz zu ihm fühlt sich Gabriel Dan unfähig, sich mit den Arbeitern solidarisch zu erklären. Er nennt sich einen Egoisten. Als er über seine Bindungslosigkeit nachdenkt, wird er sich seiner völligen Isolation bewußt:

---

32 Der letzte Satz des Romans lautet: „Amerika, denke ich, hätte Zwonimir gesagt, nur: Amerika." Da Gabriel Dan diesen Begriff in Zwonimirs Sinn gebraucht, ist er nicht unbedingt in geographischem Sinne zu verstehen, sondern als Ausdruck einer Zustimmung im Sinne eines damaligen Modewortes aufzufassen.

„Ich stehe allein. Mein Herz schlägt nur für mich. Mich gehen die streikenden Arbeiter nichts an. Ich habe keine Gemeinschaft mit einer Menge und nicht mit einzelnen. Ich bin ein kalter Mensch. (. . .) Jetzt läßt mir der Tadel Zwonimirs keine Ruhe – ich muß über meine Kälte nachdenken und über meine Einsamkeit." (S. 842)

Kurz darauf fühlt er sich innerlich durch „Gemeinsames" mit den armen Bewohnern des Hotels verbunden. Dieses Geständnis kommt unvermittelt und sehr eilig. Er sucht einen Ausgleich, nachdem er Zwonimirs Aufforderungen absagte. Er fühlte sich durch dessen Vorwurf getroffen und solidarisiert sich ‚innerlich' und ersatzweise – weil er an politischen Aktionen uninteressiert ist – mit den Armen im Hotel. Sein Bekenntnis drückt er in Anlehnung an die biblische Sprache aus und kleidet es in eine formelhafte Wendung. Es hat die Bedeutung eines unverbindlichen ‚Spruchs':

„Gewiß, ich lebe in einer Gemeinschaft, ihr Leid ist mein Leid, ihre Armut ist meine Armut." (S. 843)

Während Zwonimir Agitation für die Revolution betreibt, ist er meist anwesend, aber nur als Begleiter und Beobachter. Er schließt sich Zwonimir nicht um der Idee willen an, sondern aus Neugierde (33). Wenn Zwonimir unter den armen Heimkehrern und den Arbeitern politische Propaganda verbreitet, hört Gabriel Dan aufmerksam zu. Er ist oftmals nicht vollständig mit dessen Argumenten einverstanden. Doch der Einwand, den er dann macht, ist zu schwach, um zurechtweisend zu wirken:

„Mein Freund Zwonimir geht in die Baracken, denn er liebt Aufregung und Unruhe und vergrößert sie. Er erzählt den Hungernden von den Reichen, (. . .) Du übertreibst ja, sage ich zu Zwonimir." (S. 853)

Die schlechten sozialen Verhältnisse in der Stadt sind ihm bekannt. Er registriert sie sorgfältig, zeigt jedoch kein Interesse, über Ursache oder Abhilfe nachzudenken:

„Es war eine Borstenreinigungsfabrik. Dort reinigte man die Schweinehaare von Staub und Schmutz und es wurden Bürsten daraus gemacht, die wieder zum Reinigen dienen. Die Arbeiter, die den ganzen Tag die Borsten strählten und siebten, schluckten den Staub und bekamen Lungenbluten und starben im fünfzigsten Jahr ihres Lebens." (S. 855)

Auch das Elend der ehemaligen Kriegsgefangenen beschäftigt ihn nicht nachhaltig. Das Geständnis, das Gabriel Dan angesichts der neu ankommenden Kriegsheimkehrer macht, ist wiederum ein bloßes Lippenbekenntnis: „Die Heimkehrer sind meine Brüder, sie sind hungrig" (S. 883). Bezeichnend für ihn ist es, daß er sich mitunter wohl der Meinung des willensstarken Zwonimir anschließt, jedoch nicht dessen Aktivität annimmt.

Er macht gegen Ende seiner Erzählung Feststellungen über die kommende Revolution, die nach seinem bisherigen Verhalten wenig überzeugend wirken. Er sagt einmal: „Ich rieche die Revolution" (S. 884). Hier ist die Beeinflussung durch Zwonimir unverkennbar. Sie hat jedoch keine konkreten Auswirkungen.

Seine „Erkenntnisse" wirken angelernt und unecht – allerdings nur für den Leser, nicht für Gabriel selbst.

Am Verlauf des Aufstandes zeigt er so gut wie kein Interesse. Es ist typisch für seine politische und moralische Gleichgültigkeit, daß er, als sie am Morgen

33 Er erinnert in seinen nicht immer sympathischen Bemühungen, Menschen zu beobachten, entfernt an den Erzähler in Franz Grillparzers „Armen Spielmann".

das Hotel verlassen, in der Innenstadt im Schaufenster des Lotterieladens nachschaut, ob er Geld gewonnen hat:

> „Der Laden ist ängstlich und dicht verschlossen, aber die Ziehungen sind neben der grünen Ladentür an der Wand befestigt. Ich sah meine Nummer nicht, vielleicht hat man sie gestern mit Kreide aufgeschrieben und der Regen hat sie ausgelöscht." (S. 887)

Als das Hotel bereits brennt und die Verwirrung in der Menge am größten ist, hört er den Namen des Hotelwirts rufen. Sofort ist seine alte Neugier geweckt. Seine Aufmerksamkeit (34) gilt wiederum nicht den revolutionären Vorgängen. Er muß seine persönliche Neugier stillen. Er möchte den Wirt, dessen Verborgenheit ihn immer gereizt hatte, endlich sehen. Mit der Entschlossenheit eines aufdringlichen Reporters zwängt er sich zwischen die Leute:

> „Ich höre ihn rufen und breche eine Bahn zu ihm. Es geschieht so vieles hier. Mich aber geht Kaleguropulos an." (S. 888)

Gabriel Dan berichtet, was er selbst erlebt hat. Die Auswahl und die Art der Darstellung charakterisieren ihn. Da er ein Mensch ist, der nur selten zu Reflexionen neigt, sind die Beobachtungen, die er macht, und die Eindrücke, die er schildert, aufschlußreicher für ihn als seine direkten Geständnisse. Sein großes Interesse für Menschen reicht meist nicht weiter als zur Befriedigung einer oberflächlichen Neugier. Ihn interessieren Zusammenhänge, die ein Geheimnis bergen könnten oder eine verblüffende Enthüllung erwarten lassen. In seiner Haltung, seinem Geschick, Neuigkeiten zu erfahren, ist er dem Typus eines Globetrotters oder eines Reporters nicht unähnlich. Er interessiert sich für vieles, aber er engagiert sich für nichts.

2. „Hotel Savoy" – Beziehung zu Roths politisch-journalistischen Interessen

Wenn man von der Konzeption des Gabriel Dan auf die Hauptfiguren der beiden anderen Romane sieht, kann zuerst keine direkte, thematische oder intentionale Entsprechung festgestellt werden. Theodor Lohse aus dem „Spinnennetz", psychologisch modellhaft angelegt, stellt den Typ eines politischen Extremisten dar. Seine Gestaltung gab Roth Gelegenheit, politisch-aufklärerisch ex negativo zu wirken. Andreas Pum, die Hauptfigur aus der „Rebellion", erwacht aus der unüberlegten Übereinstimmung mit dem „Vaterland" und wird zum Verächter der bestehenden politischen Ordnung. Diese beiden Romane lassen sich mit Roths journalistischen Interessen der frühen zwanziger Jahre, die, wie dargestellt, politisch bestimmt waren, in Verbindung bringen.

Die Konzeption der Hauptfigur Gabriel Dan aus dem „Hotel Savoy" erscheint dagegen für eine solche Verbindung nicht geeignet. Dan ist weder ein politischer Extremist noch kommt er im Laufe des Romans zu einer echten Erkenntnis gesellschaftlicher Zusammenhänge. Bei ihm handelt es sich um einen Menschen, der soziale Mißstände bewußt registriert, politisch jedoch völlig desinteressiert und passiv bleibt. Selbst eine Aufforderung seines Freundes Zwonimir zur politischen Tat, zur Vorbereitung einer Revolution, findet keine Resonanz bei ihm.

34 „Nach dem Brand jedoch (. . .) verrät er nicht die geringste Besorgnis um das Verbleiben des Mädchens Stasia, der er ja am nächsten gestanden hatte" – stellt S. *Rosenfeld* darüber hinaus fest. (l.c. S. 34)

Mit diesen Feststellungen sollen jedoch nicht die vielen stark sozialkritischen Passagen des Romans der aufmerksamen Beobachtung entzogen werden. Hier ist die Verbindung zum politischen Engagement Roths deutlich erkennbar.

Überall, wo Gabriel Dan sich aufhält, ist er von sozialem Elend umgeben. In die Trostlosigkeit der Existenz der armen Hotelbewohner hat er sich Einblick verschafft; er nimmt an dem ärmlichen Begräbnis des Clowns teil, der im „Wäschedunst" seiner Behausung ersticken mußte. Auf seinen Gängen mit Zwonimir lernt Gabriel Dan die unmenschlichen Verhältnisse kennen, in denen die Fabrikarbeiter mit ihren Familien leben müssen. In der Armenküche, in der er sich oftmals mit Zwonimir aufhält, treffen sich die vielen Schutzlosen und Notleidenden der Stadt. Gabriel Dan begegnet Mädchen, die sich aus materieller Not dem zweifelhaften Etablissement der Frau Kupfer anschließen müssen.

a) Gabriel Dan – ein unpolitischer Mensch

In diesen Passagen des Romans ist das damalige politische Interesse Roths durchgehend erkennbar. Das sozialistische Engagement kommt in der Auswahl des Milieus des Romans zum Ausdruck. Auffällig ist jedoch, daß die Hauptgestalt und der Vermittler der Geschehnisse kein Proletarier ist – also, um einen Artikel (35) Roths aus dem „Vorwärts" zu zitierten, kein „kommender Mensch" –, sondern ein gebildeter, im Augenblick mittelloser Bürger des unteren Mittelstandes. Konstitutiv für den Roman wird aber vor allem, daß Gabriel Dan ein „unpolitischer" Mensch (36) ist, der auch inmitten des unübersehbaren Elends der Nachkriegsverhältnisse seine Haltung nicht ändert. Der „unpolitische" Mensch war für Roth, wie wir aus seinen Bemerkungen in einigen Arbeiten zum „Vorwärts" entnehmen können, Gegenstand ironischen Erstaunens. Für ihn stand die Bezeichnung „unpolitisch" in der Nähe einer Zweckbehauptung, die darauf hinausläuft, eine Ausweichmöglichkeit vor politischer Verantwortung zu schaffen. Von den Gesprächspartnern der „Dialoge" im „Vorwärts", Alfred und Eduard, hieß es ironisch und scheinbar widerspruchsvoll, sie seien „zwei unpolitische Naturen, die sich aber leidenschaftlich für die Politik interessieren" (37).

Gabriel Dan dagegen nennt sich selbst nie „eine unpolitische Natur", aber er handelt in diesem Sinne. Konsequent politisch gesehen, hat seine Passivität dennoch – und wahrscheinlich gegen seinen Willen – eine politische Funktion: Weil er nicht auf der Seite der Opposition, des aufbegehrenden Proletariats, steht, unterstützt er indirekt die unsoziale Willkür und den politischen Einfluß der Fabrikbesitzer. Das Problem der politischen Indifferenz, die unbeabsichtigt hochpolitische Auswirkungen nach sich zieht, wird durch Gabriels Verhalten andeutungsweise sichtbar. In der revolutionären Situation der unmittelbaren Nachkriegszeit, wie Roth sie hier schildert, wird politische Aktivität mit einem Kampf gegen die bestehende unmenschliche Ordnung gleichgesetzt. Daher verhält sich der „Unpolitische" letztlich reaktionär (38).

---

35 Es handelt sich um die Rezension des „Hinkemann". 15. 4. 1924, s. Anhang S. 214f.

36 Der Begriff „unpolitisch" schloß einen ‚Seitenblick' auf Thomas *Mann* sicherlich mit ein, wenn es auch in Roths Arbeiten darüber keinen eindeutigen Anhaltspunkt gibt.

37 „Dialog über Walhall", 30. 3. 1924. (Zusatz 1976: Der Neue Tag, Köln/Berlin 1970, S. 51f.)

38 In dem bereits erläuterten Feuilleton „Der Prinz" wird dieses Problem ebenfalls sichtbar. Hier handelte es sich um den scheinbar „unpolitischen" Charakter von Zeitschriftenreportagen.

b) Erzähltechnischer Aspekt

Abgesehen von der ermöglichten Einbeziehung des erwähnten besonderen politischen Problems hat die Einführung dieses Typus im „Hotel Savoy" wohl vornehmlich gestalterisch-erzähltechnische Gründe. Die sozialen Mißstände kommen durch die recht unbekümmerte und meist teilnahmslose Erzählung Gabriels zur Darstellung. Seine Haltung gegenüber dem beobachteten proletarischen Milieu ist nicht von einem kritischen Engagement bestimmt; die distanzierte Sehweise Gabriel Dans wird eingesetzt, um bei der Darstellung des Nachkriegselends die Gefahr eines Abgleitens in Sentimentalität zu vermeiden. Dies gelingt allerdings nicht durchgehend, weil Gabriel Dan sich mitunter inkonsequent verhält, Stimmungen unterworfen ist und – besonders von Zwonimir – leicht, jedoch nicht anhaltend beeinflußt werden kann.

c) Motivanklänge

Eine Verbindung vom Roman „Hotel Savoy" zu den journalistischen Arbeiten Roths wird andeutungsweise noch in anderen Bereichen sichtbar. Hierzu gehört Roths Interesse an der Atmosphäre von Vergnügungsetablissements. Im Roman kommt er diesem Interesse durch die Darstellung der Vorgänge in der Hotelbar nach. Beobachtungen aus diesem Milieu gestaltet er, wie schon erwähnt, in einigen seiner Feuilletons (39). Deutliche Motivübernahmen oder Ähnlichkeiten der Gestaltung sind in dem zur Verfügung stehenden Material nicht nachweisbar.

Eine weitere Verbindung finden wir in der Figur des Abel Glanz, von dem im Roman berichtet wird, daß er in der Vergangenheit Souffleur in einem kleinen rumänischen Theater gewesen sei:

> „Aber er fühlte sich zum Regisseur berufen und hielt es in seinem Kasten nicht aus, wenn er zusehen mußte, wie die Leute ‚Fehler' machten. Glanz erzählte jedem Menschen seine Geschichte. Es war ihm eines Tages gelungen, probeweise Regie zu führen." (S. 819)

In einer Glosse im „Vorwärts" (40) kommentiert Roth den kuriosen Entschluß eines Souffleurs in einer rumänischen (!) Stadt, der, seiner bescheidenen Rolle überdrüssig, sich selbst zum Regisseur einsetzte.

Abel Glanz ist im Roman jedoch nur eine Nebenfigur. Die Episode wird nur beiläufig erwähnt und hat keinen Einfluß auf den Handlungsverlauf (41). Ihre Erwähnung durch Gabriel kennzeichnet einmal mehr seine Vorliebe für ungewöhnliche Ereignisse, die die Eigenart des Romans stark ausgeprägt bestimmen. Die Buntheit der schnell wechselnden Beobachtungen und Geschehnisse, die Aufgliederung in viele Kurzkapitel und die damalige Aktualität des Stoffes lassen den Erstabdruck des Romans in der Zeitung besonders verständlich erscheinen.

---

39 27. 10. 1924 „Mütter in der Revue" (Tillergirls) – Frankfurter Zeitung; 7. 3. 1924 „Der Refräng im Nachtleben" – Frankfurter Zeitung; 31. 12. 1924 „Eine sehr seriöse Variete-Kritik" – Frankfurter Zeitung; 20. 10. 1922 „Bar" – Vorwärts.

40 9. 5. 1924, s. Anhang S. 217f.

41 In diesem Zusammenhang sei noch auf die Verbindung von dem Feuilleton „Der Mann in der Toilette" zum Roman „Die Rebellion" hingewiesen (S. 128). Hier wird das Feuilleton-Motiv jedoch in die Haupthandlung aufgenommen.

IV. „DIE REBELLION" – RELIGIÖSER KONFLIKT UND GESELLSCHAFTSKRITIK

1. Die religiöse Dimension der gesellschaftskritischen Intentionen

a) Vertauschung von Gläubigkeit und Kalkül

Der Titel des frühen Romans von Joseph Roth „Die Rebellion" (42) enthält bereits Hinweise auf das verarbeitete Thema. Dieser Begriff ist aber meist nur im Hinblick auf seine politische Bedeutung mit dem Roman in eine Verbindung gebracht worden. Unter diesem Aspekt „(. . .) gehört (das Motiv des rebellierenden Andreas) (43) wohl zu den unmittelbar einleuchtenden Figurationen der Gesellschaftskritik in den zwanziger Jahren" (44) und läßt Roths damalige politische Interessen erkennbar werden. Die gesellschaftskritisch ausgerichtete Betrachtungsweise erscheint aber als nicht ausreichend; die religiöse Dimension der Problematik kann unter dieser Einschränkung nicht erfaßt werden. Im folgenden soll versucht werden, sie zu erschließen und zu charakterisieren, wobei natürlich nicht immer von den gesellschaftskritischen Intentionen des Romans abgesehen werden kann.

Andreas Pum, ein ehemaliger Nachtwächter, der als Invalide aus dem Krieg nach Hause kommt, fühlt sich trotz der körperlichen Behinderung zufrieden und im Einklang mit der Welt. Er hat ein kindliches, unreflektiertes und blindes Vertrauen zur Obrigkeit und zu seinem Schicksal. Sein Bedürfnis nach problemloser Übereinstimmung mit denjenigen, von denen er abhängig ist, läßt keine Zweifel an der Berechtigung der bestehenden Ordnung aufkommen. In seinen verschwommenen Vorstellungen ordnet er „Gott, Kaiser, Vaterland" in einen undeutlichen Zusammenhang ein. Als er noch im Kriegsspital liegt – das ist der Beginn des Romans –, denkt er mitunter über diese Zusammenhänge nach. Der Erzähler gibt den Inhalt seiner Gedanken wieder. Dabei kommt eine folgenschwere Vertauschung der Bezüge zum Vorschein. Hier schon wird deutlich, daß Pums Vorstellungen von Gott und Regierung nicht nur verschwommen sind, sondern daß in ihnen bereits der erst später ausbrechende Konflikt angelegt ist, der sich nicht auf das soziale und politische Moment beschränkt. Andreas kommt zwar in Konflikt mit der Staatsgewalt und seinen Auffassungen über sie, als er ungerecht behandelt und jäh ernüchtert wird. Dennoch gilt sein Aufbegehren in der Sterbestunde nicht den politischen Verhältnissen und der Staatsgewalt. Der geheime, letzte ungelöste Konflikt ist ein religiöser. Es trifft gewiß zu, daß Andreas Pum einen falschen „Wirklichkeits- und Weltbezug" (45) hat, es geht auch „um den Menschen, der in seinem (. . .) Realitätsfeld gefangen ist" (46). Das ist aber nur der eine Teil der Problematik.

---

42 Im folgenden wird aus Band II der Werk-Ausgabe zitiert.

43 Erläuternder Zusatz in Klammern von der Verfasserin.

44 *Wiegenstein,* R.: Die gerettete Welt des Joseph Roth, in: Frankfurter Hefte, August 1957, S. 582.

45 *Jansen,* S. 47.

46 *Jansen,* S. 60.

Der Erzähler berichtet uns, daß Andreas Pum „an einen gerechten Gott" glaubt (S. 289). Die Gerechtigkeit besteht für Andreas darin, daß Gott „Rückenmarkschüsse, Amputationen aber auch Auszeichnungen nach Verdienst verteilt" (S. 289). Andreas hat nach seiner Verletzung eine Auszeichnung erhalten, er führt sie seinem Denken entsprechend auf ein „Verdienst" zurück. Er leitet daraus seine Auffassung von Gott ab. Das Verhältnis zu Gott ist also – überspitzt formuliert – ein höchst rationales, eines, das sich in einer „Rechnung" ausdrücken läßt. Pum hat es mit dem Kalkül in Verbindung gebracht.

Zur Regierung dagegen ist sein Bezug höchst irrational, man könnte ihn, um das Paradoxon zu verdeutlichen, „metaphysisch" nennen. Seine Auffassung von ihr drückt sich nicht in einer Rechnung aus; sondern in einer falschen Gläubigkeit:

> „Die Regierung ist etwas, das über den Menschen liegt, wie der Himmel über der Erde. Was von ihr kommt, kann gut oder böse sein, aber immer ist es groß und übermächtig, unerforscht und unerforschbar, wenn auch manchmal für gewöhnliche Menschen verständlich." (S. 289)

In der Gegenüberstellung von Pums Gedanken über Gott und die Regierung macht der Erzähler deutlich, daß Pums Verhältnis zur Wirklichkeit, zur Regierung ein gläubiges ist, aber das zu Gott ein kalkulierendes. Auch im sprachlichen Bereich wird diese Vertauschung erkennbar. Von Gott heißt es: „Dieser verteilte (. . .) nach Verdienst." Seine Funktion ist also der eines Staatsbeamten nicht unähnlich. Das Wesen der Regierung wird jedoch mit Begriffen umschrieben, die Gott zukommen müßten: „groß und übermächtig, unerforscht und unerforschbar". Statt die politischen Verhältnisse zu „erforschen", sie mit nüchternem Weltverstand zu kontrollieren, hat er sie in die Sphäre der Transzendenz gerückt.

Nur folgerichtig ist es deshalb, wenn Andreas diejenigen „Leute, die sich gegen alles wehren, was von der Regierung kommt" (S. 290), mit voller Überzeugung „Heiden" nennt. Biblische Begriffe überträgt er auf politische Bereiche. Weil er beide Sphären nicht nur vermengt, sondern gefährlicherweise sogar verwechselt, hat er von beiden falsche Vorstellungen. „Wie sollte sich die Regierung ihrer Feinde annehmen?" Auch hier begegnen in der erlebten Rede Anklänge an Formulierungen und Gedankengut der Bibel.

Andreas wehrt sich gegen alles, was ihn beunruhigen, was Zweifel an seinen sicheren Vorstellungen hervorrufen könnte. So ist er

> „(. . .) froh, daß ihm die „Heiden" eingefallen waren. Das Wort genügt ihm, es befriedigte seine kreisenden Fragen und gab Antwort auf viele Rätsel. Es enthob ihn der Verpflichtung weiter nachdenken und sich mit der Erforschung der anderen abquälen zu müssen."

Gleichzeitig erlaubt ihm die Anwendung dieses Begriffes, die eigenen „Verdienste", vor sich selbst herauszustellen und stabilisiert sein Verhältnis zu einem „gerechten Gott". Seine Rechnung scheint aufzugehen.

b) Unbewußte Übereinstimmung mit Arnold

Einen ähnlichen Begriff von Recht und Ordnung hat Herr Arnold. Im siebenten Kapitel stellt ihn der Erzähler als einen sorglosen, reichen Mann vor, der, allerdings in Gegensatz zu Pum, „an einer chronischen und (. . .) unbegründeten Unzufriedenheit" leidet (S. 316). Andreas Pum ist ihm jedoch ähnlicher, als beide bei ihrem Zusammenstoß wissen. Auch Arnold hält „die Tendenzen der Gegenwart", die nach seiner Auffassung dahin gingen, „diverse Ordnungen zu stören", für verbrecherisch, für „gottlos". Grundsätzlich wäre er daher mit Andreas einer Meinung. Beide beharren sie auf der Einhaltung von Klassenunterschieden und haben für jegliches Aufbegehren kein Verständnis. Aus der Betonung ihrer gemeinsamen politischen Haltung ergibt sich die Kritik an der Widersprüchlichkeit der gesellschaftlichen Verhältnisse. Pums sozialer Gegensatz zu Arnold, dessen konservative Haltung aus seiner gesellschaftlichen Stellung verständlich ist – er ist wohlhabend und einflußreich, er hat kein Bedürfnis nach Veränderung –, wird in indirekter Weise herausgearbeitet. Pum lebt mit seiner politischen Haltung seinen eigentlichen gesellschaftlichen Interessen zuwider. Mit seiner Einstellung vertritt er nicht die Interessen seiner „Klasse", er hat in diesem Sinne kein „Klassenbewußtsein". Seine Armseligkeit wird dadurch betont, daß er für einen Staat (47) eintritt, der sich schließlich als für ihn feindselig erweist.

Die heimliche Übereinstimmung zwischen Pum und Arnold führt der Erzähler zum Schluß des sechsten Kapitels, als er das kommende Unglück andeutet, und am Schluß des siebenten vor, als er Arnolds Nachhauseweg schildert. Von beiden wird, bevor sie einander begegnen, berichtet, wie sie sich über politische Propaganda empören, die zur Kritik an der Regierung animiert. Andreas Pum erregt sich über die Plakate an den Litfaßsäulen:

> „Die Invaliden sind wieder einmal unzufrieden. Heiden, die sie sind. ‚Kameraden!' schreien die Plakate. Die Regierung. Sie wollen die Regierung abschaffen. Ihn, Andreas Pum, konnte man für derlei Dinge nicht haben." (S. 315)

Herrn Arnold begegnet, ehe er nach Hause fährt, ein Plakatträger:

> „Er trug auf Brust und Rücken ein aufreizendes Plakat. ‚Genossen!' – so begann es, ‚die Not der Invaliden kennt keine Grenzen. Die Regierung ist ohnmächtig!' In diesem Ton ging es weiter. Das war ja auch eine schöne Bande!" (S. 323)

Herr Arnold befindet sich zu diesem Zeitpunkt in einer unangenehmen Situation. Nach einem peinlichen privaten Zwischenfall fährt er höchst erregt mit der Straßenbahn nach Hause. Der Invalide Andreas, der sich selbstbewußt in den Wagen drängt, wird ihm zum Ärgernis. Arnold greift ihn indirekt an, indem er laut von „Simulanten" spricht. Pums Einstieg in die Straßenbahn ist ihm willkommener Anlaß, seine Unzufriedenheit abzureagieren. Mit deutlicher Anspielung hebt Arnold den Fuß „(. . .) und wollte zeigen, wie man ein halbes Bein verbergen kann". In diesem Augenblick reagiert Andreas in ungewohnter Weise: er schreit ihn an. Nach diesem Vorfall, der noch ein Nachspiel mit dem Schaffner und einem Polizisten mit sich führt, gerät Andreas Pum in das „Gestrüpp der willkürlich wuchernden Gesetze". Den plötzlichen Zornesausbruch begründet der Erzähler nicht: „Ein unerklärlicher Haß vergewaltigte Andreas" (S. 325). Zögernd, geradezu unsicher setzt der Erzähler hinzu: „Vielleicht hatte er lange in ihm geruht, verhüllt von Demut und Frömmigkeit." Diese Andeutung kann nicht zutreffen, denn der Erzähler war es ja, der uns Pums Selbstgerechtigkeit und Zu-

---

47 Es muß an dieser Stelle erwähnt werden, daß es sich bei dem angegriffenen politischen System nicht um die Monarchie, sondern um die Erste Republik handelt. Roths politische Haltung aus der Zeit seiner Arbeit am „Neuen Tag" ist hier erkennbar, die sich dahin richtete, die neue Regierung als undemokratisch, unsozial und monarchistisch zu verurteilen. (Vgl. das Feuilleton „Der neue Hofpark", S. 171f. im Anhang.)

friedenheit vor Augen geführt hatte. Er berichtete von Pums Heirat und schilderte sein großes Glück:

„(Andreas) lebte in der neuen und betäubenden Glückseligkeit, die uns wie ein Panzer gefühllos gegen die Schlechtigkeit und die Kränkung der Welt macht und wie ein gütiger Schleier die Bosheit der Menschen verhüllt."

Ehe sich der Erzähler von Andreas trennte und im siebenten Kapitel ausführlich (48) von Herrn Arnold berichtete, betonte er noch einmal die Zufriedenheit des Andreas. Dieser verknüpfte sie in der für ihn charakteristischen Weise mit der Verachtung für die „Heiden":

„Mit dieser Verachtung im Herzen hätten Andreas Pum alle die langen oder kurzen Jahre leben können (. . .), in dieser warmen, guten Behaglichkeit, in dieser vollendeten Harmonie mit den irdischen und göttlichen Gesetzen (. . .)." (S. 315)

Nach den Vorfällen in der Straßenbahn ist Andreas selbst ein „Heide", oder auf jeden Fall das, was er sich unter diesem Begriff vorstellt, ein Mensch, der mit den Gesetzen in Konflikt kommt. Durch Unkenntnis versäumt er die Vorladung vor Gericht, empört sich, als er von einem Beamten zurechtgewiesen wird. Daraufhin schickt man ihn für einen Tag in den Arrest. Seine Frau trennt sich von ihm, er hat kein Zuhause mehr, seine Lizenz wird ihm entzogen, er kommt ins Gefängnis (49).

c) Stumme Entwicklung und Erfüllung

Im Gefängnis fühlt er sich nicht unglücklich. Er hat Zeit, über sein Leben nachzudenken; erst jetzt lernt er mühsam zu denken:

„Andreas hatte viel zu tun, er mußte die Bilder einordnen. Wie ein Kind an den Sprossen einer Leiter, so kletterte der neugeborene Andreas an diesen kleinen Erinnerungen zaghaft empor (. . .). Ihm war, als begänne er zu lernen und Geheimnisse täten sich vor ihm auf. So hatte er also 45 Jahre in Blindheit gelebt, ohne sich selbst und die Welt zu kennen." (S. 350)

Er denkt über die Regierung nach und muß feststellen, daß sie ihm gegenüber nicht gerecht verfuhr:

„Die Regierung, wie wir sie jetzt erkannt haben, ist nicht mehr etwas Fernes, hoch über uns Befindliches. Sie hat alle irdischen Schwächen und keinen Kontakt mit Gott." (S. 353)

Seine Vorstellungen von der Regierung und den politischen Verhältnissen haben sich geändert. Sie sind ernüchtert. Andreas denkt an sie nicht mehr in metaphysischen Begriffen.

Obwohl von ihm gesagt wurde: „Zwar hat er nicht geraubt, aber er hat Gott verloren." (S. 343), beginnt er doch, im Gefängnis über Gott nachzudenken. Auch hier macht sich eine Veränderung des Denkens bemerkbar. Im Gegensatz zu früher, wo sein Verhältnis zu Gott in einer einfachen „Rechnung" aufging, sind seine Vorstellungen über ihn jetzt unsicher geworden. In vorsichtigen An-

---

48 *Jansen,* P. W.: „Weit ausladend wird von Herrn Arnold erzählt, was der Ökonomie des Romans zuwider, nahezu ein Zehntel der Erzählzeit in Anspruch nimmt." (S. 54)

49 Das 14. Kapitel, das Pums Aufenthalt im Gefängnis schildert, hat Roth unter der Überschrift „Der Häftling" als Vorabdruck im Vorwärts veröffentlichen lassen.

deutungen heißt es in der erlebten Rede: „So ähnlich handelte Gott (. . .)." Andreas stellt zum ersten Mal Fragen: „War Gott noch Gott, wenn er sich irrte?" (S. 350) Das Bild, das er sich von Gott gemacht hatte, erscheint ihm verzerrt und unklar.

Wörtlich wird nun im weiteren Verlauf der Handlung nicht mehr von Pums Gedanken über sein Verhältnis zu Gott berichtet, doch der Erzähler deutet eine geheimnisvolle Unruhe an, von der Andreas im Gefängnis erfüllt wird: „Eines Tages erwachte er sehr früh. Er wußte nicht, wie spät es war (. . .)" (S. 354). Pums Unruhe wird zwar mit dem ersten Frühlingsregen (50) in eine Verbindung gebracht, jedoch nicht erklärt:

> „Was erschütterte ihn denn eigentlich so? Jahr um Jahr war er gewohnt, den regelmäßigen Wechsel der Jahreszeiten zu erleben."

Dieser Augenblick ist der Beginn einer stummen Entwicklung, die sich nun in Andreas vollzieht. Der Erzähler deutet noch ein zweites Mal die Erregung des Andreas an (S. 357): „In dieser Nacht schlief er spät ein."

Als Andreas schon längst Toilettenwärter im Café Halali ist und er zwischen Traum und Wirklichkeit kaum noch unterscheiden kann (51), ist es wieder Frühling. In der Natur machen sich verheißungsvolle Anzeichen bemerkbar: „Indessen wurden die Apriltage warm, regenschwanger und wie süße Versprechungen." Andreas ist dem Tod nahe. Da kommt in diesen Frühlingstagen überraschend eine Vorladung zum Gericht. Sein Fall soll noch einmal aufgerollt werden. Doch während er sich noch ausdenkt, wie er durch eine Rede vor Gericht den Staat anklagen kann, verliert er die Besinnung: „Ein Herr verlangte Seife und er hörte es nicht. Ignatz flatterte auf seine Schulter und bat um Zucker. Andreas fühlte ihn nicht" (S. 370).

Er verliert das Bewußtsein nicht nur in der Bedeutung, daß sich Traum und Wirklichkeit mischen, sondern sein Bewußtsein wird auch von unbewußt gehaltenen Gedanken überwältigt. Er kann seinen Willen nicht mehr bewußt einsetzen. Die Gerichtsszene, auf die er sich vorbereitet hatte, wird für ihn zu einer ganz anderen, als er meinte. Der Gerichtssaal verwandelt sich in einen Kirchenraum:

> „Viele Menschen waren im Saal. Sie knieten nieder. Die Kerzen zu beiden Seiten des Kreuzes brannten golden und verbreiteten einen Duft von Weihrauch und Stearin." (S. 372)

Die lange zurückgedrängten Konflikte überfluten ihn. Er erlebt nun diejenige Gerichtssitzung (52), auf die er unbewußt (53) so lange gewartet hatte.

---

50 F. *Hackert* hält „den Regen und seine bedrückende Wirkung" für ein Symbol, „das Roth sehr häufig einsetzte." *(Hackert,* S. 74) In dem erwähnten Zusammenhang steht jedoch die lösende und entspannende Wirkung des Regens für die Verdeutlichung von Pums seelischer Verfassung.

51 Hier wird erzähltechnisch die Gerichts- und Sterbeszene vorbereitet, in der nicht genau zwischen Traum und Wirklichkeit unterschieden wird.

52 E. *Wegner* hat in ihrer Arbeit den inneren Monolog des Andreas auf seine Verbindung zur biblischen Sprache, zu den Psalmen unter dem Aspekt „der Gestaltung innerer Vorgänge" untersucht. (S. 119f.)

53 Der Begriff ist hier durchaus auch im psychoanalytischen Sinne zu verstehen: Das Unbewußte als eine wirkende seelische Kraft. – Die transzendente Bedeutung erhält der Vorgang auch durch den künstlerisch überzeugend ausgewählten Zeitpunkt für den ‚Bewußtseins-Verlust' Pums.

2. *Verbindungslinie zwischen der Arbeit am Roman und der journalistischen Tätigkeit*

a) Vorabdruck eines Kapitels

Joseph Roth selbst hat von seinem Roman „Die Rebellion" eine Verbindung zu seiner Tätigkeit als Journalist am „Vorwärts" gezogen. Er hat den Roman nicht nur dort zum ersten Mal veröffentlicht, sondern hat bereits vor dessen Erscheinen einen ausgewählten Abschnitt dem Feuilletonteil zur Verfügung gestellt. Es handelt sich um das vierzehnte Kapitel des Romans, das den Beginn von Pums Aufenthalt im Gefängnis schildert und die Entstehung seiner Erkenntnis von gesellschaftlichen Zusammenhängen, die ihm bis zu diesem Zeitpunkt unbekannt waren. Dieses Kapitel versah Roth für den Zeitungsabdruck mit einer Überschrift. Sie lautete: „Der Häftling" (54). Bei einem Vergleich des Kapitels im Roman (55) mit dem im Vorabdruck ist nämlich festzustellen, daß Roth es bis auf einen kleinen Passus im sechsten Abschnitt, den er strich, nicht mehr verändert hat. Der gestrichene Passus schloß sich im Text an die erlebte Rede an, in der Pums Gedanken über seine Vergangenheit wiedergegeben werden. Der sechste Abschnitt schließt im Roman: „War Gott noch Gott, wenn er sich irrte?" Hierauf folgen in der ersten Fassung des Kapitels Reflexionen, die nicht mehr Pums Beziehung zu Gott galten, sondern dem „Vaterland":

> „Was blieb überhaupt noch es selbst? Das Vaterland? Wem gehörte es? Demjenigen, der die Kurbel des Leierkastens drehte? Oder Willi, der die Würste stahl? Oder dem Krämer, dem sie gehörten? Dem Richter im Talar? Dem Aufseher, der die Gefangenen spazieren führte?"

Durch den Fortfall dieses Passus steht die Frage nach Gott an exponierter Stelle, am Schluß der Reflexionen. Der nächste Abschnitt berichtet dann den Morgenspaziergang der Gefangenen. Wir dürfen annehmen, daß Roth den sechsten Absatz mit Pums Frage nach Gott schließen lassen wollte, weil sie der wichtigste, der ungeklärte Teil seiner Überlegungen ist.

Das vierzehnte Kapitel, in dem Andreas Pum nie geahnte gesellschaftliche Zusammenhänge während einer Zeitungslektüre erkennt, ist wohl diejenige Stelle im Roman, die am deutlichsten sozialkritische Intentionen aufweist. In einem zufällig angewehten Stückchen Zeitungspapier, das Andreas im Gefängnishof findet, liest er unter der Rubrik „Personalien" Nachrichten aus dem Leben der Prominenz. Er ahnt geheimnisvolle Zusammenhänge:

> „Ja, es war so, alle, deren Namen auf diesem Stückchen Zeitungspapier standen, mußten miteinander befreundet sein."

Bei der Lektüre begreift er, daß es bedeutungsvoll sei, zu dieser Gruppe zu gehören. Diese Vermutung wird ihm bald zur Gewißheit:

> „Es schien ihm, daß er hinter das Geheimnis der Welt gekommen war. Er glaubte zu wissen, daß er in der Zelle saß, weil er keinen von diesen Verlobten, Geborenen und Verstorbenen kannte."

---

54 Der Abdruck unter dieser Überschrift erfolgte am 20. 4. 1924.

55 Der im Vorwärts abgedruckte Text stimmt vollständig mit demjenigen überein, der in der Werk-Ausgabe steht.

Wir vermuten nach der bisherigen Kenntnis von Roths journalistischen Arbeiten am „Vorwärts", daß er dieses Kapitel, in dem eine grundsätzliche Erkenntnis sozialer Gegensätze geschildert wird, sehr bewußt und im Einklang mit seinem sozialistischen Engagement durch einen Vorabdruck herausstellte. Es kam seinen politisch-aufklärerischen Bestrebungen, die er als Journalist verfolgte, von allen Kapiteln des Romans am ehesten entgegen.

b) Verschiedene Gestaltung eines Motivs

Wie früher dargestellt, lassen sich im Roman „Die Rebellion" nicht allein und nicht immer in erster Linie sozialkritische Tendenzen erkennen (56). Diese Feststellung kann noch anhand einer existierenden Verbindungslinie zwischen Roman und Feuilleton bekräftigt werden.

In Joseph Roths journalistischen Arbeiten am „Vorwärts" gibt es einen Anhaltspunkt, der auf eine direkte Beziehung zum Roman „Die Rebellion" schließen läßt. Es handelt sich dabei um ein Motiv, das Roth sowohl in Feuilletons wie auch im Roman verwendet. Zum ersten Mal begegnen wir ihm in dem Feuilleton „Die Abseits-Menschen" (57). Hier wird kurz das Auftreten eines alten Mannes geschildert, der in der Bar als Toilettenwärter angestellt ist. Er bildet nur eine Nebenfigur. Seine Beschreibung erfolgt in diesem Feuilleton in sechs Sätzen.

In einem Feuilleton, das drei Wochen später erschien, ist diese Figur alleiniger Gegenstand: „Der Mann in der Toilette" (58). Wir dürfen annehmen, daß Roth das Motiv aus dem zeitlich vorhergehenden Feuilleton wieder aufgenommen und ausführlicher gestaltet hat, weil er es für entwicklungsfähig hielt. Die Konstellation der Fakten ist dieselbe geblieben: der Mann ist alt, es kommen Gäste, er verkauft kosmetische Artikel, er hört von fern die Klänge der Musik. Die Beobachtungen erscheinen jedoch breiter ausgeführt und in einer sozialkritischen Absicht eingesetzt. Der alte, gebeugte Mann wird den eleganten, unbeschwerten Gästen gegenübergestellt:

> „Der Mann in der Toilette hat einen gebeugten Rücken und zitternde Knie. Die Gäste aber, die ihn besuchen, sind tannenschlank, mit einer Taille begabt und mit wattierten Schultern. (. . .) Sie besitzen Ringe und blitzende Krawattennadeln und ihre Karriere wie ihre Aktien haben eine steigende Tendenz. (. . .) Er hat Bürsten ohne Zahl, aber er bürstet andere."

Die sozialen Gegensätze der Gesellschaft kommen in der Kontrastierung beider Welten zum Ausdruck. In der Welt „unten, eine halbe Treppe tiefer", lebt der Mensch ausgesperrt von der „Glückseligkeit der oberen Schicht". Er spürt sie, er hört sie, aber er hat keinen Anteil an ihr.

Das Motiv der beiden Feuilletons erscheint im 18. Kapitel der „Rebellion" wieder. Andreas Pum erhielt durch einen Bekannten die Stelle eines Toilettenwärters im Café Halali. Bei diesem Etablissement handelt es sich um ein Tanzcafé. Andreas ist alt geworden: „Weißes Moos wucherte in seinen Ohren" (59). Er verkauft kosmetische Artikel. Auch er hört die Musik aus dem Café. Wir dürfen annehmen, daß das achtzehnte Kapitel der „Rebellion", das Pum als Toilet-

---

56 Es wird an die religiöse Motivierung erinnert.

57 7. 1. 1923, s. Anhang S. 200f.

58 20. 1. 1923, s. Anhang S. 201f.

59 Von dem Toilettenwärter aus dem Feuilleton hieß es: „Moos wächst in seinen Ohrmuscheln (. . .)."

tenwärter schildert, in der Zeit der Veröffentlichung der beiden erwähnten Feuilletons entstanden ist.

Dennoch hat Roth dieses Motiv nicht unverändert übernommen. Wir begegnen im Romankapitel keiner sozialkritischen Intention. Die Gäste werden nicht charakterisiert, denn „er sah die Gesichter seiner Gäste gar nicht (. . .)". Andreas hat kein Interesse mehr für seine Umgebung. Der Erzähler „respektiert" diese Einstellung und läßt sie außer acht. Im Feuilleton sind die Gäste in bewußtem Kontrast zu dem armen alten Mann geschildert. Obwohl „(. . .) ihre Karriere wie ihre Aktien eine steigende Tendenz haben", muß der Alte feststellen, „(. . .) daß die Trinkgelder der einknöpfigen Herren nicht steigen". Im Romankapitel begegnen solche sozialkritische Andeutungen nicht. Andreas ist nicht mehr an den Vorgängen um ihn interessiert; der Erzähler unterläßt jegliche kritische Anspielung und berichtet nur knapp:

> „(. . .) er putzte ihre Kleider, reichte ihnen Seifen, Bürsten und Handtücher und hörte nicht, wenn sie ihm etwas sagten, dankte nicht für ihre Trinkgelder und zählte nicht seine Einnahmen." (S. 367)

Die Armseligkeit des Andreas wird nicht wie bei der Feuilletonfigur durch sozialkritische Andeutungen hervorgerufen. Andreas ist ja, wie früher dargestellt, in seiner Konzeption nicht nur als Opfer der Gesellschaft entworfen. Die Unterlassung sozialkritischer Tendenzen im 18. Kapitel verdeutlicht noch einmal, daß es nicht genügt, das Thema der Rebellion nur sozialkritisch aufzufassen. Der künstlerischen Ökonomie und Logik zufolge konzentriert der Erzähler seine Beobachtungen auf Andreas allein, dessen Erwartung des bedeutungsvollen Prozesses und des Todes in der Einsamkeit und Abgeschiedenheit seines Kellergelasses verdeutlicht werden soll.

Exkurs:
Roths Haltung gegenüber religiösen Fragen in den frühen zwanziger Jahren

Wie früher aufgezeigt wurde, läuft in dem Roman neben der sozialen eine religiös motivierte Fragestellung parallel. Das religiöse Moment kam in den beiden anderen Romanen (60) nicht zur Sprache. Wenn wir auf die journalistische Tätigkeit Roths blicken – es handelt sich um die Zeit beim „Vorwärts" –, erkennen wir auch dort keine Beschäftigung mit theologischen Problemen. Auf den ersten Blick scheint das religiöse Motiv in der „Rebellion" zum damaligen Zeitpunkt völlig isoliert von Roths sonstigen Interessen zu stehen. Wir finden in diesem, seinem relativ bekenntnisfreudigen Lebensabschnitt zwar keine direkte Ablehnung der Religion, aber auch keine Anerkennung. Auffällig war aber in den Feuilletons dieser Zeit eine Anspielung auf biblische Zitate, die in ironischer Weise mit den Lebensgewohnheiten der „Sorglosen", Wohlhabenden in Beziehung gebracht wurden. Wie dargestellt wurde, verwendete Roth dieses Stilmittel einige Male. Aus der Untersuchung ergab sich, daß diese Zitate nicht in antireligiösem Sinn eingesetzt waren, sondern nur der Herausarbeitung von Klassengegensätzen dienen sollten. Roths Kritik galt also nicht dem Inhalt des biblischen Zitats, sondern seiner Verfälschung zu einer Ideologie von seiten der besitzenden Klassen: „Geben ist seliger denn nehmen" verwandelt er ironisch in: „Gewinnen ist seli-

60 „Das Spinnennetz" und „Hotel Savoy".

ger denn geben" (61) und will es als ein Handlungsprinzip der Reichen aufgefaßt wissen.

Um Roths Haltung zu religiösen Fragen deutlicher nachzuzeichnen, sei zur Einführung noch einmal ein Artikel aus dem „Neuen Tag" herangezogen. In dem Feuilleton „Hausse und Baisse" (62), in dem er sich heftig gegen die Börsenspekulation der Nachkriegszeit wendet, ruft er noch einmal die Kriegsjahre in Erinnerung:

> „Da die Religion den lieben Gott genötigt hatte, ein nationales Bekenntnis abzulegen, sanken die Tempel zu der Bedeutungslosigkeit von Parlamenten herab."

Hier wendet sich Roth gegen eine ihm unzulässig und gefährlich erscheinende Vermischung von politischen und religiösen Bereichen. Er prangert die Indienstnahme der religiösen Glaubensinhalte zur Propagierung einer politischen Idee an (63). Wenn die Religion zur Untersützung politischer Richtungen – in diesem Zusammenhang meint Roth einen übersteigerten Nationalismus – eingespannt wird, verstellen bald die politischen Begriffe ihren eigentlichen Inhalt:

> „Da man Respekt und Gehorsam schuldig war, verlor man die Ehrfurcht. Da die Ehrenbezeigung Pflicht war, war die Ehrlosigkeit Brauch."

Die kritischen Äußerungen Roths zur Religion betreffen nur das Bündnis, in das die Menschen sie mit der Politik zusammengeschlossen haben. Roths Interessen in den frühen zwanziger Jahren sind in erster Linie politisch ausgerichtet. Da er sich gegen die aufkommende Reaktion wendet, trifft er in denjenigen Fällen, wo sie sich religiös legitimieren will, mit seiner Kritik auch diese bestimmte Form von Religion.

Diese Stellungnahme macht in dem erwähnten Feuilleton nur einen sehr geringen Teil des Textes aus, sie wirkt wie ‚nebenbei' gesprochen. Dieser Eindruck wird noch verstärkt durch den Begriff „der liebe Gott", der als Klischee verwendet wird. Diese beiden Merkmale kann man auf alle journalistischen Äußerungen Roths zur Religion übertragen, die er in den frühen zwanziger Jahren niederschrieb. Sie sind meist nur knapp gehalten und ironisch distanziert.

In die Reihe dieser Aufsätze gehört ein Feuilleton, das nach dem heutigen Stand der Nachforschungen als bisher unveröffentlicht gelten muß (64). Es trägt die Überschrift „Der liebe Gott". Die durchgängige Verwendung dieses Klischees im Feuilleton trägt dazu bei, daß die ‚Aussagen' schwebend bleiben und nicht in einer Formel zusammengefaßt werden können. Tendenzielle Ähnlichkeiten zu anderen Äußerungen Roths, die weniger stark künstlerisch gestaltet wurden, sind jedoch erkennbar. Es wird vom „lieben Gott" gesprochen und dabei eine ganz bestimmte Einstellung der Menschen zur Religion gemeint. Genauso wie die Anspielungen auf biblische Zitate nicht auf eine Kritik ihres Inhalts hinausliefen, geht es in diesem Feuilleton nicht um eine Erfassung Gottes, sondern um die religiöse Haltung der Menschen. Die Menschen

---

61 S. das Feuilleton „Die Freuden des Winters". („Vorwärts"; s. Anhang S. 199f.).

62 22. 2. 20, s. Anhang S. 172.

63 Als Österreicher hatte Roth eine besonders starke, historisch begründete Sensibilität für das Phänomen des Klerikalismus in seinen verschiedenen Ausprägungen.

64 „Der liebe Gott", vorgelegen bei Kiepenheuer & Witsch als Typoskript des Leo-Baeck-Institutes, New York. – Es muß wohl angenommen werden, daß es vor dem Jahre 1926 entstanden ist, weil es keine Erwähnung der russischen Verhältnisse aufweist. Die Eindrücke aus Rußland waren für Roth gerade im religiösen Bereich (im weitesten Sinne) sehr nachhaltig, so daß er sie gewiß, hätten sie schon bestanden, hier verarbeitet hätte.

„(. . .) sind gefesselt in ihrer Vernunft, und aus Gewohnheit lieben sie ihre Fessel. Nur ein paar Einfältige sind frei. (. . .) Ihre Einfalt könnte den Reichtum ihrer Ahnungen nähren, erstickten diese nicht in der Angst der Einfältigen, daß sie zu wenige sind."

„Heute" gibt es nur mehr sehr wenig Einfältige. „Heute" eifern die „Vernünftigen". Die Torheit der Vernünftigen ist aber „(. . .) grausamer als der Eifer eines Toren. Und also, scheint es, ist den Menschen wirklich nicht zu helfen. . ." Hilflos sind sie alle, die Einfältigen und die Vernünftigen. Hier bereits werden die „Einfältigen" und „der Reichtum ihrer Ahnungen" vor der „Geschmacklosigkeit" und „Torheit" der „Vernünftigen" in Schutz genommen. Die Menschen sind in einem flachen Rationalismus befangen. Dabei können sie ihre Selbsttäuschung nicht erkennen:

„Weil ihre Augen schwach sind, erfinden sie Fernrohre, mit denen sie weiter sehen können, als mit den bloßen Augen. Und weil sie selbst mit den besten Fernrohren Gott nicht erblicken können, sagen sie, er wäre vielleicht nicht da. Denn sie glauben an ihre Fernrohre."

Erst zu Anfang des Jahres 1927 schreibt Roth wieder ein Feuilleton, in dem eine Einstellung zu religiösen Fragen gestaltet wird. Literarisch ist eine kontinuierliche Beschäftigung Roths mit religiösen Themen bis zu diesem Zeitpunkt nicht feststellbar. Auch in Briefen (65) haben wir keine Mitteilungen. Daß ein Interesse für religiöse Fragen aber vorhanden war, ist aus den unregelmäßigen Beiträgen erschließbar.

Das Feuilleton „Der liebe Gott in Rußland" (66) verarbeitet in virtuoser Weise seine frühere Kritik an einem flachen Rationalismus mit seinen Eindrükken, die er von der Praxis der Atheismus-Politik in Rußland gewonnen hatte. Zu Anfang des Feuilletons wird die in Artikeln im „Neuen Tag" und „Vorwärts" angedeutete unerlaubte Indienstnahme Gottes für politische Ideologien als endgültig beendet festgestellt:

„Der liebe Gott geht inkognito durch die Straßen des russischen Landes, aller lästigen Aufgaben ledig, die ihm die alte Staatsreligion aufzuerlegen sich vermessen hatte, mit der gesetzlichen Verpflichtung ausgestattet, sich um die Politik nicht zu kümmern (. . .) In seinem Namen macht man keine Progrome mehr, in seinem Namen vereidigt man keine Soldaten mehr. Polizeiliche Maßnahmen irdischer Natur braucht er nicht mehr zu ergreifen. Gott hat Ferien." (S. 490)

Ironisch diagnostiziert Roth die Vergötzung der Partei und der Staatsorgane:

„Den größten Teil seiner Funktionen hat die Kommunistische Partei übernommen und auf mehrere kleine Götter aufgeteilt. (. . .) Die Talente der Allsichtigkeit und des Allwissens hat die Staatspolizei geerbt." (S. 491)

Aus den vorgeführten Interviewausschnitten, die reportagehaft eingestreut werden, kristallisiert sich der Glaube an eine primitive Rationalität heraus. Roth nimmt hier einen Gedanken aus dem Feuilleton „Der liebe Gott": „(. . .) und weil sie ihn nicht sehen, glauben sie, er wäre vielleicht nicht da" (67) wieder auf: „Der Mensch glaubt, was er sieht, hört und riecht" (S. 491).

---

65 Möglicherweise kann noch manche Korrespondenz aufgeschlossen werden und zusätzliche Aspekte geben.

66 Werke III, S. 490 - 492.

67 Typoskript des Leo-Baeck-Institutes.

Im zweiten Teil des Feuilletons wird Gott personifiziert. Er erzählt dem Berichterstatter, was er auf seinen Spaziergängen durch Moskau erlebt. Gott muß feststellen, daß, wenn er die Menschen nach den „ganz kleinen Sachen" fragt, sie diese „immer noch nicht wissen". Sie seien zwar ungeheuer stolz, weil sie erklären können, „(. . .) wie der Blitz entsteht, aber Ich habe es ja niemals verheimlicht" (68). Gott gesteht dem Berichterstatter seine Erleichterung über seine Entlassung aus dem „Komplex von Staat, Regierung, Industrie, Politik".

In der heiteren Gestaltung dieses Geständnisses kommt die Hoffnung auf ein neues Verhältnis der Menschen zur Religion zum Ausdruck. Die Beziehung zu Gott ist von politischen und ideologischen Spekulationen befreit worden. Zwischen die Menschen und die Religion werden keine egoistischen Interessen mehr geschoben, deren Durchsetzung über einen religiösen ‚Umweg', der immer ein Irrweg ist, erzwungen werden müßte. Neue Ermöglichungen einer religiösen Erfahrung werden denkbar. Ein verheißungsvoller Leerraum ist entstanden.

Die spätere Praxis der kommunistischen Atheismus-Politik hat solche Hoffnungen jedoch zerstört.

Der Schluß des Feuilletons faßt die Beobachtungen, die Erfahrungen und Erkenntnisse in einer ‚Pointe' zusammen, in der sich noch einmal die gelöste, die heitere Atmosphäre des ganzen Feuilletons spiegelt:

> „Der Berichterstatter ging und schrieb in sein Tagebuch: ‚Heute sprach ich mit dem lieben Gott. Er lebt in Rußland, wie Gott in Frankreich'."

---

68 In seinem Reisebericht vom 7. Dezember 1926: „Die Kirche, der Atheismus, die Religionspolitik" schreibt Roth in diesem Zusammenhang: „Der landläufig agitatorische Materialismus in Rußland hat ein paar grobe, niederschmetternde, für europäische Ohren unglaublich antiquierte „Beweise", zum Beispiel: Donner und Blitz sind Erscheinungen der Elektrizität: die Welt ist billionen Mal älter als die Bibel glaubt, die Welt ist nicht in sechs Tagen, der Mensch nicht aus Staub erschaffen worden, er kommt vom Affenmenschen her. Besonders über diese Entdeckung herrscht in Rußland eine unwahrscheinlich naive Freude; die Menschen sind so stolz darauf, mit dem ‚Pithekanthropus' verwandt zu sein als hätten sie eine Erbschaft von ihm zu erwarten und als wäre dieses Erbe nicht schon längst aufgezehrt." (Zusatz 1976: Der Neue Tag, Köln/Berlin 1970, S. 230ff.)

SCHLUSSWORT

Joseph Roths Frühwerk, wie es uns heute vorliegt, ist durch die Vielfalt und Buntheit der Arbeiten gekennzeichnet. Es lassen sich drei Phasen feststellen, die das Frühwerk in künstlerischer und politischer Hinsicht gliedern.

Die Abwendung von früheren Arbeiten, die Joseph Roth 1919, am Beginn einer kontinuierlichen journalistischen Tätigkeit, vollzog, wiederholte sich 1926, als er sein sozialistisches Engagement aufgab, das in einem großen Teil des Frühwerks mitbestimmend geworden ist. Wie die erste Abwendung ist auch die zweite aus einem neugewonnenen Selbstverständnis und einer fortschreitenden Erkenntnis seiner künstlerischen Begabung hervorgegangen. Die distanzierte Haltung gegenüber dem Zeitgeschehen, die die allererste Schaffensperiode charakterisierte, veränderte sich bald, und Joseph Roth begann eine intensive politisch-journalistische Auseinandersetzung mit gesellschaftlichen Problemen, deren Lösung ihm durch eine sozialistische Veränderung der Verhältnisse gewährleistet schien. Der Lockerung und schließlich der Auflösung seines sozialistischen Engagements während des Rußlandaufenthaltes 1926 folgte damals nicht sogleich eine andersgerichtete politische Haltung, weil das neugewonnene Selbstverständnis Roths mit der Erkenntnis einer grundsätzlichen Problemverschiebung verbunden war, die die aktuell-politischen Interessen in den Hintergrund verwies. Politisch entstand in ihm eine Leere; zugleich steigerte sich seine Wachheit für die das Politische bedingenden und umfassenden Kräfte.

Hier beginnt der Weg, der ihn später metaphysische und religiöse Gegebenheiten in den Mittelpunkt stellen ließ, von denen her er die Politik zu verstehen suchte.

So befreiend diese Umorientierung (1925 und 1926) in künstlerischer Hinsicht gewesen ist – Roth schrieb den ersten vollgültigen, umfangreichen Roman nach einer Schaffenspause von drei Jahren und führte später die religiösen Motive der „Rebellion" zu ungeahnter Vollendung im „Hiob" –, so leidvolle Auswirkung hatte sie für sein Leben. Das neue Bewußtsein konnte die „Kritik an Deutschland" – besonders, als das Jahr 1933 begann – nicht in vereinfachende, kalte Verachtung auslaufen lassen, sondern rief eine „Trauer über Deutschland" hervor. –

Rudolf Olden, der schon in der Redaktion des „Neuen Tag" oftmals Anteil an der schriftstellerischen Tätigkeit des damals sechsundzwanzigjährigen Roth genommen hatte, traf zuletzt in der Emigration in Paris wieder mit ihm zusammen – Roths politische Haltung war ‚konservativ' geworden –, wo beide für „Das Neue Tage-Buch" arbeiteten. Als freundschaftlicher Zeuge des Beginns der literarischen Laufbahn in Wien und der letzten Schaffenszeit Joseph Roths in Paris schrieb Olden 1939 einen Nachruf zu Joseph Roths Gedächtnis („Das Neue Tage-Buch", 1939 H. 23), aus dem abschließend hier zitiert sei:

> „(. . .) er war als junger Mensch Viktor Adler gefolgt und war als gläubiger Sohn der Kirche gestorben. (. . .) Ich möchte ein paar Worte zu der Wandlung sagen, die Josephus, aber wahrlich nicht er allein, erfahren hat. Das Glück wurde mir zuteil, noch wenige Monate vor seinem Tod, einige Abende mit ihm in Paris im Café Tournon zusammen zu sein. Und siehe da, wir verstanden uns politisch ausgezeichnet, obwohl ich nicht auf seine Glaubenssätze schwöre. Aber im Grunde stimmten wir gut überein, in der Sehnsucht nämlich nach jenem „Reich", mag es nun das Römisch-Deutsche oder anders heißen:

nach dem Reich der Toleranz, der Nächstenhilfe und Menschenliebe, des Stolzes und der Ritterlichkeit, das wohl nie ganz ein Reich der Wirklichkeit war, aber doch einmal der Wirklichkeit weit näher als es das jetzige ist, (. . .). Das Bild, das Roth mit den Augen der Seele ersah, zog die menschlichen Schwächen in Betracht und also war es nicht so sehr von den Gegebenheiten der Realität entfernt. Im übrigen aber trug es die Züge der Güte und Wärme, des Mitleids mit der Kreatur und des Vertrauens auf Gott. Seine Utopie zeugte von den Eigenschaften, die seinem eigenen Wesen innewohnten und also war sie edler und liebenswerter, als manche andere Utopien sind."

LITERATURVERZEICHNIS

A. QUELLEN

I. Joseph Roth

1. Werke in Buchausgaben

Joseph Roth: Panoptikum. Gestalten und Kulissen. München 1930.
Joseph Roth: Werke in drei Bänden. (Hrsg. Hermann *Kesten*). Köln, Berlin 1956.
Joseph Roth: Der stumme Prophet. Roman. Köln, Berlin 1966.
Joseph Roth: Das Spinnennetz. Roman. Köln, Berlin 1967.

(Ein fast vollständiges Verzeichnis aller Übersetzungen der Werke Roths ist im bibliographischen Teil der Arbeit Fritz *Hackerts* aufgeführt. Seine Angaben beziehen sich u. a. auf die Diplomarbeit Leos *Houskas,* Leipzig, die bisher nicht veröffentlicht wurde.)

2. Zeitungsveröffentlichungen

(Vorbemerkung: Die aufgeführten Arbeiten Roths, die mit einem „+" versehen sind, werden im Textanhang dieser Arbeit (S. 155ff.) wiedergegeben. – Das Zeichen „(H)" bedeutet, daß der erwähnte Artikel bereits in der Arbeit Fritz *Hackerts* genannt ist; „(B)" bezieht sich auf die Arbeit Hansjürgen *Bönings* und „(W)" auf den Druck in der Werk-Ausgabe.)

VERÖFFENTLICHTE ARBEITEN JOSEPH ROTHS IN „ÖSTERREICHS ILLUSTRIERTE ZEITUNG" – 1915–1918

17. 10. 1915	+ Welträtsel (Gedicht) (B) (H)
24. 10. 1915	+ Herbst (Gedicht) (B) (H)
5. 12. 1915	Herbstwindes Kriegsgeschichten (H)
2. 1. 1916	Über die Satire. Eine Plauderei. (H)
6. 2. 1916	+ Wo? (Gedicht) (B) (H)
20. 8. 1916	+ Die Geschichte vom jungen Musikanten und der schönen Prinzessin. (H)
10. 9. 1916	+ Der Vorzugsschüler. Novelle.
7. 10. 1917	+ Der Abendgang (Gedicht)
14. 4. 1918	Barbara (Erzählung)

IM „PRAGER TAGBLATT" VERÖFFENTLICHTE GEDICHTE JOSEPH ROTHS (1917 und 1918)

25. 2. 1917	+ Christus
5. 8. 1917	+ Bruder Mensch (H) (B)
10. 2. 1918	+ Soldaten
11. 5. 1918	+ Frühling
6. 10. 1918	+ Nervenchok

VERZEICHNIS DER VERÖFFENTLICHUNGEN JOSEPH ROTHS IN "DER NEUE TAG"

(Diejenigen Beiträge, die nicht mit „Josephus", sondern mit „Joseph Roth" oder „J. R" gekennzeichnet sind, werden hier ohne Zusatz aufgeführt.)

20. 4. 1919	Die Insel der Unseligen
	Ein Besuch in „Steinhof"
	Hunger
	Interviews
	Abschied
18. 5. 1919	Wiener Symptome
	Mai und Mais
	Schokolade (Josephus)

19. 5. 1919	Interviews mit Straßentypen
	Der wohltätige Bettler
	Der blöde Nazi
	Kaspar Feitel
23. 5. 1919	Die Muse der Blinden
23. 5. 1919	Wiener Symptome
	+ Kaffeehausfrühling
	Nachtleben (Josephus)
25 5. 1919	Das erwachte Kunstgewissen
25. 5. 1919	Der Marktplatz der Kettenhändler
1. 6. 1919	Wiener Symptome
	Die Mülli
	Trara!
	Die Politik, die Mädel und der italienische Stern (Josephus)
8. 6. 1919	Die Wanderung des amerikanischen Mehls
15 6. 1919	Wiener Symptome
	Schuhriemen, bitte!
	Der General
	Die Galgenfrist (Josephus)
17. 6. 1919	Der mißglückte Putsch
22. 6. 1919	Wiener Symptome
	Barrikaden
	Heimgekehrt (Josephus)
6. 7. 1919	Von Barfußgängern und Wassertretern (Josephus)
17. 7. 1919	Fünfzig Jahre Wiener Sicherheitswache (H)
18. 7. 1919	Die Weißgeldwechselstube (Josephus)
20. 7. 1919	Bruck und Kiralyhida (H) (Josephus)
26. 7. 1919	Die wehrhaften Mannen von Hütteldorf (Josephus)
31. 7. 1919	Die Toten vom Stephansplatz (H) (Josephus)
31. 7. 1919	Alte und neue Berufe (Josephus)
1. 8. 1919	Von Hunden und Menschen (Josephus)
1. 8. 1919	Zur Psychologie der Briefmarke (Josephus)
3. 8. 1919	Das Märchen vom Sophiensaal (Josephus)
8. 8. 1919	Der Anschluß Deutsch-Westungarns
8. 8. 1919	Reise durchs Heanzenland
9. 8. 1919	Reise durchs Heanzenland
10. 8. 1919	Wiener Symptome
	Eine Kaffeehausterrasse (Josephus)
12. 8. 1919	Das Kinodrama von Mayerling (Josephus)
13. 8. 1919	Wiener Hoffnungslichter (Josephus)
15. 8. 1919	Von einem, der auszog, das Gruseln zu lernen (Josephus)
17. 8. 1919	Wiener Symptome
	+ In und außer Dienst (Josephus)
17. 8. 1919	Die Zukunftslosigkeit der ehemaligen Hofbühnen
19. 8. 1919	Ein paar Worte (Josephus)
20. 8. 1919	Sauerkraut (Josephus)
21. 8. 1919	Mars oder Venus (Josephus)
29. 8. 1919	Er entfernt sich . . . (Josephus)
30. 8. 1919	Nur ein halber (Josephus)
5. 9. 1919	Die Lage in Westungarn
10. 9. 1919	Wiener Symptome
	Seifenblasen
	Es wird eingestiegen (Josephus)
11. 9. 1919	Ein paar Worte (Josephus)
12. 9. 1919	Wiener Symptome
	Konservativ
	Der Schuß um Mitternacht

18. 9. 1919	Die Freikarten – zehn Millionen (Josephus)
23. 9. 1919	Die Boxer (Josephus)
23. 9. 1919	Moderne Vehikel
28. 9. 1919	Die Kugel am Bein
28. 9. 1919	Wiener Symptome
	Die Folgen
	+ Nein! (Josephus)
5 10. 1919	Deutschösterreich 1930
6. 10. 1919	Wiener Symptome
	Zwei
	Papier (Josephus)
12. 10. 1919	Der neue Hofpark (Josephus)
12. 10. 1919	Die Tyrannei der Stunde
19. 10. 1919	Abschied von der Schaffnerin (Josephus)
19. 10. 1919	Papier
22. 10. 1919	Modellschau (Josephus)
26. 10. 1919	Der kleine Sacher (Josephus)
4. 11. 1919	Schönbrunn (Josephus)
7. 11. 1919	„Friward" (Josephus)
8. 11. 1919	Wiener Symptome
	Divergenzen (Josephus)
8. 11. 1919	Proletarisierung der Häuser
12. 11. 1919	Das Jahr der Erneuerung
15 11. 1919	Herbstrevue
17. 11. 1919	Winter (Josephus)
19. 11. 1919	Verschneite Welt
21. 11. 1919	Marionetten (Josephus)
27. 11. 1919	Wiener Symptome
	Verwirrung (Josephus)
28. 11. 1919	Konsultation (Josephus)
30. 11. 1919	Metaphysik des Budgets (Josephus)
6. 12. 1919	Nikolo (Josephus)
7. 12. 1919	+ Hausse und Baisse (Josephus)
10. 12. 1919	Die Frühstückssuppe (Josephus)
14. 12. 1919	Das Waldmännlein vom Stephansplatz (Josephus)
18. 12. 1919	Weltuntergang (Josephus)
21. 12. 1919	Die Rentabilität der Faulheit (Josephus)
21. 12. 1919	Wiener Symptome
	Die heilige Flamme
	Eine Geschichte (Josephus)
25. 12. 1919	Volkscafé
28. 12. 1919	Kind und Kunst
28. 12. 1919	+ Das Märchen vom Geiger (H) (Josephus)
30. 12. 1919	Kinder nach Milano (Josephus)
1. 1. 1920	Petro Fedorak (Josephus)
1. 1. 1920	Das Antlitz der Zeit
4. 1. 1920	Der Kolporteur (Josephus)
6. 1. 1920	Die Bar des Volkes (Josephus)
11. 1. 1920	100 Jahre (Josephus)
18. 1. 1920	Import und Export (Josephus)
20. 1. 1920	Preishog' lziag'n (Josephus)
21. 1. 1920	+ Teisinger
25 1. 1920	Artisten (Josephus)
1. 2. 1920	+ Die reaktionären Akademiker
1. 2. 1920	„Plakate" (Josephus)
8. 2. 1920	+ Der Schleier (nicht gezeichnet, s. dazu S. 57 der Untersuchungen)
8. 2. 1920	Der Onkel aus Österreich (Josephus)

8. 2. 1920		Sonntag
11. 2. 1920		Pöbel
15. 2. 1920	+	Cochinchina (Josephus)
22. 2. 1920		Modellschau
22. 2. 1920	+	Baisse (Josephus)
29. 2. 1920		Aus der Vogelschau (H) (Josephus)
7. 3. 1920	+	Karriere
7. 3. 1920	+	Tiere (Josephus)
14. 3. 1920		Das Schießpulver
14. 3. 1920		Alltagsmystik (Josephus)
21. 3. 1920	+	„Versuchsklassen"
21. 3. 1920	+	Stadtfrühling (Josephus)
25. 3. 1920		Ringelspiel (Josephus)
25. 3. 1920		„Sommerzeit"
28. 3. 1920		Ausflug (Josephus)
4. 4. 1920		Kriegsgefangenenlager
4. 4. 1920		Praterkino (Josephus)
11. 4. 1920		Die Auferstehung des Geistes
18. 4. 1920		Das Frühlingsschiff (Josephus)
25. 4. 1920	+	Fenster

VERZEICHNIS DER VERÖFFENTLICHUNGEN ROTHS IM „VORWÄRTS"

(Diejenigen Beiträge, die nicht mit einem Pseudonym, sondern mit „Joseph Roth" gezeichnet sind, werden hier ohne Zusatz des Namens aufgeführt.)

8. 7. 1922	+	Der Prinz
15. 7. 1922	+	Der Herr Offizier
18. 7. 1922		Kaiserbilder (Josephus)
25. 7. 1922		Völkische Studenten und völkisches Deutsch
2. 8. 1922		Sonntagsreiter
20. 9. 1922	+	Der gut angezogene Herr
21. 9. 1922		Im D-Zug (Josephus)
14. 10. 1922		Die Welt mit den zwei Seiten
20. 10. 1922	+	Bar
24. 10. 1922		Die bayrische Richterseele
29. 10. 1922		Kultur-Herbst
3. 11. 1922		„Wohlauf, Kameraden auf's Pferd . . ." (Josephus)
5. 11. 1922		Brunner bleibt
14. 11. 1922		Kleiderhandel
27. 11. 1922	+	Cochinchina
9. 12. 1922		Nationalismus im Abort
12. 12. 1922		Regen
30. 12. 1922	+	Die Freuden des Winters
7. 1. 1923	+	Die Abseits-Menschen
20. 1. 1923	+	Der Mann in der Toilette
4. 2. 1923		Menschen am Sonntag
28. 2. 1923		Die fremde Stadt
4. 3. 1923		Der falsche Dionysos (Josephus)
24. 3. 1923	+	Der Frühling, die schönste Jahreszeit (Josephus)
1. 4. 1923		Ewige Ostern
3. 4. 1923		Philosophie des Schaufensters (Josephus)
7. 4. 1923	+	Zoo im Frühling
15. 4. 1923		Sorgen des Kurfürstendamms
21. 4. 1923		Ruhr-Totenfeier mit Shimmyklang (Der rote Joseph)
24. 4. 1923		Frühling an der Drehbank
1. 5. 1923	+	Der Feiertag
5. 5. 1923		Schillerpark
13. 5. 1923	+	Die Parade (Der rote Joseph)

19. 5. 1923		Das Variété der Besitzlosen
27. 5. 1923		Die fremden Bürger (Der rote Joseph)
29. 5. 1923		„Weltgericht"
2. 12. 1923		Der Gesang des Bettlers
19. 1. 1924	+	Der chinesische General
27. 1. 1924		Das Wartezimmer
6. 2. 1924		Die apokalyptischen Gardereiter (Josephus)
10. 2. 1924		Der Mensch aus Pappkarton
20. 2. 1924	+	Der tapfere Dichter (H)
24. 2. 1924	+	Der Korpsstudent (H)
29. 2. 1924		„König Hunger" in der Volksbühne
2. 3. 1924	+	Geträumter Wochenbericht (H)
7. 3. 1924	+	Ludendorff und das Schlachtvieh (Josephus)
9. 3. 1924		Dialog über das Wochenereignis
23. 3. 1924		Der Herr mit dem Monokel (H) (W) (Josephus)
26. 3. 1924		Pyjama-Literatur (Josephus)
30. 3. 1924		Dialog über Walhall
3. 4. 1924		Parade eines Gespenstes (Josephus)
13. 4. 1924	+	Gespräch über den deutschen Professor (Josephus)
15. 4. 1924	+	Hinkemann (H)
20. 4. 1924		Der Häftling (= 14. Kap. d. „Rebellion", s. S. 127f.)
1. 5. 1924	+	Der kleine Moriz in der Windjacke (Josephus)
9. 5. 1924	+	Der Souffleur
12. 5. 1924		Die Zeitschrift für die prima Gesellschaft (Josephus)
18. 5. 1924		Wulles deutscher Wald (Josephus)
13. 6. 1924		Die Lebenden über die Toten (Josephus)
20. 7. 1924	+	Gruß an Ernst Toller (Josephus)
27. 7. 1924 – 29. 8. 1924		In diesem Zeitraum erfolgte der Abdruck des Romans „Die Rebellion".

VERZEICHNIS DER VERÖFFENTLICHUNGEN JOSEPH ROTHS IN DER „FRANKFURTER ZEITUNG" VON 1923–1926

(Joseph Roth zeichnete seine Beiträge, soweit heute überblickbar, in diesem Zeitraum mit voller Namensnennung und den Abkürzungen „J. R." und „rth".)

21. 1. 1923	Die Toten ohne Namen
11. 2. 1923	Berliner Dilettantenabende
17. 2. 1923	Das Haus der 100 Vernünftigen
26. 2. 1923	Berliner Sechstagerennen
5. 3. 1923	H-Moll im Kino
27. 3. 1923	Das Waldmännlein vom Potsdamer Platz
1. 4. 1923	Berliner Aquarium
6. 4. 1923	Boxerprobe
15. 4. 1923	Der Frühlingszirkus
30. 4. 1923	Stunde im Rummel
4. 6. 1923	Der Prozeß vom Normalmenschen
6. 6. 1923	Der Chinese auf der Kanzel
9. 6. 1923	Ballettprobe im Staatstheater
30. 7. 1923	Theosophische Laienpredigt
9. 12. 1923	Reise durch Deutschlands Winter (H)
12. 12. 1923	Berliner Rübensaft
23. 12. 1923	Der Schrei des Wilden und des Weißen (H)
27. 1. 1924	Zirkus Hagenbeck (H)
9. 2. 1924 – 16. 3. 1924	Abdruck des Romans „Hotel Savoy"
9. 2. 1924	Die klagenden Ziffern
11. 2. 1924	Interview ohne Worte
13. 2. 1924	Lenins Begräbnis im Film

15 2. 1924	Der Gast aus dem Norden (H)
15. 2. 1924	Konzert im Sitzungssaal
17. 2. 1924	Reisende mit Traglasten (W)
18. 2. 1924	Der Biceps auf dem Katheder
19. 2. 1924	Groß'Ecce homo vor Gericht
22. 2. 1924	Plakatkunst
25. 2. 1924	Nachruf auf den Hotelportier
29. 2. 1924	Der Schrei nach dem Fremden
7. 3. 1924	Der „Refräng" im Nachtleben
7 3. 1924	Mit 900 Kindern im Kino
9. 3. 1924	Der Zug der Fünftausend
12. 3. 1924	Zwei Filmsensationen
15. 3. 1924	Reichstagsauflösung
20. 3. 1924	Das „Unterbewußtsein" im Film
26. 3. 1924	Besuch bei Amenophis
30. 3. 1924	Gastronomische Wunder
2. 4. 1924	Bolivia (H)
3. 4. 1924	Altenhilfe der Jugend
10. 4. 1924	Argiope die Tigerspinne
16. 4. 1924	Rose Gentschow (H)
19. 4. 1924	Der Liebling (H)
29. 4. 1924	Wahlkampf in Berlin
7. 5. 1924	Der Tod des Königs Midas
9. 5. 1924	Als Deutscher in Paris
12. 5. 1924	Zwei junge Zigeunerinnen
14. 5. 1924	Drei Sensationen und zwei Katastrophen
16. 5. 1924	Stunde im Frühlingsrummel
24. 5. 1924	Das pädagogische Schaufenster
30. 5. 1924	Ein Unpolitischer geht in den Reichstag
4. 6. 1924	Prozeß im Halbdunkel
8. 6. 1924	Das Haus mit der Bank (H)
11. 6. 1924	Der merkantile Superlativ
12. 6. 1924	Der Friedhof des Panoptikums
24. 6. 1924	Besuch im Rathenau-Museum (H)
4. 7. 1924	Populäre Kulturgeschichte
6. 7. 1924	Ostseereise
7. 7. 1924	Der Reisende in Kaffee erzählt (W)
11. 7. 1924	Der Kolporteur (H)
16. 7. 1924	Bekenntnis zum Gleisdreieck (W)
23. 7. 1924	Der Fürst des Weltalls
3. 8. 1924	Die sterbenden Tänzer (H)
8. 8. 1924	Der sehr elegante Reisende (H)
16. 8. 1924	Die Grenze (W)
5. 9. 1924	Zirkus im Negligée
6. 9. 1924	Ein Strauß ist kein Pferd
8. 9. 1924	Pietät mit Handgranate (W)
12. 9. 1924	Die Kanzel im Chaos
16. 9. 1924	Aida-Rummel
18. 9. 1924	Verlegertee
4. 10. 1924	Amerikanisiertes Kino
8. 10. 1924	Oktober (H)
18. 10. 1924	Die unwirkliche Kulisse
25. 10. 1924	Die Friedenstaube auf dem Zweirad
27. 10. 1924	Mütter in der Revue
8. 11. 1924	Ludwig Hardt rezitiert Franz Kafka
15. 11. 1924	Betrachtungen über den Verkehr
20. 11. 1924	Reise durch Galizien, Leute und Gegend (W)

20. 11. 1924	Ein paar Sensationsfilme
22. 11. 1924	Lemberg, die Stadt (W)
23. 11. 1924	Die Krüppel. Ein polnisches Invalidenbegräbnis
27. 11. 1924	Wieviel kostet ein persönliches Fürwort? (H)
2. 12. 1924	Die Freunde
10. 12. 1924	Grock (W)
12. 12. 1924	Berliner Filmberichte
17. 12. 1924	Bericht über Goal-game
21. 12. 1924	Bücher dieser Zeit
23. 12. 1924	Filme für Kinder
27. 12. 1924	Das klassische Gespenst (H)
31. 12. 1924	Eine sehr seriöse Variétékritik
5 1. 1925	Berliner Silvester und die folgenden Tage
8. 1. 1925	Der letzte Mann
14. 1. 1925	Versammlung der Bühnenschriftsteller
20. 1. 1925	Das XIII. Berliner Sechstagerennen
26. 1. 1925	Der Film vom Vatikan
31. 1. 1925	Das Bratopfer auf dem Bierfest
8. 2. 1925	Filme
10. 2. 1925	Fünf-Uhr-Tee mit Hexametern
13. 2. 1925	Gladius Dei
2. 3. 1925	Totenfeier um Mitternacht
5 3. 1925	Abschied vom Toten (H)
10. 3. 1925	Der Herr aus dem Publikum (W)
17. 3. 1925	Filme
25. 3. 1925	Die Chinesen beweinen ihren Toten
28. 3. 1925	Kleine Kunstwanderung
3. 4. 1925	Brandes spricht über Europa
4. 4. 1925	Sieben Lamas sind angekommen
12. 4. 1925	Ausflug nach Chorin
16. 4. 1925	Die „Branche" mobilisiert
18. 4. 1925	Ein düsteres Kapitel
28. 4. 1925	Die Girls
30. 4. 1925	Reklame – Messe
17. 5. 1925	Bäder im Riesengebirge
24. 5. 1925	In Deutschland unterwegs „Glashütte"
27. 5. 1925	In Deutschland unterwegs „Der Rebell des Erzgebirges" (H)
31. 5. 1925	Cleve, Xanten, Calcar
5. 6. 1925	In Deutschland unterwegs „Ein Herzogtum fest zu verkaufen!"
10. 6. 1925	In Deutschland unterwegs „Premiere in Annaberg"
12. 7. 1925	In Deutschland unterwegs „Besuch bei den Webern"
26. 7. 1925	Amerika über Paris
30. 7. 1925	Wirkung eines Boulevard-Blattes
8. 9. 1925	Im Mittäglichen Frankreich
	+ Lyon
12. 9. 1925	+ Kino in der Arena
15 9. 1925	+ Nichts ereignet sich in Vienne
23. 9. 1925	+ Tournon
1. 10. 1925	+ Stierkampf am Sonntag
7. 10. 1925	Romantik in Vitrinen
15. 10. 1925	+ Marseille
17. 10. 1925	+ Ein Bootsmann
21. 10. 1925	+ Die Gasse der Liebe
26. 10. 1925	+ Nizza
4. 11. 1925	+ Ein Kino im Hafen
15 11. 1925	Schatten des Vorworts
19 11. 1925	Bekehrung eines Sünders im Berliner Ufa-Palast

23. 11. 1925	Spielzeug
29. 11. 1925	Theater-Bericht
6. 12. 1925	Buchbesprechung (H. Zille)
19. 12. 1925	+ Einbruch der Journalisten in die Nachwelt
25. 12. 1925	Unsere Setzerei (H)
31. 12. 1925	Das aufgedeckte Grab
2. 1. 1926	Silvester des Mondänen
10. 1. 1926	„An Straßenecken" von F. Careo (Rezension)
13. 1. 1926	Einer liest Zeitung (H) (Benno Reifenberg gewidmet)
31. 1. 1926	Döblin im Osten (Rezension des Buches „Reise in Polen")
18. 2. 1926	Hephata-Stätte der Menschlichkeit
19. 2. 1926	Rheinischer Karnevalsbericht
21. 2. 1926	Besprechung zweier Romane (von R. Radiguet)
9. 3. 1926	Trübsal einer Straßenbahn im Ruhrgebiet (W)
18. 3. 1926	Der Rauch verbindet Städte (W)
22. 3. 1926	Der Kavalier in der Provinz (H)
4. 4. 1926	Brief aus Paris
10. 4. 1926	Privatleben des Arbeiters (H)
14. 4. 1926	Bericht aus dem Pariser Paradies (W)
2. 5. 1926	St. Quentin, Perronne, die Maisonette (W)
4. 5. 1926	Das nachgemachte Ceylon
15. 5. 1926	„La Renaissance latine"
6. 6. 1926	Romantik des Reisens
11. 6. 1926	Zwanzig Minuten vor dem Kriege (H)
30. 6. 1926	Der Fakir und sein Publikum
15. 8. 1926	Bücher von Soldaten
14. 9. 1926	Russische Reise (H) I Die zaristischen Emigranten
21. 9. 1926	II Die Grenze Niegoreloje (W)
28. 9. 1926	III Gespenster in Moskau (H)
5. 10. 1926	IV Auf der Wolga bis Astrachan (H)
12. 10. 1926	V Die Wunder von Astrachan (H)
19. 10. 1926	VI Der auferstandene Bourgeois (H)
26. 10. 1926	VII Das Völker-Labyrinth im Kaukasus (H)
31. 10. 1926	VIII Wie sieht es in der russischen Straße aus ? (H)
9. 11. 1926	IX Die Lage der Juden in Sowjetrußland (H)
14. 11. 1926	X Der neunte Feiertag der Revolution (H)
23. 11. 1926	XI Rußland geht nach Amerika (H)
1. 12. 1926	XII Die Frau, die neue Geschlechtsmoral und die Prostitution (H)
7. 12. 1926	XIII Die Kirche, der Atheismus, die Religionspolitik (H)
12. 12. 1926	XIV Die Stadt geht ins Dorf (H)
21. 12. 1926	XV Jewgraf oder der liquidierte Heroismus (H)
28. 12. 1926	XVI Öffentliche Meinung, Zeitungen, Zensur (H)
18. 1. 1927	XVII Die Schule und die Jugend (H)
19. 1. 1927	Reise in Rußland – Schluß (H)

3. Einzelveröffentlichung in Spezialbiographie

undatiert	+ Lied der Glocken (Gedicht) (H) (B) In: S. *Wininger* „Große Jüdische National-Biographie" 1925ff., Bd. V, S. 261 (kurzer Artikel über Roth und Druck des Gedichtes).

4. Als unveröffentlicht geltende und unvollendete Arbeiten Joseph Roths

(Sie sind im Verlag Kiepenheuer & Witsch, Köln, im Roth-Archiv aufbewahrt. Zu einem großen Teil handelt es sich um Fotokopien der Originale, die im Leo-Baeck-Institut, New York, liegen. Diese Arbeiten wurden in den Untersuchungen besonders auf den Seiten 33f., 92ff. und 130f. berücksichtigt.)

a) Zwei Fassungen einer unvollendeten märchenähnlichen Erzählung. Sie beginnen beide: „In einer kleinen Stadt lebte ein Zimmermann, der hatte zwei Söhne". Die Fassungen liegen als Fotokopie des Manuskripts vor; die erste besteht aus zwei, die zweite aus fünf DIN-A4-Blättern. (Entstehungszeit: vor 1919.)
b) „Kranke Menschheit". Es handelt sich um ein Typoskript von 11 DIN-A4-Seiten Länge. (H)
c) Zwei Fassungen (Typo- und Manuskript) des „Vorzugsschülers". Die erste ist vollständig und hat eine Länge von 12 DIN-A4-Seiten; die zweite (2 DIN-A4-Seiten) stellt eine unvollständige, gestraffte Überarbeitung der ersten dar.
d) Die unvollendete Fassung zweier Erzählungen: „Peter Zimmermann, der Pechvogel" und „Von dem Orte, von dem ich jetzt sprechen will (. . .)". Die Arbeiten lagen als Fotokopien des Manuskripts vor und umfassen sechs DIN-A4-Seiten.
e) Ein Gedicht in polnischer Sprache. Es lag als Fotokopie des Manuskripts vor und stammt wohl aus den Studienjahren Roths. (Freundlicherweise gestattete der Verlag die Wiedergabe im Rahmen dieser Arbeit.)
f) „Der liebe Gott", Typoskript eines Feuilletons. (H) (Die Entstehungszeit liegt vermutlich vor 1926.)
g) „Alba-Alba, der Schnell-Läufer", Typoskript eines Feuilletons. (H)
h) Typoskript eines Vortrags über die Verbürgerlichung der russischen Revolution, den Roth im Januar 1927 in Frankfurt a. M. gehalten hat. Es handelt sich um sechs DIN-A4-Seiten aus dem Leo-Baeck-Institut.

(Die folgenden Arbeiten Roths konnten gelesen werden, sie wurden jedoch in den Untersuchungen nicht näher berücksichtigt, da sie meist aus der Zeit nach 1926 stammen.)

i) „Die albanische Armee", Typoskript eines Reisefeuilletons aus Albanien. (1927?) (H)
j) Typoskript eines Feuilletons, von Hermann *Kesten* überschrieben: „Der Dieb". (H)
k) Typoskript eines unbetitelten Drehbuchentwurfes. Es handelt sich um 4 DIN-A4-Seiten. Die Arbeit beginnt: „Die Eifel ist eine sehr entlegene und zivilisationsfremde Gegend in Deutschland" und schließt: „Das Ende des Films: Gräber. Über allen Gräbern, beziehungsweise im Hintergrund das Kreuz und Christus und vier Buchstaben INRI." (Diese Arbeit stammt vermutlich aus den dreißiger Jahren.)
l) Typoskript (6 DIN-A4-Seiten) einer unvollständigen, novellenartig angelegten Erzählung. Die Arbeit trägt keinen Titel; sie beginnt: „Immer seltener werden in dieser Welt der selbstverständlichen Tatsachen und der errechenbaren Consequenzen die merkwürdigen Schicksale, denen man, wenn man den überlieferten Erzählungen glauben will, vor Jahr und Tag auf Schritt und Tritt hat begegnen können." (H)

5. *Briefe Joseph Roths*

An Bernhard von Brentano:
7. 5. 1924
14. 6. 1925
22. 8. 1925
11. 9. (1925)
29. 11. 1925
19. 12. 1925
11. 2. 1926
26. 9. 1926

An Herbert Ihering:
17. 9. 1922

An Benno Reifenberg:
18. 8. 1925
26. 8. 1925
30. 8. 1925
22. 4. 1926
23. 4. 1927
Straßburg, Dienstag (1927)

An Stefan Zweig:
24. 1. 1928
29. 3. (1929) Paris
(Zusatz 1976: Diese Briefe lagen mir bei der Abfassung der Dissertation in unveröffentlichten Fassungen vor. Inzwischen sind sie veröffentlicht: Briefe, Hrsg. Hermann *Kesten*, Köln/Berlin 1971.)

II. Andere Autoren

Brod, Max: Streitbares Leben. Autobiographie. München 1960.
Edschmid, Kasimir: Lebendiger Expressionismus. Auseinandersetzungen, Gestalten, Erinnerungen. (= Ullsteinbuch Nr. 465). Berlin 1964.
Flake, Otto: Horns Ring. Berlin 1916.
Hesse, Hermann: Die Gedichte. (Zweite erweiterte Auflage.) Berlin 1947.
Kästner, Erich: Fabian, die Geschichte eines Moralisten. (Ullsteinbuch Nr. 102) Berlin 1967.
Kisch, Egon Erwin (Hrsg.): Klassischer Journalismus. Meisterwerke der Zeitung. Berlin 1923.
Kubin, Alfred: Die andere Seite. Roman (Ungekürzte Ausgabe (dtv) München 1962.
Kürnberger, Ferdinand: Spiegelungen (Hrsg. Rudolf *Holzer*) Graz und Wien 1960.
Kraus, Karl: Werke (Bände 1–14), München 1954–1966.
——: Sprüche und Widersprüche. München 1965.
Musil, Robert: Tagebücher, Aphorismen, Essays und Reden. Hamburg 1955.
Polgar, Alfred: Kleine Zeit. Berlin 1919.
——: Hinterland. Berlin 1929.
——: Geschichten ohne Moral. Zürich/New York 1943.
——: Im Vorübergehen. Eine Auswahl aus zehn Bänden erzählender und kritischer Prosa. Stuttgart, Hamburg 1947.
——: Im Lauf der Zeit. Hamburg 1954.
——: (Hrsg. Bernt *Richter):* Auswahl Prosa aus vier Jahrzehnten. Hamburg 1968.
Stifter, Adalbert: Wien und die Wiener. (= Auswahl aus: Wien und die Wiener in Bildern aus dem Leben.) Scientia-Ausgabe, Zürich 1945.
Thoma, Ludwig: Der Münchner im Himmel. Satiren und Humoresken. Fünfte Auflage München 1968.
Werfel, Franz: Barbara oder die Frömmigkeit. (Ungekürzte Sonderausgabe) Frankfurt a. M. und Hamburg 1953.

ANTHOLOGIEN

Bethge, Hans (Hrsg.): Deutsche Lyrik seit Liliencron. Leipzig (1905).
Federmann, Reinhard (Autor u. Hrsg.): Wiener G'schichten, Geschichte Wiens. Historien, Episoden, Anekdoten. Tübingen, Basel 1968.
Hofmann, Jacqueline und Hermann (Hrsg.): Wien. Zweite Auflage. München 1960.
Linden, Hermann (Autor u. Hrsg.): Joseph Roth, Leben und Werk. Ein Gedächtnisbuch. Köln u. Hagen 1949.

B. SEKUNDÄRLITERATUR

I. *Literaturwissenschaft*

1. *Wissenschaftliche Untersuchungen der Werke Joseph Roths*

Böning. Hansjürgen: Joseph Roths „Radetzkymarsch". Thematik, Struktur, Sprache. München 1968.
Eckart, Rolf: Die Kommunikationslosigkeit des Menschen im Romanwerk von Joseph Roth. München 1959. (Photodruck)
Hackert, Fritz: Kulturpessimismus und Erzählform. Studien zu Joseph Roths Leben und Werk. Bern 1967.
Houska, Leos: Das erzählerische Werk von Joseph Roth. Diplomarbeit für das Fach Germanistik, nicht veröffentlicht. Leipzig o. J.
Jansen, Peter Wilhelm: Weltbezug und Erzählhaltung. Eine Untersuchung zum Erzählwerk und zur dichterischen Existenz Joseph Roths. (Diss. Masch.) Freiburg 1958.
Plank, Ilse: Joseph Roth als Feuilletonist. Erlangen 1968. (Photodruck)
Powell, Ward Hughes: The Problem of Primitivism in the Novels of Joseph Roth. Diss. Colorado (USA) 1956. (Mikrofilm)
Rosenfeld, Sidney: Raumgestaltung und Raumsymbolik im Romanwerk Joseph Roths. Diss. Illinois (USA) 1965. (Mikrofilm)
Wegner, Erika: Die Gestaltung innerer Vorgänge in den Dichtungen Joseph Roths. Bonn 1964. (Photodruck)

2. *Andere wissenschaftliche Untersuchungen. Aufsätze. (In einigen Darstellungen sind Hinweise zu Joseph Roths Leben und Werk enthalten, auch wenn dies aus dem Titel nicht ersichtlich ist.)*

Bronsen, David: Phantasie und Wirklichkeit. Geburtsort und Vaterschaft im Leben J. Roths. S. 494 - 505.
Fröhlich, Hans Jürgen: Im Spinnennetz des Rechtsradikalismus. In: Die Welt der Literatur 4, 1967, Nr. 16, S. 1 f. (Zur Buchveröffentlichung des „Spinnennetzes")
Fügen, Norbert (Hrsg.): Wege der Literatursoziologie. Neuwied und Berlin 1968.
Grasshoff, Wilhelm: Joseph Roth, Georg Trakl. Zürich 1966.
Haacke, Wilmont: Handbuch des Feuilletons. (3 Bände) Emsdetten 1951–1953.
——: Publizistik – Elemente, Probleme. Essen 1962.
Heller, Erich: Studien zur modernen Literatur. (= edition suhrkamp, 42) Frankfurt a. M. 1963.
Horst, Karl August: Joseph Roths Schattenlinie. In: Merkur 11, 1957, S. 393 - 396.
Kayser, Wolfgang: Das Groteske. Seine Gestaltung in Malerei und Dichtung. Oldenburg 1957.
——: Entstehung und Krise des modernen Romans. Vierte Auflage. Stuttgart 1954.
Kohn, Caroline: Karl Kraus. Stuttgart 1966. (ü. Roth, s. Register)
Lämmert, Eberhard: Bauformen des Erzählens. Stutgart 1955.
Lausberg, Heinrich: Elemente der literarischen Rhetorik. Zweite, wesentlich erweiterte Auflage. München 1963.
Möwe, Ernst: Otto Flake. Leben, Werk, Gestalt, Beispiel. Leipzig 1931.
Müller-Seidel, Walter: Probleme der literarischen Wertung. Über die Wissenschaftlichkeit eines unwissenschaftlichen Themas. Stuttgart 1955.
Neis, Edgar: Struktur und Thematik der traditionellen und modernen Erzählkunst. Paderborn 1965. (Über Roth s. S. 88f.)
Olden, Rudolf: In memoriam Joseph Roth. In: Das Neue Tage-Buch, Paris 1939, 7. Jg., S. 545.
Randak, Ernst: Peter Altenberg oder das Genie ohne Fähigkeiten. Graz und Wien 1961.
Reimann, Paul: Von Herder bis Kisch. Erste Auflage. Berlin 1961. (ü. Roth, S. 188.)
Schick, Paul: Karl Kraus (= rowohlts monographien). Reinbek b. Hamburg 1965.
Schlenstedt, Dieter: Die Reportage bei Egon Erwin Kisch. Berlin 1959.

Stöcklein, Paul: Literatursoziologie. Gesichtspunkte zur augenblicklichen Diskussion. In: Literatur und Geistesgeschichte. Festgabe für Heinz Otto Burger. (Hrsg. R. *Grimm* und C. *Wiedemann*), S. 406–421. (ü. Roth, S. 417). Berlin 1968.
Trommler, Frank: Roman und Wirklichkeit. Eine Ortsbestimmung am Beispiel von Musil, Broch, Roth, Doderer und Gütersloh. Stuttgart, Berlin, Köln, Mainz 1966.
Valéry, Paul: Zur Theorie der Dichtkunst. Frankfurt a. M. 1962.
Wieber, Friedkarl: Der deutsche Zeitungsroman im 20. Jahrhundert. Halle 1933.
Wiegenstein, Roland: Die gerettete Welt des Joseph Roth. In: Frankfurter Hefte, Aug. 1957, S. 581–586.
v. Wilpert, Gero: Sachwörterbuch der Literatur. Vierte verbesserte und erweiterte Auflage. Stuttgart 1964.

II. Arbeiten und Aufsätze – Zeitgeschichte, Politik, Psychologie

Arendt, Hannah: Rosa Luxemburg. In: Der Monat, Nr. 243, 20. Jg. 1968, S. 28–40.
Berendsohn, Walter Artur: Die humanistische Front. Zürich 1946 (ü. Roth, s. Register).
Dang, Anton: Die sozialdemokratische Presse Deutschlands. Diss. Frankfurt a. M. 1928.
Friedell, Egon: Aufklärung und Revolution. Aus: Kulturgeschichte der Neuzeit. (dtv) München 1961.
Hauser, Arnold: Sozialgeschichte der Kunst und Literatur. (2 Bände) München 1953.
Heiber, Helmut: Die Republik von Weimar. (= dtv Weltgeschichte des 20. Jahrhunderts, Bd. 3) Dritte Auflage München 1968.
Heigert, Hans: Deutschlands falsche Träume – oder: Die verführte Nation. Hamburg 1967.
Karpeles, Benno: „Der Neue Tag". In: Der Friede. Wochenschrift für Politik, Volkswirtschaft und Literatur. 3. Bd., Nr. 59, 1919, S. 147 und 148.
Kesten, Hermann: Deutsche Literatur im Exil. Wien, München, Basel 1964.
Koestler, Arthur; *Silone,* Ignazio; *Wright,* Richard; *Gide,* André; *Fischer,* Louis; *Spender,* Stephen: Ein Gott, der keiner war. (= dtv dokumente) München 1962.
Koszyk, Kurt: Zwischen Kaiserreich und Diktatur. Zur Geschichte der sozialdemokratischen Presse in Deutschland. Heidelberg 1958.
Loewenstein, Rudolph M.: Psychoanalyse des Antisemitismus. (= edition suhrkamp, 241) Frankfurt a. M. 1967.
Mann, Golo: Deutsche Geschichte 1919–1945. (= Sonderdruck für den Hessischen Minister für Erziehung und Volksbildung) Frankfurt a. M. 19
Mayer-Kaindl; Pirchegger-Klein: Geschichte und Kulturleben Österreichs von 1792 bis zum Staatsvertrag von 1955. Wien 1965.
Mikoletzky, Hanns Leo: Österreichische Zeitgeschichte. Vom Ende der Monarchie bis zum Abschluß des Staatsvertrages 1955. Zweite Auflage Wien 1962.
Mitscherlich, Alexander und Margarete: Die Unfähigkeit zu trauern. Grundlagen kollektiven Verhaltens. München 1968.
Olden, Rudolf: Nachruf auf einen Freund. In: Das Neue Tage-Buch, Paris 1938, 6. Jg., S. 140/1.
Osterroth, Franz und *Schuster,* Dieter: Chronik der deutschen Sozialdemokratie. Hannover 1963.
Parkes, James: Antisemitismus. München 1964.
Paupié, Kurt: Handbuch der österreichischen Pressegeschichte. 1848–1959. (2 Bände) Wien 1960.
Pirker, Theo (Hrsg.): Utopie und Mythos der Weltrevolution. Zur Geschichte der Komintern 1920–1940. (= dtv dokumente) München 1964.
Sontheimer, Kurt: Antidemokratisches Denken in der Weimarer Republik. München 1962.

C. TABELLARISCHE DARSTELLUNG JOURNALISTISCHER ARBEITEN JOSEPH ROTHS

Vorbemerkung:
Die im folgenden aufgeführten journalistischen Arbeiten Roths sind erst nach Abschluß der Dissertation aufgefunden worden (s. Vorbemerkung zur Drucklegung S. 9f.).
Reihenfolge der Zeitungen: alphabetisch.

VERÖFFENTLICHUNG JOSEPH ROTHS IN: „DER ABEND", Wien, 1924

5. 2. 1924	Natur (Josephus)

VERÖFFENTLICHUNGEN JOSEPH ROTHS IN: „ACHT-UHR-ABENDBLATT" BERLIN, 1923.

26. 1. 1923	Der Superlativismus
14. 4. 1923	Konsultation
5. 5. 1923	Der Mensch auf der Veranda. Ein Frühlingsgedicht.
8. 5. 1923	Reise
28. 5. 1923	Kleiderhandel

VERÖFFENTLICHUNGEN JOSEPH ROTHS IN: „DER DRACHE" Leipzig/ Dresden

(Zur Quellenlage, s. Vorbemerkung S. 9f. Die Erscheinungsdaten konnten bisher noch nicht festgestellt werden.)

Besuch in Velodromen
Roth contra Roth
In einer linden Frühlingsnacht
Die Grundsteinlegung
Zweimal Rosa
100 000 Mark für einen Roman (6. 1. 1925)
Gesang mit tödlichem Ausgang (Josephus)
Kaiserliche Orthographie (Josephus)
Das Dienstmädchen auf dem Treppengeländer
Pietät des Kleinbürgers
Die erotische Schutzpolizei
Das Amt
Welt im Bild
Das Hakenkreuz auf Rügen (Josephus)
Der Ukas des Zaren Ebert (Josephus)
Berliner Bilderbuch (Der Chronist, bemüht . . .)
Berliner Bilderbuch (Der Kronprinz ist . . .)
Berliner Bilderbuch (Ein Diplomat, der ein . . .)
Berliner Bilderbuch (Aprilscherze: die jüngste . . .)
Berliner Bilderbuch (Kriminalistisches von . . .)
Berliner Bilderbuch (Die offizielle . . .)
Berliner Bilderbuch (Nur ein Bild: . . .)
Berliner Bilderbuch (Sie machen die Nacht . . .)
Berliner Bilderbuch (Ein bilderreiches . . .)
Berliner Bilderbuch (Der alte Tiger . . .)
Berliner Bilderbuch (Es geht ohne Zweifel . . .)
Berliner Bilderbuch (Die weißen Pofel-Verschleißer . . .)

Berliner Bilderbuch (Die Zeit der Rummelplätze . . .)
Berliner Bilderbuch (Kein Toter ist vor der Ehrung . . .)
Berliner Bilderbuch (Über dem „großen" Unfall . . .)
Berliner Bilderbuch (Es gibt Augenblicke . . .)
Berliner Bilderbuch (Das Material häuft sich . . .)
Berliner Bilderbuch (Es sind Tiere aus . . .)

VERÖFFENTLICHUNGEN JOSEPH ROTHS IN „DIE FILMWELT", Wien, 1919

21. 3. 1919	Film im Freistaat
2. 5. 1919	Der Tendenzfilm
16. 5. 1919	Knigge im Film
(Nr. 10 S. 13)	Der Regisseur
30. 5. 1919	Die Diva
30. 5. 1919	Dialoge
25. 7. 1919	Noch eine Episode
3. 10. 1919	Streiflichter
24. 10. 1919	Typen aus dem Glashaus

VERÖFFENTLICHUNGEN JOSEPH ROTHS IN: „DIE GLOCKE", Berlin, 1923

19. 2. 1923	Der Dichter Kantorowicz
5. 3. 1923	Die Schwarzen im Ruhrgebiet
3. 4. 1923	Vergebliche Ruhrpropaganda

VERÖFFENTLICHUNGEN JOSEPH ROTHS IN: „LACHEN LINKS", Berlin, 1924–1926

(Joseph Roth zeichnete seine Beiträge mit vollem Namen, „Josephus" und „J-s". Eingeklammertes „P" bedeutet im folgenden, daß es sich um einen Prosabeitrag handelt.)

18. 1. 1924	Die Toilettefrau (P)
25. 1. 1924	Lobgedicht auf den Sport (Josephus)
25. 1. 1924	Natur
1. 2. 1924	Die Lieblinge der Nation (Josephus)
1. 2. 1924	Fünf-Uhr-Tee (P)
8. 2. 1924	Der Strich (Josephus)
22. 2. 1924	Denkmalsweihe (Josephus)
22. 2. 1924	Der Schalter
22. 2. 1924	Ballade vom Zusammenbruch einer besseren Familie (Josephus)
7. 3. 1924	Karneval
21. 3. 1924	Chanson vom Kandidaten in Pommern (Josephus)
4. 4. 1924	Späte Mahnung an Quidde (Josephus)
18. 4. 1924	Ritter Meuchelmord
18. 4. 1924	Deutsche Elendsreime (Josephus)
18. 4. 1924	Kommentar zu Kant (Josephus)
25. 4. 1924	Legende vom Kasernenhof (Josephus)
25. 4. 1924	Naturgeschichte des Generals (P) (Josephus)
25. 4. 1924	Praktische Anwendung (Josephus)
2. 5. 1924	Gasgranate (Josephus)
9. 5. 1924	Der Monat Mai (P) (Josephus)
9. 5. 1924	Tod im Frühling
30. 5 1924	Großstadtfrühling (P)
25. 7. 1924	Der Hakenkreuzler (Josephus)
1. 8. 1924	Der Prinz und die Toten (Josephus)
1. 8. 1924	Der Kriegsberichterstatter (P) (Josephus)

1. 8. 1924	Die Invaliden grüßen den General (Josephus)
15. 8. 1924	Iustitia
29. 8. 1924	Lied vom Spengler (Josephus)
10. 10. 1924	Ungeziefer (Josephus)
17. 10. 1924	Die Internationale (Josephus)
28. 11. 1924	Das neue Lesebuch (Josephus)
12. 12. 1924	Bürgerliche Kultur
16. 10. 1925	Der Hut (P) (J-s)
1. 1. 1926	Die kleine nationale Deulig-Woche (P) (J-s)
30. 7. 1926	Besuch (P) (J-s)
6. 8. 1926	Geschäftskonferenz (P) (J-s)
3. 9. 1926	Das salomonische Urteil (P) (J-s)
22. 10. 1926	Professor Sokrates (P) (J-s)

VERÖFFENTLICHUNGEN JOSEPH ROTHS IN: „NEUES ACHT-UHR-BLATT", Wien, 1923

11. 7. 1923	Ballettprobe
12. 7. 1923	Berliner Sonntagsreiter
16. 7. 1923	Probe im Wanderzirkus
17. 7. 1923	Sensationen im Aquarium
19. 7. 1923	Das Café der elften Muse
23. 7. 1923	Die theosophische „Laienpredigt"
2. 11. 1923	Das österreichische Reisevisum
8. 11. 1923	Die Opfer des Herrn v. Kahr
22. 11. 1923	Begegnung mit Herrn v. Kaehne
? ? 1923	Der moderne Berliner

VERÖFFENTLICHUNGEN JOSEPH ROTHS IN: „NEUE BERLINER ZEITUNG – 12-UHR-BLATT", 1920–1926

30. 6. 1920	Chiromanten
6. 7. 1920	Im Klub der Hunde
8. 7. 1920	Abdul Kahim Milizi
9. 7. 1920	U 35
15 7. 1920	Mütter wider Willen
16. 7. 1920	Diskrete Hilfe
17. 7. 1920	Die „Wasserzeichen" von Großberlin
23. 7. 1920	Eine Stunde im Schieberbüro
23. 7. 1920	Komödienhaus
30. 7. 1920	Jagd auf die fliehenden Polen
31. 7. 1920	In den Wäldern von Augustowo
2. 8. 1920	Rote Kosaken an der Grenze
3. 8. 1920	Ein Tag bei den Bolschewiken
5. 8. 1920	Die rote Armee
9. 8. 1920	Mosaik aus Ostpreußen
10. 8. 1920	Bücher der Revolution
11. 8. 1920	Tanzabend Gertrude Barrison
14. 8. 1920	Ministerurlaub in Teutongina
20. 8. 1920	Ein Wohltätigkeitsfest, das Vaterland und ein Baurat
21. 8. 1920	Das Urteil der Geschichte
24. 8. 1920	Rauchverbot im Speisewagen
25. 8. 1920	Küchen-Kultur?
26. 8. 1920	Der Nabel der Sittlichkeit
26. 8. 1920	Der Notschrei eines Berufskollegen
27. 8. 1920	Die Kugel am Bein

28. 8. 1920	Die Dringlichkeitsliste des Wohnungsamtes
30. 8. 1920	Das Mädchen aus der Fremde
31. 8. 1920	Lebende Kriegsdenkmäler
2. 9. 1920	Sechs Fuß tief
2. 9. 1920	Kabarett Schall und Rauch
7. 9. 1920	Irrungen, Wirrungen
9. 9. 1920	Besuch im Jenseits
11. 9. 1920	Wo ist der Schutzmann?
16. 9. 1920	Das Geheimnis der Verkehrsstörung
17. 9. 1920	Dreiviertel Stunden von Berlin
23. 9. 1920	Bei den Heimatlosen
24. 9. 1920	Trianon-Theater
29. 9. 1920	Abendgang durch Alt-Berlin
2. 10. 1920	Schall und Rauch
5. 10. 1920	Die Diele
18. 10. 1920	Konsultation
20. 10. 1920	Flüchtlinge aus dem Osten
20. 10. 1920	Das Variété der Besitzlosen
23. 10. 1920	„Der Tor und der Tod" und „Elektra"
25. 10. 1920	Komödienhaus: Die Sache mit Lola
25. 10. 1920	Landstraßenzauber in Berlin
29. 10. 1920	Sowjet-Ausstellung in Berlin
30. 10. 1920	Shakespeare und Dada
3. 11. 1920	Aus der Unterwelt von Berlin
8. 11. 1920	Der Elektrizitätsstreik
11. 11. 1920	Adressenschreiber
19. 11. 1920	Der Klub der armen Türken
22. 11. 1920	Tanzabend Annie Lieser
24. 11. 1920	Ist Berlin ehrlich?
26. 11. 1920	Wartesaal IV. Klasse
3. 12. 1920	Der Wochenmarkt der Modelle
9. 12. 1920	Schall und Rauch
13. 12. 1920	Ukrainomanie
15. 12. 1920	Kredit
22. 12. 1920	Die Welt im Stift
23. 12. 1920	Montmartre in Berlin
24. 12. 1920	„Reigen"
24. 12. 1920	Weihnachten bei den Alten
28 12. 1920	Lesebuch gegen Weltgeschichte
31. 12. 1920	Ausblicke in das Jahr 1921
3. 1. 1921	Jenseits
7. 1. 1921	Kunstasyl
18. 1. 1921	Wenn Berlin Wolkenkratzer bekäme . . .
24. 1. 1921	Indien in Berlin
26. 1. 1921	Der Tod im Zirkus
28. 1. 1921	Was liest der Berliner?
2. 2. 1921	Wenn man Arbeit sucht . . .
7. 2. 1921	Die Passion
16. 2. 1921	Lebensglück als Beruf
18. 2. 1921	Kinder ohne Heimat
21. 2. 1921	Kinder ohne Heimat (Forts.)
23. 2. 1921	Nächte in Kaschemmen
28. 2. 1921	Nächte in Kaschemmen (Forts.)
4. 3. 1921	Im Dampfbad bei Nacht
8. 3. 1921	Im Laufschritt nach Leipzig
11. 3. 1921	Unter französischen Fahnen
12. 3. 1921	Die Handbewegung des Bürgermeisters

15. 3. 1921	Rundgang um die Siegessäule
16. 3. 1921	Alfred Beuerle
23. 3. 1921	Konferenz-Athletik
24. 3. 1921	Das Räubernest ist ein Patrizierhaus
1. 4. 1921	Eine Stunde Millionär
6. 4. 1921	Im Haus Nr. 21
11. 4. 1921	Im Wartezimmer des Wunderdoktors
13. 4. 1921	Die Rebellion der Totengräber
23. 4. 1921	Der gelehrte Claqueur
10. 5. 1921	Berliner Bettelmusikanten
18. 5. 1921	Hinter den Kulissen
28. 5. 1921	Das Recht auf Oberschlesien
31. 5. 1921	Der Regenschirm
2. 6. 1921	Eine Stunde als fliegender Buchhändler
3. 6. 1921	Berlin und Indien
6. 6. 1921	Der Wiederaufbau des Menschen
7. 6. 1921	Die Welt in der Stadt
14. 1. 1922	Ballettprobe
24. 1. 1922	Die tönende Mauer
26. 1. 1922	Die Asyle der Heimatlosen
27. 1. 1922	Ich lerne reden
6. 2. 1922	Die Wärmestuben der Emigranten
8. 2. 1922	Abschied von Castans Panoptikum
15. 2. 1922	Kostümball in Moabit
16. 2. 1922	Hellas in der Grolmannstraße
21. 2. 1922	Marionetten auf der Wanderung
22. 2. 1922	Schatzgräber in der Allee
1. 3. 1922	Die Hoffnung auf „Jenna"
20. 3. 1922	Figaros Turnier
26. 4. 1922	Das Paradies der Jugendlichen
5 10. 1922	Die Pistole
12. 10. 1922	Der Oberreichsanwalt spricht
13. 10. 1922	Plädoyers in Leipzig
1. 11. 1922	Die Bank der kleinen Leute
9. 1. 1923	Richard ohne Königreich
17 1. 1923	Die Toten ohne Namen
29. 1. 1923	Der Tempel der Seide
9. 2. 1923	Preisrattenwürgen
10. 2. 1923	Das Haus der Vernünftigen
13. 2. 1923	Dilettantenabende
15. 2. 1923	Das Schiff der Auswanderer
21. 2. 1923	Autoritäten
24. 2. 1923	Der auferstandene Mensch
9. 3. 1923	H-Moll im Kino
13. 3. 1923	Begegnung mit dem letzten Azteken
17. 3. 1923	Der Klub der Verkannten
29. 3. 1923	Die Tänzer Gottes und die Straßenbahn
3. 4. 1923	Der fliegende Buchhändler
9. 4. 1923	In der Boxerakademie
27 6. 1923	Mazdaznan
4. 7. 1923	Der nächtliche Zeitungsartikel
19. 10. 1923	11 000 000
15 12. 1923	Berliner Sensationen
17. 12. 1923	Lemberg in Düsseldorf
19. 12. 1923	Das Grenzloch von Krekraade
28. 12. 1923	Der blonde Neger Guillaume
29. 12. 1923	Blue lamp room

3. 1. 1924	Die Mannweiber der Sittlichkeit
5. 1. 1924	Bei der Armee der Separatisten
8. 3. 1924	Der „Refräng"
31. 3. 1924	Aus den Sümpfen
19. 5. 1924	Die Zigeunerinnen
17. 7. 1924	Der Kolporteur
29. 7. 1924	Der Reisende in Kaffee erzählt
5. 8. 1924	Die sterbenden Tänzer
13. 8. 1924	Der sehr elegante Reisende
11. 9. 1924	Pietät mit Handgranate
23. 10. 1924	Die unwirkliche Kulisse
25. 2. 1925	Fünf-Uhr-Tee mit Hexametern
12. 3. 1925	Der Herr aus dem Publikum
15. 1. 1926	Der Zeitungsleser
22. 2. 1926	Die Nacht am Rhein
11. 3. 1926	Hephata
25 3. 1926	Straßenbahn im Ruhrgebiet
23. 4. 1926	Im Paradies
8. 5. 1926	Das nachgemachte Ceylon
11. 5. 1926	Eine Nacht mit Wanzen
1. 10. 1926	Reise mit einer schönen Frau

VERÖFFENTLICHUNGEN JOSEPH ROTHS IN: „NEUES WIENER TAGBLATT", Wien, 1926–1930

12. 12. 1926	Die Frau in Rußland
15 6. 1930	Die Dame im Coupé
31. 8. 1930	Der Primgeiger
28. 9. 1930	Theater im Parkett

VERÖFFENTLICHUNGEN JOSEPH ROTHS IN: „PRAGER TAGBLATT", Prag, 1923–1933

7. 2. 1923	Das Haus der Vernünftigen
18. 2. 1923	Das Schiff der Auswanderer
1. 3. 1923	Ahnenfabrik GmbH
3. 3. 1923	Preisrattenwürgen
14. 3. 1923	Der falsche Dionysos
16. 3. 1923	Der letzte Azteke aus Gablonz
7. 4. 1923	Der fliegende Buchhändler
2. 8. 1923	Zehn Millionen
17. 10. 1923	11 000 000
23. 10. 1923	Der Mann, der die Visa besorgt
24. 10. 1923	Das Land der Sonderbündler
26. 10. 1923	Frau Sacher entschuldigt sich
3. 11. 1923	Ebert
9. 11. 1923	40 Mann = 6 Pferde
11. 11. 1923	Reise in Kaffee
16. 11. 1923	Schweigen im Dichterwald
18. 11. 1923	Hotel Savoy (Teil-Vorabdruck)
4. 12. 1923	Hotel Kopriva
16. 12. 1923	Lemberg in Düsseldorf
19. 12. 1923	Louis Hagen, der Finanzmann des Rheins
25. 12. 1923	Die Not der Schwarzen
2. 1. 1924	Der blonde Neger Guillaume
6. 1. 1924	Die sanierte Stadt

12. 1. 1924	Bei der Armee der Separatisten
21. 2. 1924	Reisende mit Traglasten
22. 2. 1924	Der tapfere Dichter
24. 2. 1924	Der Bizeps auf dem Katheder
4. 3. 1924	Der Kampf um die Meisterschaft
5 3. 1924	Der „Refräng" im Nachtleben
25. 3. 1924	Delinquent Schaper
10. 4. 1924	Rose Gentschow
12. 4. 1924	Das Ende eines Symptoms
17. 7. 1924	Der Fürst des Weltalls
19. 7. 1924	Das Amt
13. 9. 1924	Pietät mit Handgranate
7. 10. 1924	Berliner Theater
17. 10. 1924	Die heilige Johanna
27. 11. 1924	Reise durch Galizien
7. 12. 1924	Lemberg, die Stadt
25. 12. 1924	Heimweh nach Prag
7. 6. 1925	Das Geheimnis der Taschenuhr Glashütte
20. 12. 1925	Hafen von Marseille
6. 10. 1926	Die Grenze Niegoreloje
10. 10. 1926	Wolga-Städte und Burlaki
24. 10. 1926	Der auferstandene Bourgeois
10. 2. 1927	Im russischen Parkett
3. 7. 1927	Knotenpunkt am Morgen
10. 7. 1927	Die Zivilisierten im Barbarenland
30. 9. 1927	Sentimentale Reportage
1. 2. 1928	Das Werk
11. 3. 1928	Seine k. u. k. Apostolische Majestät
14. 7. 1928	Brief aus Polen
22. 7. 1928	Brief aus Lodz
1. 11. 1928	Deutsche Minderheiten in Polen
2. 2. 1929	Der Portier
24. 2. 1929	Der große Hotelkoch
8. 3. 1929	Der Kongreß
27. 3. 1929	Das Museum
5. 5. 1929	Galante Literatur
28. 8. 1929	Ein Wiedersehen
15. 10. 1929	Die reiche Frau
19. 10. 1929	Die Puppen
16. 11. 1929	Der Mann, der die Ohrfeigen bekommt
7. 12. 1929	Die Staatenlosen
16. 2. 1930	Die Schönheitskönigin
7. 3. 1930	Die Scholle. Ein Lesebuchstück
26. 2. 1933	Polizeibericht

VERÖFFENTLICHUNGEN JOSEPH ROTHS IN: „DER TAG", Wien, 1923

23. 4. 1923	Fliegende Buchhändler
13. 7. 1923	Moderne Juxartikel

VERÖFFENTLICHUNGEN JOSEPH ROTHS IN: „WIENER SONN- UND MONTAGSZEITUNG", Wien, 1923

2. 7. 1923	Berühmte Hühneraugen
9. 7. 1923	Die Todesopfer des Großstadtmagens (Josephus)
16. 7. 1923	Riviera in Kagran (Josephus)
20. 8. 1923	Vormittagsprobe im Zirkus

TEXTANHANG

EINE AUSWAHL DER NEU GEFUNDENEN ARBEITEN

Vorbemerkung:

Die Texte werden vollständig und unverändert in chronologischer Reihenfolge aus den bezeichneten Quellen wiedergegeben. Einige drucktechnische Nachlässigkeiten (Orthographie und Interpunktion), die keine Sinnentstellungen hervorrufen, sind ohne Anmerkung ausgeglichen worden. Druckfehler, die die Sinngebung verändern, sind verbessert und in einer Anmerkung berichtet worden.

Kleine Zeittafel

(Diese Zeittafel dient nur einem Überblick über den untersuchten Zeitraum 1915–1926.)

Joseph Roth (1894–1939)

1915–1918	Veröffentlichung der ersten lyrischen und erzählerischen Versuche in Wien
1916	„Der Vorzugsschüler"
1919–1920	Tätigkeit als Journalist an „Der Neue Tag" in Wien Beginn des sozialistischen Engagements
1921–1922 (Aug.)	Tätigkeit für den „Berliner Börsen-Courier"
1922 (Juni)–1924 (Aug.)	Mitarbeit am „Vorwärts"
1923 (Januar)	Beginn der Tätigkeit für die „Frankfurter Zeitung"
1923 (Okt.–Nov.)	Veröffentlichung des Romans „Das Spinnennetz" in der Wiener „Arbeiter-Zeitung"
1924 (Febr.–März)	Veröffentlichung des Romans „Hotel Savoy" in der „Frankfurter Zeitung" (Buchveröffentlichung 1924)
1924 (Juli–Aug.)	Veröffentlichung des Romans „Die Rebellion" im „Vorwärts" (Buchveröffentlichung 1924)
1925	Reise nach Südfrankreich – „Reisebuch" und Feuilletons (in der „Frankfurter Zeitung")
1925	„April. Die Geschichte einer Liebe."
1925	„Der Blinde Spiegel"
1926	Reise nach Rußland – Reiseberichte in der „Frankfurter Zeitung" Abwendung vom sozialistischen Engagement
1927	„Die Flucht ohne Ende" (Vermutlich noch in Rußland begonnen)

GEDICHTE

WELTRÄTSEL

Sterne gibt's, die ewig scheinen wollten
Und doch verglühn . . .
Wolken gibt's, die eben weinen sollten
Und weiter ziehn . . .
Steine gibt's, die viel zu fragen wüßten,
Doch keiner spricht . . .
Menschen gibt's, die sich was sagen müßten
Und sagen's nicht . . .

HERBST

Spürst du des Laubes nassen Moderduft?
Sieh her: Die Welt ist gram und grau und alt . . .
Und durch die dämmerdumpfe Nebelluft
Erklingt ein Schrei. –
Erklingt. – Erstirbt. – Verhallt. –

Das ist der Tod. –
Er gilbt in Rohr* und Ried,
Er welkt im Blatt und spielt im Sonnenschein,
Er jauchzt im Wind und weint in jedem Lied:
Er lebt im Sterben – und er stirbt im Sein. –

WO ?

Ich war einmal ein kleines Kind,
Das angstgequält zur Mutter floh,
Wenn durch den Schornstein fuhr der Wind –––
Ich weiß nicht, wo . . . .

Ich hab' einmal gehört ein Lied,
Das klang so zart und müde so,
Als ich von meiner Heimat schied, –––
Ich weiß nicht, wo . . . .

Es hat einmal mein Herz gelebt, ...
Mohnblumen brannten lichterloh, ...
Ich hab' einmal ein Glück erlebt . . . .
Ich weiß nicht, wo . . . . .

---

* Das mir unverständlich erscheinende Wort „Rand" im Druck der „Österreichischen Illustrierten Zeitung" dürfte einen Fehler darstellen; ich erlaube mir daher die Konjektur.

CHRISTUS

O Herr! O, damals litt ich nicht –
ich jauchzte über meine Wunden
und durch den Flor der dunklen Stunden
ging ich der Liebe Weg zum Licht –
Doch jetzt durchwühlt mich diese Qual
der Brüder, die einander hassen:
ich kann von meinem Kreuz nicht lassen
und sterbe täglich tausendmal.

O Herr; diese Tage sind rot
weil sie in heißem Blute schwammen
und alle Nächte sind nur Flammen
von deren Brand der Himmel loht . . .
ich berge still mein Angesicht
und harre auf mein Auferstehen:
denn – Herr – nun will ich wieder gehen
der Weltenliebe Weg zum Licht.

BRUDER MENSCH

O Bruder Mensch!
Da es noch Tag war, kannte ich dich nicht: –
Nun, da es Nacht, liebkos' ich deine Nähe
und sinke in die Knie und rufe: wehe!
daß ich nicht sehen kann Dein Angesicht! . . .*

Ich drückte kaum zum Gruße Dir die Hand,
wir waren zungenfremde Weggenossen,
nun unser Blut vereint die Flur durchflossen,
weiß ich: du bist mir nah und blutsverwandt.

Weil du mich schlugst, besitzest du mich ganz:
um dich zu lieben, mußt' ich dich erst morden!
O, Bruder Mensch! vergib', daß ich erlag!

Doch bis vollendet dieser Höllentanz
Ist Licht in uns und Licht um uns geworden –
Sieh, Bruder Mensch: Durch Nebel wuchtet schon der Tag! . . .

---

* Der Druck dieser Zeile dürfte in „Österreichs Illustrierter Zeitung" einen Fehler enthalten. Sie lautet dort: ‚daß ich nicht sehen kann in Dein Angesicht'. Ich erlaube mir daher die Konjektur.

DER ABENDGANG

Im Dunkel fließen um mich weich und schwer
Die letzten Träume, die das Licht mir spann,
Nur noch ein Klang im Abendgold verrann,
Und tagen – fühl' ich – wird es nimmermehr . . .

Im Westen flutet Paradiesesschein.
Ich walle demutvoll empor den Pfad,
Und meine Seele ahnt erlöst: jetzt trat
Der liebe Gott ans Tor und wartet mein . . .

SOLDATEN

Alle haben diesen müden
seltsamen Zug in den bleichen Gesichtern:
in ihren Augen zittert ein schüchtern
taumelndes Ahnen von Heimat und Frieden . . .

Alle tragen sie an den müden
Füßen den Staub von zerwanderten Jahren:
Durch viele Länder sind sie gefahren
und haben noch nicht nach Hause gefunden . . .

Manchmal nur röten sich ihre Wangen,
wenn sie frohe Kunde erlauschen
und sie sitzen zusammen und tauschen
flüsternde Reden von süßem Verlangen . . .

Ihre harten, zerrissenen Hände,
faltet die Demut und Kindheits verwehte
Worte fassen sie still im Gebete:
Herr, mach' ein Ende! O, Herr, gib ein Ende! . . .

FRÜHLING

Frühling, Deine Blütenhände
gleiten über Erdenwellen
Und aus Tiefen überschwellen
Säfte Tal und Hügellände.

An den Wegen, die ich schreite,
lächeln alte Meilensteine,
junge Birke lacht in eine
glückumspannte Sonnenweite.

Stunden, die ich gar nicht zähle,
taumeln trunken von den Türmen,
fallen golden in das Stürmen
meiner maidurchwühlten Seele.

Alle Gräser wispern Kunde
von dem grünen Zauberwirken ––
wie mich Strauch und Baum umzirken,
fühle ich mich eins im Bunde

mit der saftdurchtränkten Rinde,
mit dem Stein am Grabenrande,
mit dem weißen Straßenbande
mit der Wolke, mit dem Winde . . .

Quillt in mir ein starker Glaube,
wie der Saft in jungem Weine:
Alles bin ich im Vereine:
Gott und Mensch und Wurm im Staube. –

NERVENCHOK

Seht her: in einem Zauberknäul gebannt
schlottert und taumelt er an schwanker Krücke
bald hart am Pflasterrand und bald zurück
prallt klappernd sein Gebein an rauhe Wand.

Und aller Augen sind ihm zugewandt:
der frechen Neugier und des Mitleids Blick ––
ein Kind, das spielt, hält mitten still im Glücke,
als blick' es plötzlich in ein dunkles Land . . .

O, seht ihn an! In graues Tuch gewandet,
der Menschheit Heldentum in torkelndem Zick-Zack
zwei Kreuzchen scheppern und zwei Bänder fliegen –––

Im roten Meer von Blut und Siegen
ist des Jahrhunderts stolzes Schiff gestrandet –
und das ist Euer Wrack! . . .

LIED DER GLOCKEN

. . . Seitdem wir die Klänge des Hasses geboren,
sind unsere Seelen krank:
Wir haben das Lied der Liebe verloren
und Suchen und Sehnen ist unser Sang.

Uns ist unser silbernes Lachen geschwunden,
seitdem unser Schoß den Sturmruf gebar –:
wir wandern und wandern, bis wir es gefunden,
Stunden um Stunden und Jahr um Jahr . . .

GEDICHT IN POLNISCHER SPRACHE

Królewna moja idzie przez łąki,
Nad kwieciem sie pochyla,
I zbiera małe dzwoneczki lila,
Te blade, polne dzwonki.

A każdy dzwonek dzwięci i dzwoni
W liliowe swe kielichy
O tem, co dzisiaj wśród nocy cichej
Mówiłem gwiazdom o niej.

Królewna moja idzie przez łąki
Dzwonienie ich nie słyszy
Nie wie, com gwiazdom rzekł w nocnej cichy
I tylko zbiera dzwonki.

Meine Prinzessin geht durch die Wiesen,
Sie neigt sich über die Blüten,
Und sammelt kleine blaue Glöckchen,
Die blassen Glöckchen des Feldes.

Und jedes Glöckchen schwingt und läutet
Mit seinem blauen Kelch
Davon, was ich heute um Mitternacht
Den Sternen von ihr erzählte.

Meine Prinzessin geht durch die Wiesen,
Das Läuten hört sie nicht.
Sie weiß nicht, was ich den Sternen um Mitternacht erzählte
Und sie sammelt nur Glöckchen.

PROSAARBEITEN

DIE GESCHICHTE VOM JUNGEN MUSIKANTEN UND DER SCHÖNEN PRINZESSIN

Es war einmal ein blutjunger Musikant, der führte wundervoll den Bogen. Er hatte eine goldene Geige, auf der waren vier Saiten gespannt. Die eine war aus Eisen, die zweite aus Silber, die dritte aus Gold und die vierte war ein blondes, feines Haar einer Waldelfe. Wenn er die erste Saite strich, so klang es wie Sturm und Donner: die Berge bebten von der Gewalt seines Spiels und die uralten Bäume rauschten mächtig darein. Wenn er die zweite strich, so klang es wie der tiefe verträumte Ruf eines Waldvogels und wie das silberne Lachen einer schönen Frau. Die dritte Saite hatte den vollen Klang der keuschen Sonntagsglocken und den feierlichen Ton der Orgel. Aber die vierte Saite, die klang am schönsten: es lag so etwas Wundersames darin, Zauberzartes und Sehnsuchtstiefes. Man hörte den hellen, feinen Sang der Waldelfen beim Mondesreigen. Darein mischte sich die verliebte Klage der Nachtigall und der jubelnde Triller der Lerche. Wenn der junge Musikant jedoch alle vier Saiten abwechselnd strich, sc lauschten Himmel und Meer, Berg und Wald, Feld und Flur . . . Er konnte die lustigsten Walzer spielen und die traurigsten Weisen und alles jubelte mit seiner Geige und alles weinte mit ihr. . .

Und in einem fernen, fernen Reiche lebte eine wunderschöne Prinzessin. Die wollte nur denjenigen zu ihrem Manne und zum König ihres Landes machen, der sie mit seiner Kunst bis ins tiefste bewegen könnte. Da waren denn aus aller Herren Länder die größten Künstler und Weisen gekommen, um ihre Kunst zu zeigen und die schöne Prinzessin und die glänzende Königskrone zu gewinnen. Da war einer, der baute aus Sonnenglast und Meeresgrün, aus Himmelsbläue und Kristalltau ein Schloß, zu dem der Weg über den Regenbogen führte. Und ein zweiter, der lief mit den Sonnenstrahlen um die Wette. Und ein dritter, der konnte Regentropfen in Perlen verwandeln. Und ein vierter, der konnte mit den goldenen Sternen Fangball spielen. Und ein fünfter, der strich mit dem Pinsel über die Leinwand und die Prinzessin stand da wie lebendig und hold wie Freya, die Göttin der Liebe . . .

Die schöne Prinzessin hieß jeden neuangekommenen Werber drei Tage warten und bewirtete ihn köstlich und versprach, ihn zu heiraten, wenn sich im Laufe dieser Frist kein neuer Künstler zeigen würde, der alle früheren noch überträfe und dem letzten den Rang streitig machte. Es kamen jedoch täglich viele Werber und von diesen übertraf immer der letzte den vorigen. –

In dieses wunderbare Land mit der wunderschönen Prinzessin machte sich nun der junge Geiger auf. Es war eine weite und beschwerliche Reise. Doch der Musikant brauchte bloß die Saiten seiner Geige zu streichen und die reißendsten Ströme wurden sanft und still, daß er sie bequem durchwaten konnte, die wilden Tiere zahm, daß sie stehenblieben und lauschten, und der Sturmwind ließ sich besänftigen, wenn das blonde Elfenhaar in seinem vollen Zauber ertönte . . . So kam der junge Geiger ungefährdet und wohlbehalten in das Reich der seltsamen Prinzessin.

Er war von ihrer Schönheit so eingenommen, daß er mit heißer Glut zu spielen begann. Alle waren erstaunt und lauschten entzückt. Der Prinzessin selbst gefiel der Geiger und sein Spiel und es schien wirklich, als wäre nun endlich der Rechte gekommen.

Der glückberauschte Musikant mußte auch noch drei Tage warten. Doch von den vielen Werbern, die noch kamen, übertraf ihn keiner. So wartete er am dritten Tage sehnsuchtsheiß auf die Nacht, die ihm sein Glück bringen sollte.

Doch die Sonne stand noch am Himmel, als plötzlich ein schmucker, schlanker Ritter erschien und Einlaß begehrte. Er wurde vor die Prinzessin geführt und von ihr um seine Kunst befragt. Da sagte der Ritter, er sei der beste Tänzer auf Erden. Er wolle mit der Prinzessin tanzen, um ihr seine Kunst zu beweisen. Er brauche bloß schöne Musik dazu. Die Prinzessin war gerne bereit, ließ den Geiger holen und befahl ihm, zu spielen. –

Traurig gehorchte der Geiger. Als sein wunderbares Spiel erklang, schwebte der Ritter im Saale umher, die schöne Prinzessin im Arme, so leicht, daß er kaum den Boden berührte. Als der Tanz zu Ende war, hieß die Prinzessin den Ritter drei Tage warten. Doch auch den Geiger hieß sie bleiben. Sie wollte Musik haben zu ihren Tänzen . . .

Nun kamen zwar noch viele andere Künstler, aber keiner gefiel der Prinzessin so sehr wie der leichtfüßige Ritter. Und als am Abend des dritten Tages die ersten Sterne erglommen, wurde mit aller Pracht und Herrlichkeit die Hochzeit gefeiert.
Und zum Brauttanz sollte der Geiger spielen.
Berauschend und berückend entquollen die Töne seinem goldenen Instrumente. Die Prinzessin und ihr Bräutigam drehten sich im wildesten Taumel des Tanzes. Da fiel plötzlich die Geige zu Boden und zerschellte klirrend . . . Der Geiger ließ langsam den Bogen sinken . . . Sein Gesicht wurde bleich. Seine Augen waren groß und weit . . . Er tat noch einen tiefen Atemzug und war tot. –

Da stockte der Tanz. Auch der Ritter hielt ein und tanzte nicht mehr. Die Prinzessin aber beugte sich über den toten Geiger, küßte ihn und weinte. –

DER VORZUGSSCHÜLER

Des Briefträgers Andreas Wanzls Söhnchen, Anton, war ein ganz merkwürdiger Junge. Sein schmales, blasses Gesichtchen mit den geradezu markanten Zügen war von einem äußerst kargen, weißgelben Haarschopf gekrönt. Eine hohe Stirn thronte ehrfurchtgebietend über dem kaum sichtbaren, weißen Brauenpaar und darunter sahen zwei blaßblaue, tiefsitzende Äuglein sehr altklug und ernst in die Welt. Ein Zug der Verbissenheit trotzte in den schmalen, blassen, zusammengepreßten Lippen und nur das hübsche, regelmäßige Kinn war das einzig Sympathische an Anton Wanzl. Der Kopf wackelte auf einem dünnen Halse, der ganze Körperbau war schmächtig und zart. Zu der ganzen Gestalt bildeten nur die starken, roten Hände, die an den dünngebrechlichen Handgelenken wie lose angeheftet schlenkerten, einen sonderbaren Gegensatz.

Anton Wanzl war stets nett und reinlich gekleidet. Kein Stäubchen auf seinem Rock, kein Loch im Strumpf, keine Narbe, kein Ritz auf dem schmalen, blassen Gesichtchen. Anton Wanzl spielte selten, raufte nie mit den Buben und stahl keine roten Äpfel aus Nachbars Garten. Anton Wanzl lernte nur. Seine Bücher und Hefte waren fein säuberlich in knatterndes, weißes Packpapier gehüllt, auf dem ersten Blatt stand in der, für ein Kind seltsam kleinen, netten Schrift, sein Name. Seine glänzenden Zeugnisse lagen feierlich gefaltet in einem großen, ziegelroten Kuvert dicht neben dem Album mit den wunderschönsten Briefmarken, um die Anton viel mehr beneidet wurde, als um seine Zeugnisse.

Anton Wanzl war kein glückliches Kind. Ein brennender Ehrgeiz verzehrte ihn. Ein eiserner Wille, zu glänzen, alle seine Kameraden zu überflügeln, zermalmte seine schwachen Knochen. Vorderhand hatte Anton nur *ein* Ziel: er wollte „Aufseher" werden. Das war nämlich zurzeit ein anderer, ein „minder guter" Schüler, dessen respektables Alter jedoch im Klassenlehrer ein gewisses Vertrauen geweckt hatte.

Der „Aufseher" hatte eine ganz merkwürdige Vorliebe für Farbenstifte und -tinten, für Kanarienvögel, Tauben und junge Küchlein. Geschenke solcher Art konnten ihn leicht bestechen und der Geber durfte nach Herzenslust lärmen, ohne angezeigt zu werden. Hier konnte Anton Wanzl eingreifen. Er stellte sich moralisch entrüstet, erzählte „Alles" dem Lehrer und – wurde „Aufseher".

Anton Wanzl saß sehr gerne auf dem schwarzen Katheder. Es war so ein wonniges Gefühl, von einer respektablen Höhe aus das ganze Zimmer zu überblicken, mit dem Bleistift zu kritzeln, hie und da Mahnungen auszuteilen und ein bißchen Vorsehung zu spielen, indem man ahnungslose Polterer aufschrieb, der gerechten Strafe zuführte und im vorhinein wußte, wen das Schicksal ereilen würde. Man wurde vom Lehrer ins Vertrauen gezogen, durfte Schulhefte tragen, konnte „wichtig" erscheinen, genoß ein Ansehen.

Dabei konnte er aber keinesfalls ein Schmeichler genannt werden. Er bewahrte äußerlich stets seine Würde, bewies den Lehrern Aufmerksamkeiten, als wären es Gefälligkeiten, half ihnen in die Überröcke mit einem ruhigen Stolz und alles, was er tat, hatte den Charakter einer Amtshandlung.

Zu Hause hieß er „Tonerl" und galt als Respektsperson. Sein Vater hatte das charakteristische Wesen eines kleinstädtischen Briefträgers, halb Amtsperson, halb privater Geheimsekretär und Mitwisser mannigfaltiger Familiengeheimnisse, ein bißchen würdevoll, ein bißchen untertänig, ein wenig stolz, ein wenig trinkgeldbedürftig. Er hatte den charakteristischen geknickten Gang der Briefträger, scharrte mit den Füßen, war klein und dürr, wie ein Schneiderlein, hatte eine etwas zu weite Amtskappe und zu lange Hosen an, war aber im übrigen ein recht anständiger Mensch und erfreute sich bei den Bürgern und Vorgesetzten eines gewissen Ansehens.

Seinem einzigen Söhnchen bewies Andreas Wanzl eine Hochachtung, wie er sie nur noch vor dem Herrn Postverwalter hatte. Ja, dachte sich oftmals Herr Wanzl an seinen freien Sonntagnachmittagen: Der Herr Bürgermeister zum Beispiel ist eben nur ein Bürgermeister. Aber was mein Anton noch alles werden kann! Bezirkskommissär, Gymnasialdirektor – und vielleicht gar – Postverwalter? . . .

Wenn er solche Gedanken seiner Frau gegenüber äußerte, so seufzte diese bloß ein bißchen und sagte: ja, ja! Denn Frau Margarete Wanzl hatte einen großen Respekt vor ihrem Mann und, wenn sie schon einen Briefträger hoch über alle Dutzendmenschen stellte, wie nun gar einen Postverwalter?!

Anton Wanzl aber war nicht gut. Er hatte keine Liebe, er fühlte kein Herz. Er gab keine Liebe und verlangte nach keiner. Nie hatte er das Bedürfnis nach einer Zärtlichkeit, einer Liebkosung. Er war nicht wehleidig, er weinte nie. Anton Wanzl war so brav, daß er keine Tränen hatte.

So wurde Anton Wanzl älter. Oder – er wuchs heran. Denn jung war Anton nie gewesen.

Anton Wanzl änderte sich auch nicht auf dem Gymnasium. Nur in seinem Äußeren war er noch sorgfältiger geworden. Er war weiter der „Vorzugschüler", der Musterknabe, fleißig, sittsam und tugendhaft, er beherrschte alle Gegenstände gleich gut und hatte keine sogenannten „Vorlieben", weil er überhaupt nichts hatte, was mit Liebe zusammenhing. Nichtsdestoweniger deklamierte er Schiller mit feurigem Pathos und beinahe künstlerischem Schwung, spielte Theater bei verschiedenen Schulfeiern, sprach sehr altklug und weise von der Liebe, verliebte sich aber selber nie und spielte den jungen Mädchen gegenüber die langweilige Rolle des Mentors und Pädagogen.

Aber er war ein vorzüglicher Tänzer, auf Kränzchen gesucht, von tadellos lakkierten Manieren und Stiefeln, steifgebügelter Haltung und Hose und seine Hemdbrust ersetzte an Reinheit, was seinem Charakter an dieser Eigenschaft fehlte. Seinen Kollegen half er stets, aber nicht weil er helfen wollte, sondern aus Furcht, er könnte einmal auch was vom andern brauchen. Seinen Lehrern half er weiter in die Überröcke, war stets bei der Hand, wenn man ihn brauchte, aber ohne Aufsehen zu erregen, und trotz seines kränklichen Aussehens wurde er nie krank.

Nach der glänzend bestandenen Matura, den obligaten Glückwünschen, den elterlichen Umarmungen und Küssen, dachte Anton Wanzl über die weitere Richtung seiner Studien nach. Theologie! Dazu hätte er sich vielleicht am besten geeignet, dazu befähigte ihn seine blasse Scheinheiligkeit. Aber – Theologie! Wie leicht konnte man sich da kompromittieren! Arzt werden – dazu liebte er die Menschen zu wenig. Advokat wäre er gerne geworden, Staatsanwalt am liebsten, aber Jurisprudenz, das galt nicht für ideal! Dagegen war man „Idealist", wenn man Philosophie studierte. Und zwar: Literatur! Ein „Bettelberuf" – sagten die Leute. Aber man konnte zu Stellung und Ansehen kommen, wenn man es geschickt anstellte. Und etwas geschickt anstellen – das konnte Anton!

Anton war also Student. Aber einen so „soliden" Studenten hatte die Welt noch nicht gesehen. Anton Wanzl rauchte nicht, trank nicht, schlug sich nicht. Freilich, einem Verein mußte man angehören. Anton mußte Kollegen haben, die er überflügeln konnte, er mußte ein Amt haben, glänzen, Vorträge halten. Und wenn auch die andern Anton ins Gesicht lachten, ihn einen Stubenhocker und „Büffler" nannten, so hatten sie doch im Stillen einen gewaltigen Respekt vor dem jungen Menschen, der noch in den grünen Semestern steckte und ein so ungeheures Wissen besaß. Auch bei den Lehrern fand Anton Achtung. Daß er klug war, erkannten sie auf den ersten Blick. Er war übrigens ein äußerst notwendiges Nachschlagewerk, ein wandelndes Lexikon, er wußte alle Bücher, Verfasser, Jahreszahlen, Verlagsbuchhandlungen, er kannte alle neuen, verbesserten Auflagen, er war ein Schnüffler und Bücherwurm, er hatte aber eine scharfe Kombinationsgabe, war ein bißchen Stoffhuber; was den Professoren aber am meisten behagte, war eine wahrhaft köstliche Naturgabe: er konnte nämlich stundenlang mit dem Kopf nicken, ohne zu ermüden. Er gab immer Recht. Dem Professor gegenüber kannte er keinen Widerspruch. Und so kam es, daß Anton Wanzl in den Seminarübungen eine bekannte Figur ward. Er war stets gefällig, immer ruhig und dienstbeflissen, er fand unauffindbare Bücher auf, schrieb Zettel aus und Vortragsankündigungen, aber auch Überröcke hielt er weiter, war Schweizer, Türsteher, stabilisierter Professorenbegleiter.

Nur auf *einem* Gebiete hatte Anton Wanzl sich noch nicht hervorgetan: auf dem der Liebe. Aber er hatte ja kein Bedürfnis nach Liebe. Freilich, wenn er so im Stillen überlegte, so fand er, daß erst der Besitz eines Weibes ihm bei Freunden und Kollegen die vollkommenste Achtung verschaffen konnte. Dann erst würden die Spötteleien aufhören, dann stände er, Anton, da: ehrfurchtgebietend, hochgeachtet, unerreichbar, das Muster eines Mannes.

Und auch seine unermeßliche Herrschsucht verlangte nach einem Weibe, das ihm völlig ergeben wäre, das er kneten und formen konnte nach seinem Willen. Anton Wanzl hatte bis jetzt gehorcht. Nun wollte er einmal befehlen. In allem gehorchen würde ihm nur ein liebendes Weib. Man mußte es nur geschickt anstellen. Und etwas geschickt anstellen – das konnte Anton!

Die kleine Mizzi Schinagl war Miederverkäuferin bei Popper, Eibenschütz & Co. Sie war ein nettes, dunkles Ding mit großen, braunen Rehaugen, einem schnippischen Näschen und einer etwas zu kurzen Oberlippe, so daß das blitzblanke Mäuschengebiß schimmernd hervorblinkte. Sie war schon „wie verlobt", und zwar mit Herrn Julius Reiner, Kommis und Spezialisten in Krawatten und Schnupftüchern, ebenfalls bei der Firma Popper, Eibenschütz & Co. An dem sauberen jungen Manne fand Mizzi zwar ein ziemliches Wohlgefallen, aber als den Gatten der Mizzi Schinagl konnte sie sich ihn unmöglich vorstellen. Mizzi mußte einen Mann von höherer sozialer Stellung haben, zu dem sie aufblicken konnte. Das echt weibliche Wesen, dessen angeborenen Takt ein Mann erst durch höhere Bildung erwerben muß, empfand manche Seiten des Spezialisten in Krawatten und Schnupftüchern doppelt unangenehm. Am liebsten wäre der Mizzi Schinagl ein junger Student gewesen, einer von den vielen buntbekappten jungen Leute, die draußen nach Geschäftsschluß auf die weiblichen Angestellten warteten. Mizzi hätte sich so gerne von einem Herrn auf der Straße ansprechen lassen, wenn nur der Julius Reiner nicht so furchtbar achtgegeben hätte.

Aber da hatte gerade ihre Tante, Frau Marianne Wondrak in der Josefstadt, einen neuen, liebenswürdigen Zimmerherrn bekommen. Herr Anton Wanzl war zwar sehr ernst und gelehrt, aber von einer zuvorkommenden Höflichkeit, besonders Fräulein Mizzi Schinagl gegenüber. Sie brachte ihm an den Sonntagnachmittagen den Jausenkaffee in seine Stube und der junge Herr dankte immer mit einem freundlichen Wort und einem warmen Blick. Ja, einmal lud er sie sogar zum Sitzen ein, aber Mizzi dankte, murmelte etwas von Nichtstören-wollen, errötete und schlüpfte etwas verwirrt ins Zimmer der Tante. Als Herr Wanzl aber einmal auf der Straße grüßte und sich anschloß, ging Mizzi sehr gerne mit, machte sogar einen kleinen Umweg, um zu ihrer Wohnung zu gelangen, verabredete mit Herrn stud. phil. Anton Wanzl ein Stelldichein am Sonntag und zankte am nächsten Morgen mit Herrn Julius Reiner.

Anton Wanzl erschien einfach, aber elegant gekleidet, sein fades, blasses Haar war heute sorgfältiger gescheitelt, als je, aber eine kleine Erregung war seinem blassen, schmalen Gesicht doch anzumerken. Er saß im Stadtpark neben Mizzi Schinagl und dachte angestrengt darüber nach, was er eigentlich reden sollte. In einer solch fatalen Situation war er noch nie gewesen. Aber Mizzi wußte zu plaudern. Sie erzählte das und jenes, es wurde Abend, der Flieder duftete, die Amsel schlug, der Mai kicherte aus dem Gebüsch, da vergaß sich Mizzi Schinagl und sagte etwas unvermittelt: „Du, Anton, liebst du mich auch so?" Herr Anton Wanzl erschrak, Mizzi Schinagl noch mehr, sie wollte ihr glühendes Gesichtchen irgendwo verbergen und wußte kein besseres Versteck als Herrn Anton Wanzls Rockklappen. Dem Herrn Wanzl war so was noch nie passiert, seine steife Hemdbrust knackte vernehmlich, aber er faßte sich bald. Einmal mußte es doch sein!

Als er sich beruhigt hatte, fiel ihm etwas Vortreffliches ein, „Ich bin dîn, du bist mîn" zitierte er halblaut. Und daran knüpfte er einen kleinen Vortrag über die Periode der Minnesänger, er sprach mit Pathos von Walther von der Vogelweide, kam auch auf die erste und zweite deutsche Lautverschiebung, von da auf die Schönheit unserer Muttersprache, und, ohne einen rechten Übergang, auf die Treue der deutschen Frauen. Mizzi lauschte angestrengt, sie verstand kein Wort, aber das war eben der Gelehrte, so mußte ein Mann, wie Anton Wanzl, eben sprechen. Aber vor lauter Liebe und Frühling hielt sie es nicht länger aus und unterbrach Antons wunderschönen Vortrag durch einen recht angenehmen Kuß auf die blassen Lippen Wanzls, den dieser zu erwidern nicht minder angenehm fand. Bald regnete es Küsse. Anton Wanzl war überwältigt. Er war froh, als ihn Mizzi nach einem Dutzend heißer Umarmungen entlassen hatte. Seit jenem denkwürdigen Tage „liebten" sie einander.

Herr Anton Wanzl hatte sich bald gefunden. Er lernte an Wochentagen und liebte an Sonntagen. Seinem Stolze schmeichelte es, von einigen „Bundesbrüdern" mit Mizzi gesehen und mit einem vieldeutigen Lächeln begrüßt worden zu sein. Er war fleißig und ausdauernd und nach einem Jahre noch war Herr Anton Wanzl Doktor.

Als „Probekandidat" kam er ins Gymnasium, von den Eltern brieflich bejubelt, von den Professoren „wärmstens empfohlen", von seinem Direktor herzlich begrüßt.

Sabbäus Kreitmeyr war Direktor des II. k. k. Staatsgymnasiums, ein Philologe „von Ruf", mit vielen sogenannten Verbindungen, bei den Schülern beliebt, bei den Vorgesetzten gut angeschrieben und verkehrte in der „besten Gesellschaft". Seine Frau Cäcilie wußte ein großes Haus zu führen, veranstaltete Abende, die den löblichen Zweck hatten, das einzige Töchterchen des Hauses unter die Haube zu bringen. Regierungsrat Kreitmeyr war, wie die meisten Gelehrten alten Schlages, ein Pantoffelheld, er fand alles richtig, was seine würdige Frau Cäcilie anordnete und glaubte an sie, wie an die alleinseligmachenden Regeln der lateinischen Grammatik. Seine Lavinia war ein sehr gehorsames Kind, las keine Romane, beschäftigte sich nur mit der antiken Mythologie und verliebte sich nichtsdestoweniger in ihren jungen Klavierlehrer, den Virtuosen Hans Pauli.

Hans Pauli war eine echte Künstlernatur. Das naive Kindergemüt Lavinias hatte es ihm angetan. Er war in der Liebe noch recht unerfahren, Lavinia war das erste weibliche Wesen, mit dem er stundenlang zusammensaß, bei ihr fand er die Bewunderung, die ihm sonst nicht sehr oft zuteil wurde, und, wenn auch die Direktorstochter nicht schön zu nennen war, – sie hatte eine zu breite Stirn und wässerige, farblose Augen – so konnte man sie doch nicht, schon ihrer Natur wegen, gerade unhübsch heißen. Hans Pauli träumte zudem von einer „deutschen" Frau, hielt viel auf Treue und verlangte, wie die meisten Künstler, ein Weib, bei dem er seine Launen austoben, aber auch Trost und Erholung finden könnte. Nun schien ihm Lavinia am besten dazu geeignet und, da noch um sie der Zauber knospender Jugend wehte, schlug die Künstlerphantasie Herrn Hans Pauli ein Schnippchen und der angehende Virtuose von Ruf verliebte sich schnurstracks in Fräulein Lavinia Kreitmeyr.

Wie es um die beiden stand, erkannte Herr Anton Wanzl gleich am ersten Abend, den er im Kreitmeyrschen Hause zubrachte. Lavinia Kreitmeyr gefiel ihm nicht im geringsten, aber der Instinkt, mit dem Vorzugschüler des Lebens stets ausgerüstet sind, sagte ihm, daß Lavinia eine gar passende Frau für ihn wäre und der Herr Direktor ein noch passenderer Schwiegervater. Diesen kindischen Künstler Pauli konnte man leicht an die Luft setzen.

Herr Anton Wanzl hatte es auch nach einer halben Stunde herausgefunden, daß Frau Cäcilie die wichtigste Rolle im Hause spielte. Wollte er die Hand der

Lavinia, so müßte er zuerst das Herz der Mutter gewinnen. Und da er sich auf die Unterhaltung würdiger Matronen besser verstand, als auf die jungen Mädchen, so verband er nach der alten lateinischen Regel das dulce mit dem utile und machte den Kavalier der Frau Direktor.

Seinem Rivalen, Hans Pauli, gegenüber benahm sich Anton mit kühler, ironisierender Höflichkeit. Dem Musiker verriet sein künstlerisches Feingefühl, mit wem er es zu tun habe. Aber Hans Pauli war kein Diplomat. Er äußerte stets unverhohlen seine Meinung. Anton blieb kühl und sachlich. Pauli erhitzte sich. Anton rückte mit dem schweren Geschütz der Gelehrsamkeit ins Feld, gegen die Pauli, ungebildet, wie die meisten Musiker,nichts ausrichten konnte.

Fräulein Lavinia schwärmte zwar für Bach und Beethoven, aber als rechte Tochter eines Philologen „von Ruf" hatte sie eine gleich große Verehrung für die Wissenschaft. Anton Wanzl war ein Mann, auf den der Vater große Stücke hielt, von dem die Mutter entzückt war. Lavinia war eine gehorsame Tochter. Und als Herr Kreitmeyr ihr einmal ernstlich riet, den Herrn Wanzl nicht „auszuschlagen", stimmte sie zu.

Die Verlobung wurde auf den Geburtstag der Lavinia angesetzt. Hans Pauli aber verstand jetzt die Tragik von Künstlers Erdenwallen. Schwach, wie er war, glaubte er fliehen zu müssen. Er reiste nach Amerika, spielte in Kinos und Bars und war bald verschollen.

An einem wunderschönen Juniabend wurde im Kreitmeyrschen Hause die Verlobung gefeiert. Herr Anton strahlte bräutigamlich an der Seite der etwas ernst blickenden Lavinia. Toaste wurden gehalten, Becher erklangen, Hochrufe dröhnten durch die weit geöffneten Fenster mitten hinein in das Tuten der Autos.

Draußen rauschten die Wellen der Donau ihr uraltes Lied vom Werden und Vergehen. Mizzi Schinagl stand am Ufer. Sie fürchtete sich nicht vor dem tiefdunklen Wasser drunten. Drin mußte es wohlig und weich sein, man stieß sich nicht an Kanten und Ecken wie auf der dummen Erde droben. Und nur Fische gab es dort, stumme Wesen, die nicht so entsetzlich lügen konnten wie die bösen Menschen. Stumme Fische! Stumm . . . Auch ihr Kindchen war stumm, tot geboren. . . „Es ist am besten so" – hatte Tante Marianne gesagt. Ja, es war wirklich am besten. Wenn das Kleine lebte, müßte auch sie leben, die Mutter. Aber so. . . Und das Leben war doch schön! Heute vor einem Jahre! Durch die nächtliche Stille klang plötzlich ein Lied aus tiefen Männerkehlen. Deutliche Schritte waren vernehmbar.

Antons „Bundesbrüder" kamen näher. Herr stud. jur. Xandl Hummer, hoch in den Dreißigern, im 18. Semester, trat nahe an Mizzi heran und bot ihr den Arm. Mizzi Schinagl sah trübe und gleichgültig in das häßliche, aufgedunsene Gesicht. Ein jäher Gedanke durchzuckte ihr Hirn. Mizzi Schinagl lachte. Ein gelles, schneidendes Lachen. Nur noch einen Blick warf sie ins Wasser und starrte dann in die Luft.

Dann ging sie mit.

Am nächsten Morgen brachte sie Xandl in die „Pension" zu „Tante" Waclawa Jancic am „Spittel".

Herr Anton Wanzl war mit seiner jungen Frau von der Ferien- und Hochzeitsreise zurückgekehrt. Er war ein gewissenhafter, strenger, gerechter Lehrer. Er wuchs in den Augen des Landesschulrates, spielte eine Rolle in der „besseren Gesellschaft". Sein Gehalt stieg und stieg. Seine Eltern hatten ihm den Gefallen erwiesen und waren kurz nach seiner Hochzeit gestorben. Herr Anton Wanzl aber ließ sich jetzt zur größten Verwunderung aller in seine Heimatstadt versetzen.

Das kleine Gymnasium verwaltete dort ein alter Direktor, ein lässiger Mann, alleinstehend, ohne Weib und Kind, der nur in der Vergangenheit lebte und auf dessen Tod man im Landesschulrat wartete. Anton Wanzl kam und nahm die Verwaltung in seine Hand. Er war Rangältester, wurde Sekretär, schrieb Berichte an die Behörden, kam hie und da nach Wien und – „sprach vor".

Er erzählte von seinem Direktor mit einem bedauernden Unterton in der Stimme und verstand es vortrefflich, seine Tätigkeit ins hellste Licht zu rücken. Und Frau Cäcilie Kreitmeyr besorgte das Übrige.

Gerade spazierte der alte Direktor in den Parkanlagen der Schule mit seinem Sekretär Dr. Wanzl, als der Schuldiener herankam und ein mächtiges Kuvert mit amtlichem Siegel überreichte. Der Direktor erbrach es zitternd, warf einen kurzen Blick darauf und sank in die Arme seines Sekretärs.

Dem Herrn Direktor Anton Wanzl ging es gut. Sein Ehrgeiz ruhte seit Jahren. Manchmal dachte er wohl an eine Universitätsprofessur, die er hätte erreichen können. Aber dann hatte er sich die Sache überlegt. Er war mit sich sehr zufrieden. Und noch mehr mit den Menschen. Manchmal, im tiefsten Winkel seines Herzens, lachte er über die Leichtgläubigkeit der Welt. Aber seine blassen Lippen blieben stets geschlossen. Selbst wenn er allein war, lachte er nicht. Er fürchtete, die Wände könnten ihn verraten.

Kinder hatte er nicht, sehnte sich auch nicht nach ihnen. Zu Hause war er der Herrscher, seine Gemahlin blickte bewundernd zu ihm empor, seine Schüler verehrten ihn. Nur nach Wien kam er schon lange nicht mehr. Seit jener Nacht, in der ihm etwas höchst Fatales passiert war. Damals war ihm an der Ecke der Kärntnerstraße ein aufgeputztes Frauenzimmer begegnet und hatte gelacht. Lange klang dieses gelle Lachen Herrn Anton im Ohr.

Direktor Wanzl lebte noch lange glücklich an der Seite seiner Frau. Aber seine überspannten Kräfte ließen mählich nach. Nun der Ehrgeiz nicht mehr da war und seinen Körper straffte, plagten ihn zunehmendes Alter und Schwäche. Eine Lungenentzündung warf ihn eines Tages aufs Bett, das sein Sterbelager sein sollte. Nach wenigen Wochen starb Anton Wanzl.

Alle Schüler waren gekommen, alle Bürger des Städtchens, Kränze umhüllten den Sarg, Reden wurden gehalten, Abschiedsworte nachgerufen.

Anton Wanzl aber lag tief drinnen im schwarzen Metallsarg und lachte. Anton Wanzl lachte zum ersten Male. Er lachte über die Leichtgläubigkeit der Menschen, über die Dummheit der Welt. Hier durfte er lachen. Die Wände seines schwarzen Kastens konnten ihn nicht verraten. Und Anton Wanzl lachte. Lachte stark und herzlich; während droben seine Schüler das alte Lied anstimmten:

> Üb' immer Treu und Redlichkeit
> Bis an dein kühles Grab . . .

JOURNALISTISCHE ARBEITEN AUS „DER NEUE TAG“

KAFFEEHAUSFRÜHLING

Er offenbarte sich bisher bloß darin, daß die Kaffeesieder Preise *trieben,* die tägliche Ausgabe für Frühstück und Jause *in die Höhe* schoß, im „Schwarzen" lenzlichgeheime Säfte *goren,* die Ausbeutung des Publikums ungeahnte *Blüten trieb* und das Geschäft überhaupt *florierte.* So sieht der Wiener Kaffeehausfrühling aus. In der letzten Woche kam noch ein Neues hinzu: Schani trug den Garten hinaus. Der „Garten" besteht aus ein paar Latten und Dielenbrettern, die wohlverwahrt auf dem Dachboden Winterschlaf hielten, und einem Gitter aus Drahtgeflecht oder Eisen. Ein besonderes Zuvorkommen dem Mai und den Gästen gegenüber bedeuten noch einige Blumentöpfe und jene grünen Zweige, auf die in diesem abnorm kalten Frühjahr nur die Kaffeesieder kamen. Und somit ist alles für die Sonne gerüstet, die leider „infolge Ausbleibens wichtiger meteorologischer Nachrichten" von der Sternwarte nicht angekündigt werden kann und sich ohne zuverlässige Prognose nicht recht aus den Wolken hervortraut. . .

Sieht man diese gottverlassenen Caféveranden an, so drängt sich einem fast unwillkürlich der Vergleich auf mit nie erfüllten Friedensträumen, verregneten Aussichten und verschnupften Weltlagen. Diese umgekehrten Tische mit den umgestülpten Korbstühlen, die vor Nässe weinen, sehen einer verkehrten Welt verzweifelt ähnlich, in der alles auf dem Kopf stünde, wenn auch nur etwas einen Kopf hätte. Die Luft, die man eigentlich von Rechts wegen hier draußen genießen sollte, ist erfüllt mit Kriegsberichten, die von den Friedenskonferenzen kommen, und das Eis, das in normalen Zeiten hier geschluckt werden würde, hält leider immer noch die Herzen der Menschen krampfhaft umschlossen. So wird, was dereinst Fortsetzung gemächlichen Familienlebens und gemütlicher Tarockpartien auf die Straße war, heute eine recht ungemütliche Verquickung einer ungemütlichen Öffentlichkeit mit privaten Familiensorgen. Die Kaffeehausterrasse ist heute nur mehr ein überflüssiges Requisit aus besseren Zeiten und obendrein noch ein Verkehrshindernis, wie Straßenbahn, Post, Telephon und andere „Verbindungsmittel". Für Kaffeesieder hat sie allerdings einen Vorteil: sie ermöglicht ihnen, unangenehme Stammgäste, die über die Preiserhöhung schimpfen, auf glatte Weise und im wahrsten Sinne des Wortes – an die Luft zu setzen . . .

IN UND AUSSER DIENST

Das war schon in der Monarchie ein Unterschied:

Im Dienst konnte man z.B. ein Auge zudrücken. Außer Dienst durfte man sogar beide offenhalten.

Im Dienst sagte man: Sie und Schweinehund. Außer Dienst war man selbst einer und per Du.

In der Republik gibt es auch: in und außer Dienst. Sowohl puncto: Schweinehund, als auch puncto: Auge zudrücken. Böse Zungen sagen, in der Republik würde man sogar beide Augen zudrücken. Aber sicher ist nur, daß Wenige beide offenhalten . . .

Dennoch hielt ein Arbeiterrat auf der Westbahn beide Augen, während er die Reisenden revidierte, offen, und zwar in dem Übermaße, daß ein anderer Arbeiterrat, der außer Dienst war und im Vertrauen auf seinen Titel Butter hereinbringen wollte, von dem ersteren angehalten wurde. Zwischen beiden entspann sich folgender Dialog:

„Sö, dös geht net"

„Oba, was willst?"

„Nix ‚Du', jetzt'n bin i im Dienst."

„Wannst mir d'Butter wegnimmst, kriagst deine fünf Kilo bei der Mutter net mehr!"

„Na, dann geh' zua!"

Es hatte sich herausgestellt, daß der schmuggelnde Arbeiter eine Greißlerin zur Mutter hatte, die dem revidierenden Arbeiterrat fünf Kilo Butter in regelmäßigen Zeiträumen so hintenherum abzugeben pflegte. Ein böser Zufall fügte es, daß just dieser Arbeiterrat jene Butter konfiszieren sollte, die ihm selbst hätte zugute kommen sollen. Seine eigene Strenge strafte ihn. Sein Ich in Dienst nahm Stellung gegen sein Ich außer Dienst. Der tragische Konflikt war gegeben. Die Katastrophe unterblieb, weil der Anlaß aus Butter bestand. Denn mit der Butter ist das so eine heikle Sache: Man darf sie nicht im Rucksack führen, man muß sie aber doch haben – außer Dienst. Man soll sie konfiszieren – im Dienst. Man darf sie nicht fünfkiloweis bei einer Greißlerin beziehen. Man soll sie ihrem Sohn aber wegnehmen. Denn dieser führte sie im Rucksack. Sie wäre ihm wirklich abgenommen worden, wenn jener sie nicht – am Kopf gehabt hätte. –

NEIN!

Denn ein Wachmann ist, wie schon sein Titel besagt, ein Mann, der bewachen soll. Nun wäre z. B. das Friedrichspalais an der Albrechtsrampe zu bewachen. Es enthält zahlreiche wertvolle Gemälde und andere Kostbarkeiten. Und solange die Monarchie war und der Erzherzog Friedrich, machte der Wachmann seinem Titel Ehre und stand vor dem Friedrichspalais. Ich dachte, das wäre eine Ehrenwache. Denn der Wachmann vor dem Friedrichspalais schien mir noch – sagen wir: wachmännischer – als seine Kollegen. Seine weißen Handschuhe hauchten Festlichkeit. Seine Metallknöpfe glänzten Würde. Seine Haltung war die eines Kandelabers. Er war gewiß eine Ehrenwache.

Aber einmal war der Erzherzog Friedrich weg und der Wachmann stand dennoch vor dem Palais. Aha! dachte ich, er bewacht also doch die Schätze!

Seit der Einführung der Republik ist der Wachmann verschwunden. Zwar sind ja wertvolle Gemälde und Kostbarkeiten geblieben. Aber Friedrich ist fort!

Der Wachmann war doch eine Ehrenwache. Warum war er aber auch in Friedrichs Abwesenheit auf seinem Posten gestanden? Eben *nicht* als Ehrenwache, sondern als Bewachungsposten. Denn solange Friedrich Erzherzog war und die Monarchie eine Monarchie, mußte man Schätze bewachen. Jetzt, denkt die Behörde, da der Erzherzog – Friedrich ist und die Monarchie Republik heißt, können sie uns gestohlen werden. Um sich republikanisch zu erweisen, schaffte sie den Ehren- und Bewachungsposten vor dem Friedrichspalais ab. Den Friedrich konnte man noch zur Not bewachen. Die Schätze nicht. Würde man diese bewachen, so würden die Leute glauben, man bewache jenen. Mit Recht: denn, wann hätte man schon in Wien etwas Wertvolleres als einen Friedrich bewacht? Doch nur, nachdem es gestohlen worden war! . . .

DER NEUE HOFPARK

Zwischen dem Staatsamt für Äußeres und der Rückfront des Modena-Palais, in dem der Staatskanzler residiert, gegenüber dem seitlichen Burgeingang in der Schauflergasse befindet sich eine weite Rasenfläche. Lange Zeit war sie unbenützt. Die monarchische Regierung nahm selbstverständlich keine Rücksicht auf die nachrevolutionäre Wohnungsnot. Man hielt den Rasen für einen dringenden Staatsakt und ließ infolgedessen – Gras darüber wachsen. Freilich gab es der Hofparks genug. Hätte man etwa noch einen schaffen sollen?

Aber die Republik braucht einen neuen Hofpark. Schönbrunn gehört den Invaliden. Und die neue Dynastie war sozusagen heimatlos. Freilich, ein Bureau hatte der Staatskanzler noch. Aber konnte man etwa in einem Bureau wie in einem Schönbrunnerpark als alter Herr sorgenschwer sitzen? Nicht nur das alte Lied verlangte nach einer sinngemäßen Textänderung. Auch die Autorität forderte ihren Rahmen. Eine Majestät ohne Park aber ist ein Unsinn. Ein Staatskanzler, der in einem Bureau arbeitet – wodurch unterscheidet er sich von einem simplen Diener des Staates? Aber ein Staatskanzler in einem Park – den nenn ich einen Staatskanzler.

Dr. Renner, der wie eine Version besagt, aus St. Germain eine unüberwindliche Vorliebe für Eisengitter mitgebracht hat, ließ also einen großen Teil der Rasenfläche einzäunen. Das soll 160.000 Kronen gekostet haben, aber das ist nicht viel, denn es ist sozusagen der Wiederaufbau Deutschösterreichs, der mit der Durchschneidung des Rasens vor der Staatskanzlei einen verheißenden Anfang genommen hat und sich in Gestalt eines Eisengitters auf gemauerter Grundlage präsentiert. Innerhalb des Rasens soll ein schmucker Pavillon erbaut werden, in dem Dr. Renner fern vom Lärm des Tages arbeiten wird. „Der Staatskanzler als Einsiedler" dürfte dann ein Feuilleton der „Arbeiter-Zeitung" heißen. Ob die künftige Politik ihre Weltfremdheit etwa dem Milieu ihres Geburtsortes zu verdanken haben wird, oder nur ihrer Abstammung, wird allerdings schwer festzustellen sein. Ein passender republikanischer Leitspruch als Torinschrift über dem Parkeingang ist noch nicht gefunden. Ich schlage vor: Odi profanum vulgus. Ein weiser Spruch, der etwaige unbesonnene Demonstranten von der Abfassung untertäniger Dank- und Ergebenheitsadressen an den Staatskanzler sicherlich abhalten dürfte. Im Sommer wird sich der Staatskanzler der nützlichen Beschäftigung hingeben können, Kohl zu bauen, wenn er etwa an dessen Hervorbringung durch Reden noch nicht genug haben dürfte. Der Umstand, daß gegenwärtig das alte Gras innerhalb des Eisengitters abgemäht wird, läßt darauf schließen, daß die Autorität des Staatskanzlers den Wunsch geäußert habe, im Frühjahr wenigstens das neue wachsen zu hören. Außerdem wird der Staatskanzler Gelegenheit finden, sich an heißen Sommertagen der Ruhe hinzugeben. Somit wird dann das abgeschaffte Wörtchen „geruhen" wieder in den deutschösterreichischen Sprachschatz mit Hilfe eines Leitartikels der „Arbeiter-Zeitung" eingeführt werden können.

Mit dem Fortschreiten der Wiederaufbauarbeiten dürften auch die anderen Staatsämter und Behörden dem Beispiel der Staatskanzlei folgen. So wird die Aufstellung von spanischen Reitern vor dem Staatsamte für Volksernährung geplant, die Ausführung von Hindernisgräben vor dem Staatsamte für Äußeres, die Aufstellung von Abwehrkanonen vor dem Staatsamte für Unterricht und die Pflasterung mit Stinkbomben vor dem Gebäude der Tabakregie. Als einziges Staatsamt mit freiem Zutritt dürfte das Staatsamt für Finanzen übrigbleiben.

Die Tage, an denen Staatskanzler und Staatssekretäre im Freien arbeiten werden, werden besonders bekanntgegeben, damit rührende Einzelporträts und Familienbilder rechtzeitig in die „Woche" kommen.

HAUSSE UND BAISSE

In einem Wiener Staatsgymnasium taten sich die Schüler einer Klasse zusammen und bildeten ein Konsortium. Ein Handelskonsortium. Sie spielten auf der Börse, gewannen, verloren. Sie sprachen von Aktien, gingen des Vormittags nicht in die Schule, sondern auf den Schottenring. Fünfzehnjährige Börsianer.

In einem Wiener Bureau machte der Chef eines Tages die Entdeckung, daß seine Tippmamsells vorzügliche Kenntnis und Gewandtheit in fachlichen Börsenredewendungen hatten. Er forschte nach und es erwies sich, daß die Tippmamsells Effekten besaßen. Börse-Effekten.

Zwischen elf und ein Uhr mittags ist das Vestibül der Börse voll von Mittelschülern aller Kategorien und Altersstufen. Sie haben die Beschäftigung mit antiken Versfüßen aufgegeben, Homer wird in Zinsfüßen skandiert. Die ganze höhere Mathematik schrumpft zusammen auf das Kapitel von der Zinsen- und Pronzentrechnung. Die Lehre von der Wärme wird am Sinken und Steigen der Kurse studiert. Es gibt keine Umsetzung der Energien mehr, sondern einen Umsatz der Papiere. Die Notenskala ist um neue Bezeichnungen bereichert. Kein Sehr gut, sondern „lebhaft", kein Ungenügend, sondern „flau". Der Papa ist ein Fixbesoldeter, ein Staatsbeamter, gewendet und zergrämt. Der Sohn Börsianer, Kapitalist, Grandspekulant.

So ist die Welt.

Es ist eine große Hausse in Schiebungen und eine Baisse in Moral. Es ist eine Umwertung aller Werte in – Börsenwerte.

Der Börsenaufschwung begann mit dem großen Lesebuchkrach. Als die Morgenstunde Eisenschrappnells im Munde hatte; als Tachinieren am längsten währte; die Armeekommandanten die sanftesten Ruhekissen hatten; dem Tüchtigsten der C-Befund gehörte; und der Anschluß ans Vaterland, ans teure, Annexion und Besetzung hieß: da fing der Blutrausch der Weltgeschichte in ihren motorischen Bestandteilen zu wirken an. Die beschwipste Moral taumelte. Der Weltanschauung drehte sich der Kopf. Da die Religion den lieben Gott genötigt hatte, ein nationales Bekenntnis abzulegen, sanken die Tempel zu der Bedeutungslosigkeit von Parlamenten herab. Da die Altäre des Vaterlandes rauchten, vernachlässigte man die der Götter. Da man Respekt und Gehorsam schuldig war, verlor man die Ehrfurcht. Da die Ehrenbezeigung Pflicht ward, war die Ehrlosigkeit Brauch.

Einstmals, in einer weiten und wilden Welt, gab es Glücksritter mit Schwert und Spieß. Der Krieg war ja Romantik, die Revolution gesund-brachiale, eruptive Traumverwirklichung. Die Brutalität der Guillotine selbst war noch gesund. Aber *dieser* Krieg und *diese* Revolution in seinem Gefolge, die waren raffinierte Naturerscheinungsimitationen. Die überlegt wilden Gebärden eines armseligen Zirkusmenschen, der in einem Pantherfell steckt. Wie wenn eine ausgestopfte Bestie falsche Zähne fletschen würde. Die Weltgeschichte ward eine politische

Börsenspekulation. Setzte sich der waghalsige Jüngling auf's Roß, wenn die Zeiten wild waren und von Waffengetöse erfüllt, so geht er heute – spekulieren. Jeder Krieg hat seine speziellen Abenteuer. Man kann heute nicht mehr mit Schwert und Spieß Schlösser, Frauen, Herzogtümer gewinnen. Man kann Kaufleute im Expreßzug nicht mehr recht ausplündern. Man kann sie nur „hineinlegen". Durch Geschäfte, Handel, Spekulation.

Im Grunde ist es dieselbe Abenteurerlust, die Tannhäuser auf den Venusberg, Siegfried zum Nibelungenschatz, Parsival zum Gral brachte. Man bedarf nur heute keiner Rüstung mehr, um diese Ziele zu erreichen. Das Graltum ist eine Schiebung, der Nibelungenschatz liegt auf dem Bakkarattisch, der Venusberg heißt „Nachtfalter". Alles ist mit Geld bequem zu erringen. Geld gewinnt man leicht und mühelos auf der Börse. Und selbst das Prickeln des Abenteurertums, der Kitzel des Sensatiönchens ist auch dabei. Also spielt man auf der Börse.

Börsenagenturen entstehen an allen Straßenecken. Alle Banken vermitteln Börsengeschäfte. Die ganze Schöpfung ist die verfehlte Börsenspekulation eines Gottes, der pleite gegangen ist.

Allmählich wandelt sich das Aussehen der Welt. Schieben die Wolken nicht? Sind sie „Kulissen"? Gewitter sind Geldkrisen. Blitze erleuchtende Spekulationseinfälle. Und ein Donner, nun, das ist natürlich ein „Krach".

Die Winde, kommen sie noch aus Aeolus' Höhle? – Sie blasen aus hohlen Kassenschränken.

Regnet es, schneit es noch? – Ich glaube, erbitterte Kaufleute spucken aus.

Die Menschen vermehren sich nicht mehr durch Geschlechtskopulation, sondern durch Aktiengewinstverdoppelung.

Die Meere sind vielleicht riesengroße, quadrierte Aktienpapiere.

Und selbst die Nummern der Meridiane und Parallelkreise sind zu gewinnen und zu verlieren.

Zwischen Hausse und Baisse – Nordpol und Südpol – dreht sich die Erde um ihre eigene Profitaxe.

DAS MÄRCHEN VOM GEIGER

Natürlich war der Geiger jung und blond. Und seine Geige war aus einem Zauberholz und hatte, wie jede andere Geige, vier Saiten. Die eine war aus Eisen, die zweite aus Silber, die dritte aus Gold – und die vierte war etwas ganz, ganz Wunderbares: nämlich ein langes, feines Elfenhaar. Es war eine Geige, wie sie in einem Märchen gar nicht anders denkbar ist. Eine richtige Märchengeige.

Es ist sehr leicht, Märchen zu erzählen. Wäre das, was ich hier schreibe, eine Erzählung, eine Novelle oder so was, ich müßte sagen, woher der junge, blonde Musikant die Geige habe. Aber in einem Märchen ist alles so einfach. Die Geige war da und basta. Man frage also nicht, wie sie in den Besitz des jungen, blonden Musikanten kam.

So schön und bezaubernd konnte der junge Geiger spielen, daß es selbst die Taubstummen in den Instituten hörten und die Melodien nachsangen. Die Sterne am Himmel tanzten und sogar die Fixsterne drehten sich im Kreise. Der junge Musikant zergeigte die ganze Astronomie und die ordentlichen Professoren waren sehr böse, daß die Fixsterne es wagten, ihre Fixheit gegen alle Wissenschaft aufzugeben und zu tanzen.

Es ist nicht üblich, in einem Märchen nur einen Geiger vorkommen zu lassen. Es muß, fühle ich, etwas mit dem Geiger geschehen und ich will deshalb noch eine Prinzessin dazutun.

Was? Prinzessinnen sollen nicht mehr vorkommen? Das ist nicht richtig. Denn erstens: gibt es auch ungekrönte Prinzessinnen und zweitens kann ich von der Tradition nicht abweichen: in Märchen gibt es hauptsächlich Prinzessinnen.

Natürlich war die Prinzessin noch jünger und blonder als der Geiger. Ob sie Wasserstoffsuperoxyd für ihre Haare brauchte, weiß ich nicht. Es ist immerhin auch das möglich, da sie ja auch im übrigen typische Fraueneigenschaften hatte, wie bald bewiesen werden soll.

So bildete sie sich z.B. ein, sie könne nur einen Mann von ganz außerordentlichen Fähigkeiten zum Gemahl und zum König ihres Landes machen. Sie veranstaltete daher ein Preisausschreiben durch die Zeitungen.

Daraufhin meldeten sich zahlreiche Werber.
Der eine war ein Maler. Er stellte eine Leinwand auf, strich dreimal mit dem Pinsel hin und her und die Prinzessin stand da, kubistisch, futuristisch, expressionistisch. Jedenfalls so, daß man sie nicht erkennen konnte und der ganze Hof infolgedessen von der verblüffenden Lebenswahrheit entzückt war.

Der zweite war ein Dichter. So überragend groß, daß er niemals eine Idee hatte. Alle Ideen, die andere, geringere hatten, bezeichnete er als nichtswürdig im Vergleich mit jenen, die er hätte haben können, wenn er kein Dichter gewesen wäre. Dagegen bestand seine Kunst darin, Worte zusammen zu kuppeln, wenn sie „sinnlos-prächtig" waren und zueinander nicht paßten. Sie brauchten bloß eine Mitgift an Klang und Farbe zu besitzen und waren schon verheiratet. Der Dichter war sozusagen ein Worte-Heiratsvermittler und zählte sich deshalb zur Moderne. Er hatte viele Jünger, die es aber in ihrer Kunst nur bis zu Wortverlobungen brachten, die manchmal auch auseinander gingen. Niemals brachten sie eine richtige Wörterehe zustande.

Und außerdem kamen noch viele andere Künstler und Weise. Ein Schnelläufer, der mit den Sonnenstrahlen um die Wette lief. Ein Jongleur, der mit Mond und Sternen Fangball spielte. Ein Baumeister, der aus Regenbogen Brücken baute. Ein Gedankenleser, den man aber nicht anerkennen wollte, weil er, ein treuer Prinzipienmensch, jedem, der ihn um Experimente bat, sagte: daß der Konsultierende nichts denke.

Kurz, es waren alle gekommen, die etwas Besonderes konnten. Nur ein berühmter Telepath fehlte noch. Er hatte sich auf dem Wege in das Schloß der Prinzessin verirrt und konnte sich nicht zurechtfinden.

Auch mein junger Geiger kam in jenes Schloß.

Er gefiel der Prinzessin ausgezeichnet. Aber vorsichtig, wie nun schon einmal Prinzessinnen sind, hieß sie den jungen Geiger warten. Wer weiß, dachte sie, es kann immer noch einer kommen, der mehr kann.

Ich muß schon sagen, sehr schön war das nicht von der Prinzessin. Dabei war sie nicht einmal ein böses Ding. Sie war nur jung und blond und eben eine Prinzessin.

Eines Tages kam ein Herr mit einem Monokel. Auf seiner Visitenkarte stand: v. Revelant, Tanzmeister. Es war der berühmteste Tänzer des Landes.

Man ahnt schon, was da geschah. Ich könnte mein Märchen hier ganz gut abbrechen. Zweifelt jemand noch daran, daß einer Prinzessin, einer blonden jungen Prinzessin, der Tänzer besser gefiel?

Es kam, wie es kommen mußte. Der Tanzmeister bat den Geiger, zu spielen. Und der Geiger spielte. Denn junge Musikanten sind stets bereit, sich in ihr eigenes Verderben zu spielen.

Nun ist das Märchen aber wirklich aus. Der Schluß ist ja so nebensächlich!

Stellen wir uns vor, daß der Musikant zur Hochzeit des jungen Paares aufspielte. Daß er, wie es in Märchen vorzukommen pflegt, plötzlich hinfiel und starb.

Und daß die Prinzessin, jäh erschreckend, entdeckte, daß ihr Tänzer gar nicht tanzen könne ohne Musik.

Oh, wie glücklich wäre der Geiger gewesen, wenn er auch noch hätte tanzen können.

Aber das kann eben niemals sein. Geiger können nicht tanzen. Einfach deshalb, weil sie – geigen müssen.

DAS ANTLITZ DER ZEIT

In der Kirche des heiligen Johannes, Pfarrkirche des zehnten Bezirkes, hielt Prediger Pater Hamerle an einem der letzten Dezembertage des Jahres 1883 eine sehr schöne Stegreifpredigt. Er sprach von den Gegensätzen zwischen Reich und Arm und meinte, daß der Schweiß, der an der Hand des armen Mannes klebt, besser und gottgefälliger sei, als der Ring am Finger des Reichen. Er zitierte Abraham a Santa Clara und Schiller, die ebenfalls die Armut preisen. Und zum Schlusse wünschte der Pater seinen Pfarrkindern ein glückliches neues Jahr und vergaß nicht, sie zum Gehorsam gegenüber der kirchlichen und staatlichen Ordnung aufzurufen.

Der Taglöhner Eduard Ocholsky und der Schneidergehilfe Wenzel Groulig machten hierauf Krawall. Ihnen gefiel die Predigt nicht. Schiller und Abraham a Santa Clara imponierten ihnen wenig. Sie wollten lieber den Ring vom Finger des Reichen an ihren eigenen Fingern sehen, als den Schweiß. Es entstand ein Lärm in der Kirche. Fromme Pfarrkinder stürzten sich auf die beiden und auf andere Ruhestörer, die mitkrawallisierten, und nahmen sie fest. Die Ketzer wurden der Polizei übergeben. Und – oh Schrecken! – im Besitze eines der Verhafteten wurden sozialrevolutionäre Druckschriften vorgefunden.

Am Dinstag, dem ersten Jänner des Jahres 1884, (man schrieb noch „Dinstag" ohne „e") fühlten sich die Leitartikler jener Zeit verpflichtet, dem Publikum mit mehr oder weniger frommen Stegreifpredigten zu kommen. Die Leitartikel begannen in der Regel: „Wir stehen an der Schwelle eines neue Jahres". Von dieser Stelle aus wurde über das alte Jahr des Langen und noch mehr des Breiten gesprochen. Über die Schwelle stieg man erst am dritten Jänner. Und schrieb von Hofempfängen, vom beginnenden Fasching, von Offiziersqualifikationslisten, von der Witterung – die damals noch nicht „Wetter" hieß – und von allem jenem, über das man, an der Schwelle des nächst-neuen Jahres stehend, wieder schreiben konnte.

An diesem ersten Jänner aber pochte der Leitartikler nicht an die Pforten des neuen Jahres, sondern blickte auf den Zipfel des alten zurück. Der Leitartikel begann nicht: „Wir stehen an der Schwelle eines neuen Jahres", sondern: „Mit einem wüsten Kirchentumult innerhalb der Marken der Haupt- und Residenzstadt schloß das alte Jahr." Und dann: „Man sieht bereits die sozialistische Bewegung in die Kirchen eindringen und die Freiheit der Kanzeln bedrohen. So weit ist es indessen nicht gekommen, wenn man auch schwerlich den Verdacht niederkämpfen wird, daß die Urheber der peinlichen Szenen jenen Elementen angehören, die aus Unklarheit über ihre Ziele sich Sozialisten nennen."

„Aus der Wolke des Sozialismus ist der Steinregen in die Johanneskirche niedergefallen," schreibt der Leitartikler poetisch. Und gibt sich redliche Mühe, die Entstehungsursache der Wolke des Sozialismus zu erklären: „Unter den heutigen Verhältnissen wollen die Massen selbst den Trost nicht, der ja immerhin ihr Schicksal erträglicher machen, und der, wenn auch mit demselben („derselbe" war ein beliebtes Pronomen) sie nicht aussöhnen, so doch gewiß ihnen dienlich sein kann, es leichter zu ertragen."

Ungeachtet des Steinregens aus der Wolke des Sozialismus ging – nein! verfügte sich – der Kaiser zum Photographen, zum Hof-Photographen Angerer, und ließ sich um 1 Uhr mittags in mehreren Stellungen photographieren. Der Erzherzog Johann war inzwischen in der Franz Josephs-Kaserne, wo er den Kronprinzen erwartete. „Derselbe" verfügte sich ins Divisionsbureau. Gegen 1 Uhr verließ die Wache mit klingendem Spiel den Exerzierplatz. „Daselbst" war Se. Exzellenz, der Minister des Äußeren, Graf Kalnoky, anwesend.

Aus dem Spiegel des Leitartikels lächelt das geschminkte, frisierte, stilisierte Antlitz der Zeit entgegen. Es gab sich vornehm. Ereignisse, die geeignet gewesen wären, Runzeln und Furchen um seine Augenwinkel zu zeichnen, wurden von höfischen Federn weggewischt. Man schrieb sozusagen geistige Rondeschrift. Den eckigen Ereignissen hobelte man die Spitzen ab und polierte sie rund. Man verlieh der Geschichte den persönlichen Adel und machte sie hoffähig. Aber dem Leben, das Überraschungen liebt, gelang es von Zeit zu Zeit, ein ungezogenes, schmutziges Ereignis zu gebären. Bei einem der Verhafteten findet man plötzlich sozialrevolutionäre Druckschriften. Flugs wird das Neugeborene gebadet, gepudert. Sozialrevolutionäre Druckschriften? Ach was! Sie stammen einfach von „jenen Elementen, die aus Unklarheit über ihre Ziele sich Sozialisten nennen."

An der Spitze des Tages marschierten die Berichte vom Hof. Mit der Morgenröte ging die Hoheit auf. Daselbst. Höchstdaselbst. Nicht „hier". Nicht „dort". Die Lokalhistorie trippelte auf zierlichen Ballschuhen mit ellenhohen Stöckeln aus hinweisenden Fürwörtern. Die Zeit ging dementsprechend nicht, lief nicht, sondern verfügte sich. Ein armseliger Tröpfelregen schlug ein schimmerndes Pfauenrad, warf sich mit michelangelesker Geste einen Umlaut um, spannte sich ein „Ung" vor und war eine „Witterung". Ruhestörer, landesverwiesene Ausländer und andere Abweichungen waren in jener Zeit der Typen – „Individuen". „Im Laufe des vorigen Monats wurden 42 Ausländer weggewiesen, und zwar: je zwei Individuen nach den Niederlanden und der Schweiz, ein Individuum nach Italien –" Perrücken aus Suffixen umrahmten das Antlitz der Zeit. Ihre Haare kräuselten sich in rosagetünchten Satzfloskeln. Ein goldener Schnörkel umrahmte ihr Lorgnon.

Sie wollte nicht zugeben, die Zeit, daß sie Zeit war. Am liebsten hätte sie sich „Hof-Zeitung" genannt. Sozialisten waren zwar keine Individuen, aber immerhin „Elemente". Eine Revolte schämte sich ihres Wesens und nannte sich lieber „Exzeß". Und alles, alles, über Individuen, Elemente, Exzesse, schrieb der Leitartikel weich und zart wie mit einer Flaumfeder, nachdem sich derselbe an die Schwelle des neuen Jahres verfügt hatte.

Wie ist das Antlitz der Gegenwart zerfurcht, durchpflügt, zerrissen? Wo sind Puder und Schminke? Verfügt sie sich noch? Oh, sie eilt auf Sohlenschonern. Ihre Phrasen sind nicht glättend, sondern schneidend. Das Antlitz der Zeit ist zernichtet. Das Leben ist zerlebt.

Häßlich ist sie, die Zeit. Aber wahr. Sie läßt sich nicht malen, sondern photographieren. Ob sie wahr ist, *weil* sie häßlich ist? Oder häßlich, weil wahr?

TEISINGER

Der Untersuchungsausschuß beschäftigte sich mit den „militärischen Pflichtverletzungen" des Feldmarschalleutnants Teisinger, der rund 200.000 Menschen „auf seine Verantwortung" gegen das Ergebnis der ärztlichen Untersuchung für frontdiensttauglich erklärt hatte. Der Feldmarschalleutnant gab ohne weiteres zu, zweimalhunderttausend Menschen „widerrechtlich" in den Tod geschickt zu haben. Er wies nach, daß er „nach höheren Weisungen" gehandelt habe, nur der Hammer in der Hand des Kriegsmolochs gewesen sei. Der Untersuchungsausschuß fand, daß kein Grund vorhanden sei, Teisinger vor ein Militärgericht zu laden.

Wir müssen uns erst mühsam die Mentalität jener Zeit rekonstruieren, um langsam zu verstehen, was Teisinger eigentlich vorgeworfen wurde. Er hat „widerrechtlich" Menschen in den Tod geschickt. Denn es war eine Zeit, in der man – man denke! – Menschen mit Recht in den Tod schicken durfte. Es war eine Zeit, in der man den grotesken Widersinn für selbstverständlich ansah, daß die Gesundheit zum Sterben prädestinierte, die Krankheit des Sterbens enthob. Teisinger aber war das lebendige, zweibeinige Paradoxon jener Zeit: er bestimmte die Kranken zum Tode. Die Verrücktheit des Krieges hatte sich so gesteigert, daß die Ausgeburt ihres hitzigsten Deliriums in das Gegenteil: den gesunden Menschenverstand übergriff. Teisinger, der schrecklichste der Schrecken, die personifizierte Kriegsfurie in Feldmarschalleutnantsuniform, wollte etwas ganz Vernünftiges: daß die Kranken sterben.

Deswegen wurde er angeklagt. Begreift man die Unlogik dieser Anklage?

Ein Mann wird angeklagt, weil er die Kranken in den Tod schickte. Wäre er damals angeklagt worden, als er sie noch schickte, so wäre die Anklage aus der Moral jener Zeit heraus verständlich gewesen. Denn die Moral jener Zeit war: *Gesunde* sterben lassen. Heute, da es als das größte Verbrechen gilt, zu töten, fällt die Anklage gegen Teisinger in sich zusammen. Denn man klagt ihn nicht an, weil er tötete, sondern weil er Kranke tötete. Erhält man die Anklage aufrecht, so stellt man sich eo ipso auf den Moralstandpunkt jener Zeit, d. h.: Gesunde darf man töten.

Diesen Standpunkt nimmt die heutige Öffentlichkeit nicht mehr ein. Sie klagt nur jene an, die schlechthin getötet haben. Der letzte auf der Anklagebank müßte Teisinger sein. Nicht der erste. Denn ist Kranke töten eine Gemeinheit, so ist es wenigstens eine vernünftigere Gemeinheit, als Gesunde töten. So lange aber der Urquell jener Niedertracht: des allgemeinen Menschenschlachtens nicht einmal entdeckt ist, hat man kein Recht, Teisinger, der Abflußkloake, den Garaus zu machen.

Aber nicht das juristisch Greifbare ist es, das Kranketöten, weswegen Teisinger vor den Untersuchungsausschuß kam. Die Psychologie der Lynchjustiz lud ihn vor den Richterstuhl. Das revolutionierende Volk stürzt zuerst den König und dann den Minister, dessen Opfer der König selbst ist. Der blutbefleckteste in der Masse der Kriegsschergen war Teisinger. Er leuchtete rot, am rötesten hervor und deshalb griff man nach ihm vor allen. Er war der Henker. Den Staatsanwalt suchen wir vergebens.

Teisinger, der Begriff, nicht Teisinger, das Lebewesen. Man sagte: „Teisinger", wie „Tod und Teufel". Er lebte nicht. Er musterte. Er gehörte zum Inventar der Kommission, wie das Metermaß. Er war ein Organ des Staates, des „Vaterlandes", wie die Polizei, die Häscher, die den Deserteur aufspürten. Er war eine Waffe, wie ein Geschütz, die „dicke Berta", die schon im Hinterland funktionierte. Er war eine militärische Institution, wie das A. O. K. und das Militärkommando. Er war nicht *der,* sondern *das k. u. k.* Teisinger. Teisinger in Anführungszeichen.

Man könnte ihn logischer anklagen des Umstandes, daß er sich zum Henker hergab. Aber Teisinger mit der Erziehung und Psychologie des aktiven Offiziers ist so nicht zu fassen. Teisinger mit der moral insanity des zum Pflichtmord und Ehrentod erzogenen privilegierten Häftlings in dem großen Kerker des Militarismus ist nicht klagbar, nur zu bedauern.

Zu denken, daß dieses fürchterliche „Teisinger" ein Mensch ist, *der* Teisinger mit einem Vornamen. Ein Mensch, der verzweifeln muß an einer Welt, in der man ihn seiner Verdienste wegen anklagt. Der seinen Freispruch nicht einmal versteht, sondern so deutet, daß er eben seiner Verdienste wegen nicht schuldig gesprochen werden kann. Zu erziehen, zu ändern ist nichts mehr an diesen Teisingers. Nur zu beklagen sind sie. Und wir, die wir ihn selbst – hervorgebracht haben.

Denn merken müssen wir uns dieses *k. u. k.* Teisinger. Sprechen wir *ihn* frei, aber verurteilen wir *uns,* stets an ihn zu denken. Auf daß er sich nicht wiederhole! Es könnte nämlich sein, daß . . . und es könnte sehr leicht sein, daß er sich wiederholt. Wir haben ihn zwar freigesprochen. Aber so weit sind wir nicht, daß wir ihn schon *überwunden* hätten!

DIE REAKTIONÄREN AKADEMIKER – EINE AUSEINANDERSETZUNG

Revolutionsfeindlich, monarchistisch, „völkisch", säbelsehnsüchtig, purpurverlangend, so ist die deutsche Jugend von heute.

Mit der Plötzlichkeit einer Offenbarung ward uns die Erkenntnis: daß nicht alles jung, was neu ist und daß Jugend nur dem Alter, nicht der Veraltetheit antithetisch ist. Am Ende war es seit eh und je die Fahne, die die Jugend mitriß und nicht die Idee, deren Ausdruck die Fahne ist. Der Schlachtruf und nicht die Güter, um die Krieg geführt wurde. Der Trompetenstoß, der Fanfarenruf. Nie die innere Gewalt einer Idee, sondern der Faltenwurf ihrer Pelerine. Und am Ende hat die naturgemäß theatralisch wirksame Geste einer gewaltigen Idee die Jungen zu Wortführern der Idee gemacht. Die Jugend war nur bestochen und nicht überzeugt. Hypnotisiert und nicht ergriffen. Ja, nicht einmal berauscht war sie? Nur betrunken?

Denn nun, da die Lavaglut der Revolution sich nicht in einem farbenprächtigen Feuerwerk äußert, sondern die Gefahr besteht, daß sie in der Gestalt eines nüchtern grauen Ascheregens die Welt einhüllt, spannt die deutsche Jugend die Regenschirme ihrer ordentlichen Professoren auf. Diese Revolution hat zu wenig romantischen Kitsch. Nüchtern war ja allerdings auch der Krieg. Aber die körpergewordene Phrase des zwanzigsten Jahrhunderts: Wilhelm II., wölbte sich, wie ein schwarz-rot-goldener Regenbogen über der Langweile der Schützengräben. Poetisch war ja der Erstickungstod in Gasgestank gerade nicht. Aber auch durch Gasgestank führte der Weg in die Walhalla. Die moderne Revolution dagegen ist Götterdämmerung ohne Farbenspiel. Sieg ohne Siegesmarsch und Fahnenweihe. Feier ohne Truppenschau.

Und noch weniger: Die Truppenschau der Revolution, wenn sie überhaupt stattfindet, ist lächerlich einfach. Man steht selbst unter den zu Visitierenden. Man salutiert selbst, ohne salutiert zu werden. Stand man früher als Einjähriger auch mit in der Reihe, so doch mit dem erhebenden Gefühl, nicht ewig so stehen zu müssen. In ein, zwei Jahren würde man selbst Fronten abschreiten und mit gestellter Heiserkeit Kommandorufe brüllen. Was jetzt Fronten abschreitet – auch rein bildlich verstanden – ist Plebejertum, staubgeborenes, purpurvermissenlassendes Proletariat. Ist womöglich noch Judentum. Es mangelt an knisternder Banalität, gottesgnadenträufelnder Rührseligkeit, tuschrauschender Hohlheit. Diese Revolution geht einher in Zivil und hat nicht einmal die nationale Überzeugung im Knopfloch. Ich bitte Sie . . .

Aber kann es wirklich sein?
So hätte sich die Jugend geändert? Waren die Bannerträger des Fortschrittes stets nur Getriebene und nicht Treibende? Ist es nicht die urewige, bewegende, die Vorwärtskraft, die in jeder neuen Jugend wieder geboren wird? Hebt nicht jede neue Generation die Welt aus den verrosteten Angeln? Pulst nicht das rote Blut jeder neuen Menschenwelle durch die Errungenschaften der Zeit? Ist die Opferfreudigkeit, mit der Generationen von Jünglingen den Flammentod auf den Altären der Kultur starben, nicht bewußte Aktivität? Hypnotisierte können auch handeln, gewiß. Sie können sich vielleicht auch von fremdem Willen gebannt, opfern. Aber können sie schaffen, Schöpfer sein, wie die Jugendgenerationen der Erde?

Und selbst, wenn die Jugend nur von der Geste bezaubert, die Heldentaten vollbracht hatte – hat diese Revolution etwa keine? Ist das Geheimnisvolle, das Schlupfwinkeltum revolutionärer Bewegung nicht jugendreizende Romantik genug? Bürgt die revolutionäre Gesinnung nicht genügend für das Vorhandensein von Gefahren? Ist es nicht gerade dieses Gefahrvolle, übereuropäisierte Nerven Anspannende, was jeder revolutionären Bewegung den oft schädlichen Zuwachs an weibischer Intellektualität und intellektueller Weiblichkeit beschert?

Warum also ist die deutsche akademische Jugend antirevolutionär?

Von mehreren wichtigen Ursachen ist die wichtigste die, daß die Stellung zur Revolution eine – Brotfrage ist.

Der junge Mann aus bürgerlicher Familie, der die Reifeprüfung bestanden hatte, konnte sicher sein, daß er in irgend einem gutgeheizten Bureau unterkommen würde. Er hatte sich acht Jahre mit Logarithmensuchen und Verba-auf-mi-Flektieren geplagt und weitere vier Jahre Testa und Mensurenschmisse gesammelt oder fleißig „Schnellsiederkurse" besucht – nun hatte er ein Recht auf Brot. Auf einmal wird ihm dieses Recht strittig gemacht. Nun können Männer ohne eine Spur von einem Schmiß, Männer, die nicht einmal ein Ungenügend für falsches Skandieren von Hexametern aufzuweisen haben – Staatssekretäre werden. Die Konkurrenz wächst ins Ungeheure. Man hat sich „zwölf Jahre umsonst geplagt". Nicht nur, daß der manuelle Arbeiter ein größeres Einkommen hat, nein, es ist ihm außerdem noch möglich, jene Art Karriere zu machen, die vor der Revolution nur dem Akademiker frei war. So entstand die unglückselige

Antithese: Waschfrau und geistiger Arbeiter. Daß die Waschfrau ihm nicht mehr „Küß' die Hand" sagen muß – wenn sie es auch immer noch tut – „geniert" den „Doktor" mehr, als daß ihr Verdienst ein größerer ist.

Denn auch früher kam es vor, daß der akademische „Mittelständler" – wie häßlich und unnatürlich Begriff und Wort – kümmerlicher lebte, als ein Taglöhner. Aber die betrügerische Gesellschaft gab ihm dafür das Phantom der „akademischen Ehre". Er hatte nichts zu essen, aber er durfte „sich schlagen". Theoretisch konnte er die höchsten Stellen im Staate einnehmen. Er war prädestiniert zum „Höheren Staatsbeamten". Er konnte Minister und Feldmarschalleutnant werden. Der andere, nicht Graduierte, konnte es nicht. Und die ganze Erbärmlichkeit der menschlichen Durchschnittsnatur offenbarte sich darin, daß die nebulose, theoretische Möglichkeit mehr zu werden, als der Nachbar Taglöhner, den „Doktor" vergessen ließ, wie schlecht es ihm gehe.

Im Krieg wurde mit einem Schlag die graue Theorie zur blühenden Wirklichkeit. Man war Offizier mit Zigarren- und Zigarettenzubußen, mit Gagen, Reluten, Säbel und „Ehre". Tief versteckt gewesene und von akademischer Kalkfarbe übertünchte Bestialität und Niedrigkeit in dem und jenem durfte sich ungestraft austoben. Man war „Herr" mit Kommandogewalt über Leben und Tod, mit einem oder mehreren „Burschen", mit Schicksalssternen auf dem Blusenkragen. Und der lächerliche Trost, daß man eventuell nicht in einem Massen-, sondern in einem Einzel- und „Heldengrab" bestattet werden könnte, machte selbst den gräßlichsten Tod um eine kleine Nuance angenehmer.

Schließlich dauerte der Krieg zu lange, die Ehrenhaftigkeit schwankte bedenklich, man begann sich zu drücken, aber die Überzeugung von der „göttlichen Sendung der Deutschen" war zu fest verankert, Chamberlain schrieb, Wilhelm der Zweite redete, die Presse leitorakelte und der Weihrauch des „Vorgesetztentums" benebelte den Schädel. Man aß immer noch besser, als der Mann, man durfte sich austoben, prügeln, schimpfen, kommandieren, raufen, trinken nach Herzenslust. Und als man schließlich merkte, daß etwas faul war im Staate, gab man die Schuld den Pazifisten, der roten „Internationale", den Juden, mit denen man abrechnen wollte, sobald man zurückgekehrt wäre.

Man kehrte zurück und siehe da: Pazifisten, Internationalisten, Sozialisten, Freidenker, Zweifler, Demokraten, kurz: „Juden" waren „am Ruder". Nun war man arm, hatte nichts zu essen. Aber die „Ehre" war auch nicht mehr da? Auf die „Satisfaktionsfähigkeit" wird nichts mehr gegeben? Nun, soll man da nicht antirevolutionär sein?

Also nach der Brotfrage die „Ehrenfrage".

Die Revolutionsfeier war die erste Volksfeier in Deutschland und bei uns, bei der das Alkoholtrinken verboten ward. Die Revolution machte keine Bierbankpolitik. Diese Revolution war international. Gewiß auch ein Grund, weshalb die akademische Jugend ihre Feindschaft ansagte. Aber außerdem war diese Revolution noch antialkoholisch. Also höchst un„deutsch".

Eine gewagte Behauptung, vielleicht ein „Witz". – Ich kann mich nicht seiner wehren: er zwingt mich zur Veröffentlichung: Der Antialkoholismus dieser Revolution hat ihr bei den „Studierten" geschadet . . .

Volksfremd und weltfremd, eingeschachtelt in die Schubladen: Gelehrte, Mensuren, Korpsgeist, Patriotismus lebt in deutschen „Landen" eine ägyptische Priesterkaste: die Akademiker. Seltsame Bräuche und uralte Gesänge. Hölzerne Sprache und steifleinene Weltanschauung. So sitzen sie im Tempel nationaler

Kultur und kein Blick dringt ins Allerheiligste. Und sie, die Priester, haben keinen Blick für die Welt.

Sie kennen eine „Nation", sie bekennen sich zur Nation, aber sie haben keine Ahnung vom Volk.

Wie sollten sie da nicht Gegner der Revolution sein? Unsere Akademiker sind Priester, unsere Hochschulen Klöster, unsere Wissenschaft – Kirche, der Rektor ein Erzbischof. Klerikalismus der Wissenschaft. Arterienverkalkung des Geistes.

Jeder Klerikalismus ist reaktionär.

DER SCHLEIER

So. Jetzt wissen wir, wie viel es geschlagen hat: die Stephansturmuhr ist verpickt. Ein Zeitungspapier, offenbar ein Leitartikel, verhüllt jenes Uhrblatt, auf dem die Ziffern so lustig zu springen pflegten. Schrups! war eine Minute vorbei: Die Zeit hüpft wie ein Eichhörnchen.

Jetzt kann man nur noch den langweiligen Zeiger sehen, wie er unermüdlich immer wieder den gleichen Kreislauf zurücklegt. Es ist eine Qual. Die Zeit hüpft nicht mehr lustig wie ein Eichhörnchen, sondern schleicht wie eine Schnecke. Ja, ja, es ist vorbei!

Ein Zeitungspapier, offenbar ein Leitartikel, zeigt an, wie viel es geschlagen hat. Er klebt zu hoch, man kann ihn nicht lesen. Aber ich stelle mir vor, was drin steht: es ist ein Leitartikel aus den kürzlich verflossenen Tagen, an denen die Elektrische eingestellt war. Da wußten wir, wie viel es geschlagen hat. Die folgende Zeit brauchen wir nicht mehr zu sehen.

Was brauchen wir auch noch die Zeit, wenn wir Zeitung haben. Es muß auch nicht täglich ein neues Blatt sein.

Es genügt immer derselbe Leitartikel, aus dem man ersieht, wie viel es geschlagen hat.

Das Antlitz der Zeit ist verschleiert. Maskiert. Die Faschingsmaske unserer Zeit ist ein Zeitungsblatt mit erfreulichen Nachrichten, die man nicht einmal mehr zu lesen braucht, um sie zu kennen.

COCHINCHINA

„Cochinchina" ist kein Medikament, sondern ein Land. Was übrigens schon daraus hervorgeht, daß es nicht so heißt, wie es geschrieben wird, sondern: „Ko-tschin-tsching". „Ko-tschin-tsching" ist ein schöner Name. Er klingt wie ein Blechfetzen einer Militärmarschmusik, den der Wind aus einer fernen Gegend herübergetragen hat. Aber „Ko-tschin-tsching" ist nicht etwa ein chinesischer General, sondern ein Land. Was schon daraus hervorgeht, daß es eigentlich nicht so geschrieben wird, sondern „Cochinchina".

In Cochinchina sieht man sehr viele Maulbeerbäume. Außerdem Tabakfelder. Auf den Tabakfeldern wächst nicht nur Tabak, sondern auch malayische Weiblichkeit. Es gibt kein Tabakfeld in Cochinchina, auf dem nicht mindestens drei malayische Frauenzimmer, wie aus dem Boden gesprossen, knien würden. Die malayischen Frauengesichter sehen großen Tabakblättern ähnlich, in die die Cochinchinaer Spitzbuben Augen, Nase und Mund geschnitten haben. Die Chinesen in Cochinchina tragen Zöpfe. Nur die chinesischen Missionare tragen statt des Zopfes ein Kreuz, auf der Brust natürlich. Sie sehen aus – nun, wie verkleidete Chinesen.

In dem Städtchen Cholon ist eine Schule. Eine ältliche Europäerin unterrichtet kleine Annamiten und Kambodschaner, Knaben und Mädchen, die man nicht unterscheiden kann, weil sie alle Lendenschürzchen aus weißgestreiften blauen Stoffen tragen. Die Annammen- und Kambodschaner-Kinder sind sehr brav. Sie sitzen auf dem Steinboden mit gekreuzten Beinen und halten die Schiefertafel auf den Knien. Sie schreiben fortwährend: a, e, i. Das nennt man „Kultur ins Land tragen". Ehe die alte Jungfer ins Land kam mit ihren Griffeln und Schiefertafeln, hingen die braunen Kinder wie Affen auf den Zweigen der Gummiguttbäume. Sie wuchsen in den Wäldern, wie Panther und Schleichkatzen. Jetzt lernen sie: a, e, i. Später Zinsen- und Prozentrechnung. Schließlich Wechselfälschung. „Dann ist Kultur im Land".

Es ist immer sehr viel Sonne in Cochinchina. Cochinchina schwimmt ganz in Sonne. Das Sonnengold ist dort flüssig geworden, wie angebrannter Siegellack. Land, Felder, Menschen, Bäume, Häuser sind mit Sonne lackiert. Ich weiß das alles noch ganz genau, obwohl es schon recht lange her ist, seitdem ich in Cochinchina war. Ich war damals noch ein kleiner Junge und ging in die Schule. Eines Tages sagte der Lehrer: „Heute nachmittag kommt ihr alle her, um drei Uhr. Jeder bringt 10 Pfennig mit".

„Herr Lehrer", piepste jemand, „ich habe keine zehn Pfennig!" „Du bringst keine zehn Pfennig mit!" sagte der Lehrer. Der Lehrer hatte eine Miene, wie der Kaiser, der soeben eine Amnestie erlassen hat.

Am Nachmittag, um drei Uhr, gingen wir nach Cochinchina. Cochinchina in Hinterindien lag mitten in der Stadt, in einem sehr schönen Haus. Über dem Haustor hing eine rotweiße Fahne. Sie war schon einige Wochen dort gehangen. Der Regen hatte die Farben verwischt. Die Grenze zwischen rot und weiß verschwamm in einem blaßrosa Nebel. Das Fahnentuch wehte über einem Blechschild, auf dem in weißen Buchstaben „Weltpanorama" schimmerte.

Es war ein runder Kasten mit vielen Gucklöchern. Wir mußten alle auf die Stühle steigen, um Cochinchina zu sehen. Nach jedem Bild gurgelte der Kasten mit einem leise plätschernden Klang, dann räusperte er sich und spuckte ein neues Bild aus.

Es war wundervoll in Cochinchina. Der Lehrer nieste unerbittlich: „Kotschinsching". Aber das schadete nichts. Cochinchina, Cochinchina, Kotschintsching. Es klingt mir ewig im Ohr. Ich wollte eigentlich gar nicht davon erzählen, sondern von etwas ganz anderem.

Aber ich fange immer mit Cochinchina an. Kein Wunder! Ich sah nämlich vorgestern auf einem Plakat das Wort: „Cochinchina" und daraufhin rannte ich ins Weltpanorama. Aber im Weltpanorama gibt man nicht „Cochinchina". „Weil die Bilder nicht da sind", sagte die Frau. Man gab die „Dolomiten".

Ein älteres Ehepaar blickte inbrünstig durch die Gläser. Am liebsten hätten sie ihre Köpfe in die Gucklöcher gebohrt. Fortwährend flüsterten sie: Du, weiß du noch? Sie machten ihre Hochzeitsreise noch einmal durch. Sie sahen König Laurins Rosen und die Toblacher Hütte und die Schwebebahn. Nur als das Hotel kam, schwiegen sie. Sie waren noch einmal in ihrem Cochinchina.

Es ist immer noch derselbe Kasten. Er gurgelt, räuspert sich und spuckt Bilder. Nur, daß ich heute nicht mehr auf den Stuhl zu steigen brauche, sondern sitzen bleiben kann und die Dolomiten sehe.

Nicht Cochinchina, Cochinchina, Ko-Tschin-Tsching.

BAISSE

„Baisse", das ist, wenn etwas wider Erwarten passiert. Die Spekulanten nämlich haben nicht just das erwartet, und deshalb kommt es. Es kommt immer, wenn die Spekulanten es nicht erwartet haben. So sind sie Spekulanten, denn „spekulieren" heißt: das Verkehrte von dem erwarten, was kommt.

Wider Erwarten stieg die Krone. Die Spekulanten verloren eine Menge Geld. Wenn sie keine Glatze hatten, so rauften sie sich so lange die Haare, bis sie eine bekamen. Es gab Spekulanten, die innerhalb vierundzwanzig Stunden kahlköpfig geworden waren.

Es war ein Jammer in den Wechselstuben. Vor der Börse am Schottenring sah man am Vormittag lauter schlenkernde Arme. Die Körper waren ganz verschwunden. Die Menschen waren nur Gliedmaßen.

Nur er hatte sich in Sicherheit gebracht.
Ich brauche ihn nicht zu nennen. Wer kennt ihn nicht, ihn, der sich stets in Sicherheit bringt? Bei einer Eisenbahnkatastrophe bleibt er in einem Gepäcknetz hängen, als wäre er ein Reisenecessaire. Bei Schiffbruch schwimmt er auf der Oberfläche des Meeres wie ein Fettauge in der Suppenterrine. Bei Theaterbrand und dergleichen hat er einen Ecksitz, knapp vor der Tür, über der die Aufschrift: Notausgang dunkelrötlich „Leben!" lächelt.

So sieht er aus: Das Bezeichnendste vor allem, daß er sitzt. Auf dem bequemsten Leder-sopha in der Wechselstube sitzt er. Man sieht, wie stramm seine Schenkel sind, da sein gestreiftes Beinkleid die Fleisch- und Muskelfülle kaum zu bändigen vermag und prall um die strotzenden Massen schließt wie eine nasse Schwimmhose. Freilich fällt die Gestreifte tiefer unten locker wie ein kleiner Glockenschoß um den gamaschenbekleideten Stiefel.

In der Bauchgegend wölbt sich die gelbe Weste wie ein ausgestopftes Kalbfell und der drittletzte Perlmutterknopf ringt nach Atem. Die steifgebügelte Hemdbrust hebt und senkt sich regelmäßig. Sie atmet selbständig und nimmt bei jeder Hebung, so aus Gefälligkeit, die Krawatte mit. Währenddessen trägt der kurze Hals in stolzer Ergebenheit einen Kopf, auf dem die Haare, mühsam von einer Drogeladung Brillantine gebändigt, stirnwärts streben.

Während er, ein Bein über das andere geschlungen, im Lederfauteuil sitzt und in der „Bombe" liest, kommt jener Unglückmensch.

„Kaufen Sie Lire?"
Schweigen.
„Brauchen Sie keine Lire?"
Irgendwo lächelt hinter einem Schreibpult ein eleganter junger Mensch.

Der Mann mit den Liren ist natürlich ein Spekulant; verspekuliert hat er sich halt. Jetzt hat er Lire. Man fühlt, sie beschweren ihn. Sie hängen ihm um den Hals, wie *ein* Pflasterstein um den Hals eines Selbstmörders, der justament ertrinken will. Sein Kopf ist zu Boden geneigt. Von dem Gewicht der Lire.

Der Gerettete im Lederfauteuil liest teilnahmslos in der „Bombe". Ein feines Dekolletee! Er tastet nach dem goldumrahmten Monokel, das an einem breiten schwarzen Seidenbändchen baumelt. Er klemmt das Glas zwischen Nasenwand und rechten Backenknochen und reißt dabei das Auge weit auf. Das linke Auge ist etwas kleiner. Der Augapfel birgt sich schlau zwinkernd zwischen den runzligen Lidern.

Ein feines Dekolletee!

„Sie kaufen also keine Lire?"

Der Gerettete hebt sein Monokel: „Oho! Lire!"

„Lire haben keinen Wert, Die Krone steigt."

„Ich geb Ihnen die Lire um fünfzehnhundert."

„Ich habe sie um siebzehnhundertvierzig verkauft."

„Wann?"

„Gestern!"

„Mich haben sie tüchtig rasiert!"

„Womit hat man Sie eingeseift?"

„Mit Juli-Süd."

„Ein Unglück! Pech! Ich habe gehört, daß der Horowitz sich erschossen hat. Hunderttausend Dollar hat er verloren."

„Wer hat sich erschossen?"

„Der Horowitz!"

‚Der Horowitz bin ich!"

„So?" Der Gerettete läßt sein Monokel fallen. Sein nacktes Auge badet in Wollust.

Dann geht der Horowitz. Mit den Liren, die ihn beschweren, um den Hals. Er sagt nicht: „Guten Tag!" Er denkt nur: „Keiner kauft! Kein Mensch kauft! Der Schlag soll ihn treffen!"

Der Gerettete nimmt „Bombe" und Monokel wieder auf. Ein feines Dekolletee.

Während er umblättert, sagt er schmatzend, so nebenhin, als verlöre er die Worte wie alte Tramwaykarten: „Glauben Sie, daß ich nicht weiß, es war der Horowitz?"

Der elegante Mensch hinter dem Schreibtisch lächelt Bewunderung. Er nimmt sich vor, stets zu den Geretteten zu gehören.

Er hat Talent.

KARRIERE

Er war dreiundzwanzig Jahre zweiter Buchhalter bei der Firma Reckzügel und Kompagnie, Sattel- und Riemenzeug-Export en gros, und verdiente dreihundertfünfzig Kronen im Monat.

Und hieß Gabriel Stieglecker.

Und weiters ist über ihn zu sagen, daß er, um nicht ganz zu verhungern, nach Nebenverdiensten suchte und einige fand. Er leistete bei den Firmen: Brüder Pollacek, Simon Silberstein und Bruder, Rosalie Funkel Aushilfsdienste jeden Monat einige Tage vor ultimo. Zusammen hatte Gabriel Stieglecker sechshundertfünfundsiebzig Kronen im Monat.

Und davon starb er nun schon drei Jahre und fünf Monate lang.

Er war ein ausgezeichneter, prompter und verläßlicher Buchhalter. Die Firmen: Brüder Pollacek, Simon Silberstein und Bruder und Rosalie Funkel konnten sich dank den Leistungen des Gabriel Stieglecker einen eigenen Buchhalter ersparen. Er hielt ihre Bücher in Ordnung, wußte auch, was vor Steuerbehörden und Polizei verborgen bleiben mußte, und war diskret wie ein Brunnenloch.

Gabriel Stieglecker liebte seinen Beruf. Die grüne Tinte bevorzugte er vor der blauen und vor dieser die rote. Aber am liebsten war ihm die violette. Alle Buchhalter der Welt schrieben Zahlen in schwarzer Kaisertinte. Gabriel Stieglecker schrieb grundsätzlich violette Zahlen. Er behauptete, von der violetten Tinte bestimmt zu wissen, daß sie dauerhafter sei als die andere und mit einer unerreichbaren Intensität durch die Poren des Papiers dringe. Ja, es sei sogar anzunehmen, daß mit violetter Tinte geschriebene Ziffern noch lange nach dem völligen Zerfall des Papiers gleichsam wie transparente Bilder in der Luft fortbeständen.

Was die von Gabriel Stieglecker geschriebenen Ziffern selbst betrifft, so ist zu bemerken, daß sie niemals mit anderen zu verwechseln waren. Sie hatten eine persönliche Note, einen Charakter, waren Individualitäten. Die „3" hatten keinen Bauch, die „2" keinen Buckel, die „7" keinen Schwanz. Sondern alle Ziffern hatten „Linie", waren zart und schlank wie moderne Frauen und konnten an künstlerischem Schwung nur von Modellzeichnungen in den neuesten Modezeitschriften übertroffen werden.

Denn Gabriel Stieglecker liebte seine Geschöpfe, die Ziffern. Er blies ihnen sozusagen seinen Atem ein und davon erschienen sie so unterernährt. Er spielte mit ihnen wie ein Knabe mit Zinnsoldaten, er ließ sie in Doppelreihen aufmarschieren und markierte den Rand eines Exerzierplatzes durch einen grasgrünen Strich. Oder er richtete mit roter Tinte ein Blutbad unter ihnen an, das aber niemals mutwillig und schrankenlos sich über das Brachfeld ergießen durfte, sondern mittels eines Lineals gewissermaßen in säuberliche Kanäle abgeleitet wurde. Ordnung mußte sein, auf jeden Fall.

Nur so ist es zu verstehen, daß Gabriel Stieglecker nun schon den sechsten Monat des vierten Jahres mit sechshundertfünfundsiebzig Kronen Monatslohn stirbt. Ich sage: „stirbt", nicht etwa aus Vergeßlichkeit, sondern mit Absicht. Denn die Geschichte ist wahr, Gabriel Stieglecker heißt anders, aber er lebt. Die Geschichte ist übrigens zu merkwürdig, als daß jemand anderer als das Leben sie erfunden haben könnte. Wie aus dem folgenden zu ersehen ist.

Gabriel Stieglecker war immer noch Gast am Stammtisch im Café Aspern, wo er allsonntäglich einen Schwarzen mit Sacharin trank. Und allsonntäglich mußte er, der gerade damit beschäftigt war, über den seltsamen Patinaglanz seiner gestern erstandenen violetten Tinte nachzudenken, Vorwürfe anhören. Warum er denn noch immer nicht eine Gehaltserhöhung verlangt habe? Und ob er denn nicht einsehe, daß er schändlich ausgebeutet würde? Von der Firma? *Der* sauberen Gesellschaft?

Um diese Vorwürfe rasch und sicher vergessen zu können, ging Gabriel Stieglecker jeden Sonntag nach der Stammtischsitzung ins Bureau, Zahlen schreiben. Gabriel Stieglecker erledigte das ganze Montagsmorgenpensum und wäre eigentlich sehr glücklich darüber schlafen gegangen, wenn ihn nicht die Sorge geplagt hätte, daß er – am nächsten Morgen nichts mehr zu tun haben würde.

So waren Gabriel Stiegleckers Sonntagsnächte qualvoll und zerrissen.

Gabriel Stieglecker war überhaupt gegen Sonntage.

An einem und demselben Tag geschah folgendes:
Die Wäscherin kündigte eine zehnprozentige Erhöhung an;

die Elektrische führte den Zweikronentarif ein;

und die Wirtin erhöhte den Mietzins mit Rücksicht auf die „Verteuerung der Elektrizität" um dreißig Kronen.

(Daß Gabriel Stieglecker trotzdem kein elektrisches Licht im Zimmer hatte, setze ich als selbstverständlich voraus und erwähne es nur zum Zweck der Beruhigung aller jener, die sich etwa über das Vorgehen der Wirtin Gabriel Stiegleckers aufregen sollten.)

Diese drei Katastrophen veranlaßten den zweiten Buchhalter Gabriel Stieglecker, sich beim ersten Buchhalter Rats zu erbitten.

Der erste Buchhalter nahm seine Brille ab, die er bei der Arbeit trug, und setzte den goldenen Zwicker auf; was er sonst nur zu tun pflegte, wenn ihn der Prokurist rufen ließ.

Der erste Buchhalter sah aber nicht, wie zu erwarten gewesen wäre, durch die Mitte der Zwickergläser, sondern über deren oberen Goldrand hinweg auf Gabriel. Dabei neigte er den Kopf auf die Brust und es sah aus, als wollte er mit imaginären Hörnern gegen Gabriel anrennen.

„Die zwanzigprozentige Aufbesserung dürfte Ihnen doch wohl genügen; oder nicht?" sagte der erste Buchhalter, der nur deshalb erster war, weil er schon zweiunddreißig Jahre im Hause Ziffern schrieb; nur mit Kaisertinte natürlich. Seine Frage war geflüstert, aber sie trug deutlich die Tonfarbe eines etwa in Wolken-Pölstern gedämpften Donnergrollens.

„Ich habe keine zwanzigprozentige Aufbesserung erhalten!", stöhnte Gabriel.

„Dann müssen Sie sie verlangen," sagte der erste Buchhalter laut, wobei er den Zwicker wieder abnahm und die Brille aufsetzte.

Infolgedessen mußte sich Gabriel Stieglecker entfernen.

Er ging an seinen Schreibtisch und dachte nach. Eine zwanzigprozentige Aufbesserung direkt verlangen konnte man nicht. Wohl aber konnte man unter behutsamer Berufung auf die seinerzeit gütigst erfolgte Aufbesserung an alle Angestellten und mit Rücksicht auf die durch die allgemeine Teuerung besonders erschwerte Lebensführung – um eine Gehaltserhöhung von fünzig Kronen ergebenst ansuchen.

Gabriel Stieglecker tauchte eine neue Feder in die violette Tinte mit dem seltsamen Patinaglanz und schrieb einen Brief an seinen Chef. Er bat um fünzig Kronen und zeichnete schließlich nicht nur hochachtungsvoll ergebenst, sondern auch noch ganz tief, in der unteren Ecke rechts seinen Namen. So tief, daß der Familienname fast unter den Tisch gefallen wäre.

Am nächsten Morgen fand Gabriel Stieglecker auf seinem Tisch einen Brief, in dem ihm die Firma mitteilte, daß sein Gehalt ab fünfzehnten dieses um fünfundzwanzig Kronen mehr betrage.

Zu Hause fand Gabriel Stieglecker zu seiner großen Überraschung einen anderen Brief vor. Und zwar von der Firma Simon Silberstein und Bruder, bei der Gabriel aushilfsweise Buchhalter war. Vielleicht stand darin um Gottes Willen, daß die Firma auf seine weiteren Dienste verzichte? Dann konnte er freilich verzweifeln.

Aber die Firma Simon Silberstein und Bruder teilte dem Buchhalter Gabriel Stieglecker mit, daß sie ihren Betrieb bedeutend erweitert habe und daß sie ihn als ersten Buchhalter mit einem Anfangsgehalt von tausend Kronen zu engagieren wünsche. Gabriel Stieglecker möchte sofort schriftlich mitteilen, ob er diese Stellung anzunehmen „bereit, eventuell in der Lage" wäre.

Gabriel Stieglecker überzeugte sich zuerst von der Echtheit der Unterschrift und setzte sich sofort an seinen Schreibtisch, um seine Bereitwilligkeit zum Eintritt bei der Firma Simon Silberstein und Bruder unter den ihm im Schreiben Zahl so und so mitgeteilten Bedingungen, kundzugeben. Aber er erinnerte sich, daß er zu Hause keine violette Tinte habe. Mit schwarzer Kaisertinte aber konnte er einen Brief von solch entscheidender Bedeutung natürlich nicht schreiben.

Während er Polenta mit Sauce aß, kamen ihm Bedenken. Jetzt mußte er natürlich kündigen! Aber wie? Konnte man so ohne weiteres einen Brief an die Firma schreiben? Ging das so? Jetzt war er dreiundzwanzig Jahre im Hause. Noch zwei Jahre und er würde ein Jubiläum feiern. Der Chef selbst würde kommen und ihm ein Präsent überreichen, vielleicht eine außertourliche Zuwendung, und der Prokurist würde eine kleine Rede halten und der Oberbuchhalter würde seinen goldenen Zwicker aufhaben. Konnte man so ohne Weiteres kündigen?

Und wenn schon! Die Kündigung allein hätte natürlich wenig gemacht! Aber sicherlich würde ihn der Chef, zumindest Herr Reckzügel junior, in das Chefzimmer rufen. Und das Zimmer, ja, das war es, was Gabriel eigentlich fürchtete.

Es war eine Doppeltür. Die erste war aus Holz und die zweite war gepolstert. Sie erinnerte so von ungefähr an eine Kassaschranktür, nur war sie lautlos und vornehm. Wenn man die Tür nur ansah, fühlte man schon weiche Müdigkeit, Sitzen auf gepolsterten Lederstühlen, war man in vorhypnotischen Zustand versetzt, in den man unbedingt fallen mußte, wenn der Herr Reckzügel jemanden anredete. Im Zimmer standen breite, behagliche Ledersofas um einen nußbraunen Tisch. In der Ecke links wuchtete ein massiver Schreibtisch und an der linken Wand schlief die braune Feuerkassa mit ihren zugefallenen metallenen Klappenlidern über den Schlössern. In der Luft aber war ein sinnbetörender Duft von Havanna, Ananasäpfeln und Perolin.

Dieses Zimmer malte sich Gabriel so deutlich aus, daß er in eine Art Lethargie fiel. In diesem Zustand schrieb er einen Brief an die Firma Simon Silberstein und Bruder, in dem er hervorhob, daß er die Ehre wohl zu schätzen wisse, aber mit Rücksicht auf sein langjähriges Verhältnis zu dem Hause, in dem er jetzt seit nunmehr dreiundzwanzig Jahren bedienstet sei, um eine Bedenkzeit von acht Tagen bitten müsse.

Diese acht Tage waren die unangenehmsten in Gabriels nicht sehr angenehmem Leben.

Gabriel Stieglecker hatte sogar seine Ziffern vergessen. Er dachte nicht mehr recht an sie und es kam vor, daß er – man denke! – mit schwarzer Kaisertinte eine ganze Zahlenreihe auf der Soll-Seite schrieb. Hier und dort hatte sogar eine „2" schon einen Buckel, eine „7" schon einen Schwanz. Es war schrecklich.

Am Montag hatte sich Gabriel zu entscheiden. Am Sonntag ging er nicht in sein Stammcafe. Und auch nicht ins Bureau.

Vielmehr machte Gabriel einen Spaziergang durch den Stadtpark in Anbetracht des schon frühlingsmilden Wetters. Und begegnete der Firma Simon Silberstein und Bruder.

Die Firma Silberstein und Bruder war unerhört freundlich mit Gabriel. Sie nahm die Voraussetzung, daß er als Buchhalter eintreten würde als schon gegeben an und ließ sich überhaupt nur mehr in Detailfragen ein. Schließlich lud sie ihn auch noch zu einem bescheidenen Nachtmahl im Parkrestaurant ein – –

Als Gabriel am Sonntagabend heimkehrt stand es bei ihm fest, daß er bei der Firma Silberstein und Bruder eintreten würde.

Er stand um fünf Uhr früh auf, rasierte sich und machte mit einem Stuhl Gelenksübungen. Er atmete tief, hielt den Atem an und führte sich überhaupt sehr sonderbar auf. Er gymnastizierte sich Mut zu.

Dann fuhr er ins Bureau mit der Straßenbahn; zum ersten Male seit der Einführung des Zweikronentarifes.

Er setzte sich schnell und mit jünglinghafter Gebärde an den Schreibtisch, tunkte eine neue Feder in die violette Tinte mit dem seltsamen Patinaglanz und schrieb, schrieb seine Kündigung.

Just, als er hochachtungsvoll ergebenst schließen wollte, kam der Diener. Gabriel sollte zum Chef.

Seit dem ersten Jänner, an welchem Tage Gabriel Stieglecker nach althergebrachter Sitte dem Chef viel Glück zum neuen Jahre gewünscht hatte, war Gabriel Stieglecker nicht in dem gefährlichen, hypnotisierenden Zimmer gewesen. Was wollte der Chef? Vielleicht hatte er schon eine Ahnung und wollte gar Gabriel zuvorkommen? Nun! Desto besser!

Im Zimmer des Chefs duftete es sehr nachdrücklich nach Zigarren, Ananas und Perolin.

Der Herr Reckzügel senior stand in der Mitte unter dem Kronleuchter, dessen unterster Messingknopf sich bequem in seiner Glatze spiegelte, und hielt einen dunkelblauen Rock in der Hand.

Gabriel blieb hart an der gepolsterten Tür stehen. Er war betäubt. Wie durch eine sehr dicke Wand hörte er den Chef:

„Herr Stieglecker, ich wollte nur sagen, daß ich diesen noch „an und für sich" – Herr Reckzügel sagte immer: „an und für sich" – „sehr gebrauchsfähigen Rock in meinem Schrank gefunden habe. Ich glaube bemerkt zu haben, daß Sie sich gegenwärtig leider in nicht sehr günstigen Verhältnissen befinden. Ich wollte nur sagen, daß an und für sich nichts daran wäre, Sie wissen, wie ich es meine, wenn Sie etcetera." Herr Reckzügel sagte immer „etcetera", wenn er nichts Passendes wußte.

Gabriel Stieglecker wankte mit dem Rock hinaus und an seinen Schreibtisch. Hier brach er zusammen. Den Kündigungsbrief zerriß er in unzählige Fetzen. Und dachte dabei angestrengt daran, daß er den Rock zerreiße.

Wie konnte man da kündigen? Der Rock, der Rock! Durfte er so undankbar sein? Einen Rock hatte ihm der gegeben und er sollte kündigen?! Das tat er nicht, er, Gabriel Stieglecker.

Sondern er tat folgendes: er tunkte abermals eine neue Feder in die violette Tinte mit dem seltenen Patinaglanz und schrieb an die Firma Simon Silberstein und Bruder, daß er für die gestrige freundliche Einladung sehr dankbar sei, jedoch mit Rücksicht auf ganz besondere, erst im Laufe der letzten Stunde eingetretene Umstände, gezwungen sei usw.

Dann schrieb Gabriel mit derselben Feder tadellos schlanke Ziffern mit violetten, patinaschimmernder Tinte auf die „Haben"-Seite.

Es waren die herrlichsten Ziffern, die Gabriel Stieglecker je geschrieben hatte.

TIERE

Im Schönbrunner Park kann man wieder die Tiere sehen.

In den Käfigen sind nur noch sehr wenige. Der Wolf läuft rasend das Gitter entlang, auf und ab, verzweifelt, daß er kein Stückchen Brot hat, um es den hungrigen Leuten zuzuwerfen, die ihn besichtigen.

Der Bär, ein sehr gemütlicher Mensch, mit schwarzpolierten Fingernägeln, trägt trotz Sonnenschein und Himmelbläue noch seinen Pelz, und macht sich nichts daraus. Er sitzt mit Pose und Bitte-recht-freundlich-Miene. Er hält den Käfig für ein photographisches Atelier. Augenblicklich beschäftigt er sich damit, einen Leckerbissen, der außerhalb des Käfigs liegt, in sein Bereich zu kriegen. Plötzlich senkt er rasch entschlossen den Kopf und zieht den Brocken mit der langen, schlüpfrigen, sehr beweglichen Zunge herein.

Ein räudiges Kamel sieht aus, als hätte es seine Garderobe zum Hofschneider gegeben und liefe vorderhand in sehr blamablem Negligée herum. Ein anderes trägt seine Buckel mit hochwichtigem Ernst und ist krampfhaft bemüht, seinen Kopf recht hoch zu behalten. Manchmal bleibt es stehen, denkt ein wenig nach und sagt: langweiliges Leben.

Der Bison ist gutmütig, hat eine Schnauze wie ein preußischer Wachtmeister, fühlt sich aber sehr wohl in der Republik und macht einen durchaus demokratischen Eindruck. Nur manchmal rollt er ein blutunterlaufenes Auge nach rechts, wo ein weißgekleideter Knabe steht. Der Bison möchte ein bißchen Kinder zerfleischen.

Das Affenhaus ist geschlossen. „Kein Eintritt" steht darauf. Parlamentsferien . . .

Die meisten Käfige sind leer. Die Herrschaften haben die Monarchie nicht überleben wollen und mit einer aristokratischen Geste ihre Behausungen Staatssekretären freigegeben. Ihre hochvornehmen lateinischen Visitenkarten haben sie mitgenommen.

Die Beuteltiere wissen noch immer nichts von dem Systemwechsel. Sie haben immer noch Beutel für eventuelle Nachkommenschaft bereit, obwohl sie eigentlich wissen müßten, daß eine Republik etwas auf Kinderheime und dergleichen gibt.

Die Beuteltiere sind sehr lustig. Sie hüpfen auf den Hinterbeinen und gebrauchen den Schwanz, wie einen Spazierstock, der an ihrer rückwärtigen Hosennaht befestigt ist. Ihre Vorderpfötchen führen sie von Zeit zu Zeit zum Munde, um sich die Nägel mit den Zähnen zu maniküren.

Der Strauß hat lange nicht so schöne Federn, wie jene Dame, der ich beim Eingang begegnet bin. Ich bin enttäuscht, Herr Strauß!

Der Schwan sieht aus, als ob er soeben aus der „Lohengrin"-Vorstellung käme und schwimmt leicht im Teich umher, glücklich, daß er den Schmedes los geworden ist.

Der Oberlehrer hat ein Geiergesicht. Er geht hier studienhalber herum. Sein Fach ist Naturlehre.

Ein Menschenpaar in mittlerem Lebensalter hat sich auf einer Bank niedergelassen. Es trägt seine Jungen nicht in Beuteln, sondern läßt sie mit Kieselsteinen nach den Schwänen werfen.

Gouvernantenpapageien führen kleine Säugetiere mit Spitzenhäubchen in grünlackierten Kinderwagerln spazieren.

Eine Ameisenbärfamilie mit Uhrketten, Spazierstöcken, Regenschirmen begibt sich ins Kaffeehaus im Vollgefühl ihrer durch den zoologischen Besuch erheblich gesteigerten Menschenwürde.

Ein herabgekommener Habicht mit grünem Plüschhütchen, kariertem Kragen und sonstigem Polizeiagentenzivilfell späht nach Beutemenschen.

Sonst sind keine Tiere in Schönbrunn zu sehen.

„VERSUCHSKLASSEN"

Zu Otto Glöckels Schulreform

„Versuchsklassen" – ein etwas unglücklich gewähltes Wort für eine ausgezeichnete Sache. Wenn die Institution der „Versuchsklassen" sich erhält – bewährt hat sie sich schon – so ist damit in aller Stille seit dem Umsturz auf dem Gebiete der österreichischen Schule unendlich mehr getan als auf allen anderen Kulturgebieten unseres öffentlichen Lebens. Neu sind die Methoden, die in den „Versuchsklassen" angewendet werden, ja gerade nicht. Aber neu werden die Menschen sein, die aus diesen Schulen herauskommen.

Es gibt keinen „Stundenplan" mehr! Von acht bis neun Rechnen, von neun bis zehn Deutsch, von zehn bis elf – – wie wurde unsere Kindheit in die Fachschulladen eines Stundenplanes gezwängt, unser Leben abgeteilt, unsere unschuldige Freude auf zehn Minuten Pause zwischen zwei Folterstunden rationiert! Draußen konnte es Schusterbuben regnen, gewittern, Erdbeben mochten sein, Revolutionen, Königsmorde – in der Schulstube änderte sich nichts: Von acht bis neun Rechnen, von neun bis zehn Deutsch – – So wurde die Schule zum Marterort, jede Freiheitsregung zum Vergehen, Lüge und Heuchelei mit Einsern in „Sitten" belohnt, Tartüfferie und Scheinheiligkeit großgezogen. Aus jenen Schulen ging ein Geschlecht von Verbitterten und Verkümmerten, Minderwertigen und Blindgehorsamen, Unselbständigen und Willkürmenschen, Pfeifendekkeln und Husarenleutnants hervor. Und selten, sehr selten waren die Freien. Die Schule war eine Art Kaserne. Der Unterricht alten Stils bestand aus geistigen Gelenksübungen. Und „Kopfnicken" war die wichtigste.

Der Unterschied zwischen der alten Schule und der neuen besteht in der Hauptsache darin, daß der „Stundenplan" verschwunden ist. Das Leben besteht aus Kräften, Materien und nicht aus Unterrichtsgegenständen. Es offenbart sich in Erscheinungen und nicht in Lesebüchern. Non scholae, sed vitae! Also lernt man *das Leben*. Das Leben in seiner überströmenden Fülle, in seiner reichen Gleichzeitigkeit. Nicht von acht bis neun Deutsch usw. Sondern die Muttersprache, weil sie das nächstliegende Ausdrucksmittel für die Erscheinungen des Lebens ist. Und alle anderen Gegenstände – und viel mehr, als ein Landesschulrat weiß — insoferne sie sich in der jeweilig besprochenen Lebensform offenbaren. Die „Gegenstände" gruppieren sich um ein Konzentrationsobjekt, das zugleich der Ausgangs- und Anknüpfungspunkt ist. Man muß nicht in der Schulstube sitzen, um zu lernen. Mit „verschränkten-Armen"-sitzen erhöht nicht die Tätigkeit des Gehirns. Bessert auch nicht die „Sitten". Innerhalb der vier Klassenwände lassen sich nicht die Erscheinungen der Welt sammeln. Man lernt im Wald und auf der Landstraße, am Franzensring und auf der Wiese. Man lernt an Menschen, Gesellschaft, Dingen, Tieren und Steinen.

Die praktische Durchführung dieser Erziehungsmethode ist natürlich sehr schwierig. Der Lehrer muß eine fast ungeheuere Bildung besitzen und das unbedingt notwendige Material für den sogenannten „Anschauungsunterricht" ist unter den gegenwärtigen Verhältnissen nicht immer zu beschaffen. Nichtsdestoweniger sind mit der Einführung der „Versuchsklassen" bis jetzt glänzende Erfolge erzielt worden. Die zur Ausbildung der Lehrer für die neue Erziehungsmethode gegründete „Lehrerakademie" wird freiwillig von tausendsechshundertundvierzig Lehrern – sie bringen schwere materielle Opfer, um die Lehrerakademie besuchen zu können – frequentiert. Bis jetzt sind hundertneun „Versuchsklassen" in vollem Gang. In ihnen sind fünfundfünfzig Lehrerinnen und vierundfünfzig Lehrer beschäftigt. Die Erfahrungen, die man mit den „Versuchsklassen" gemacht hat, sind geradezu überraschend. Nach einer Mitteilung des Fachlehrers List haben dreimal so viel Schüler der „Versuchsklasse" den Grundgedanken eines Märchens in Bildern gefunden, als in der „normalen" Parallelklasse. Eigenartige Lösungen der Märchenbilder trafen dreihundert Schüler aus zehn „Versuchsklassen", aus ebensoviel Klassen mit „normalem" Unterricht nur sechzehn.

Man muß die Ausstellung in der Meislschule des dreizehnten Bezirkes gesehen haben, um die Leistungen der neuen Unterrichtsmethoden richtig einzuschätzen. Die Sechsjährigen aus der ersten Klasse modellieren fast naturgetreue Tierbilder in Ton. Statt des Lesebuches ist der Lesekasten mit beweglichen Buchstaben in Gebrauch. Die Kinder schreiben, lesen, rechnen, zeichnen, modellieren, schnitzen, lernen kaufen und verkaufen, den Wert des Geldes und der Gegenstände kennen. Sie lernen – das Leben. Physik, Chemie, Naturgeschichte, Botanik. Alles, wie es sich gerade trifft. Sie lernen nicht abseits der Welt, sondern in ihr. Nicht in der Dämmerkühle der Schulstube, sondern mitten im Wirbel des Tages.

Die Älteren stellen selbständig Wagen her und entdecken sozusagen das spezifische Gewicht von Neuem. Dieses System beruht überhaupt auf Nacherfindung. An der Entwicklung jedes einzelnen Kindes ist die Entwicklung der ganzen Menschheit zu studieren.

Wenn dieses System sich erhält, so wird es ganz neue Menschen hervorbringen. Vorausgesetzt, daß die Absolventen dieser „Versuchsklassen" nicht das Unglück haben, noch in die veralteten Formen unserer Mittel- und Hochschulen zu geraten, so wird unsere Zukunft ein anderes Gepräge haben. Denn schließlich sind es die Menschen, die sich ihre Zeit schaffen. Diese Jugend wird keinen Bierulk kennen und kein faschingsbuntes Deutschtum, keinen mittelalterlichen Mummenschanz und keine Reaktion. Diese Jugend wird nicht blindgehorsam und blutberauscht für Popanze in Kriege ziehen! Sie wird das Leben lieben und die Arbeit und ein Geschlecht zeugen, das fern von hirnverbrannter Ideologie und hohlem Kitsch, haßwütigem Nationalismus und sklavischer Götzenverehrung, mitten im Tag stehend, Grenzen überbrückend und weltvereinigend, die Emporentwicklung der Menschheit sichern wird.

STADTFRÜHLING

In den Auslagen der inneren Stadtteile erblühen im März plötzlich wunderbare, kostbar-durchsichtige, weiche Blusenstoffe, die Preise schießen in die Höhe und die Kaufleute schlagen aus. Am Vormittag sind die Kaufläden halb geöffnet und ein Auslagearrangeur setzt Frühlingswaren in die Schaufensterbeete. Der Herr Direktor steht in der Tür, leutselig neben dem Goldknöpfe knospenden Portier, wie ein hold erblühter Blumenstock. Die Sonne, die seinen Scheitel trifft, löst einen warmen Dunststrom duftender Brillantine aus. Seine Lackschuhspitzen schießen Strahlenbündel in die Höhe, leuchten in flüssiger Weißglut. Er könnte sich an seinen Stiefeln eine Zigarette anzünden.

An den Straßenecken sind die Blumenfrauen über Nacht aufgegangen mit hängenden Frühlingsgärten voll Primeln, Veilchen, Leberblumen, Schneeglöckchen. Schieber in frühjahrsmäßigen Gürteltierüberzieherfellen lassen blaue Papierfetzen für ein Veilchensträußchen in die Körbe der Frauen flattern. Die Maronimänner lassen immer noch Maroni-Anachronismen braten, deren Duft wie eine aufgewärmte Winterreminiszenz in die Luft steigt. Auf den Köpfen der Damen erblühen schüchterne Strohhüte in blassen Farben und den kurzen Rockschößen entsprießen schlanke Seidenstrümpfe. An blonden und braunen Zöpfen baumeln Schulmädchen mit Notenmappen durch die Straßen. Aus einem plötzlich gähnenden Schultor strömt eine Wolke kleiner Kinder, wie loser Dampf aus einem geöffneten Maschinenventil.

Die Bettler wachsen an besonnten Mauern und nützen für ihr Gebrechen die sonnige Konjunktur aus, als hätten sie eigens zu diesem Zweck einen Vertrag mit dem Himmel geschlossen. Die Spritzwagen fahren mit breiten Wasserstrahlkämmen über das Pflaster und ein Mann mit einer Uniformkappe stäubt Wasser aus einem Gummischlauch auf die Köpfe der Passanten. Es ist wie im Kino.

In den Gärten und Parks knospen Kinder im Gummiwägelchen und Blätter an dünnen Zweigen. Es ist Frühling.

Es ist noch ein Frühling da. Er beginnt am Gürtel.

Die Straßen sind aufgerissen, mit Geschwür und häßlichen Wunden bedeckt. In der Sonne sind die Fenster mit scheibengroßen Pappendeckelpflastern und schmutzigen Fetzenverbänden doppelt, dreifach, tausendfach traurig.

Es sind die Straßen der hohen Löhne und der weiten Armut. Die Häuser sind so unerhört groß, übermächtig, wie Schicksale, erdrückend mit ihrer steinernen Wucht; sie lasten auf der Welt, wie ein unabwendbares Unglück. Sie haben unzählige Fensteraugen, wie böse Gottheiten; man fühlt ihren schmerzenden Blick im Rücken, wenn man auf der Straße steht.

Alle Menschen kommen aus diesen Häusern. Hier sind keine anderen Menschen, als solche, die aus diesen Häusern kommen. Sie tragen den dumpf-feuchten Mauergeruch auf den Schultern.

In einem Misthaufen stochern fünf, sechs Kinder herum. Staub hüllt sie ein. Sie klauben alles auf: Tramwayfahrscheine und alte Postbüchel und Knochen und Blechdosen. Die Kinder sind selbsttätige Sammelbüchsen mit Gliedmaßen.

Es ist Frühling.

Am Abend traben berittene Holzbündel durch die Straßen. Sie reiten auf Menschenrücken.

Und ein Mädchen in der Straßenecke wartet auf eine Gelegenheit zu einem neuen Kostüm. Es ist Frühling.

Die Bäume in den kleinen Gartenanlagen haben tabes dorsalis. Ihre Knospen sind nur symbolisch gemeint. Diese kleinen Spielgärten sehen aus wie Versorgungshäuser für kranke Sträucher.

Der Frühling ist ein ganz, ganz anderer . . .

FENSTER

Mir gegenüber ist die Wand mit den vielen Fenstern. O, ich wußte nicht, was Fenster sind, den ganzen Winter über, da sie kaum bemerktes, nebensächliches Zubehör der Wand waren und, mattgehaucht vom Frost, winterschlafende Existenzen lebten.

Nun aber weiß ich, was Fenster sind: Offenbarungen fremder Leben und Tode, geschwätzige Nachbarschaft, Plaudertanten. Ich unterhalte mich sehr gern mit den Fenstern. Der Frühling ist die Jahreszeit der Fenster.

Am Nachmittag sind sie alle weit offen. Es ist ein altes Haus drüben und die Fenster öffnen sich nicht vornehmreserviert nach innen, sondern auswärts. Es sieht aus, als ob die Wand ein Dutzend gläserner Flügel ausgespannt hätte, um plötzlich – hast du nicht geseh'n! – auf und davon zu flattern.

Manchmal, wenn ein Wind sich in dem Lichthof verfängt, dreht sich ein Fensterflügel, oder eine Scheibe zerschmettert mit mächtigem Geklirr in der Tiefe. Dann dreht sich eine Frauenstimme kreischend in rostigen Angeln.

Manchmal kommt ein Leierkasten in den Hof. Dann öffnen sich die Fensterflügel weit und sagen: Bitte, bitte sehr!

Im ersten Stock ist die Wohnung entschieden am schönsten. In der Fensternische starrt Rhododendron, ein silbernes Vogelhaus überschattend, und ein Kanarienvogel wetzt seinen Schnabel an den Käfigstäbchen. Es ist ein zahmer Kanarienvogel, mit einem kleinen Häubchen auf dem Kopf. Am Morgen bekommt er Vogelfutter und dann zwitschert er wohlerzogen ein Morgenlied aus dem Lesebuch. Etwa: Die liebe Sonne ist erwacht, oder so.

Quer über dem Tisch prunkt ein weiß gestickter Tischläufer aus rotem Peluche. Er hat immer ein paar Falten, denn die Kinder haben die üble Gewohnheit, die Ellenbogen aufzustützen, während sie den Kanari Gedichte aufsagen hören. Die Mutter trägt einen geblumten Schlafrock und Pantoffel und streicht den ganzen Tag besänftigend über den Tischläufer. Dann plättet er sich. Einmal schickte ich ihr zwei Reißnägel mit einer Gebrauchsanweisung für den Tischläufer. Aber sie glättet ihn immer noch.

Der Vater kommt abends nach Haus und spielt mit seiner Frau Domino in Hemdärmeln. Wenn sie so am Tisch einander gegenübersitzen, jeder die Steine vor sich, ängstlich vor dem Blick des andern, haben sie sehr viel Haß und Feindschaft gegeneinander. Und die Bitterkeit einer zehnjährigen Ehe glotzt mit schwarzen Augen aus weißglatten „Doppelfünfern".

Im dritten Stock wohnt ein Grammophon. Es ist nur ein Zimmer mit zwei Fenstern. Und das einzig Lebendige ist das Grammophon. Ich habe noch nie einen menschlichen Laut aus dem zweiten Stock gehört. Das Grammophon steht auf einer Konsole, sein weißer Trichter mit rundem, unerhört großem Mund schreit Jubel und Wehmut in den Hof hinaus. Vielleicht wohnen auch noch Menschen in dem Zimmer. Vielleicht. Der Herr ist sicher das Grammophon. Das einzige Organ, mit dem die Menschen leben, die vielleicht dort wohnen.

Im vierten Stock, just mir gegenüber, wohnt eine grauweiß getigerte Katze, die sich ein ältliches Mädchen hält. Die Katze sitzt den ganzen Tag am Fensterbrett. Wenn das Mädchen nicht pünktlich nach Hause kommt, wird sie ungehalten. Sie sieht jedesmal nach der Wanduhr. Und, wenn es sechs geschlagen hat und das Mädchen noch nicht zu Hause ist, stellt sich die Katze auf alle Vier und fuchtelt mit dem Schwanz. „Ich werde sie am Ersten entlassen", denkt die Katze.

Den ganzen Tag über sehe ich durch die offenen Fenster.

Geheimstes wird mir offenbar. Ich unterhalte mich sehr gern mit den Fenstern.

JOURNALISTISCHE ARBEITEN AUS DEM „VORWÄRTS“

DER PRINZ

Der Prinz lebt in stiller Abgeschlossenheit, der Arme. Uralte Kastanienbäume umrauschen seine Villa. Auf acht geräumige Zimmer ist seine Abgeschiedenheit beschränkt. Nur *ein* Reitpferd steht ihm zur Verfügung. Und ein einziges Auto. Das Auto ist grau lackiert und weich gepolstert. Auf schwellenden Pneumatiks federt es durch das Land, das den Prinzen entbehrt. Gänse fegen kreischend über den Weg. Hunde bellen, respektlos und ohne Sinn für Vergangenheit. Auf hohen Baugerüsten arbeiten Maurer und Poliere, beneidenswerte Menschen. Im Schweiße ihrer Angesichter hacken Männer Kieselsteine für Schotterungen, so sehr mit den elenden Steinen beschäftigt, daß sie nicht einmal grüßen. Armer Prinz! Im Sommer steht der Prinz um acht Uhr auf, im Winter schon um neun. Im Sommer frühstückt er in der Veranda und des Winters im Bett. Goldgelbe Butter streicht er mit behutsamen höchsteigenen Händen auf blühweiße Brötchen. Der schweigsame Lakai, ein personifiziertes Stück Stille, sozusagen eine befrackte Abgeschiedenheit, gießt Kaffee aus silbernem Kännchen in Rosenthaler Tassen. Der genügsame Prinz greift die Tassen nur mit vier Fingern und spreizt den fünften, kleinen, ganz weit und vornehm weg.

Vielgezackte Geweihe starren von den Wänden des Jagdzimmers. Von allen für den Prinzen gefallenen Lebewesen befinden sich in seiner Wohnung nur die Häupter der Hirsche und Rehe. In ihre künstlichen Glasaugen legte der verständige Optiker einen frommen Ausdruck von Untertanendemut. Die Tiere erinnern in ihrem seelenvollen Blick an ausgemusterte und von einer Hoheit angesprochene Kadetten.

Nach dem Frühstück reitet der Prinz. Er reitet immer denselben Weg und immer zum Zwecke der Verdauung und der Appetitanregung. Zwanzig Meter in der Runde setzt bei des Prinzen bekanntem Trabgeräusch den Förstern und Oberförstern der Herzschlag aus. Ein gütiges Geschick treibt manchmal einen von ihnen vor die Pferdehufe. Dann schlagen sie die redlichen Jägeraugen auf und grüßen. Es geht nichts über Waidmannstreue.

Zu Mittag ißt der Prinz im Speisesaal ein bescheidenes Menü nur aus vier Gängen. Was ihm nicht schmeckt, muß er stehen lassen, der Arme. Dem Prinzen schmeckt manchmal etwas nicht. Am Nachmittag schläft er auf einem ganz gewöhnlichen Plüschsofa.

Dann kommt zweimal in der Woche ein General aus Berlin mit Vasallensporen hereingeklirrt. Auf dem Schädel des Generals stehen alle kurzgeschorenen Haare aufrecht vor dem Prinzen. Jedes einzelne Haar nimmt Stellung. Der Prinz und der General plaudern von der Vergangenheit und Zukunft. Der Prinz leutselig, der General respektvoll. Er kommandiert Sätze zur Parade, er präsentiert Meinungen.

Der Prinz hat loyale Briefe zu beantworten und Bittschreiben. Diese Sendungen kommen immer aus „Gauen”. Noch nie hat jemand aus einer gewöhnlichen Stadt dem Prinzen geschrieben.

Manchmal liest der Prinz die neueste Scherl-Woche und einen Roman von Rudolf Stratz, auf daß er nicht hinter der Gegenwart zurückbleibe. An den fortschreitenden Daten des täglichen Lokalanzeigers merkt der Prinz, wie die Zeit vorwärts geht.

Die Frauen im Lande lieben den Prinzen, keusch und ferne. Ihr Blick verweilt auf seinem Porträt in der Illustrierten Zeitung länger als auf den Schnitten der Modebeilage. Sie finden ihn sogar interessanter als die Plauderei über die letzte Pariser Schuhform (obwohl diese spitz zulaufend und ohne jeden Besatz ist).

An Tagen, wie es zum Beispiel der Johannitertag ist, teilt der Prinz Ritterschläge aus, ganz umsonst, ohne andere entgegenzunehmen.

Er hat ein großes und gutes Herz, der arme Prinz.

DER HERR OFFIZIER

Der Herr Offizier ohne Kaiser kommt sich überflüssig vor, wie ein Zeiger ohne Zifferblatt; wie ein Magnet, der weit und breit keine Eisensplitter findet; wie eine Magnetnadel, die ihren Kurs vergessen. Ihm ist fast so traurig zumute, wie wenn man das Kasino demoliert oder die Kranzler-Ecke nach dem Wedding verschoben hätte. Während er so dasteht, gleitet unter seinen Füßen der Boden mitsamt den gegebenen Tatsachen, wie eine Jazztreppe im Lunapark. Während er schreitet, läuft ihm die Straße zuvor. Er bleibt gleichsam immer hinter dem Pflaster zurück, das er tritt. Vergeblich läuft er seinen eigenen Wegen nach. Die ganze Umwelt hat längere Beine.

Hat doch die Geschichte selbst keine Anhaltspunkte mehr, seitdem sie nicht von Thronbesteigung zu Thronbesteigung geht. Ohne die Marksteine der Regierungsjubiläen vollziehen sich die Ereignisse. Da sie nirgends eine Grenze finden – was Wunder, daß sie da über's Ziel schießen?

Der Offizier sieht, blickt er nach oben, einen Vorgesetzten. Er blickt höher und äugt den Regimentskommandanten. Über diesem enthüllt sich in achtungsvollem Blick der Herr Minister. Aber just über dem Minister fehlt etwas!

Just über dem Herrn Minister sieht der Herr Offizier eine Zivilperson. Ihm ist, als wäre er eines Tages erwacht, und es hätte jemand über Nacht den Himmel von der Erde abgenommen, wie man etwa eine Kirchenkuppel abnimmt. Und statt des Himmels wölbte sich nun ein gewöhnlicher irdener Topfdeckel über dem Deutschen Reich.

So sieht eine Republik aus, denkt der Herr Offizier. Der Allerhöchste Kriegsherr hackt Holz in den Wäldern Hollands, dem Kronprinzen diktiert ein Jud' Erinnerungen und vor der Gedächtniskirche demonstriert Kanonenfutter. Rekruten, die nicht einrückten – hat kein Stellungsbefehl sie erreicht? Versagte die Polizei? Wie ging die Ordnung dieses Staates in Scherben!

Der Offizier trägt einen schönen Anzug aus hellgrauem Tuch und es ist doch nicht der Rock des Kaisers. Wie kann diese Uniform nicht Rock des Kaisers sein? Ist sie aber Rock des Präsidenten – weshalb hat sie dann nicht den Schnitt eines Cutaways?

Zur Linken hängt ein längliches Eisen mit Portepee versehen, einer silbernen Quaste, baumelnd, wie eine reife Frucht. Auf den Schultern, links und rechts, wo andere die Verantwortung tragen, ruhen blitzende Abzeichen des Ranges. Leise klingen die Sporen, heiser gelaufen auf dem republikanischen Pflaster.

Der Herr Offizier geht über die Straße. Zages Metallgeräusch kündigt ihn an. Er fühlt sich fremd in der Welt. Er glaubt, vorwärts zu gehen. Verrückt gewordene Uhren zeigen vorgeschobene Stunden. Terroristen sitzen hinter den Zifferblättern, die Zeiger künstlich vorwärts treibend.

Nur im Kasino tickt unbeirrt eine Normaluhr mitteleuropäischer Kaiserzeit. Der Bursche bedient. Das Geräusch seiner zusammenschlagenden Hacken korrigiert das Bewußtsein, das bereits bei der Republik angelangt war. Noch stehen Joseph von Lauffs gesammelte Werke in der Bibliothek. Die „Woche" liegt im Lesezimmer. Ein Kaiser aus Gips steht ungestürzt auf dem Sockel. Die Kasinowände, akustische Isolierplatten, bewahren jeden Besucher vor den Schallwellen der Gegenwart. Pietätswatte steckt der Herr Offizier in die Ohren. Und sein Monokel vermittelt beharrlich schwarzweißroten Sehstoff der Vergangenheit dem zufriedenen Auge.

DER GUT ANGEZOGENE HERR

Der gut angezogene Herr kommt bereits in den Zonen der gemäßigten Bourgeoisie vor. In zahlreichen Exemplaren und verschiedenen Schattierungen ist er in den Straßen Berlins zu sehen und in den Modejournalen, in denen geistige Arbeiter sozusagen aus der Not der deutschen Presse die Tugenden des gut angezogenen Herrn herauszuschlagen bemüht sind.

Der gut angezogene Herr unseres Jahrhunderts schont seine Schultern gegen den Druck einer eventuellen Verantwortung durch die sorgliche Schicht an entsprechender Stelle eingenähter Watteline. Dadurch erweckt sein Oberkörper den Eindruck einer knockout-trotzenden* Männlichkeit. Der kurze Halskragen, den fürchterlich auf- und abrollenden Adamsapfel freilassend, weist mit zwei scharfen Spitzen in das Innere der Weste. Der „Selbstbinder" hat die auffallende Färbung eines künstlich mit Lineal und Zirkel gezeichneten Feuersalamanders.

Auf dem Kopf trägt der gut angezogene Herr einen breitrandigen Filzhut, dessen Mitte von einer im inneren Hohlraum sitzenden Schnalle zusammengehalten wird. Ein seidenes Taschentuch lugt mit violetter Leiste aus der linken oberen Rocktasche.

Abwärts verjüngt sich der gut angezogene Herr. Seine Hose, um die Oberschenkel noch schlotternd, wird schmal in der Nähe des violett bekleideten und über dem Halbschuh sich erhebenden Fußknöchels. Die Kürze der Hose mildert den gewalttätigen Eindruck des oberen Menschen und reduziert gerechterweise die Persönlichkeit zum Jüngling, der den Kinderhosen kaum entwachsen ist.

Die Halbstiefel sind gelb und braun und haben flache Absätze, die den gut angezogenen Herrn zwingen, sein Schwergewicht der Ferse anzuvertrauen. Das übt er mit Eleganz und Ausdauer in vielen abendlichen Foxtrottstunden. Denn das Natürliche verschmähte er gewiß, würde es ihm nicht auf dem Umweg über die Mode beigebracht.

So schiebt der gut angezogene Herr über die Straße, mit rudernden Armen, die die Ähnlichkeit seiner spitzen Schnabelschuhe mit Kähnen bedeutend verstärken. Rehlederne Handschuhe von kanariengelber, geradezu zwitschernder Farbe verbergen die polierte Manikürtheit seiner restlos untätigen Hände. Von seiner Handschuh Arbeit lebt der gut angezogene Herr.

---

* Das im „Vorwärts" abgedruckte Wort „-troßenden" dürfte einen Druckfehler darstellen, daher die Konjektur.

Mit Vorliebe läßt er sich auf aussichtsreichen Caféterrassen nieder und, wenn es kälter wird, in der Fensterecke hinter einer glatten Spiegelscheibe, durch die er gern die Welt betrachtet. Da sieht er einen humpelnden Krüppel, dort einen blinden Bettler, drüben eine hastende Näherin. Diese könnte man ansprechen, jene beschenken. Ein Blick auf die Wärmeskala der Devisen im eben erschienenen Abendblatt überzeugt ihn von der Sicherheit seines Wohlergehens. In zeitlicher Parallele zum Dollar macht er Karriere. Die Sträflichkeit seines Lebens ist niemals strafbar.

Skeptisch blättert er in den Journalen der eleganten Welt, deren Gegenstand er selbst ist. Was soll er ihnen für die Wintermode vorschreiben, auf daß sie es ihm wieder vorschreiben? Sollen die Kragenspitzen noch mehr auseinanderstehen? Soll ein buntes oder einfaches Band den Hut zieren? Zwischen einer perl- und einer dunkelgrauen Hose schwankt er unentschieden, bis ihn der Klang seines Leibtwosteps aus fruchtlosem Sinnen reißt.

Seine Gedanken wandern Marys seidenen Strümpfen entgegen, die er in dieser Saison zu lieben gedenkt.

BAR

In der Bar ist die Musik gedämpft wie das Licht. Alle Klänge haben rote Lampenschirme aufgesetzt.

Unter dem Bartisch wächst aus der Mitte von Flaschen und Likörgläsern eine hochfrisierte Blondine empor wie eine Reklame. Sie hat sich ein süßes Lächeln angezogen, das sie zu Hause ablegt, zugleich mit dem Korsett.

Die Tische sind klein, und die Preise groß. Sie sind auf einer schlanken Papiertafel verzeichnet, aber man liest sie erst, wenn man im Begriff ist, sie doppelt zu sehen. Von dieser wunderbaren Eigenschaft der Menschen können die Bars viele Jahre leben.

Die Kellner sind glattrasiert und verschwiegen. Sie müssen über alle schlechten Witze lächeln, die man ihnen mit einem Trinkgeld zu schenken pflegt. Und die Menschen machen sehr schlechte Witze.

In der Bar sieht es auch um acht Uhr abends aus, wie nach der Polizeistunde. Die Atmosphäre ist geheimnisvoll. Süße Gefahr liegt in der Luft. Und man fürchtet sich nicht.

Die Likörgläser sind schlank und kostbar, wie geschliffene Jungfrauen. Sie zerbrechen häufig mit einem wundersamen Geklirr; man möchte ihnen auf der Stelle nachsterben. Aber es gibt sehr viele Likörgläser auf der Welt.

Die Herren mißhandeln ihre Augenhöhlen mit Monokeln und setzen sich auf die hohen Postamente vor dem Bartisch, daß sie aussehen wie Monumente. Ihnen wird nie die Nachwelt eins setzen – sie kommen ihr zuvor.

Goldgewinnend lächelt die Bardame. Die Musik spielt einen rötlich gedämpften Foxtrott. Zwei Paare tanzen in der Mitte und kosten einen Vorschuß auf die Seligkeit. Sie lächeln und reden nicht miteinander, sie hängen irgendwie mit dem Fiedelbogen des Primgeigers zusammen, der schwarzes, glatt gescheiteltes Haar hat und eine Vergangenheit vorzutäuschen versucht. Er sieht aus wie ein Spanier, von der nördlicheren Gegend kann keine Rede sein. Der Klavierspieler ist müde und manchmal bebrillt, verheiratet und Vater. Er arbeitet viel und mühsam und hat kein Interesse für Foxtrotts. Seine Finger wissen nichts von seiner kummervollen Seele, als hätte er sie angezogen, ehe er sich ans Instrument setzte, wie fremdes Handwerkszeug.

Gott liest in der Seele des Klavierspielers und läßt die Polizeistunde hereinbrechen.

COCHINCHINA

In Chochinchina sieht man sehr viele Maulbeerbäume. Außerdem Tabakfelder. Auf den Tabakfeldern wächst nicht nur Tabak, sondern auch malayische Weiblichkeit. Es gibt kein Tabakfeld in Cochinchina, auf dem nicht mindestens drei malayische Frauenspersonen, wie aus dem Boden gesprossen, knien würden. Die malayischen Frauengesichter sehen großen Tabakblättern ähnlich, in die die Cochinchinaer Spitzbuben Augen, Nase und Mund geschnitten haben.

In dem Städtchen Choloa ist eine Schule. Eine ältliche Europäerin unterrichtet kleine Annamiten und Kambodschaner, Knaben und Mädchen. Die Kinder sitzen auf dem Steinboden mit gekreuzten Beinen und halten die Schiefertafel auf den Knien. Sie schreiben unermüdlich: a, e, i. Das nennt man: Kultur ins Land tragen. Ehe die alte Dame ins Land kam mit ihren Griffeln und Schiefertafeln, hingen die braunen Kinder wie Affen an den Zweigen der Gummiguttbäume. Sie wuchsen wie Panther und Schleichkatzen. Jetzt lernen sie: a, e, i. Später Zinsen und Prozentrechnung. Dann ist Kultur im Land.

Es ist immer sehr viel Sonne in Cochinchina. Das Sonnengold ist flüssig wie schmelzender Goldlack. Land, Menschen, Bäume, Häuser sind mit Sonne lakkiert.

Ich weiß das alles noch ganz genau, obgleich es schon recht lange her ist, seitdem ich in Cochinchina war. Ich war damals noch ein ganz kleiner Junge und ging in die Schule. Eines Tages sagte der Lehrer: „Heute nachmittag um 3 Uhr kommt ihr alle her. Jeder bringt zehn Pfennige mit!" „Herr Lehrer", piepste jemand, „ich habe keine zehn Pfennige!" „Na, komm nur!" sagte der Herr Lehrer und hatte ein Gesicht dabei wie ein Kaiser, der soeben eine Amnestie erlassen hat.

Am Nachmittag um 3 Uhr gingen wir nach Cochinchina. Cochinchina ist mitten in der Stadt. Über dem Hauseingang hing eine rotweiße Fahne. Das Fahnentuch wehte über einem Blechschild, auf dem in weißen Buchstaben „Weltpanorama" schimmerte.

Cochinchina liegt in einem runden Kasten mit vielen Gucklöchern. Wir mußten alle auf die Stühle steigen, um Cochinchina zu sehen. Nach jedem Bild gurgelte der Kasten mit leise plätscherndem Klang, dann räusperte er sich und spuckte ein neues Bild aus.

Es war wundervoll in Cochinchina.

Vorgestern sah ich „Cochinchina" im „Weltpanorama" angekündigt. Aber als ich hinkam, gab man die „Dolomiten".

Ein älteres Ehepaar blickte inbrünstig durch die Gläser. Sie flüsterte: „Du, weißt du noch?" Sie machten ihre Hochzeitsreise noch einmal durch. Sie sahen König Laurins Rosen und die Toblacher Hütte und die Schwebebahn. Nur als das Hotel kam, schwiegen sie. Sie waren noch einmal in ihrem Cochinchina.

Es war immer noch derselbe Kasten. Er gurgelte, räusperte sich und spuckte Bilder. Nur, daß ich heute nicht mehr auf den Stuhl zu steigen brauche, sondern sitzenbleiben kann. Und es sind die Dolomiten.

Nicht Cochinchina.

DIE FREUDEN DES WINTERS

Fürs deutsche Lesebuch bearbeitet von *Joseph Roth*

Der Winter ist eine lustige Jahreszeit.
Er ist die Saison der Feste und Freuden, des Hungers und der Kälte, der Bestialität und der Barmherzigkeit. Diese Jahreszeit hat alle Eigentümlichkeiten einer kapitalistischen Institution.

Die Tage werden kürzer, das Elend wird größer. Die Erde hüllt sich in Reif und Schnee, und der Mensch in Skunks und Zobel. Nach Sankt Moritz und Garmisch-Partenkirchen wallrodelt die vornehme Welt.

Von der Gottheit des Sports mit gesundem Appetit begnadigt, kehrt sie heim zu Kränzchen und Karneval. Ein gerechter Himmel streut Kaviar auf ihren Weg, das Manna der Reichen. Die Börse bleibt „fest und sicher". Montanwerte steigen.

Dank dieser glücklichen Umstände wird im Winter der Anfang des neuen Jahres gefeiert. Das geschieht in einer Nacht, die man mit Recht „Silvesternacht" nennt und für die beim Geschäftsführer Tische „vorausbestellt" werden müssen. In froher Zuversicht sieht man den kommenden Dingen entgegen. Aus Sektflaschen erknallt das Trommelfeuer des Friedens und der Eintracht. In der Feuerlinie des Silvesters fehlt keiner von jenen, die man in einer anderen vergeblich gesucht hätte.

Mit Wohlgefallen betrachtet man hinter glänzenden Spiegelscheiben frierende Bettler, Objekte der Wohltätigkeit und der duldsamen Polizei. Der Mensch ist gut, wenn er getrunken hat, und spendet Hundertmarkscheine aus Irrtum, der eine Güte des Unterbewußtseins ist. Gott Dollar lohnt dem Spender und steigt ums Zehnfache.

Des Morgens wandelt eine trübe Sonne über graue Himmel, arm und müde, als hätte sie im Asyl für Obdachlose genächtigt. Der Mensch hat seinen Rausch ausgeschlafen und kehrt zurück zu Nüchternheit und Spekulation. Über seinem neuen Jahre glänzt das Motto: *Gewinnen ist seliger denn geben!*

Eingewickelt in Schal und Pelz, abgeschlossen gegen Grippe und den Bazillus des Mitleids, wohl durchheizt von Eigenwärme, sich selbst liebend – ist jeder Mensch im Winter sein eigener Nächster. Erst auf dem Umweg über Maskenbälle wird er barmherzig. Unmaskiert bleibt er bestialisch. So hat auch der Winter seine Schönheiten: Blumen blühen an Fensterscheiben, und die Sterblichkeitsziffer steigt, als stünde sie im Kursblatt. Die den Frühling am heißesten ersehnten, dürfen ihn nicht erleben. Dem Karneval folgt die Grippe auf dem Fuß – und wer jene nicht mitgemacht hat, braucht diese nicht zu überstehen . . .

Unabänderlich wie der Wechsel der Jahreszeiten sind die Gesetze der Jahreszeiten – sagt das Lesebuch . . .

DIE ABSEITS-MENSCHEN

Eine Droschke wartet, im Regen, vor der Diele.
Die Diele hat alle ihre Lichter rötlich besänftigt und aus ihren Fenstern bricht gespenstisch ein Widerschein, wie bei einem Zirkusbrand im Film. Hinter den safrangelben Vorhängen sieht man die Silhouetten angeschmiegt kreisender Paare.

Die Droschke, die im Regen wartet, besteht aus einem Gefährt, einem Kutscher und einem Pferd. Der Kutscher sitzt auf einem Bock, in einem Kittel, mit einer Kapuze, wie ein Mann ohne Unterleib. Die Beine hat er hochgezogen und er sitzt vielleicht auf ihnen. Oder er hält sie unter der Decke. Oder er hat gar keine.

Der Peitschenstiel schwankt gertenhaft im Regen und wedelt mit dem Lederriemen. Der Kutscher niest manchmal, und es klingt, als ob er wieherte. Das Pferd streichelt mit dem rechten Vorderhuf das Pflaster.

Vor der Drehtür der Diele wacht, goldbetreßt und imposant, ein Portier. Sein Schnurrbart mitten im Gesicht ist ein blonder Draht und läuft in zwei feine, aufwärtsgereckte Spießhaken aus, an denen man, wenn alle Kleiderrechen schon benützt sind, je einen Stadtpelz aufhängen könnte.

Die Drehtür kreist ewiglich um ihre Achse und aus ihren Fächern fallen Menschen heraus, wie Kohlenstücke aus einem Kran. Die einen fallen in die Straße, andere in die Diele. Die Drehtür ist eine philosophische Einrichtung, und manche erblicken in ihr ein Symbol des Lebens.

Der Portier greift immer mit der Rechten an die goldene Kappentresse, wie einer, der grüßen will, aber es doch lieber unterläßt. Wenn er wirklich einmal: Guten Abend! sagt, antwortet ihm keiner, als wäre er ein Automat oder ein Grammophon.

Der grüne Schutzmann entsprießt einer Mauernische und wandert gemessen der Diele entgegen. Der Portier hebt mechanisch die Hand an den Tressenrand und spricht. Man kann deutlich hören, daß er kein Grammophon ist, oder daß seine Platte viel mehr Worte hat, als nur: Guten Abend!

Der Kutscher vernimmt durch den Halbschlaf verwehte Laute und schwenkt seine Beine vom Bock, wie ein Paar hohler Hosen. Dann steht er unten und beweist, daß ein Kutscher einen Unterleib hat und nicht ein Bestandteil der Droschke ist.

Der Dienstmann hockt auf einem Schemel, an die Wand gedrückt, eine rot- und dunkelangestrichene Verzierung; eine verkleidete Freske mit einer Pfeife im Mund. Plötzlich bläst er eine Rauchwolke als Lebensbeweis in die Luft und bröckelt von der Mauer ab. Er schlurft zur Droschke und klatscht auf den Rücken des Pferdes. Dieser Laut gibt ihm den fehlenden Rest des Mutes und er schleicht in die Gruppe des Portiers, des Schutzmanns und des Kutschers.

Alle drei merken den Standesunterschied und bestätigen ihn durch Schweigen.

Der Cellist tritt aus der Diele, um sich abzukühlen. Er ist ein schwarzhaariger Mensch und seine Augen sind klein und glänzend, wie eingesetzte Glühwürmchen. Sein Scheitel ist glatt und sicher, als wären die einzelnen Haare an den Enden künstlich wieder in die Kopfhaut eingefügt. Der Scheitel verbreitet Sicherheit und erweckt das Bewußtsein, daß über ihm die fürchterlichsten Stürme fruchtlos verbrausen. Der Cellist trägt einen Frack, aus der Weste schießt die

Hemdbrust weiße Strahlenbündel in das Dunkel. Der Schutzmann grüßt und der Portier steckt die Hände in die Taschen, um ein kollegiales Verhältnis anzudeuten. Eine ferne Glocke spuckt zwei erzene Schläge in die Straße. Um sie zu bestätigen, ziehen alle die Taschenuhren. (Nur der Cellist trägt eine Armbanduhr am Lederriemen.)

Um diese Zeit tritt ein grauhaariger Mann aus der Toilette und sieht geblendet in die tönende Helle, deren Widerhall in seine Stille gedrungen ist. Er läßt Seife, Nagelfeilen, Bürsten, Zündholzpyramiden, die quadratischen Handtücher sorglos liegen. Er kennt einzelne Herren und er fühlt sich etwas heimischer in fremdem Glanz, als hätte er in dieser Gesellschaft zahlreiche gute Freunde. Er lehnt wie ein zufriedener Besen an seiner Tür und lächelt.

Die Klänge des Jimmy kamen zu ihm immer leise und wie in Watte gewickelt; es waren isolierte Klänge. Von der schmetternden Pracht ihrer Nacktheit ist er nun ein wenig verwirrt.

Der Herr Direktor wandelt zwischen den Tischen unher und umsegelt mit den Frackschößen die Menschengruppen in der Mitte.

Draußen bekommt der Kutscher einen Betrunkenen vom gütigen Schicksal zugeschaukelt. Der Schutzmann nimmt eine solche Gesetzesübertorkelung nicht zur Kenntnis.

Der Portier lächelt gönnerhaft und mit Kennermiene. Er sagt: Guten Abend! und der Betrunkene antwortet, *weil er die Menschen nicht mehr einschätzen kann.* Der Dienstmann schlurft zur gegenüberliegenden Ecke und fügt sich wieder in die Mauer ein. Nur der Portier bleibt, strahlend und golden, an seinem Platz neben der kreisenden Drehtür.

DER MANN IN DER TOILETTE

Der Mann in der „Herrentoilette" ist uralt und graubärtig. Moos wächst in seinen Ohrmuscheln und in seinem Bart könnte ein Schwalbenpaar nisten und Junge bekommen und einen ansehnlichen Hausstand gründen . . .

Die „Toilette" befindet sich „eine halbe Treppe tiefer", hinter der Garderobe und dem Büffet mit der blonden Bardame aus Blut und Wachs. Die Klänge der Jazzbands müssen sich durch die gutgenährten Herrenpelze zwängen, ehe sie die Treppe hinunterrollen können. Unten kommen sie dünn und ein bißchen ramponiert an und bergen sich in den moosigen Ohren des uralten Mannes.

Die Wände der „Toilette" sind weißlackiert und ewig berieselt von Wasser und Hygiene. Plink, plink, tropft es aus der Wasserleitung. Der alte Mann wacht über einem pseudomarmornen Waschbecken und reinigt es mit einem großen gelben Schwamm. Er hat die sorgsamen Bewegungen eines Krankenwärters, er ist sozusagen ein Toilette-Pfleger.

Zündholzschachteln und Seifenwürfel schichtet er zu Pyramiden; Kragenknöpfe und Gummiartikel, die ihm „in Kommission gegeben", hütet er wie Augäpfel; Nagelfeilen und Zigarrenschneider hängen, mit umgeschnallten Gummibändchen, auf bläulichem Karton; Handtücher in Quartformat glättet er auf einem Stuhl und reicht sie mit weihevoller Gebärde – ein Priester der Reinlichkeit – dem Gast, der sie achtlos schwarz macht und zerknüllt.

Der Mann in der Toilette hat einen gebeugten Rücken und zitternde Knie. Die Gäste aber, die ihn besuchen, sind tannenschlank, mit einer Taille begabt und mit wattierten Schultern. Sie tragen den modernen Rock auf einem Knopf in der

Mitte – und ein seidenes Spitzentuch lugt aus schief geschlitzter Tasche mit einem Zipfel in die Welt. Sie schreiten auf elastischen Halbstiefeln aus Chevreau durchs Leben und erfreuen sich einer guten Verdauung. Sie besitzen Ringe und blitzende Krawattennadeln, und ihre Karriere wie ihre Aktien haben eine steigende Tendenz. Mit eleganter Gebärde kämmen sie sich den Scheitel glatt, polieren mit Wildleder ihre Nägel blank und lassen sich in heroischer Positur den Rock bürsten. Der alte Mann streicht mit behutsamer Bürste an den Jünglingen herum, wie man Staub wischt von kostbarem Porzellan. Sie setzen einen Chevreaustiefel, und der Alte gleitet mit liebendem Staubfetzen darüber. Dann entfernen sich die Jünglinge mit wippenden Hüften, den Rhythmus des kommenden Tanzes schon im prophetischen Blut. Sieghaft strahlend, aufgefrischte Salonlöwen, steigen sie aus der Tiefe empor zu Schimmy und Prünell.

Der alte Mann bleibt unten, eine halbe Treppe tiefer als die anderen, im Reich des Wassers, des Unterleibs und der Maniküre. Er hat Bürsten ohne Zahl, aber er bürstet andere. Er hat glänzende Nagelfeilen, Seifen und Handbürstchen, aber seine Hände sind rauh, runzlig, und die Nägel matt und ohne die elegant geschliffene Kralle des modernen Lebemännchens. Er hat Wasser, Seife, Kachelwände, Kabinen, Hygiene für andere. Er hat alles „in Kommission" . . .

Was in der Welt vorgeht, erfährt er spät – wenn die Zeitung ihre Aktualität verliert und in jenen Zustand übergeht, in dem ihr nur mehr der Weg alles Irdischen übrig bleibt. Der alte Mann in der Toilette weiß immer die altbackenen Neuigkeiten. Eine halbe Treppe hinter dem Lauf der Zeit bleibt er. Er kennt den jeweils gestrigen Dollarkurs und er wundert sich nur, daß die Trinkgelder der einknöpfigen Herren nicht steigen.

Es ist eine große Einsamkeit um ihn. Aus der Lichterwelt – eine halbe Treppe höher – erreicht ihn ein Klangfetzen und nur dank der gebürsteten Herren, die ihm ein natürliches Bedürfnis zusendet, ahnt er die Glückseligkeit der oberen Schicht. Sein Ohr zählt die gleitenden Tropfen der Wasserleitung, die beharrlich Sekunden totschlagen. An ihnen mißt er die verrinnende Zeit.

Einmal, nach dem zehntausendmillionsten Wassertropfen, wird er einschlafen und noch einmal begraben werden.

Gute anderthalb Treppen tiefer wird er liegen, und die Herren mit einem Knopf werden auch einmal heimkommen, und er wird sie nicht einmal zu bürsten brauchen . . .

DER FRÜHLING, DIE SCHÖNSTE JAHRESZEIT

Eine Hausarbeit von *Joseph Roth*

Der Frühling, auch „Lenz" genannt, ist die schönste Jahreszeit, die Saison der Kuckuckskonzerte und des Lerchengesanges, der grünen Wald- und Wiesenkostüme und der göttlichen Blütenfabrikation. Es ereignet sich, von Lyrikern in Reimen begrüßt, die bekannte Auferstehung der Natur, welche den Agrariern gehört, aber von diesen sehr menschenfreundlichen Besitzern den Ausflüglern ohne Unterschied der Partei umsonst zur Verfügung gestellt wird.

Die Sonne, ein radikal sozialistischer Leuchtkörper, eines der wenigen Objekte dieser Welt, deren private Ausbeutung deshalb noch nicht gelungen ist, weil es keine Groß-Himmels-Grundbesitzer gibt, diese Sonne nimmt sich die Freiheit, allen Menschen gleich zu leuchten und die dürre Haut des Hungernden ebenso zu wärmen wie den fetten Bauch des Satten.

Zu den Objekten in Kommunalbesitz gehören auch noch die bekannten Frühlingswolken, die „linden Lüfte", von denen die deutschen Dichter leben, und der blaue Himmel, hinter dem sich der liebe Gott verbirgt, um ungestört die Bittgesuche der Menschen der Reihe nach zu erledigen.

Die sogenannten Zugvögel, lebendige Symbole der menschlichen Sehnsucht, kehren, unbelehrbar, wie Zugvögel sind, und einem unvernünftigen Drange gehorchend, aus den südlichen Ländern nach Europa zurück, das sie eigentlich gar nicht nötig haben. Bei diesen Tieren sind Instinkt und Überlieferung so mächtig, daß sie Konferenzen, Redaktionen, Produktenbörsen gar nicht merken und in harmloser Ahnungslosigkeit dort lieblich zwitschern können, wo der Mensch weinen muß. Diese Vögel zwitschern sogar in der Berliner Siegesallee.

Auch am Kurfürstendamm offenbart sich der Anbruch des Frühlings: Die Bettler enthüllen ihre Gebrechen, und die vornehmen Spaziergänger ihre Frühlingstoiletten. Auf den Köpfen der Damen erblühen die neuen Strohhüte in verschiedenen, von den Modeberichten vorgeschriebenen Formen. Die Frühlingsluft verursacht Pläne für die Sommerreise, welche die bedeutendste Frühjahrssorge der spekulierenden Menschheit ist.

In den Fabriken und Bureaus sind die Fenster geöffnet, und die Menschen des Achtstundentages dürfen den Lenz in gesetzlich zulässigen Kubikmetern genießen. Der unbegrenzte Genuß der linden Lüfte ist nur den Auserwählten gestattet und den Arbeitslosen. Jenen behagt es, diese sterben infolge des ungewohnten Vergnügens. Es ist nicht jedermanns Sache, in vollen Zügen zu genießen. So mancher stirbt dahin, weil er Freuden ohne Mittagessen nicht verträgt.

Sorglos aber leben die Auserwählten, der Aprilregen befruchtet ihre Felder – und Gottes Segen ruht auf ihnen. Sie leben wie die Lilien im Felde, für sie wachsen die Anzüge bei den Schneidern, und alle Mühlen mahlen hygienisches Weißbrot, das der Hausarzt vorschreibt . . .

Deshalb ist der Frühling die schönste Jahreszeit.

ZOO IM FRÜHLING

Den lieben Menschen zum Wohlgefallen hat man den Zoo wiedereröffnet und das intime Familienleben der Tiere enthüllt:

Der Wolf läuft rasend das Gitter entlang, auf und ab, verzweifelt, daß er kein Stückchen Brot hat, um es den hungrigen Leuten zuzuwerfen, die ihn besichtigen.

Der Bär, ein gemütlicher Mensch, mit schwarzpolierten Fingernägeln, sitzt in Bitte-recht-freundlich-Pose da. Er hält den Käfig für ein photographisches Atelier.

Ein räudiges Kamel läuft vorderhand in blamablem Negligée herum – es hat seine Garderobe zum Frühjahrsschneider gegeben. Es trägt seinen Buckel mit hochwichtigem Ernst, sieht die Leute an, denkt ein wenig nach und sagt: langweiliges Leben . . .

Der Bison hat eine Schnauze wie ein Wachtmeister. Manchmal rollt er ein blutunterlaufenes Auge nach rechts, wo ein weiß gekleideter Knabe steht. Der Bison möchte ein bißchen Kinder zerfleischen.

Die Beuteltiere haben immer noch Behälter für Nachkommenschaft bereit, obwohl sie eigentlich wissen müßten, daß man heutzutage etwas auf Kinderheime und dergleichen gibt. Sie verlassen sich nicht auf die soziale Fürsorge.

Sie sind sehr lustig, die Beuteltiere. Sie hüpfen auf den Hinterbeinen und gebrauchen den Schwanz wie einen Spazierstock, der an der rückwärtigen Hosennaht befestigt ist. Ihre Vorderpfötchen führen sie von Zeit zu Zeit zum Munde um sich die Nägel zu maniküren.

Der Strauß hat nicht so schöne Federn wie jene Dame, der ich beim Eingang begegnet bin. Ich bin enttäuscht, Herr Strauß! . . .

Der Schwan ist soeben aus der Lohengrin-Vorstellung gekommen, er schwimmt leicht im Teich umher, glücklich, daß er den Tenor losgeworden ist.

Der Oberlehrer hat ein Geiergesicht. Er stelzt hier studienhalber herum. Sein Fach ist Naturlehre.

Ein Menschenpaar im mittleren Lebensalter hat sich auf einer Bank niedergelassen. Es trägt seine Jungen nicht in Beuteln, sondern läßt sie mit Kieselsteinen nach den Adlern zielen.

Gouvernantenpapageien führen kleine Säugetiere in weißlackierten Kinderwagen spazieren.

Eine Ameisenbärfamilie mit Uhrketten, Spazierstöcken, Regenschirmen begibt sich ins Kaffeehaus – im Vollgefühl ihrer durch den zoologischen Besuch erheblich gesteigerten Menschenwürde.

Ein Habicht mit grünem Plüschhütchen, kariertem Kragen und sonstigem Polizeiagenten-Zivilfell späht nach Beutemenschen . . .

Der Mensch ist gut . . .

DER FEIERTAG

An unserem Feiertag schweigen alle Glocken, und der offizielle Gott der bürgerlichen Priester, der Herr der auserwählten Klassen, der Menschen mit gesellschaftlichem Rang und Ansehen, der Gott des Gottesgnadentums und der Krupp-Kanonen trägt sein wochentägliches Angesicht und tut so, als wäre keine Sabbatruhe in unserer Welt. Seine Geschöpfe, die Bürger, die Offiziere mit den schleppenden Schürhaken an den Hüften, die schwergeprüften Fabrikanten in den lackierten Automobilen, die rückwärts gewendeten Regierungs- und Landräte, die der Strahlen majestätischer Gnadensonne bitter entbehren, empfinden diesen Feiertag als eine Lästerung göttlicher Gebote, die da besagen, daß wir arbeiten müssen, auf daß jene unbehindert den Ämtern, dem Geld und der Ehre näherkommen. Der erste Tag ihres völkischen Wonnemonds ist ihnen unangenehm gemacht. An einem einzigen Tag im Jahr merken sie, daß die Welt verkehrt sein kann und dennoch nicht untergeht: daß solche minderwertigen Geschöpfe, wie Kellner, aufhören dürfen zu „bedienen"; daß so nebensächliche Attribute der Industrie, wie Fabrikarbeiter, auch einmal aufhören können, ein Rad in Bewegung zu setzen. Und siehe da: diese Welt besteht weiter, als hätte sich nicht das Ungewöhnliche ereignet: dieses Ungewöhnliche, daß die unbekannten Menschen aus den Tiefen emporsteigen und plötzlich durch die hellen Straßen marschieren; daß ihnen das Sonnenlicht so gut scheint wie allen andern; daß sie Luft atmen mit genau so konstruierten Lungen wie die konzessionierten Pächter der freien Lüfte.

Denn, wenn sie's nicht mit eigenen Augen sehn, glauben sie, daß ihnen der ganze Frühling gehört, wie die Gärten und Wälder, in die er einzieht; glauben sie nur an jene Feiertage, an denen die von ihnen bezahlten Küster die Glocken in Bewegung setzen; an denen die Priester beten für das Seelenheil jener, die sich bereits des leiblichen Wohls erfreuen. Und sie sind immer wieder erstaunt, daß ein Feiertag sein kann ohne Rot im Kalender, ohne bürgerliche Weihe und ohne die Erlaubnis der Herrschenden. Ein Feiertag außerhalb der bürgerlichen Gesellschaftsordnung.

Und also kein Feiertag in überlieferten Formen. Sondern ein Tag der Ruhelosigkeit und der Bewegung. Nur jene, denen ein gütiger Klassengott Feste in den glücklichen Schoß wirft, dürfen rasten. Dieser Feiertag ist keine Rast, sondern Arbeit am Aufstieg und Kampf um den Mai. Denn in *ihren* Gärten blüht der blaue Flieder, duften die Rosen, *ihrer* sind die sonnenbeglänzten Tage und die unrationierten Kuckucksrufe in den grünenden Wäldern, die Liebe, nicht beschränkt auf flüchtige Stunden vor einbrechender Dunkelheit; die Wanderung in würziger Morgenluft und der Jubel der Lerchen. Ihnen gehören die Expreßzüge, die gen Süden fahren, in die Länder der fremden exotischen Früchte, ihnen die Flora und Fauna der ganzen Erdkugel, ihnen die Meridiane und Parallelkreise, der Äquator und das blaue Meer, die Kabine erster Klasse und die Essenzen und Öle aus den mühsam gezüchteten Blumen. Indes wir durch die Straßen schreiten, sitzen sie auf dem Balkon und erholen sich von unserem Anblick durch das Studium eines Fahrplanes. Ihre Phantasie beflügelt der Besitz – und zwischen ihrem Wunsch und seiner Erfüllung liegt *nur* das Geld.

Wir aber haben nur das Heute. Morgen ist wieder der Lärm der Schwungräder, der Staub des Abfalls, der Trost der frommen Sinnsprüche; Bescheidenheit ist eine Zier der Armen; Morgenstunde schüttet Gold in den Mund der Schlafenden; Arbeit ist Segen für die Arbeitgeber; Lohnerhöhungen, die heute besorgt werden können, verschieben wir auf morgen; liebe deinen Nächsten, wenn er für dich arbeitet.

An diesem Feiertag läuten ganz andere Glocken: Kein Küster bewegt sie, kein Priester predigt und ihr Klang ist nicht golden sondern eisern, denn es sind die Klänge von Übermorgen und nicht jene von Gestern. Wer sie nicht hört, ist taub.

DIE PARADE

Die Parade ereignet sich immer dann, wenn die armen, leider schon wehrlosen Gefallenen eines Regiments eine schöne Gedenktafel bekommen, mit oratorischen Ornamenten geziert, die das Regiment von der bekannten rhetorischen Kunstgewerbefirma „Hindenburg, Prinz Eitel Fritz und Co." bestellt, pünktlich lieferbar, franko und gratis („Karte genügt – Komme sofort"!)

Der Schmock des „Lokal-Anzeigers" ist auch dabei. Er hat die Aufgabe, der aus den geistig Minderbemittelten der Reichshauptstadt bestehenden, auf die Scherl-Blätter abonnierten Mitwelt zu verkünden, was die Generäle, denen die Gefallenen ihren Tod zu verdanken haben, über eben diese Gefallenen reden.

Ich bin immer sehr neugierig, wenn ich erfahre, daß so ein General reden will. Ich stelle mir vor, daß ihm im Angesicht einer marmornen Todesliste die Haare zu Berge stehen, und daß er sich bemüht, sich vor den Toten zu entschuldigen.

Dann aber lese ich, was der Schmock berichtet, und sehe, daß die Generäle selbst im Angesicht des Todes, den die anderen erlitten haben, nicht Reue empfinden, sondern vom Hochmut besessen sind. Und langsam gewinne ich die Überzeugung, daß die Generäle nur deshalb die Große Zeit überlebt haben, weil sie vom Gott, der Eisen und Reden wachsen ließ, dazu ausersehen sind, Gedenktafeln rhetorisch zu verunzieren und die Toten mit der Erinnerung an den Kaiser zu beunruhigen.

Das ist das Traurigste an so einer Gedenkfeier: daß ein General, der die Soldaten selbst in den Tod geschickt hat, diese seine Handlung noch nachträglich mit einer Rede vervollständigen muß, und die noch lebenden und im Andachtsdrill erschauerten Soldaten an ihre Pflicht gemahnt, ebenfalls auf eine solche Gedenktafel zu kommen – bei deren Einweihung noch einmal ein General eine Rede halten wird. Und so ist der Kreislauf des militärischen Lebens: der General befiehlt den Heldentod, dann kommt man auf eine Gedenktafel, dabei hält der General eine Rede für den neuerlichen Heldentod und dann kommt wieder die Gedenktafel.

Aber manchmal erschüttert mich eine schaurige Vision: ich sehe, wie die toten Soldaten, aufgeschreckt durch die Erinnerung an den Kaiser, aus ihren Gräbern auferstehen und des Nachts, wenn die Generäle schlafen, zu der Gedenktafel marschieren. Voran trommelt der Tod den Fridericus-Rex-Marsch.

Die gefallenen Soldaten lesen ihre goldenen Namen auf der marmornen Gedenktafel und löschen sie aus und schreiben in den Stein den Namen eines lebenden und rednerisch begabten Generals. Und stellten sich auf und der Tod rührt die Trommel und es findet eine Gedenkfeier für den lebendigen General statt. Und ein toter Infanterist hält eine Rede. Und er ruft zum Schluß „Es sterbe der General!"

Aber dann graut der Morgen über Deutschlands Leichen – und Exerzierfeldern und die Toten kehren zurück in die Gräber zu den Regenwürmern.

Um diese Zeit erwachen die Prinzen und Generäle und lassen sich die neuen Paradeuniformen reichen und die Schleppsäbel und ziehen aus, eine neue Gedenktafel einweihen . . .

Der rote Joseph

DER CHINESISCHE GENERAL

Ich habe das Porträt eines chinesischen Generals, eines großen Generals, in einer englischen Zeitschrift gesehen. Es war ein Oeldruck, und man sah genau, daß es ein mongolischer und nicht etwa ein europäischer Heerführer war; man sah die gelbe Gesichtsfarbe und die Schlitzaugen und die flache Nase ohne Wurzel.

Aber der ausgesprochen mongolische General trug eine europäische Felduniform aus graugrünem Mimikrytuch und einen europäischen Säbel an der linken Seite und viele Auszeichnungen an der Brust, blaue, grüne und rote Bändchen und Schleifen, von derselben Art, wie sie auch in Europa an Generalsbrüsten und in geheimen Schubladen unserer Backfische zu finden sind.

Es war ein so herrlich-realistischer Farbendruck, der General stand so greifbar, sozusagen salutierbar, auf dem Blatt der Zeitschrift, daß man seinen Säbel scheppern zu hören vermeinte und das sanfte Klingeln seiner Medaillen und das silberne Läuten der Sporen aus edlem Stahl. Ja, wenn ich mich inbrünstig für ein paar Sekunden in den Anblick des großen Chinesen vertiefte, konnte ich mir die Stimme des Generals vorstellen und den gewaltigen Schall seines Kommandoworts, und ich hörte etwa einen Ruf, wie: „La-Hu-Pi!" oder: „Me-li-tung". Und das hieß ungefähr: „Batterie stillgestanden!" oder: „Niederschießen!" oder: „Sturm". Denn, wenn auch die chinesischen Generale chinesisch kommandieren, so bedeutet der Inhalt ihrer Kommandos doch ungefähr dasselbe, wie der unserer deutschen. Und die Generale aller Länder der Welt kommandieren immer solche Dinge, wie Schießen, Stürmen, Feuer (beziehungsweise Zeitungen) einstellen, und dergleichen mehr.

Und nun geschah folgendes: Während ich mir so die Kommandos des großen chinesischen Generals vorstellte, veränderten sich allmählich die typischen mongolischen Züge des farbengedruckten Porträts. Die gelbe Farbe des Gesichts verblaßte und wurde europäisch – weiß. Die Nase sprang vor, die schielenden Pupillen richteten sich gerade, der kleine schwarze spärliche Schnurrbart sträubte sich und wurde buschig, und vor mir befand sich das Bild eines großen europäischen Generals. Ja, der Chinese war ein Europäer – nur dadurch, daß er ähnliches kommandierte, ja, erlebte.

Es war ein großes Erlebnis, als ich auf der nächsten Seite der englichen Zeitschrift das Bild eines Kulis erblickte, eines Rikschahkulis. Auch dieser Mongole hatte eine große Ähnlichkeit mit einem europäischen Zigarrenstummelsammler oder Obdachlosen. Auch sein Rücken war gebückt. Auch sein Blick war flüchtig, wie der scheue Blick eines verfolgten Tieres. Auch seine Fäuste waren derb und hingen an mageren Armen.

Und so erkannte ich die geheimnisvollen Zusammenhänge dieser Welt, und so kam ich hinter das Geheimnis, weshalb Generale, die gegeneinander Krieg führen, sich nicht persönlich in den Kampf begeben. Denn alle Generale der Welt, die gelben, die braunen, die roten und die schwarzen, sind Brüder und wollen einander nicht totschlagen.

Nur die Kulis aller Länder, die gelben, die braunen, die schwarzen, die weißen, haben noch nicht erfahren, daß sie auch Brüder sind. Und so schießen sie aufeinander.

Aber das kommt davon, daß die Generale weit häufiger in den illustrierten Zeitschriften abgebildet sind als die Kulis.

DER TAPFERE DICHTER

Die Tradition des politisch „indifferenten" deutschen Dichterwaldes gebeut Schweigen in allen Fragen des öffentlichen Lebens. Vor der Revolution war diese Schweigsamkeit gerade noch vernehmbar, heute ist sie betäubend. Sie übertönt das barbarische Geräusch der Reaktion und den gellenden Todesruf ihrer Opfer. Niemals haben die deutschen Dichter so laut gesprochen, wie sie jetzt schweigen.

Seit Goethe halten sie es für ihre Pflicht, die obligate wirkliche und metaphorische „Reise nach Italien" zu unternehmen, die eine Flucht vor Deutschland ist, – aber niemals eine zugestandene. Immer war es eine vorgetäuschte „innere Notwendigkeit", die verwerflichen, unwürdigen Zustände des nationalen, politischen, sozialen Diesseits zu vergessen und von den heiteren Himmeln anderer Zonen das sogenannte „innere Gleichgewicht" zu entlehnen. Ach! wie leicht erhielt man das innere Gleichgewicht! Es wurde wenigstens niemals hörbar erschüttert. Nicht, als Eisner und Landauer, Luxemburg und Liebknecht und tausende Arbeiter ermordet wurden, nicht, als Fechenbach ins Zuchthaus wanderte, nicht, als Kahr den Thron „platzhaltend" bestieg und in München die Republik begraben wurde. Immer sitzen sie in einem Schwabing, die Dichter. Es ist kein geographischer Begriff mehr, sondern ein symbolischer.

Der ruht von der Feier seines eigenen Geburtstages aus und jener* fährt durch die Städte und hält Vorträge über sein okkultisches Erlebnis. Er wohnt in München und erlebt nicht die Materialisation der Brutalität: Adolf Hitler – sondern die Materialisationsphänomene des Schrenck-Notzing. Aber die phänomenalen Ereignisse der deutschen Reaktion sieht er nicht. Er ist ein „deutscher Dichter". (Etwas vom Begriff des kaiserlichen Gottesgnadentums haftet seiner „Berufung" an.)

In Deutschland trennt man „Politik" von „Poesie". Der Dichter, aus dem Gefüge seiner Zeit, seiner Klasse gelöst, lebt in einer abstrakten „Heimat". Kein Wunder, daß ihn die metaphysischen Wunder mehr interessieren, als die irdischen, als diese Geschehnisse: Fechenbach, München, Diktatur, die dadurch, daß eine Republik ihr Geburtsort ist, wunderbarer werden, als sämtliche Geistererscheinungen in Deutschland.

Man weiß nicht, ob es Hochmut ist oder Indolenz, dieses peinliche, schmerzhafte Schweigen. Es ist jedenfalls vorhanden, man hört es und verurteilt selbst diejenigen, von denen es ausgeht.

Diese Vorrede war notwendig, um eine Erscheinung zu erklären, die in allen anderen europäischen Ländern eine Selbstverständlichkeit wäre und bei uns eine Tat ist. *Heinrich Mann,* seit Jahren der einzige Rufer von Geist im brüllenden Streit der reaktionären Barbaren (des Großkapitals, des Nationalismus, des völkischen Gedankens), schreibt ein Buch: *„Die Diktatur der Vernunft",* in dem folgende Sätze stehen:

„Ihr (der Bürger) Anblick zwingt den Unschuldigsten, zu fragen, was sie denn, außer Raffen, noch können – da sieht er: nichts. Gegen sie waren Monarch und Generalstab humanistische Genies. Einer von ihnen hatte gerade mit Hilfe eines Agenten, der vom Balkan kam, die Mehrheit der Aktien einer Berliner Bank heimlich und hinterrücks an sich gebracht. Dann ging er in eins der Parlamente und sprach – der Satz kam vor –: „Ich kann meine Zeit produktiver anwenden, als hier" – Mit Balkangeschäften. Derselbe wurde von einem Berichterstatter gefragt, für wen er eigentlich so unsinnig viel Geld verdiene. Er hätte natürlich sagen müssen: Für den Aufbau der deutschen Wirtschaft. Oder: Für Deutschland. Oder: Zum Heil der Welt. Aber nein, er vergaß sich. Für wen er so viel Geld verdiene? *„Für meine Kinder"* sagte er schlicht."

„Industrielle beider feindlicher Länder fanden sich, nach vollbrachter Tat dort zusammen, um zu beaugenscheinigen, was sie vollbracht hatten. Die Herren verließen ihre starken und glänzenden Autos. Obwohl von feindlicher Herkunft, schritten sie im besten Einvernehmen über die Stätte ihres Wirkens. Es war ihr gemeinsames Wirken. Die Feindschaft war in Wahrheit Arbeitsgemeinschaft."

„Es gibt heute kaum noch vorgeschrittene Geistigkeit, ohne einen gewissen Internationalismus. Er wird bedingt schon durch die Qualität der Nationalisten."

Wie viele Dichter von Ansehen und Rang schreiben noch so in Deutschland? Wen von ihnen kümmert das Parlament, dieser Stinnes, diese Industrie, dieser

---

* Die folgenden Sätze beziehen sich auf Thomas Mann, dessen Aufsatz „Okkulte Erlebnisse" sich mit Schrenck-Notzings „Materialisations-Phänomenen" beschäftigt (1923).

Patriotismus? Wäre dieses Buch von Heinrich Mann selbst nicht so geistreich, selbst nicht so von musikalischem Rhythmus, von edelstem dichterischen Atem durchweht, wie es ist, – es müßte nur als eine deutsche Kuriosität verzeichnet und verbreitet werden, zur Erleuchtung der Anständigen, zur Beschämung der schweigenden Dichter. Ich fürchte nur: sie werden sich nicht schämen. Auch sie sagen: ihr Reich sei nicht von dieser Welt, und glauben sich dadurch berechtigt, zusehen zu dürfen, wie die anderen gekreuzigt werden. In einigen Jahren, wenn die Republik eine Legende geworden, wird sie ihnen das gegebene „distanzierte" Thema geworden sein. Denn ihr Blick ist so auf die Nachwelt gerichtet, daß sie an dem Untergang der Mitwelt schuldig werden.

DER KORPSSTUDENT

Der Korpsstudent ist das einzige zoologische Lebewesen, dessen „Vorkommen" nicht von geographischen und klimatischen Verhältnissen abhängig ist, sondern von staatlichen und nationalen. Während er also in Ländern, welche dieselben biologischen Bedingungen haben, wie Deutschland, entweder bereits ausgestorben oder überhaupt nicht entstanden ist, kommt er bei uns in zahllosen, durch die („Couleur" genannte) Färbung von einander verschiedenen Gattungen vor.

Man trifft ihn in Kneipen, auf Mensurböden und bei völkischen Veranlassungen (zu denen die Vorlesungen der Professoren Roethe, Freytag-Loringhoven und ähnlicher gehören), auch in Hörsälen. Der Korpsstudent ist auf den ersten Blick zu erkennen: die theologische Theorie, daß Gott den Menschen nach seinem Ebenbilde erschaffen, leugnet der Student in praxi durch Gesichtstätowierungen, die er „Schmisse" nennt. Auf der obersten Wölbung seines kurz geschorenen Schädels trägt er ein mit schiefer Vehemenz aufgesetztes Käppi, um das ihn jeder amerikanische Telegraphen- und Expressboy beneiden könnte. Quer über die Weste hat er ein buntes, zwei- und dreifarbiges Band geschlungen, das manchmal mit einer goldenen Phrase geziert ist, wie zum Beispiel: „Mit Gott für König und Vaterland". Also projiziert er Gefühle und Überzeugungen nach außen, er selbst eine wandelnde Phrase, von Traditionen und Bier genährt, und durch die unwahrscheinliche Geduld seiner deutschen Mitmenschen am papiernen Leben erhalten. Da er keinen Inhalt mehr hat, lebt er als eine Schale weiter; und gleicht etwa einem bunten Lampion am Morgen nach einem Fest.

Um die Zweckmäßigkeit seiner Existenz dennoch zu erweisen, verursacht er Aufsehen und Geräusche – in der irrigen Meinung, daß akustische Wirkungen Daseinsberechtigung verleihen. Indes beweist er gerade dadurch seine exzellente Vergangenheit und seine anachronistische Gegenwart. Sein Lärm gleicht einem gelegentlich aus der Unterwelt aufsteigenden Rumoren mangelhaft gestorbener Geister.

Weil er aus den Fugen der Zeit gefallen ist, glaubt er, die Zeit sei aus den Fugen. Weil er den Tag verschläft, sieht er die Welt nur bei Nacht – und dann auch nur doppelt. Deshalb verkennt er die Dimensionen der Wirklichkeit. Gespenster sehend, wandelt er sich selbst zum Gespenst, das im Klang des Bierglases Altheidelbergs Glocken zu hören vermeint. *Ihn* stärkt also ein Rausch, in dem andere untergehen. Vom Moder des Gewesenen und Verwesenen lebt er. Sein Glanz ist dem eines in der Nacht leuchtenden feuchten Kadavers zu vergleichen.

Dennoch – und weil er ein Toter ist, den die Geschichte zu begraben vergessen – macht er, durch Gesetz und Sitte vor der unbarmherzigen Wirklichkeit geschützt, seinen Weg, den man „Carriere" nennt, und der ihn zu Richterstühlen, in Anwaltskammern, an Krankenbetten führt. Er spricht Recht und verordnet Rizinusöl. Er wird ein Professor und bildet sich ein, Wissenschaft zu verbreiten, wenn er sein Wissen verbreitet. Die Ideale aus der Rumpelkammer seiner Jugend zieren seine Wände und hängen in seinem Gehirn. Er ist aus einem jungen Biertrinker ein „alter Herr" geworden. Denn genau so, als ob er jemals ein Lebendiger gewesen wäre, wandelt er durch die Jahre, an der Peripherie der Welt zwar und dennoch ihr zugerechnet, wird grau und stirbt endlich den Tod der Lebendigen, nachdem er ein Leben der Toten absolviert hat.

Seinem trauernd hinterbliebenen Korps hinterläßt er Maßkrug, Schläger, Hakenkreuz, Kappe, Band und was es sonst noch an studentischen Kulturutensilien geben mag. Seiner gedenkend und ihm nachzueifern beflissen wächst die nächste Generation heran und pflanzt an seinem Grabe ihre Hoffnung auf, die unsere Enttäuschung ist . . .

GETRÄUMTER WOCHENBERICHT

Ich leugne die Wirklichkeit des bedeutenden Ereignisses, das in dieser Woche Deutschland so schwer getroffen hat: ich leugne die Wirklichkeit des Hitler-Prozesses.

Man muß solche phantastischen Erlebnisse in das Gebiet der ohnehin in München heimischen Metaphysik verweisen. Auch der Zeitpunkt, in dem dieser angeblich tatsächliche Prozeß sich vollzieht, ist meiner Auffassung sehr günstig: Mitten im Karneval kommt ein Gerichtshof zusammen, macht seine Reverenzen vor den Angeklagten, diese werfen den Damen im Hörsaal Kußhände zu, die Justiz ist in eine Kaserne übersiedelt, die Angeklagten erheben die Anklage, die spanischen Reiter dräuen fürchterlich vor dem Eingang in den Kasernensaal, die Öffentlichkeit entsendet 60 gespitzte Bleistifte, und den armen Hausierern ist es verboten, Hosenträger in der Nähe des Gerichtssaales feilzubieten. Man müßte blind sein, oder was dasselbe ist, ein naives deutsches Publikum, um aus all den oben angeführten Begleiterscheinungen nicht zu erkennen, daß in München kein „politischer Prozeß", sondern ein Fastnachtstraum stattfindet.

Infolgedessen degradiere ich das Ereignis dieser Woche und zerre es aus den oberen Regionen des ernsten Leitartikels in die tieferen unter den Strich. Es ist keine Erscheinung des politischen Lebens, sondern der geistigen Dekadenz. Es ist keine Gerichtssaalsitzung, sondern eine spiritistische Séance. Sie ist irrtümlich aus der Fakultät des Geisterprofessors Schrenck-Notzing in die des Ministers Emminger gefallen. Ich lasse mich nicht irreführen.

Ich lasse mich nicht irreführen – und wäre der Ton, in dem die Zeitungen von diesem Prozeß berichten, noch so ernst, noch so sachlich, noch so pathetisch. Denn, hört Ihr nicht, Brüder, daß die Toten reden? Seht Ihr nicht, daß die Stenographen Geisterreden nachschreiben? Erkennt Ihr nicht aus den Bildern der „in den Gerichtssaal entsandten Sonderzeichner", daß sie die Gestorbenen abkonterfeien? In München öffnen sich die Gräber der Weltgeschichte, und aus ihnen steigen die begraben gewähnten Leichname. Ein grotesker Traum tritt in Funktion – und ganz Deutschland nimmt dieses Wunder gleichgültig hin, als wäre es eine Selbstverständlichkeit.

Es erscheint ein Tapezierer, nennt sich „Schriftsteller", und alle glauben es ihm. Ein Schuster, der nicht bei seinem Leisten geblieben, erzählt seine belanglose Biographie und schildert, wie er sich aus einem „Weltbürger", der er noch in Braunau gewesen, zu einem „Antisemiten" in Wien entwickelt hat. Und die deutschen Zeitungen drucken es fleißig. Es fährt ein bereits im Totenregister der Historie unter dem Namen Lindström verzeichneter General im eigenen Auto vor und hält eine Rede gegen den Papst. Dieser mußte es sein, just dieser General, der noch bei seinen Lebzeiten kein anderes Buch gelesen hatte, als ein militärwissenschaftliches – und sogar dieses mit sehr geringem Nutzen. Aus dem Jenseits der abgeschafften Lesebücher steigt ein Oberleutnant Röhm auf und sagt: „Ich bitte zu berücksichtigen, daß ich nur Offizier bin und als ein solcher denke. Ich stand als Generalstabsoffizier an der Front und gehörte zu den wenigen, die *glaubten, daß wir immer noch siegen würden."* Selbst unter Generalstäblern ein Rekord an Dummheit! Bedenkt, Brüder: wie lange ist es her, daß jemand noch glaubte, wir würden siegen? Mußte man nicht annehmen, daß diese Menschen schon lange tot und begraben seien? Nein, seht! Sie leben! Sie sagen aus! Sie wollen Revolutionen machen! Oh, welch ein Totentanz!

Es scheint mir, daß die deutsche Geschichte der Gegenwart und der letzten Vergangenheit irgendeinen konservierenden Stoff ausscheidet, mit dem sie ihre Verstorbenen umgibt, so daß sie zur Faschingszeit auferstehen und ihre Weltanschauungen in München darlegen können. Aber das wäre die private Angelegenheit eines Geister beschwörenden Zirkels gewesen und nicht eine der Öffentlichkeit und der Politik. Weil aber dem so ist, und weil sechzig Berichterstatter die Worte der Toten stenographieren, muß ich annehmen, daß ich diesen hier geschriebenen Aufsatz und seine Veranlassung geträumt habe; daß ich ganz Deutschland geträumt habe; seinen analphabetischen Tapezierer, meinen Kollegen, der, kaum, daß er lesen und schreiben aus einer Rassenfibel gelernt, schon Schriftsteller und eine politische Persönlichkeit war; seinen General, der, ein Schweizer im Vatikan zu werden, wozu seine Begabung ausgereicht hatte gegen den Papst zu Felde zieht; dieses Rasseln verrosteter Säbel, dieses Kadaverleuchten lebender Leichname, diese Zeitungen, die Witzblätter wider Willen werden, indem sie über den Prozeß in München berichten.

Es ist nicht anders: ich träume einen Fastnachtstraum, und der heißt: Deutschland.

LUDENDORFF UND DAS SCHLACHTVIEH

Die deutsche Gegenwart ist reich an witzigen Ereignissen. Wir sehen dabei von den absichtlich herbeigeführten, ernstgemeinten und wider Willen ihrer Urheber humoristisch wirkenden ab und beschränken uns auf jene, deren Autor der Zufall ist. Ein ahnungsloser Zufall? Ein boshafter? Es gewinnt den Anschein, daß es ein bewußt boshafter, mit uns im Bunde stehender ist. Hätte man in Deutschland mehr Sinn für seine großartige Bissigkeit, wir brauchten um die Revolution nicht so heftig zu kämpfen. Er macht die Generäle, die Völkischen, die bayerische Justiz lächerlicher, als es der feindseligste Satiriker könnte. Leider übersieht man ihn und seine Wirkungen. In der pathetischen Atmosphäre, in der wir unsere politischen Angelegenheiten zu erledigen lieben, verliert sich das petitgedruckte witzige Ereignis. Versuchen wir, es zu retten.

In einer Zeitung fand ich die leider sehr klein gedruckte Nachricht mitten unter anderen, daß ein Dampfer, der Stinnes (wem sonst?) gehört und „Ludendorff" (wie denn anders?) heißt, in jüngster Zeit zu Rindertransportzwecken umgebaut wurde: und zwar handelt es sich um den *Transport argentinischen Schlachtfleisches nach Europa.*

Dies ist der Inhalt der kurzen Meldung. Kein Satiriker hat sie erfunden. Ein biederer Berichterstatter hat sie der Welt verkündet. Sie wurde nicht dementiert. In knappen drei Sätzen enthält sie die ganze unglückselige Komödie, deren Helden und handelnde Personen die Mächtigen sind: Stinnes und Ludendorff. Deren leidende Personen wir sind: Das Schlachtfleisch.

Wie wunderbar die Symbolik der Tatsache, daß Stinnes der Besitzer eines ‚Ludendorffs" ist; wie noch wunderbarer, daß sogar der unschuldige Körper eines toten Schiffes in irgendeine enge Verbindung mit Schlachtvieh gelangen muß, sobald jenes nur den Namen unseres Feldherrn trägt. Es geht von diesem Namen ein überirdischer Zwang zur Bestialität aus und erstreckt sich auch auf seelenlose Dinge. Es könnte gar nicht anders sein! Wie grotesk die Vorstellung, daß ein Dampfer, namens „Ludendorff" ein Ausflugsschiff etwa für friedliche Passagiere wäre! Unser Bundesgenosse, der boshafte Zufall, kann es nicht zulassen. Er baut das Schiff um. Ein Dampfer, der so heißt, kann nur einem einzigen Zweck dienen: dem Schlachtviehtransport. Es geschieht einfach diesem Manne zuliebe, dessen Klang assoziativ die Vorstellung von deutschen zum Schlachtvieh degradierten Soldaten wachruft.

Leider war der Zufall auch boshaft genug, diesen Ludendorff einmal zum Kapitän eines untergehenden Schiffes zu ernennen, das „Deutschland" heißt. Seine Tätigkeit war damals dieselbe: er transportierte Schlachtvieh. Wir waren es zufällig. Er aber kann – in welcher Gestalt er immer auch auftaucht – nichts anderes, als Schlachtvieh transportieren; ob er nun ein General, ein Rebell oder ein Dampfer ist. Nennt eine friedliche Sense: „Ludendorff" und sie wird sich in ein Schwert verwandeln. Nennt einen Besen: „Ludendorff" und der Besen wird schießen. In der harmlosesten Gestalt verleugnet er sein Wesen nicht. Geschah es doch, daß er einmal als friedliebender Morgenspaziergänger aus dem Hause trat und – ohne daß er gewußt hätte, wie – ein Revolutionär wurde! Blut klebt an den Buchstaben seines Namens, den er nur einmal für kurze Zeit geändert hatte. Was fängt man in einer Zeit ohne Stahlbäder mit dem Träger dieses Namens an? Der Ausweg liegt nahe, ihn seinem Charakter gemäß zu pazifizieren: er wäre vielleicht kein ungeschickter Schlächter jener argentinischer Rinder, die der Dampfer seines Namens nach Deutschland bringen soll. So bleibt ein General wenigstens in seinem Fach.

GESPRÄCH ÜBER DEN DEUTSCHEN PROFESSOR

„Die Universität Neapel", sagte Alfred, „feiert das Jubiläum ihres 700jährigen Bestandes. Zu dieser Feier hat sie die bayerische Akademie eingeladen. Nun, und was hat die bayerische Akademie geantwortet?"

Eduard: „Sie wird doch die Einladung nicht etwa zurückgewiesen haben?!"

Alfred: „Ihre Mitglieder sind deutsche Professoren, und diese seltene Menschengattung weist *jede* ausländische Einladung zurück. Der deutsche Professor steht auf dem Standpunkt, daß die Universität von Neapel an dem Friedensvertrag von Versailles schuldig ist, obwohl nicht die italienischen Professoren, sondern die italienischen Generale und Diplomaten an diesem Friedensvertrag mitgewirkt haben."

Eduard: „Wie kann man nur Diplomaten, Generale und Professoren miteinander verwechseln?"

Alfred: „Der deutsche Professor kann alles. Verwechselt er sich doch selbst mit einem General. Bei der vorletzten Rektorsinauguration der Berliner Universität sangen die Studenten das kriegerische Lied: „Wohlauf, Kameraden, auf's Pferd, auf's Pferd. ." Der Rektor Roethe hatte sie dazu aufgefordert; obwohl es gerade einem deutschen Professor eher ziemen würde, etwa den Text so zu singen: „Wohlauf, Kameraden, auf's Steckenpferd!" Aber es war nicht dieses gemeint, sondern ein wirkliches Schlachtroß, obwohl die Kavallerie in den modernen Kriegen nur eine untergeordnete Rolle spielen kann. Das wußte der Germanist Roethe nicht. Seine Kollegen von der chemischen Fakultät sind besser unterrichtet. Sie wissen, daß nicht ein munterer Ritt ins Feld der Ehre entscheidend ist, sondern die Wirkung des Giftgases. Die Chemiker sind praktische Naturen, die Germanisten romantische. Aber deutsche Professoren sind sie alle, daß heißt: Menschen, denen der geistige Stahlhelm über Augen und Ohren gerutscht ist, so daß sie Stimmen und Erscheinungen der Außenwelt nicht mehr wahrnehmen können."

Eduard: „Und die Wissenschaft leidet nicht darunter?"

Alfred: „Es gibt seit einigen Jahrzehnten eine Inzucht der deutschen Wissenschaft und eine peinlich gewahrte Rassenreinheit des deutschen Geistes. Die Entwicklung der wissenschaftlichen Ideen vollzieht sich in Deutschland unter dem hermetisch schließenden Stahlhelm, wie die Entwicklung exotischer Pflanzen in einem glasüberdeckten Treibhaus. Nur, daß der Stahlhelm die Sonne nicht durchläßt. Die Liebe des deutschen Professors zum Schlachtroß ist zwar mehr eine platonische. Denn reiten hat er nie gekonnt. Wohl aber hat er bereits den Knüppel schwingen gelernt, den er von Kunze bezieht. In der Linken das Buch und den Knüppel in der Rechten steht er heute auf dem Katheder, bereit, die Wissenschaft zu verbreiten und gleichzeitig Neapolitaner, Juden, Franzosen, Marxisten niederzuschlagen. So nimmt er allein den Kampf gegen die Welt auf – und sie, die es nicht zu wissen scheint, schickt ihm Einladungen."

Eduard: „Wie ist es möglich, daß sie es nicht weiß?"

Alfred: „Daran sind wir selbst schuld. Wir kümmern uns gar nicht um die Universitäten – und sie sind auch nicht mehr ein integrierender Bestandteil unseres öffentlichen Lebens. Sie sind höchstens das Agitationsmaterial im Wahlkampf der nationalistischen Parteien. Also sind wir, die wir keinen Kontakt mit den Akademien haben (und ihn auch nicht brauchen), immer noch geneigt, dem Professor mehr Achtung zu zollen, als er verdient. Dieser unbegründete Respekt vor der Autorität ist höchst verderblich. Ein qualifizierter Arbeiter, der denken kann, ist klüger, als zehn Forscher, welche ein Leben damit zubringen, die Umlaute des Gudrunliedes zu zählen. Deshalb ist der denkende Arbeiter auch Sozialist, das heißt: Zukunftsmensch; deshalb sind neun von zehn Professoren auch Nationalisten, das heißt: Vergangenheitsmenschen."

Eduard: „Willst du leugnen, daß die Wissenschaft den Menschen befreit?"

Alfred: „Das eben ist die folgenschwere Verwechslung. Ich leugne nicht die befreienden Impulse, die von der Wissenschaft ausgehen. Ich leugne die Möglichkeit einer *Befreiung durch den Professor.* Weil wir so dumm sind, den Professor für die Wissenschaft zu halten, respektieren wir die Bannmeile, die von der Tradition um die Hochschule gelegt ist. Wir stören den Professor nicht, weil wir immer noch glauben, er arbeite an seinen Büchern. Er aber arbeitet indes nur mit der Linken, während er mit der Rechten exerziert. Es hat sich ein Durcheinander zwischen Generaltum und Professorentum herausgebildet, während wir uns um die Bannmeile drückten. Ludendorff, der ein General ist, hält Vorträge über die Walhalla und die Forscher der Eddalieder fordern ihre Schüler auf, das Pferd zu besteigen. Der Feldwebel forscht nach dem Ursprung der Rassen in seiner Kompagnie und die Hörer des Seminars für Rassenforschung üben sich im Schießen auf proletarische Zielscheiben. Diese Tatsachen erörtern wir nicht genügend laut. Deshalb weiß es die neapolitanische Universität nicht und sie lädt infolgedessen noch die deutschen Professoren ein."

Eduard: „Werden die neapolitanischen Gelehrten nicht sehr beleidigt sein?"

Alfred: „Wenn sie Philosophen sind: nein! Denn sie haben ihre Abweisung nicht von jenen erhalten, die sie eingeladen hatten! Sie luden deutsche Gelehrte ein, und nur durch eine falsche Adressierung kam die Einladung an bayerische Professoren. Sie luden die Freiheit ein und ihnen antwortete die Barbarei. Es ist, wie wenn ein Dichter an die Sterne appelliert und ihm fallen Hakenkreuze ins Angesicht."

Eduard: „Was werden die Neapolitaner jetzt denken?"

Alfred: „Sie werden denken, am deutschen Himmel leuchten keine Sterne mehr, sondern Hakenkreuze."

Eduard: „Und ich glaube, sie werden richtig denken . . ."

HINKEMANN

Motto: „Dem Gesuche, dem Schriftsteller Ernst Toller – – – Strafunterbrechung zu bewilligen, kann keine Folge gegeben werden, weil die Bewilligung einer Strafunterbrechung zu diesem Zwecke mit dem Ernste des Strafvollzugs nicht vereinbar ist.

gez. *Gürtner,* Justizminister."

Unter Menschen, die diese bajuvarische Abart der deutschen Sprache – in ihrer Form gleich schauderhaft, wie in ihrem Inhalt – reden, sitzt Ernst Toller gefangen. Daß es ihm möglich ist, „mit dem Ernste" eines solchen „Strafvollzugs" die Tätigkeit des Dichtens überhaupt „vereinbar sein" zu lassen, ist allein schon ein technisches Verdienst und ein Beweis für moralische Ausdauer. Einem Schriftsteller, der sie nicht besäße, müßte die Hand verdorren, ehe sie nach der Feder greift – in dieser Umgebung, deren Befehlen und Vorschriften „seitens der Opfer" leider „Folge gegeben werden" muß. Unter solchen Umständen ringen nur eine reine Glut und ein heiliger Wille mit der Gestaltung eines Stoffes. Den reinen Willen besitzt Ernst Toller. Aber er ist nicht stark genug, den dichterisch konzipierten, dramatisch bewegten und stellenweise sogar visionär bearbeiteten Stoff zu „bewältigen"; das heißt: bis zur einzigen Gültigkeit durchzuformen. Das dramatische Gerüst ist schief. Die Rollen schlottern um die Personen. Der treulich erlauschte Klang, die richtig beobachtete Erscheinung sind nicht in die Region des Überwirklich-Dichterischen gehoben. Die „starke" Wirkung ist oft eine gewaltsame. Die tragische Ironie hat eine begrenzte, nicht überdimensionale Grausamkeit. Die Symbolik ist naiv, nicht metaphysisch. Das Schicksal des „Helden" (Hinkemann) – und mag er auch kein Individuum, sondern ein Collectivum sein – blüht nicht vorbedingt und unabänderlich aus seinem Wesen. Denn er wuchs nicht in der Phantasie und im Herzen seines Autors, sondern er wurde nachträglich, um einen „Einfall" lebendig werden zu lassen, um die Idee gebaut, wie eine Glocke um die bereits vorhandene Form. Sein Schicksal – und somit die ganze Handlung – ist möglich, aber nicht unbedingt, nicht naturnotwendig. Eingebungen einer spielerischen Phantasie stören die Andacht der Stimmung und lockern das Gefüge der Handlung des Ornaments auf der anderen Seite entschädigt nicht für jene Überflüssigkeit.*

Und dennoch beginnt dieses Drama (neben anderen) einen historischen Abschnitt in der dramatischen Literatur. Denn es führt, wie einmal das „bürgerliche Trauerspiel" den Bürger, statt der Könige, den Proletarier, statt des Bürgers auf der Bühne ein. Es bricht Bahn für die dramatische Behandlung der neuen Klasse, des kommenden Menschen. Das ist der Anfang einer neuen Literatur. Er muß mehr literar-historisch als kritisch gewertet werden. Noch sind die meisten Schicksale, die wir auf unseren Bühnen sich erfüllen sehen, Schicksale bürgerlicher Menschen. Der Bürger mag den „Hinkemann" nur kritisch werten. Ihm ist er eine literarische Erscheinung. Uns aber ist jedes Drama, dessen Gestalten Blut von unserem Blut sind, dessen Handlung proletarisches Erlebnis einschließt, eine historische *und* eine persönliche Angelegenheit. Auch der künstlerisch unvollkommene Hinkemann berührt uns tief: weil er ein Proletarier ist, ein Opfer der herrschenden Klasse und jenes Krieges, den sie auf ihrem mangelhaften Gewissen hat. Im Weltkrieg hat Hinkemann durch einen Schuß sein Geschlecht verloren. Er wurde auf dem Feld dieser zweifelhaften Ehre, der „männlichen" Ehre, – entmannt. Und diese Ironie ist es eigentlich, die den nationalistischen Sturm entfacht. Weil sie allein das „Heldentum", von dem jene Barbaren leben, endgültig desavouiert. Kann man ein „Held" sein, wenn man ein Eunuch ist? Schicksal des Proleten! Unter dem Vorwand, ihn zum Helden machen zu wollen, macht man ihn zum Eunuchen. Indem man seinen männlichen Ehrgeiz weckt, nimmt man ihm die Männlichkeit. Die Ironie dieses Gedankens ist groß. Die Ironie steigert sich: der entmannte Hinkemann wird von einem Schaubudenbesitzer als Rattenfresser ausgestellt und als Repräsentant „deutscher Männlichkeit" gepriesen.

Außer diesem Proletenschicksal noch Ausschnitte aus der Denkart des Proletariers; des bornierten Nur-Partei-Menschen; des rohen egoistischen Proletariers; der proletarischen Frau. Toller vermochte allerdings mehr „Milieu", als dessen dichterische Gestaltung zu geben. Aber, daß er proletarisches Milieu gab und des Arbeiters Leid und Leben zu erfassen versucht hat, ist, von unseren Augen gesehen, ein Verdienst.

Also ist auch die Aufführung ein doppeltes Verdienst: ein positives, weil sie ein Arbeiterschicksal vermitteln will und ein negatives, weil sie eine tapfere Entgegnung auf die Provokation des nationalen Bestiariums bedeutet. Darüber hinaus kann die Aufführung im *Residenztheater* als gelungen bezeichnet werden. In der Regie vereinigten sich der diplomatisch-kluge Emil *Lind* und der initiativschöpferische Erwin *Berger*. Professor Cesar *Klein* lieferte die sehr stillen und in ihrer tragischen Sanftheit sehr wirksamen Dekorationen. Den Hinkemann gab Heinrich *George*. Er verlebendigte selbst jene Stellen, die an oratorischer Monotonie leiden. Er durchpulste die Rhetorik, füllte gleichsam mit Blut leere Redegefäße. Neben ihn gestaltete Renee *Stobrawa* die Frau Hinkemann mit kargen komprimierenden Gesten und sparsamer Stimmkraft zu einer erschütternden Proletariergestalt.

---

* Hier liegt offensichtlich eine drucktechnische Nachlässigkeit vor. (d. V.)

Außer diesen beiden sind nur noch Hugo *Döblin* als Budenbesitzer zu erwähnen und Flaire *Selo* und Frigge *Braut* in eindrucksvollen Episodenrollen. Der starke Beifall galt der Regie und dem Hauptdarsteller. Er wird durch die Festungsmauern zu Ernst Toller dringen; der Beifall und der Dank der arbeitenden Menschen.

DER KLEINE MORIZ IN DER WINDJACKE

Seht, wie er sich im Laufe der antisemitischen Zeiten verändert hat, der kleine Moriz! Einmal der Typ des vorlauten, frühreifen, intellektuellen Judenknaben, durch unfreiwillig komischen Habitus und halb freiwillig komische Äußerung Stammgast der Witzblätter: heute nur noch als Überlieferung in seiner ursprünglichen Erscheinungsform bestehend, sozusagen abstrakt – und in der Wirklichkeit kaum noch zu finden. Denn der junge Nachkomme des intellektuellen jüdischen Bürgertums ist nicht mehr intellektuell und gar nicht mehr witzig: sondern eher pathetischer Idealist oder sachlicher Geschäftsmensch in amerikanischem Stil. Dagegen hat – o tragische Ironie! – die Rasse der Reinrassigen, der Vollblüter ohne Intellekt, den Typus des „kleinen Moriz" aus dem ihnen verhaßten Judentum übernommen und entsprechend ihrer hirnlosen, totschlägerischen, hochschulschlagringartigen Existenzform gewandelt: es lebt heute eine Abart des alten „kleinen Moriz": der völkische kleine Moriz in der Windjacke.

Ein frecher Wotansbeter ohne Respekt vor dem fremden Wert, der fremden Leistung, der fremden Überzeugung; vorlaut und zudringlich in Gesellschaft der Gereiften, der Älteren, der Erfahrenen; mit jener Hysterie in der mutierenden Stimme, die man gewöhnlich den „dekadenten Rassen" zuzuschreiben pflegte; unfreiwillig komisch in der äußeren Aufmachung, in outriert heldenhaftem Auftreten, in der burschikosen Naturgewandung und in der burschenhaften Couleur; geräuschvoll, rücksichtslos und die europäische Zivilisation verleugnend; zu feiger Ausflucht bereit und just im Augenblick der erbärmlichsten Feigheit mit Heldentum prahlend: ist das nicht der „kleine Moriz", wie wir ihn so oft jüdisch karikiert gesehen haben? Und nur, daß der eine die Hände zum Reden zu benutzen pflegt, der andere häufiger zum Töten, unterscheidet die ursprüngliche Art von der Abart.

Der völkische kleine Moriz kommt in allen Altersstufen vor: er steckt im jüdischen Bismarck-Bündler wie im ältesten Professor Roethe. Und an seiner Art, zu leben, an den Überzeugungen, die er äußert und an der Wirkung, die er im kultivierten Europa verursachte, könnte ich seinen rassenreinen Stammesgenossen nachweisen, daß sie die angeblich spezifisch jüdischen Eigenschaften stärker herausgebildet haben als die Juden: das Argument der alttestamentarischen Krieger, mittels dessen sie ihre moralische Berechtigung erwiesen, das Land Kanaan zu erobern, hieß: dieses Volk ist das Auserwählte unter den Völkern. Nun: wer operiert *heute* mit diesem Argument? – Die antisemitischen Nationalisten. Sie behaupten nur, daß die *Deutschen* das auserwählte Volk Gottes wären. Und ebenso, wie die Juden einst Jehova zu einem Schlachtenlenker und Generalstabschef zu ernennen liebten, so tun es heute – die *deutschnationalen* Pfarrer. Und wie die alttestamentarischen Juden den Angehörigen fremder Stämme nur sehr schwer die staatsbürgerliche Gleichberechtigung verliehen, wollen heute just – die *Antisemiten* die staatsbürgerlichen Rechte nicht nach den Gesichtspunkten der Leistung, sondern nach denen des Geschlechts zuerkennen. Ich könnte die historische Parallele beliebig verlängern. Aber, um den Siegfriedlern und Drachentötern zu beweisen, mit welch sklavischer Treue sie die historischen Taten der alten Juden kopieren, genügt vielleicht nicht nur der Hinweis auf die erstaunliche Tatsache, daß die angeblich reinen Germanen die kleineren Christusmänner der Gegenwart genau so hakenkreuzigen, wie einmal die Juden der Vergangenheit den großen Christus gekreuzigt haben. Dieser großen historischen Parallele entspricht die zwischen dem alten kleinen Moriz und dem neuen, dem völkischen. Wenn der semitische kleine Moriz auf die Frage des Vaters, wer die Gliedmaßen des Tausendfüßlers gezählt habe, antwortet: „Ein Christ" – so antwortet der völkische (mehr brutal und weniger komisch): „Wir zwangen einen Juden, sie zu zählen."

So ähnlich könnte man alle Witze variieren. Ein Völkischer könnte darüber sogar lachen. Wenn Jagow vor einem Gericht die Hände in die Hosentaschen steckt, so ist das die angeblich „echt jüdische Frechheit" des kleinen Moriz; und wenn Ludendorff die blaue Brille anlegt und seinen Namen ändert, so ist das angeblich „echt jüdische" Feigheit; und wer es einem Levy zum Vorwurf macht, wenn er sich: Leonidas oder anders nennt, muß auch einen Ludendorff verachten, der sich Lindström nennt; und wenn ein Hitler sich für den größten Tapezierer der deutschen Ruhmeshalle ausgibt, so ist das eine angeblich „echt jüdische" Anmaßung. Und ist die vorlaute Arroganz nicht immer eine Eigenschaft des kleinen Moriz gewesen?

Ich habe versucht, nachzuweisen, daß der Typus Ludendorff eine Abart des jüdischen Moriz ist; daß der rassereine Antisemit „semitische" Eigenschaften hat. Aber ich bilde mir nichts darauf ein. Denn es ist zweifellos für mich leichter, nachzuweisen, daß ein Ludendorff-Typ in seiner geistigen Struktur negativ-jüdisch ist, als für ihn, daß er garantiert germanisches Blut besitzt. Man begreift, daß ich nicht stolz bin, wenn ich etwas besser beweisen kann als – er . . .

DER SOUFFLEUR

Hans Guttmann, Souffleur in der Bukowina, in einem deutschen Theater des gegenwärtigen Rumäniens, hat, wie vor einer Woche berichtet wurde, bei den Proben zu einem Schillerschen Drama plötzlich den Souffleurkasten verlassen, den Regisseur beiseite geschoben und angefangen, Regieanweisungen zu geben. Er konnte – so erzählte er – nicht mehr an sich halten. Zweiundzwanzig Jahre hatte er souffliert, stets mit dem Gefühl des Unbefriedigtseins und bereit, in einem bestimmten Augenblick die Zügel der Regie an sich zu reißen. Zweiundzwanzig Jahre hatte er hilflos zusehen müssen, wie grobe Hirne edle Kunst mißverstanden, unwissend tappende Hände Situationen verdarben, taube Ohren an klangvollen Höhepunkten, oratorischen Gipfeln vorüberhörten, kurzsichtige Augen visionäre Wirkungen vernachlässigten.

Während dieser zweiundzwanzig Jahre hockte der Souffleur in seiner Höhle und las den stockenden Schauspielern aus einem blau und rot angestrichenen Exemplar Stichwort und Vers vor, achtete peinlich auf ihre Bewegungen und dirigierte überhaupt mehr, als alle im Theater ahnten. Hatte sich jemand auf der Bühne versprochen, so wußte Guttmann ein belangloses Wort zu finden, das den rhetorischen Seitenpfad des Sprechers beendete und zugleich in die breite Hauptstraße des Textes mündete. Entfernte sich ein Unvorbereiteter dem linken Hintergrund zu, so mußte ein Wink genügen, die leise Ahnung eines Winkes, sozusagen ein Wink im ersten Entstehungsstadium, um den Schauspieler vorschriftsmäßig nach rechts zu kommandieren.

Und zu all dem mußte man flüstern. Es war kein gewöhnliches Flüstern, sondern ein lautes Flüstern. Es geschah nicht durch eine Senkung der Stimme und durch den Gebrauch der Lippen, sondern durch eine Kraftleistung der Brust. Sechs und acht Stunden im Tag flüsterte man so, laut und unhörbar, angestrengt und gewohnheitsmäßig, als wäre man heiser von Beruf, ein Heiserkeitskünstler, der von seiner Stimmbandlosigkeit lebt. Alle Organe, die dem Worte Klang und Schall verleihen, mußte man ausschalten, man mußte der Sprache ihren Laut nehmen, gleichsam akustische Schatten der Worte geben. Man mußte verstanden werden auf der Bühne und im Parkett ungehört sein, einfach so, als spräche man überhaupt nichts: stumm nach rückwärts, beredt nach vorn.

So hockte Guttmann heinzelmännisch und unbemerkt, und ein Apparat auf der Bühne, wie Kulissen und Vorhangrolle. Als wäre er ein Grammophon und sein Kasten mit der Schallöffnung ein Trichter. Er mußte sich ärgern und tun, was ihm befohlen war. Seine Pflicht, leise zu sein, wirkte auf sein Wesen und er wurde bescheiden. Er führte eine flüsternde Existenz, ein halblautes Leben. Er trug gleichsam wie eine Schnecke ihr Haus, seinen Souffleurkasten immer mit sich herum, auch wenn er ihm entstiegen war.

Zweiundzwanzig Jahre war Hans Guttmann Souffleur, bis er Regisseur wurde. Der Bericht weiß zu vermelden, daß die Regieeinfälle des Souffleurs ausgezeichnet waren und den Regisseur beschämten. Wer dann die Aufgabe des Souffleurs übernahm, als die Aufführung stattfand – das erzählt der Bericht nicht mehr.

Es ist möglich, daß Hans Guttmann aus Gewohnheit, aus unbedingter innerer Notwendigkeit beim Glockenzeichen wieder in seinen Kasten kroch und seine alte Tätigkeit aufnahm. Es war ihm – möglich ist es – nur um die Sache zu tun, nicht um seinen Ehrgeiz. Und er wurde wieder aus einem Mächtigen sein eigenes Werkzeug, aus einem Herrscher ein Behelf, und er soufflierte mit größerer Leidenschaft und Teilnahme, als seine Schauspieler spielten.

GRUSS AN ERNST TOLLER

Seit drei Tagen ist Ernst *Toller* in Berlin, der Dichter der „Maschinenstürmer" und des „Hinkemann", ein erfolgreicher Dramatiker, ein Lyriker von Kraft und Inbrunst und – was uns mehr bedeutet: *ein Märtyrer für das Proletariat,* der fünf Jahre in jener bayrischen Festung gesessen hat, die noch „Niederschönfeld" heißt und inoffiziell in allen anständigen Ländern Europas die deutsche Kulturschande genannt wird. Wären wir doch in der Lage, uns den „Luxus eines Kulturgewissens" zu leisten, dann wäre heute Ernst Toller nicht der einzige lebendig der bayrischen Justiz Entronnene, dieser Justiz, die so wenig eine „irdische Gerechtigkeit" handhabt, daß man sich wundern muß, wenn man eines ihrer Opfer noch auf irdischen Pfaden wandeln sieht. Es ist eine geradezu metaphysische Justiz: schickte sie doch Ludendorff in die Walhalla und unzählbare Proletarier ins Jenseits! Deshalb grüßen wir in Toller einen Auferstandenen. Eine Wiederkehr aus bayerischer Gefangenschaft ist ebenso wunderbar wie eine Auferstehung.

Man kommt, ihn zu bestaunen. Die Presse ist so gedrängt in seiner Nähe, daß sich jeder einzelne Schmock auf seine eigenen Hühneraugen tritt. Ach! es ist dieselbe Presse, die sich gar nicht danach gedrängt hat, gegen die bayerische Festungshaft zu schreiben; dieselbe Presse, die ein Verbot in Bayern mehr fürchtet, als sie ein „Interview" mit Toller ersehnt; diese Presse, die sich alles leisten kann: Photographen, Zeichner, Berichterstatter – nur nicht eines: den Mut. Was ihr an dieser Eigenschaft abgeht, ersetzt sie durch Zudringlichkeit. Und so kann man seit drei Tagen sehen, wie fix die deutsche Journalistik ist, wenn einer das Gefängnis *verläßt.* Aber seit sechs Jahren erleben wir es zweimal täglich, wie stumm sie ist, wenn einer ins Gefängnis *gelangt;* und wie totenstill, wenn Proletarier massakriert werden. Sie ehrt den sozialistischen Tod durch Schweigen.

Ernst Toller sieht nicht wie ein weltfremder Schwärmer aus. Es ist Energie in seinem dunklen, jüdischen Gesicht, er hat den Blick eines Beobachters, nicht den eines versonnenen Träumers. Er spricht und formuliert schnell. Es ist Festigkeit in seinem Wesen, in seinem Gesicht der Skeptizismus des Erkennenden und die Hoffnung des Gläubigen. Gedanken, Hoffnungen, Enttäuschungen, Energien hat er fünf lange Jahre komprimiert. Plötzlich erlebt er die Freiheit, die immer ein Wunder ist, auch, wenn man sie erwartet und sich auf sie vorbereitet. Es gehört eine große Kraft dazu, sich auf Sachlichkeiten zu konzentrieren, Rede und Antwort zu stehen, wo die Fragen so banal, so unwürdig sind, so gedankenlos, so schablonenhaft, wie sie frei herumlaufende, außer Festungshaft befindliche Journalisten hervorbringen können. Ich gestehe, daß ich mit Toller *kein* „Interview" gehabt habe. Auf die Frage: Wie geht es Ihnen? hätte er mir mit Recht antworten können: Ihnen gesagt – solange Mühsam in der Haft stirbt! . . .

Und so gilt dieser Gruß an den befreiten Ernst Toller – seinen gefangenen Genossen. Von ihnen weiß der Dichter viel mehr zu erzählen, als von sich selbst. Erich Mühsam ist nicht mehr fähig, ein halbes Jahr Festungshaft lebend zu überstehen. Aber es ist auch nicht leicht möglich, ihn zu retten. Und so werden wir, so wird Europa zusehen, *wie ein Unschuldiger langsam zu Tode gefoltert wird.* Niemand regt sich darüber auf. Als Toller vorgestern im Residenztheater zum erstenmal seinen „Hinkemann" sah und am Schluß über die Qualen seiner Mitgefangenen sprach, – wer war da von der Presse anwesend? Die Theaterkritiker der bürgerlichen Blätter, die auf ein Drama, wie „Hinkemann", weil es proletarische Schmerzen behandelt, den großen Bannfluch des Berliner Kritikerverbandes schleudern und aus gekränkter Ästhetenkehle: „Tendenz, Tendenz!" schreien. Wo aber blieben die Leitartikler? Freilich – die Begeisterung der Zuschauer war grenzenlos. Sie galt dem Stück, dem Dichter, den Gefangenen in Niederschönfeld. Aber gültig ist hierzulande nicht die Stimme des Volkes. Über ein Stück entscheiden die Kritiker, über Leben und Tod der deutschen Dichter die Justizfeldwebel.

Im Rechtsausschuß des Deutschen Reichstages sprach Toller am nächsten Tage über die bayerische Justiz. Aber nur *ein* Demokrat kam und hörte zu. Alle bürgerlichen Parteien blieben zu Hause. Wie? Fürchteten sie eine menschliche Regung? Hatten sie Angst vor der Erschütterung des so unwahrscheinlich widerstandsfähigen Gewissens? Sie erinnern an die Anekdote von jenem Kapitalisten, der seinen Dienern zurief, als ihn ein verhungerter Bettler besuchte: „Schmeißt ihn hinaus! – Er bricht mir sonst das Herz!"

Möchte man nicht gerne einen befreiten Dichter begrüßen mit der Mahnung: Sie reden tauben Ohren. Ihr Genosse Mühsam leidet an Arteriosklerose. Es ist die deutsche Krankheit, Ernst Toller! Die Gerhirnverkalkung grassiert! Erich Mühsam ist in der Gefangenschaft taub geworden! Aber die bürgerlichen Politiker sind schon längst taub gewesen! Indem wir Sie grüßen, weinen wir, Dichter Toller! . . .

JOURNALISTISCHE ARBEITEN
AUS DER „FRANKFURTER ZEITUNG"

Vorbemerkung zur Auswahl: Im Rahmen dieser Arbeit ist die Wiedergabe *beider* Reiseberichte Joseph Roths (Südfrankreich und Rußland) nicht möglich. Der Entscheidung zugunsten der Feuilletons aus Südfrankreich, die für die Entwicklung der politischen Haltung nur sehr indirekten Zeugniswert haben, sind folgende Erwägungen vorausgegangen.

Die Existenz der Rußlandberichte ist nicht unbekannt, wenn auch diese Arbeiten Roths so gut wie unerschlossen geblieben sind (– ein kleiner Ansatz zur Erschließung bei Fritz Hackert).

Die Existenz der Reisefeuilletons aus Südfrankreich dagegen ist völlig unbekannt geblieben. Durch die irrtümlichen Angaben in der Werk-Ausgabe konnte ja nicht einmal an die Möglichkeit solcher Feuilletons gedacht werden. Der bei der Veröffentlichung der Werk-Ausgabe (1956) entstandene Fehler ist ununterbrochen weitergegeben und verarbeitet worden.

Die Reisefeuilletons aus Südfrankreich stellen – abgesehen von ihrer Bedeutung für die Erforschung des Gesamtwerk Roths – einen Höhepunkt seiner Feuilletonskunst dar. Deshalb hier die vollständige Wiedergabe dieses Zyklus.

IM MITTÄGLICHEN FRANKREICH

LYON

Acht Stunden dauert die Fahrt von Paris nach Lyon. Unterwegs verändert sich die Landschaft sehr plötzlich. Nachdem man einen Tunnel passiert hat, ist man in einer südlicheren Welt. Steile Abhänge, gespaltene Felsen, die ihre steinerne Struktur enthüllen, tieferes Grün, weicher blaßblauer Rauch vor stärkerem, entschiedenem Himmelblau. Ein paar Wolken stehen träge und massiv am Horizont als wären sie nicht Dunst, sondern dunkles Gestein. Die Konturen aller Dinge sind schärfer, die Luft ist unbeweglich, ihre Wellen umschmeicheln die festen Körper nicht mehr. Jeder hat seine unverrückbaren Grenzen. Nichts schwebt mehr zwischen hier und dort; es ist unbedingte Sicherheit in allem, als wüßten die Gegenstände mehr von sich und ihrer Stellung in der Welt. Hier zweifelt man nicht mehr, hier ahnt man nicht, man weiß.

In Lyon zeigt das Thermometer 35 Grad. Es ist sehr heiß, dennoch sind Straßen und Menschen nicht träge und müde, sondern heiter und bewegt. Jeder Mensch bemerkt: „Diese Hitze!", das beweist also, daß er sie noch frohgemut erträgt. Der Gepäckträger sagt es, der Chauffeur und der Liftboy. Nur der Zimmerkellner glaubt, es wäre eine unerlaubte Intimität, von der Temperatur zu sprechen. Er kämpft einen schweren Kampf mit sich. Da sage ich: „Diese Hitze!" und er ist befreit, als hätte ich ihm Kühlung verschafft.

Dieser Kellner ist höflich wie alle seine Lyoner Kollegen. Sie haben nicht die subalterne Höflichkeit des Bedienens, sondern die selbstbewußte des Bewirtens. Ich bin ihr Gast, nicht nur im fachtechnischen Sinn. Wenn sie so beschäftigt sind, daß sie mich nicht anhören können, lächeln sie wenigstens. Ich weiß, daß sie mich nicht vergessen, daß sie wiederkommen. Sie erklären mir, wie die Speisen aussehen, die sie mir empfehlen ohne Übertreibung aber mit überzeugender Rhetorik. Sie unterscheiden sich sehr vorteilhaft von ihren Pariser Kollegen, die hastig sind und Geschäftsleute mit Bravour.

Die Lyoner sind höflicher als die Pariser, nicht nur weil sie ruhiger sind und mehr Zeit haben, sondern auch, weil sie vornehmer sind. Lyon ist eine alte Stadt, es ist 43 Jahre vor Christi Geburt gegründet worden. Der Führer berichtet, daß Augustus in Lyon einen Palast, mehrere Monumente und einen Aquädukt von 84 Kilometern hat aufführen lassen. Dieses Lyon liegt am rechten, ziemlich jähen Ufer der Saône. Steinerne Treppen verbinden die übereinander liegenden Gassen. Die Häuser steigen steil an, ihre Dächer bilden Stufen. Eine Zahnradbahn führt zur Höhe und zur Kathedrale, die ihre stolze Front wie ein herrschendes und wachsendes breites Angesicht der Stadt zugewendet hat – der alten, der späteren zwischen Rhône und Saône und der jüngsten am linken Ufer der Rhône entstandenen und immer noch wachsenden.

Es sind drei durch die Flüsse Rhône und Saône voneinander getrennte Städte. Dank den Flüssen drei Städte von verschiedenem Charakter. Es ist an diesem Beispiel zu sehen, wie sehr Wasser scheiden kann. Im ältesten Teil mischt sich Heidnisches mit frühem Mittelalter und mit der Gegenwart in einer lebendigen und intimen Weise. Steine, Töpfe, Brunnenscherben, Tiergestalten überall. Das Steinbild eines Hundes vor einem Garten, in dem Rosen blühen, trägt die Inschrift „Cave canem" und es ist beruhigend zu sehen, daß die Schulgrammatik wirklich Recht hatte.

In diesem ältesten Teil der Stadt ist kein historisches Andenken tot. Die alten Gegenstände liegen an den Wegen. Das neue Leben blüht nicht aus den Ruinen, die Ruinen blühen im neuen Leben; in einem Museum wären sie Gegenstände der Bildung gewesen, hier aber entdeckt jeder Vorübergehende jeden Stein aufs Neue und jeder fühlt die Wonnen des ersten Entdeckens.

In dieser Stadt wird die französische Seide erzeugt, die in alle Länder der Welt geht. Hier leben Chinesen, Levantiner, Spanier, Tunesier, Araber. Man arbeitet, wie man nur in einer deutschen Stadt zu arbeiten versteht, aber man freut sich, ißt und lebt, wie man nur in einer französischen sich freuen, essen und leben kann. Ein Fremder ist hier weniger fremd als in Paris, niemand wundert sich über ihn. Viele Welten stoßen hier zusammen; griechische, polnische, spagniolische, Juden machen hier Geschäfte. Die Seide ist ein edles Produkt. Ich glaube, daß es ein großes Vergnügen ist, an der Seide zu arbeiten, aber ein größeres, an ihr zu verdienen.

Die Fabrikanten haben Villen jenseits der Rhône, hier wohnen auch die Arbeiter, aber nicht in Villen, sondern in Mietskasernen. Am Abend gehe ich hier her, nur bei den Armen fühlt man den Abend, den andern ist er die Fortsetzung des Tages. Den Armen ist der Abend die Ruhe. Sie sitzen vor den Türen, sie stehen vor den Fenstern, sie wandeln langsam zu den Ufern und sehen ins Wasser. Aus ihren harten Händen rinnt die große Müdigkeit des Tages. ––

KINO IN DER ARENA

In der Arena von Nîmes, wo die famosen Stierkämpfe an manchen Nachmittagen stattfinden, hat sich für die Abende ein Kino installiert, das immerhin kultivierter ist, als ein Stierkampf. Man gibt die „Zehn Gebote", den großen amerikanischen Film, den man in Deutschland schon kennt.

Am Abend gehe ich in die Arena. Man rechnet damit, daß es nicht regnet und man hat's leicht in Nîmes. Es regnet hier sehr selten und sehr kurz. Die Steine werden am Abend kühl, ein paar Bogenlampen beleuchten die eine Hälfte der Arena, die andere bleibt im Schatten; aus ihm wachsen gespenstig und weiß die Konturen der rissigen, großen Steinblöcke. Sie haben schon soviel erlebt diese Steine. Im Mittelalter wohnten 200 Familien in den Mauern der Arena und errichteten in einem der geräumigen Torbögen eine Kirche. Im Krieg diente die Arena als Festung. Sie machte den Wandel der Zeit durch und ist immer wieder das Wahrzeichen jeder Epoche. Im Jahre 1925 ist sie keine Kirche mehr sondern ein Kino, in dem man allerdings die zehn Gebote „spielt"; in einer Zeit, da man sie nicht befolgt, ist das auch schon viel.

In der Mitte der Arena steht die Leinwand wie eine weiße Schultafel, im gegenüberliegenden Tor surrt der Apparat. Die Musik sitzt vor der Leinwand. Die Zuschauer wandeln für 50 Centimes auf den höchsten und etwas tieferen Steinsitzen; manche, die es kühl und frei haben wollen, stehen auf dem oberen Rand der Mauer, schwarz gegen den blauen Himmel.

Es ist ein herrliches Kino, hygienisch, kühl, ohne jede Feuergefahr und erhabener, als es ein Kino nötig hat. Wenn ein Amerikaner zufällig darauf kommt, dann baut man im nächsten Jahr in den Vereinigten Staaten für Filmabende die größte Arena der Welt aus Beton mit Plüschüberzug, Wasserleitung, Klosett und Glasdach.

Ehe die Vorstellung beginnt, tummeln sich die Kinder hinter der Leinwand und spielen Fangen, Vater-leih-mir-die-Scher und Versteck. Alle Kinder von Nîmes – das Volk ist sehr fruchtbar – gehen ins Kino. Die Mütter vergessen nicht, die Säuglinge mitzunehmen. Die jüngsten Kinobesucher zahlen nichts, sehen allerdings auch nichts, sondern liegen mit offenen Mündern gegen den nächtlichen Himmel, als würden sie Sterne schlucken wollen.

Beinahe könnte man's. In dieser Gegend treibt der Himmel einen überraschenden Luxus mit Sternschnuppen. Sie fallen nicht im Bogen abwärts wie im Norden, sondern seitwärts, so, als wechselten Sterne ihre Lage. Es gibt viele Arten von Sternschnuppen. Während auf der Leinwand eine sentimental ozeanverwässerte Bibel gefilmt wird, betrachtet man am besten die Sternschnuppen. Manche sind rot, groß und klobig. Sie wischen langsam über den Himmel, als gingen sie spazieren und hinterlassen eine dünne, blutige Spur; andere sind silbern, klein und hurtig. Sie fliegen wie abgeschossene Kugeln. Andre sind strahlend wie kleine, laufende Sonnen, sie erhellen den Horizont beträchtlich für eine lange Weile.

Manchmal ist es, als öffnete sich der Himmel und ließe ein Stück rotgoldenen Unterfutters sehen. Dann schließt sich schnell der Spalt und die Herrlichkeit ist wieder für ewig verborgen.

Von Zeit zu Zeit fällt eine große nahe Sternschnuppe. Dann ist es wie ein silberner Regen: alle verschwinden in derselben Richtung. Dann ist wieder diese scheinbare Ruhe am tiefen Blau, dieses ewige Stehen der Sterne, von denen man doch fühlt, daß sie wandern, auch wenn man es nicht gelernt hätte.

Da sind wieder die alten vertrauten Sternbilder, die jeden Menschen an die Kindheit erinnern, weil man sie nur als Kind mit Inbrunst betrachtet. Sie sind überall. Da ist man so weit von seiner Kindheit fortgefahren und trifft sie doch wieder. So klein ist die Erde.

Und wenn man einen Fleck auf ihr für die Fremde hält, so ist es ein Irrtum, es ist überall Heimat. Der große Bär steht ein bißchen näher, das ist alles.

Es war ein guter Gedanke, in der alten römischen Arena einen Film aufzuführen. In diesem Kino gelangt man zu tröstlichen Resultaten, wenn man nicht auf die Leinwand sieht, sondern auf den Himmel.

NICHTS EREIGNET SICH IN – VIENNE

Aus dieser Stadt gibt es nichts zu berichten. In dieser Stadt geschieht nichts mehr. Es ist schon alles geschehen. Es ist eine Stadt der großen Ereignislosigkeit. In den Straßen schläft die endgültige Ruhe, aus der nichts mehr geboren werden kann. Es ist nicht die heitere Stille eines sommerlichen Kirchhofs. Es ist die wuchtende Schweigsamkeit aufgedeckter Katakomben, die Stille des Steins, der toter ist als Stein, verstorbener Stein.

Drei Tage lebe ich in *Vienne*, einer der ältesten, vielleicht der ältesten Stadt Frankreichs. Ich warte nicht mehr auf die Ereignisse. Mir ist, als könnte in der ganzen großen Welt nichts mehr passieren. So überzeugend ist ein Tod, mit dem man sich längst abgefunden hat, ein historischer Tod mit Sarkophagen, die sich längst geschlossen haben; ein großer Untergang, den man schon vergessen hat. *Vienne* hat 24 887 Einwohner, aber unter ihnen sind vielleicht tausend jung, zweitausend sind arbeitende Männer und Frauen, die man nicht sieht, der Rest besteht aus Kindern und Greisen. Wenn die Kinder alt sind, daß sie die Stadt verlassen, liegen die Greise auf den Totenbetten. Dann gibt es keine Menschen mehr in *Vienne*. Welch ein Wunder, daß es längst nicht mehr so ist! Vielleicht kommen diejenigen, die in *Vienne* geboren sind, wieder zurück, wenn sie den Tod nahen fühlen. Denn der Tod ruft den Tod herbei, das Gestorbene lockt die Sterbenden, und es gibt eine Vorfreude der endlichen Seligkeit.

Ich höre seit drei Tagen kein Lachen, ich sehe kein Antlitz, das Sorgen von heute und morgen und Freuden von heute und morgen verraten könnte. Ich sehe nicht den Schmerz eines Hungrigen, ich sehe nicht die Bewegung eines Geschäftigen, ich höre keinen Gesang und keine Musik, nur Glocken schlagen von den Türmen aus alter Gewohnheit, nicht um die Zeit zu künden. Die Zeiger der Uhren drehen sich ohne Zweck. Diese Stadt rechnet nach Jahrhunderten, nicht nach Stunden. Sie müßte Uhren von jener Beschaffenheit haben, wie es sie vielleicht im Jenseits gibt.

Ich habe noch keinen Hund bellen hören. Es gibt hier Hunde, sie liegen in der Mitte der kleinen Gassen und schlafen. Nichts kann sie wecken. Katzen hokken an den Schwellen und in den Fenstern und sind von einer unendlichen Weisheit. Die Türen aller Häuser sind offen, alle Fenster sind offen, es weht kein Wind, der den Scheiben oder den Menschen gefährlich werden könnte. Und gäbe es einen Wind, weder die Gegenstände noch die Menschen würden ihn fühlen. Am Abend zwitschern zaghaft ein paar Vögel. Sie machen immer wieder einen Versuch, man hört sie nicht. Sie verstummen und fliegen fort. Die alten Frauen, von den Katzen genährt und erhalten, sind taub und so schwachsichtig, daß sie geradeaus in die Sonne sehen können, wie in eine kleine Glühbirne. Die Sonne ist hier stark, eine zehnfach leuchtende Sonne. Auf dünnen Schnüren hängt trocknende Wäsche, die kein Luftzug bewegt. Es ist ein Rätsel, wer sie gewaschen hat. Ich traue keiner dieser Frauen die Kraft zu, Hemden zu waschen. Mir scheint, die Hemden hängen da seit undenklichen Zeiten.

Die Wohnungen in den dicken Festungsmauern wie offene Safes im Keller großer Banken. Die Menschen liegen drin wie Gegenstände ohne Wert, die man nicht mehr verschließt. Ich sehe durch die Fenster in die Stuben. Da sitzt ein lahmer Mann unbeweglich am Tisch vor einer Schüssel, die er nicht anrührt. Seine Augen sind aus grünem Glas und ohne Blick, sein Antlitz ist wächsern, sein gelber Bart aus Flachs. Vielleicht hat er nur Kopf und Hände wie die Puppen im Panoptikum – und wenn man ihn auszöge, würde man sehen, daß sein Inneres aus Sägemehl besteht.

Es gibt einen Schutzmann, meinen Konkurrenten. Nur wir sind lebendig. Wir kennen einander, wie hören unsere Schritte, welche die einzigen sind, die ein Echo gebären. Am Abend aber besteigt der Schutzmann ein Rad und gleitet auf sanften Gummireifen durch die Welt, um die Ruhe nicht zu stören. Dann schäme ich mich, allein einen blasphemischen Lärm zu machen, als ginge ich auf hallenden Sohlen durch eine Kirche voll Betender. Dennoch hört mich niemand. Wünsche ich einer alten Frau einen „Guten Abend", sieht sie mich an wie einen, der die dümmsten und überflüssigsten Dinge macht. Wie kann ihr Abend gut oder schlecht sein, um sie ist immer Abend. In der Nacht brennen die kleinen Lichter in allen Stuben, in jeder Stube nur ein gelbes Licht, nicht um Helligkeit zu verbreiten, sondern um die Schatten aus den Möbeln hervorzulocken.

Die alten Frauen beten manchmal in der Kathedrale. Sie stammt aus dem 11. Jahrhundert. Die alten Frauen sitzen unbeweglich auf Stühlen aus geflochtenem Stroh mit fortwährend zitternden Lippen, die nicht von Worten bewegt werden, sondern von einem fremden, leisen Wind. Die Kirche ist langgestreckt und schmal und ihre Decke ist ein dunkelblauer Himmel mit silbernen Sternen. An ihrem Portal sind 10 Reihen von Kronen aus Stein angebracht. In den Kronen wohnen silbergraue Tauben, die stillen christlichen Vögel.

Zwei Gassen weiter ist der römische Tempel des Augustus, flach, weit, offen, mit korinthischen Säulen; er läßt den Wind einströmen und die Sonne, den Regen und die Zeit: Es ist ein heidnischer Tempel. Er war im Laufe der Zeit Tribunal, Museum, Bibliothek. Heute ist er von einem Gitter umgeben. Man kann ihn nicht betreten wie noch zur Zeit der Burgunderkönige, deren Schloß gegenüber liegt und deren Kinder noch im Tempel gespielt haben. Es ist eine enge Burg mit einem winzigen Türmchen, mit schmalen Erkern. Ich verstehe nicht, wie man das Beispiel römischer Freiheit vor sich, im Anblick korinthischer Säulen eines Tempels, der von drei Seiten offen ist, sich mit einer engen und schiefen Burg zufrieden geben konnte. Heute ist diese Burg, was sie immer war, ein Gefängnis. Aber in *Vienne* gibt es keine Verbrecher und nicht einmal Trunkenbolde, es gibt nur einen Gefängniswärter, der sein eigener Gefangener ist. Er führt eine sinnlose Existenz – wie ein Schlüssel, der zu keinem Schloß paßt, oder wie eine Tür ohne Haus. Er wandelt durch die Gänge und gibt acht, daß er nicht entfliehe. In einem Hof, der einmal Forum Romanum war, leben zwei greise Frauen. Sie kommen niemals aus diesem Hof, sie kümmern sich nicht darum, ob ihn jemand betritt, sie sitzen vor den Türen und nicken einander zu und verlieren manchmal ein leises Wort, das in den Hof hinunter fällt wie ein kleiner Kieselstein in einen tiefen Brunnen. Man hört keinen Laut.

Grün wuchert zwischen den Fugen der Steine. Es sind dieselben Steine, die auf Befehl Julius Cäsars zu Festungsmauern aufgeschichtet wurden. Sie sind tot wie Julius Cäsar; es ist nicht wahr, daß Steine reden, Steine schweigen.

TOURNON

Tournon war im 16. Jahrhundert eine berühmte, von Gelehrten und Dichtern besuchte und bewohnte Stadt. Der Kardinal von Tournon begründete hier im Jahre 1542 das Lyzeum, das lange Zeit von den Jesuiten geführt wurde und in dem heute noch unterrichtet wird. Der Kardinal hatte eine der glänzendsten Karrieren seiner Zeit gemacht. Sein Monument steht vor dem Eingang von Lyzeum. Sein Angesicht hat die Züge eines diplomatischen Klerikers und den eleganten Skeptizismus des Mannes von Welt. Sein Mund ist schmal, seine Nase zart und sein Blick, scheinbar versonnen, wie es sich für einen Denker geziemt, reicht keineswegs in jene Fernen*, die der praktischen Klugheit ewig verschlossen sind und erst der Weisheit sich öffnen, die nicht von dieser Welt ist.

Der Kardinal hätte trotz seiner Berühmtheit wahrscheinlich kein Monument bekommen, wenn er nicht dieses Lyzeum begründet hätte, aus dem viele begabte und einige berühmte Franzosen hervorgegangen sind. In der Schule ist das Andenken des Kardinals sehr lebendig. Man kann für die Dauer seines Namens nichts Besseres tun als Schulen gründen, Häuser, in denen junge Menschen leben. Viele Generationen tragen den Namen des Kardinals, in dessen Schule sie gegangen sind, wenn nicht im Herzen, so doch im Kopf.

Jetzt im Juli sind Ferien, das Lyzeum ist geschlossen und von einer Pförtnerin bewacht, die, alt und beredt, ihre eigene Geschichte des immerhin älteren Lyzeums erzählt. Sie zählt 62 Jahre, ist verheiratet und kinderlos, ihr Mann ist ein Gärtner und sehr schweigsam, still geworden an der Seite dieser Frau, die ihm seit vierzig Jahren jedes Wort aus dem Mund nimmt und das lästige Reden erspart. Mit welcher Freude empfängt sie einen seltenen Gast, dem der Mann schon bekümmert entgegen gesehen hatte. Vor 30 Jahren war sie in Paris und schon damals war der Lärm in den Straßen zu arg.

Ob ich ihn ertragen könnte? Ich wäre wohl jung und glücklich, ich führe in einem Auto durch die Welt und hätte nichts zu tun? Ich bin doch höchstens 25 und mache meinen Eltern Freude. Und dieses Lyzeum ist alt. Sie sagt „alt" mit so lange gedehnter Bewunderung, daß man große Ehrfurcht vor den Mauern bekommt und daß man fühlt, was „Geschichte" bedeutet.

In den Sommerferien, wenn die Sonne schräg durch die Fenster der Schule scheint, und silberne Vierecke in stillen Gängen malt, wenn die Klassentüren offen sind und man leere Bänke sieht, die nichts mehr und noch nichts zu tun haben, die alten Bänke mit den eingeritzten Namen der Insassen, die sich gelangweilt haben, in dieser Zeit sind alle Schulen so schön, daß man selbst durch die Tür treten möchte, über der „Sekretariat" geschrieben ist, um sofort wieder ein Schüler zu werden. Alle Schulen sind im Sommer schön und ein Lyzeum aus dem 16. Jahrhundert am schönsten.

Im Park rauschen die Bäume, über dem Schwimmbassin, das jetzt trocken ist, und auf dessen Grund Papierschnitzel, Bindfaden und Blechschachteln liegen; in den alten weißen Gängen herrscht die peinliche Sauberkeit eines Raums, der Gäste erwartet. Jeder Schritt hallt wider, zweimal, dreimal, jeder Laut entlockt den Mauern eine ernste, tiefe Antwort und das Gehen ist wie ein Zwiegespräch zwischen Fuß und Stein.

An den Wänden der Kapelle, die von den Jesuiten gebaut wurde, lese ich die Inschriften der Schüler. Neben die Beichtstühle haben sie ihre Namen geschrie-

* Im Druck unleserlich, vielleicht Fehler: „Form".

ben und die Namen der Mädchen, die sie lieben, während der Beichtvater unsichtbar, aber auch nicht sehend, viel gleichgültigere Geständnisse entgegennahm als die Wand.

Alte Gobelins von unschätzbarem Wert in den Gängen. Die jüngsten stammen aus dem 17. Jahrhundert. Sie stellen biblische Vorgänge dar in einer frommen Demut, mit einer geraden und kindlichen Einfachheit, die aus einfachen Herzen kommt, aber auch zu verschlossenen spricht. „Alles mit der Hand gemacht", sagt die alte Pförtnerin.

Es wird Abend, die Vögel zwitschern, es ist ganz still im Lyzeum. Die alte Frau ist schweigsam geworden; wir gehen nebeneinander her wie alte Freunde, die schweigen. Sie hat niemals meine Heimat gesehen, sie ahnt nicht, wo sie liegt, sie weiß nichts von mir, aber wir beide kennen jetzt das alte Lyzeum und ich kenne das Leben meiner Begleiterin. Es ist nichts Merkwürdiges daran, daß ich in einer Stunde der Freund dieser Alten geworden bin, hier ist nichts merkwürdig.

Hier ist nur die Stadt merkwürdig. Es ist die unbequemste Lage für eine Stadt. Tournon liegt nicht eingebettet, sondern eingeklemmt zwischen felsigen Hügeln. Man könnte glauben, alle die kleinen Häuser waren einmal auf einer Flucht begriffen gewesen und hätten sich in einer schluchtenreichen Welt verfangen, ohne die Aussicht, je wieder herauszukommen. Die Felsen erdrücken die Häuser, diese rücken zusammen und erdrücken die Gassen; diese wieder krümmen sich fortwährend, um endlich einen Ausweg zu haben, bilden Knäuel, verwirren sich ängstlich, klimmen zitternd empor und fallen plötzlich wieder hinunter. Dem Spaziergänger preßt es den Atem zusammen. Nirgends öffnet sich ein Platz. Es gibt keinen Markt, es sei denn, man würde den Hof von der Größe eines kleinen Weihers etwa als Markt ansehen, der vor der Burg liegt.

Die Burg birgt sich in der Festungsmauer als hätte sie Angst, eine Burg zu sein. Sie sieht immer verschlossen aus; sie könnte alle ihre Türen und Fenster öffnen, als wären doch Gitter davor. In dieser Burg ist das Gefängnis untergebracht, die Präfektur, das Bürgermeisteramt. Aber es ist schwer, die drei Institutionen voneinander zu unterscheiden. Der Herr Bürgermeister und der Herr Polizeipräfekt sitzen hinter Gittern, genauso wie die Gefangenen. Alle Einwohner von Tournon sind eingesperrt. Sie leben zwischen schiefen Mauern, in flüchtigen, krummen Gassen, unter Dächern, die sich biegen: Alle ihre Tage sind wie wüste Träume; spitz und scharf ragen die Giebel in ihr Leben. Wer nicht in Tournon geboren ist, kann sich in dieser Stadt nicht zurecht finden. Man verirrt sich hier, obwohl es nur 5000 Einwohner gibt. Aber auch wenn man sich nicht verirrt, ist jeder Schritt ein irrender; die Häuser, die auf ihrem Platz zu stehen scheinen, sind in fortwährender Bewegung, in ängstlicher Hast, furchtsam gekrümmt und jeder runde Türbogen drückt wie ein Joch den Rücken des Eintretenden.

Welch ein Glück, daß man sich in zwei Minuten zur Rhône retten kann und auf die große Hängebrücke, die erste Frankreichs, die leicht und schaukelnd ist, als wären die Ketten am Himmel befestigt, und auf der man nicht fühlt, daß man geht. Es ist, als hinge man selbst an einem Strick und pendelte an das andere Ufer, ein Spaziergänger und ein Wunder der Technik zugleich.

Drüben liegt Tain, flach, klein und jünger und ohne die furchtsame Wirrnis des Auf und Ab. Tain hat einen winzigen Ringplatz, auf dem ein Marionettentheater steht. Man gibt heute das alte Spiel vom Schuster und den Zwergen und der dritte Platz ist ausverkauft. Der erste kostet 1 Franc, 50 Centimes.

STIERKAMPF AM SONNTAG

Am Sonntag fahre ich nach Nîmes. In der großen Arena, die noch sehr gut erhalten ist, obwohl sie aus dem zweiten Jahrhundert nach Christi stammt, finden am Nachmittag Stierkämpfe statt. Die provençalischen Stierkämpfer halten einen Vergleich mit den berühmten spanischen nicht aus. Es gibt weniger Farben, weniger Kostüme, die Aufregung ist kleiner und von Blutfließen kann keine Rede sein. Diese Stierkämpfe, scheint es, hat das internationale Völkerrecht geregelt. Die jungen Männer vom Lande begnügen sich damit, den Stier zu reizen, ein wenig mit eisernen Kämmen zu kratzen und mit Pfeilen zu kitzeln. Der Stier stirbt nicht, der Mensch verendet nicht. Das ist noch keineswegs ein Trost und eine Entschuldigung. Aber was soll man in einer so gut erhaltenen Arena machen? Schließlich ist es für die Ordnung eines Staates gut, wenn die Regierten ihren Groll gegen Tiere auslassen. Dazu ist ja die kostspielige Arena gebaut worden. Die Römer wußten, daß sie immer noch billiger ist, als eine Revolution. Und die Nachfolger der Römer wissen es auch.

Das denke ich auf der Fahrt und später im Gasthaus, wo neben mir die Bauern sitzen, denen die Stiere gehören und deren Söhne heute kämpfen werden. Die Bauern schneiden das Fleisch mit ihren großen geschliffenen Taschenmessern vom Knochen, essen zierliche kleine Stückchen, trinken den guten roten Wein der Päpste, von dem eine halbe Flasche soviel kostet wie eine ganze Mahlzeit. Sie haben lange, faltige Hälse, durch die man jeden Bissen gleiten sieht und große knöcherne und bedächtige Hände. Sie sprechen wenig, mit Ausnahme eines einzigen städtisch gekleideten mit Kragen und Krawatte ausgerüsteten, halb bäuerlich aussehenden Mannes, den man *Herr* Direktor nennt und der Präsident des Komitees für Stierkämpfe ist. Heute Nachmittag wird er in einer Loge sitzen und Preise verteilen. Jetzt ist er aufgeräumt, ein kleiner dicker Schwätzer, witzig und herablassend. Die Hunde von Nîmes riechen die guten Knochen und schleichen um den Tisch herum. Die gutherzigen Bauern legen die Knochen, an denen für hündische Begriffe noch sehr viel Fleisch klebt, seitwärts auf einen Teller und geben nicht zu, daß die Kellnerin die Spreisereste abräume. Es sind gute Seelen, sie freuen sich am Appetit der Hunde und klopfen die Tiere wohlwollend ab. Sie sitzen sehr lange, trinken noch eine Flasche und noch eine und amüsieren sich auf ihre Art.

Langsam füllt sich die Arena. Die Erwachsenen, die Kinder und die Soldaten sitzen vom ersten tiefsten Rang bis zum höchsten. Selbst am obersten Rande der Mauer hocken und stehen noch Zuschauer. Die Arena ist ungefähr drei Stockwerke hoch. Die steinernen Galerien sind mit Menschen gespickt, die ganz klein sind in diesem weißen, runden Ungeheuer. Die vielen Köpfe neben- und übereinander wachsen aus dem Stein wie Rüben aus einem Feld. Es ist als hätten die Menschen sich nicht gesetzt, sondern als hätte man sie gesät und sie wären aufgegangen. Die Sonne liegt weiß schmelzend auf dem kahlen Rund in der Mitte. Ringsum ein Zaun mit viel Toren und mehreren verborgenen Ein- und Ausgängen. Aus einem dieser Tore stürzt nach einem feierlichen Trompetensolo der erste Stier, empfangen vom Geheul der Zuschauer und geblendet von der schmerzenden Sonne. Der Stier kommt aus dem guten dunklen und kühlen Stall. Ihm ist diese Arena eine wüste Hölle aus weißgelbem Brand und Geschrei. Die Hörner gesenkt, die Vorderbeine geknickt, setzt er zum ersten Sprung an, der ihn retten soll. Nach einer Sekunde hat er bereits gesehen, daß aus diesem Ring kein Ausweg ist. Er läuft den runden Zaun entlang und säubert ihn von den Zuschauern, den Männern die alle mit flinken Sprüngen über die Planken setzen. Sie schreien dabei, beschimpfen das Tier, werfen ihm Mützen in den Weg. Der Stier stößt gegen den Zaun, indessen sind die jungen Leute wieder in der Mitte der Arena. Sie locken den Stier, schreien, schrecken ihn. Einer läuft dem Tier entgegen, streckt die Hand aus. Der Stier stößt gegen den Mann vor, der Mann entweicht; er ist flinker, er ist zweibeinig, er hat Genossen, die ihm helfen und den wütenden Stier ablenken. Er ist in einer unvergleichlich besseren Situation, der tapfere Mensch. Er darf alle Waffen benützen, die List, die Feigheit, die Zweibeinigkeit, den Zaun, die Ausgänge, den eisernen Kamm. Der Stier hat nichts; man hat ihm über die Hörner Schläuche aus Leinwand gestülpt, um ihm seine Stoßkraft zu mindern.

Der Stier ist schwarz, kräftig, um seinen Nacken kräuselt sich das Fell, sein guter, breiter Schädel glänzt bläulich in der Sonne. Seine Augen sind groß, ratlos dunkelgrün und in aller Wildheit noch fromm.

Die Menschen, die ihn reizen, sind jung, braunhäutig, dumm; unter ihnen sind zwei, die ich nie vergessen werde. Der eine dick, schwer, mit einem würfelförmigen Schädel, den linken Unterarm bandagiert, die Hände klotzig, die Finger aus primitiv geschnitztem Holz, die Nase kurz und stumpf; eine Stirn, die aus zwei Querfalten besteht und zwei Wülsten; die Augen groß und unter ganz kleinen Lidern. Das ist der flinkste Jäger trotz seiner Körperschwere. Er setzt mit einem hohen Sprung über den Zaun, er läßt sich im richtigen Moment fallen, er vollführt fünf Drehungen in einer Sekunde; er ritzt die Stirn des Stiers mit dem eisernen scharfen Kamm und ist im nächsten Augenblick verschwunden. Er wird zwanzigmal beklatscht, ein paar Mal von der Präsidentenloge geehrt, die Musik bläst ihm zu Ehre einen Tusch. Nichts kann seinem Ehrgeiz genügen. Das ist kein Spiel mehr. Dieser Mann haßt den Stier mit der ganzen Kraft seiner Seele, das Tier ist sein Feind; dieser Mann will den Stier bluten sehen.

Sein Kollege ist groß, schwer, dünn und mit langen Gliedmaßen, die ihn hindern; seine schmale Nase ragt wie ein Messer aus dem Gesicht – dieser Mann haßt das Tier ebenfalls; er greift zu Mitteln, die noch hinterhältiger sind, als die üblichen. Er rächt sich am Stier für sein eigenes Ungeschick. Er spannt einen violetten Damenschirm auf und hält ihn dem Stier vors Angesicht, verfolgt und vom Schirm geschützt, kriecht er über den Zaun und stößt aus seiner feigen Sicherheit die Spitze des Schirms gegen das Geschlecht des Stieres. Großes Gelächter in der Arena. Die Zuschauer halten sich die Bäuche. Das häßlichste Requisit, das der Menschengeist erfunden hat, wird zur Waffe gegen das kräftigste der Tiere. Der Mann konnte kein besseres Symbol für die Würde der Menschheit finden.

Ratlos, erschöpft, mit fließendem Schaum steht der Stier, den Blick gegen das Tor gerichtet, hinter dem der gute warmriechende Stall ist, die bergende Heimat. Ach, das Tor ist geschlossen und öffnet sich vielleicht nie wieder! Die Menschen schreien und lachen, und es scheint, daß der Stier jetzt schon zu unterscheiden weiß zwischen den reizenden Rufen und dem billigen Spott. Eine ungeheuere Verachtung größer als diese Arena erfüllt die Seele des Stiers. Jetzt weiß er, daß man ihn auslacht; jetzt ist er zu schwach, um wütend zu sein; jetzt erkennt er seine Ohnmacht; jetzt ist er kein Tier mehr; jetzt ist er in einem die Verkörperung aller Märtyrer der Weltgeschichte; jetzt sieht er aus wie ein verspotteter, geschlagener Jude aus dem Osten; jetzt wie ein Opfer der heiligen Inquisition; jetzt wie ein zerrissener Gladiator; jetzt wie ein gemartertes Mädchen vor dem mittelalterlichen Rat und in seinem Blick liegt ein Schimmer von dem leuchtenden Schmerz, der im Auge des Gekreuzigten gebrannt hat. Der Stier steht und hofft nicht mehr.

Da erscheint hinter dem Zaun mein Tischgenosse, der Bauer, der so freundlich den Hund gefüttert hat, die gute Seele, mit einer langen Mistgabel und stößt zwei spitzige Zinken in den Rücken des Tieres, um es aufzumuntern. Der Stier springt auf, schlägt aus, scharrt den Sand zu einer Wolke auf, rennt gegen den ersten Schreier, stößt mit dumpfem Laut gegen den Zaun, springt über das Geländer, rast im engen Raum zwischen Zaun und Zuschauern. Der Jubel ist schauderhaft und betäubend. Man hört ihn gewiß eine Meile in der Runde.

O, jetzt werden noch die schlimmsten Dinge kommen! Noch wartet man auf den stolzen und rotgoldenen Reiter, die funkelnden Springer, die Träger der roten Tücher, die Pfeilewerfer. Alles, was sich bis jetzt ereignet hat, war nur ein Vorspiel. Die gutherzigen, wohlerzogenen höflichen Bürger, die sich mit tapferen Zurufen und heroischen Taschentüchern am Spiel aus gesicherter Entfernung beteiligen; die Schneider und Friseure im Sonntagsanzug, sie sind schon aufgeregt. Der Schaum genügt ihnen nicht, sie wollen Blut sehen, die Braven!

Ich werde die rotgoldenen Helden nicht mehr sehen. Wenn ich das Aussehen eines Tieres hätte unter diesen Menschen, ich bliebe vielleicht. Aber ein Stier könnte mich Unglücklichen für einen Menschen halten. Mein einziger Genosse ist ein kleiner weißer Hund, den eine Frau mitgebracht hat. Der Hund bellt immer aufgeregt, wenn ein Mensch dem Stier entflohen ist. Der Hund möchte dem Stier beispringen. Ich auch.

Aber ach, was können zwei arme Hunde gegen fünftausend Menschen?!

MARSEILLE

Ich sehe vor lauter Mastbäumen nicht das Meer. Es riecht im Hafen nicht nach Salz und Wind, sondern nach Terpentin. Öl schwimmt an der Oberfläche der See. Boote, Barken, Flöße, Fußböden sind so eng nebeneinander gepflastert, daß man trockenen Fußes durch den Hafen spazieren könnte, wäre nicht die Gefahr, in Essig, Öl und Seifenwasser zu ertrinken. Ist hier das unermeßliche Tor zu den unermeßlichen Meeren der Welt? Das ist vielmehr das unermeßliche Magazin für die Bedarfsartikel des europäischen Kontinents. Da sind Fässer, Kisten, Balken, Räder, Hebel, Bottiche, Leitern, Zangen, Hämmer, Säcke, Tücher, Zelte, Wagen, Pferde, Motore, Autos, Gummischläuche. Da ist der berauschende kosmopolitische Gestank, der entsteht, wenn tausend Hektoliter Terpentin neben tausend Zentnern Heringen lagern, wenn Petroleum, Pfeffer, Tomaten, Essig, Sardinen, Juchten, Gutapercha, Zwiebeln, Salpeter, Spiritus, Säcke, Stiefeln, Sohlen, Leinewand, Königstiger, Hyänen, Ziegen, Angorakatzen, Ochsen und Smyrnateppiche ihre warmen Dünste ausatmen und wenn schließlich der klebrige, fette und lastende Rauch der Steinkohle alles Tote und Lebende umhüllt, alle Gerüche eint, alle Poren tränkt, die Luft sättigt, die Steine umflort und endlich so stark wird, daß er die Geräusche dämpfen kann wie er längst schon das Licht gedämpft hat. Ich habe hier die Grenzenlosigkeit des Horizonts erwartet, die blaueste Bläue des Meeres und Salz und Sonne. Aber das Meer des Hafens besteht aus Spülwasser und riesenhaften graugrünen Fettaugen. Ich besteige einen der großen Passagierdampfer und hoffe, mir einen leisen Duft jener Fernen zu erhaschen, die das Schiff durchfahren hat. Aber hier riecht es wie zu Hause vor Ostern nach Staub und gelüfteten Matratzen, nach Lack für die Türen, nach feuchter Wäsche und Stärke, nach angebrannten Speisen, nach geschlachtetem Schwein, nach gesäubertem Hühnersteig, nach Schmirgelpapier, nach einer gelben Pasta für Messing, nach einem Mittel für Ungeziefer, nach Naftalin, nach Bohnerwachs, nach Eingemachtem.

In dieser Stunde stehen mehr als 700 Schiffe im Hafen; das ist eine Stadt aus Schiffen; die Bürgersteige bestehen aus Booten und die Straßenmitten aus Flößen. Die Einwohner dieser Stadt tragen blaue Kittel, braune Gesichter und harte, große, schwarzgraue Hände. Sie stehen auf Leitern, streichen die Rümpfe der Schiffe mit frischem braunen Lack an, tragen schwere Eimer, wälzen Fässer, sortieren Säcke, werfen eiserne Haken aus und angeln Kisten, drehen an Kurbeln und ziehen auf eisernen Rollen Waren in die Höhe, polieren, hobeln, säubern und verursachen neuen Mist. Ich möchte zurück in den alten Hafen, wo die romantischen Segelschiffe stehen und die knatternden Motorboote und wo man die frischen triefenden Muscheln verkauft, das Stück zu 30 Cent . . .

Ich habe ein Boot gemietet, aber wir können uns nicht bewegen; die Ruder sind eingeklemmt wie die Arme eines Passagieres in einer überfüllten Straßenbahn. Wo immer wir uns auch hinwenden, wir stoßen an Holz, an Barken, an Fässer, an Ketten, an diese großen klirrenden und rostigen Ketten, die in den modernen Meeren wachsen. Es ist keine Gefahr, wir können nicht ertrinken, auf diese dicke Ölschicht können wir uns auch ohne ein Boot wagen. Aber wir können erdrückt werden zwischen 2 hölzernen Bürgersteigen, die einander langsam aber unerbittlich näherkommen, um sich zu einem großen Holzplateau zusammenzuschließen. Also winken wir, obwohl uns niemand sieht, rufen wir, obwohl uns niemand hört, entgleiten wir diesem Chaos einer großartigen Ordnung und retten wir uns zu Gefahren der offenen See und der wilden Wogen.

Ich habe hinter mir den eintönigen Gesang des Wassers, vor mir schon den bunten der Stadt und über mir eine große Wolke aus Lärm. Ich liebe den Lärm von Marseille, voran reiten die schweren Glocken der Türme, stürmen die heiseren Pfiffe der Dampfer, aus blauen Höhen tropft die Melodie der Vögel. Dann kommt der ganze Heerbann der Alltagsstimmung, die Rufe der Menschen, das Tuten der Gefährte, das Klirren der Geschirre, der Schall der Schritte, das Klopfen der Hufe, das Gebell der Hunde. Es ist ein Festzug der Geräusche. Langsam lösen sich aus dem Weiß des Stadtbildes die grauen Streifen der Gassen, das Zickzack gekrümmter und hastiger Treppen, die Gestalten der Menschen, die bunten Wäschefahnen über der Straßenmitte, die braunen Bottiche vor den Türen, die schmalen Bänder rinnenden Schmutzes, die grauen Zelte der Straßenhändler, die dunklen Berge der Muscheln, die bunten Schilder der Läden, die goldenen Fenster, in denen die Sonne schwimmt und das samtene Grün der Bäume.

Ich liebe die schöne, bewegte, müßige und zwecklose Geschäftigkeit in den Straßen. Die meisten Menschen gehen nicht ihren Pflichten nach, sondern neben den Pflichten. Der exotisch gekleidete Fremdling von fernen Küsten hergetrieben, reiht sich in den Gewändern seiner Heimat dem bewegten Zug der Straße ein und fühlt sich wie zuhause. Er ändert weder Tracht noch Schritt, noch Bewegung; er schreitet wie auf eigenem Boden, er trägt die Heimat an den Sohlen. Nichts kann so exotisch sein, daß es Aufsehen erregte. Der Bürgersteig gehört der ganzen Welt, den Passagieren von 700 Schiffen aus allen Ländern.

Hier kommen die Reiter aus Turkistan, in den breiten, an den Knöcheln gebündelten Hosen, welche die gekrümmten Beine verhüllen; dann die kleinen chinesischen Matrosen in den schneeweißen Uniformen wie Knaben im Sonntagsanzug, die großen Kaufleute aus Smyrna und Konstantinopel, die so mächtig sind, als handelten sie nicht mit Teppichen sondern mit Königreichen; die griechischen Händler, die ein Geschäft nicht zwischen vier Wänden abschließen können sondern nur unter freiem Himmel wie, um Gott noch mehr herauszufordern; die kleinen Schiffsköche aus Indochina, auf leichten Füßen durch den Abend huschen sie, schnell und lautlos wie Nachttiere; die griechischen Priester mit den langen Bärten aus Hanf; die heimischen Mönche, die eigne Fülle vor sich hertragend wie eine fremde Last; die schwarzen Nonnen im bunten Gewühl, jede ein kleiner, versprengter Leichenzug; die weißen Zuckerbäcker, die kandierte Nüsse verkaufen, freundliche Gespenster des Mittags; die Bettler mit dem Brotsack und Wanderstab, die nicht Requisiten des Elends sondern Insignien der Würde sind; die weisen algerischen Juden, groß, hager, stolz, wie schwankende Türme; die wandernden Schuhputzer, Knaben und erwachsene Männer, Vertreter eines blühenden Gewerbes und einer Kunst.

Ich glaube, man muß lange lernen, ehe man mit dieser mütterlichen Zärtlichkeit einen grünen Plüschlappen über die Stiefelkappe gleiten läßt, und dem Leder alle Nuancen entlockt, vom tristen, feuchten Matt bis zur strahlendsten, schwärzesten Trockenheit. Mit leichtem Knall fliegt die Bürste aus der Rechten in die Linke, die Blechdose mit der Pasta wirbelt wie ein Ball durch die Luft; ihr Dekkel springt automatisch ab und springt mit sanftem Knall in die Utensilienkiste.

Und der Gast sitzt indessen hoch auf einem breiten, hölzernen Thron, und wenn nichts an ihm königlich ist, so werden es bald wenigstens die Stiefel sein . .

EIN BOOTSMANN

Der Bootsmann ist alt, seine Arme hängen schlaff wie Flossen von seinen krummen und schiefen Schultern; seine Augen sind klein und haben den weißlichen Schleier, den das hohe Alter über menschliche Augen zieht. Sie haben schon genug gesehen. Aus den harten Ohrmuscheln wächst graues Moos. Die Hände sind zwei sehr alte Gesichter, die Handrücken sind braungelb und ihre dünne Haut bis zum äußersten gespannt. Die Stimme des Alten aber ist jung geblieben und männlich. Er spricht sehr kurze, sehr einfache Sätze, wie sie in Lesebüchern für Kinder stehen. Ihre Melodie ist immer ein bißchen fragend, das letzte Wort fällt jäh ab von einer beträchtlichen Höhe und kommt dennoch heil an.

„Ich bin aus Korsika, Herr. Korsika ist der Garten von Frankreich. Ich bin Landsmann Napoleons und hier ist sein Bild. Diese Münze habe ich aus dem Krieg von 1870. Ich war bei der Marine. Ich kenne alle diese Schiffe. Auf vielen bin ich gefahren. Ich war in vielen Ländern. In Rußland auch, in England, in Deutschland, in Spanien, in Syrien, in Konstantinopel. Ich war niemals in Paris. Nach Paris kommt man nicht mit dem Schiff. Ich bin nur einmal mit der Bahn gefahren, in der zweiten Klasse, da fährt man gut.

Ich bin 75 Jahre alt. Wenn ich 10 Jahre jünger wäre, bliebe ich nicht hier. Ich habe fünf Franken täglich Pension. Seit sechs Tagen sind Sie mein erster Gast. Dieses Boot hat 300 Franken gekostet, da hab' ich das Segeltuch selbst geflickt. Diese Stricke habe ich selbst gedreht. Die Ruder kosten 60 Franken das Stück. Dann hab' ich das Boot getauft auf den Namen meines Vaters. Er hieß Jacques. Da steht „Jacques" mit weißer Farbe.

Mein Vater war ein Kapitän. Auf der „Sphinx". Dort drüben steht sie. Wir sind zwei Brüder. Mein Bruder war auch Kapitän. Jetzt ist er in Pension. Er bekommt eine große Pension. Ich schlafe bei ihm.

Ich wollte nicht in die Marineschule. Ich wollte gleich in die Welt. Deshalb bin ich heute arm. Meine Schwägerin ist gut. Um 8 Uhr essen wir Nachtmahl. Dann lese ich Romane. Ich lese den „Grafen von Monte Christo". Ich glaube diese Geschichte nicht. Es ist Phantasie.

Da sehen Sie unsere Kathedrale. Ein schönes Haus. Ich war zweimal dort. Ich gehe nicht oft in die Kirche. Alle Religionen sagen dasselbe, ich bin ein Katholik; aber ich war in einer Synagoge. Ich war in einer Moschee. Die Mohammedaner sagen „Allah", die Juden sagen „Jehova", wir sagen „lieber Gott". Es ist immer dasselbe. Mein Freund ist ein Jude. Er war im Gefängnis. Seine Frau hat ihn betrogen. Er hat ihren Liebhaber beinahe erschlagen. Jetzt leben beide. Die Frau ist gestorben.

Da fahren die Fischer. Sie kommen erst morgen Mittag zurück. Sie haben viele Netze mit. Ein guter Tag zum Fischen. Bei uns sind mehr Angler als Fische. Probieren Sie einmal zu angeln. Vielleicht haben Sie Glück, weil Sie ein Fremder sind.

Für 1000 Franken könnte ich mir einen Motor in meinen „Jacques" bauen. Dann könnt' ich nach Korsika fahren. Unten ist es um die Hälfte billiger als in Marseille. Das ist eine teure Stadt, aber ich zahle keine Miete. Hier haben Sie meine Visitenkarte. Ich heiße Bousja Pascal. Ein korsischer Name. Wir sprechen so ähnlich wie Italiener. Wir verstehen auch die Spanier. Alle Sprachen stammen aus dem Lateinischen. Englisch stammt aber aus dem Deutschen. Latein ist die älteste Sprache, aber mein Freund sagt, Chinesisch ist älter.

Ich werde Sie im alten Hafen absetzen, da können Sie abends spazieren gehen. Lassen Sie das Geld zu Hause, wenn Sie Geld haben . . .

Ich fahre jetzt nach Hause. Wir haben heute marinierte Heringe und junge Bohnen. Dann werde ich lesen. Um zehn werde ich schlafen gehen. Mit meinem Bruder werde ich nicht reden. Ich lebe schon 5 Jahre bei ihm. Das letzte Mal habe ich vor 2 Jahren gesprochen. Damals bekam er den vierten Enkel. Im Dezember kommt sein fünfter. Am Sonntag kommt meine Schwester aus Ajacchio. Sie bringt mir Tabak. Ich aber brauche eine Pfeife.

Leben Sie wohl, Herr, steigen Sie vorsichtig aus, springen Sie nicht. Lassen Sie das Geld zu Hause!"

DIE GASSE DER LIEBE

Die Gasse der Liebe hat ihren bürgerlichen Namen abgelegt und trägt keine Schilder. Man kennt und findet sie. Wer von der großen Kathedrale nach dem alten Hafen geht, hört die metallene Musik von fünfzig unaufhörlich spielenden Automaten aus fünfzig schmalen und kleinen Läden. Vor den Läden sitzen die Frauen, die ältesten und dicksten der Welt. Sie verkaufen Liebe, den ganzen Tag, die ganze Nacht.

Männer, von den Schiffen kommend, durchziehen die Gasse in losen Trupps, zu zehn und fünfzehn. Sie verlieren sich unterwegs in den Läden. Dann verstummt ein Automat, ein Vorhang aus Glasperlen fällt vor ein düsteres Kanapee, und in der geraden Reihe der Verkäuferinnen vor den Türen entsteht eine Lücke.

Nichts mehr ereignet sich als Liebe und Musik. Manche Frauen halten ihre Kinder auf dem Schoß, in dieser Gasse wachsen viele Kinder heran. Die traurigsten Kinder der traurigsten Mütter. An ihrer Wiege spielt ein Musikautomat. Seit dem Augenblick, seit dem sie die Finsternis der Welt erblickt haben, kennen sie das Lager der billigsten Liebe. Die Rätsel der Welt werden ihnen mit der banalen Auflösung zugleich geliefert. Das Leben beschenkt sie verschwenderisch mit Erfahrungen. Die Spielgefährten ihrer ersten Jahre sind kranke Katzen, die Glück bringen und das Spielzeug der Rinnsteine, eine Muschel oder ein Kiesel. Über die Strenge eines Vaterhauses brauchen sie nicht unglücklich zu sein. Statt der guten Sitten der menschlichen Gesellschaft lernen sie deren echte kennen. Nichts Schlimmeres kann ihnen zustoßen als ihre eigene Geburt.

Der Morgen, der Mittag, der Vorabend, der Abend, die Nacht, alle Tageszeiten sind hier gleich. Vom Himmel sieht man nur einen Streifen, von der Sonne nichts. Auch diese Liebe ist zeitlos. Auch ihre Trägerinnen haben kein Alter. Vor 40 Jahren waren sie schon alt und häßlich; vierzig Jahre noch können sie jung und schön sein. Vor 40 Jahren rasselte der Automat schon dieselben Melodien, vierzig Jahre noch treibt er die göttliche Musik für die Ohren betäubter Menschen. Vor 40 Jahren schon trieb er Lauscher in die Flucht. Noch vierzig Jahre wird er Hörer anlocken. Was ist alt, was ist jung, was ist häßlich, was ist schön, was ein Lärm und was Musik? —— Wenn der Tag aus lauter Liebesnächten zusammengesetzt ist und ein Moment eine Liebesnacht ist, wenn die Ware aus einer Verkäuferin besteht, die Liebe einen Groschen wert ist und ein Groschen die ganze Liebe enthält. Wenn die Nacht ein betriebsamer Tag ist und der Schlaf ein Geschäft?

In dieser Gasse gelten nicht die Gesetze der Welt. Mit stieren Atropinaugen, die Brauen bis zu den Schläfen gemalt, mit falschem Haar, das niemals grau wird, mit einem geschminkten Alter, das von der ewigen Jugend nur die Stupidität hat, starren die Frauen alle wie Zwillingsschwestern und also ohne Konkurrenzneid immer auf denselben Rinnstein, dieselbe Katze, dasselbe Pflaster, – und denselben Mann, den der Zufall in 10 000 Exemplaren durch die Gasse treibt. Wenn eine ihre Arme ausbreitet, verstummt der Automat, denn durch einen Mechanismus voller Kunst, ist die Maschine mit der Maschine verbunden.

Der Kasten verschleudert Musik wie seine Besitzerin Liebe und alles für einen Groschen. Für einen Groschen.

NIZZA

Nizza sieht so aus, als wäre es von den Autoren der Gesellschaftsromane begründet und von ihren Helden belebt worden. Die meisten Gestalten auf der Kurpromenade und am Strand kommen aus der Leihbibliothek und aus den Träumen kleiner Provinzmädchen. Diese Menschen kann Gott nicht erschaffen haben. Sie sind nicht aus gemeiner Erde gemacht, sondern aus mondänem Papierstaub. Schriftsteller haben sie solange beschrieben, bis sie lebendig wurden. Ihre Bewegungen, ihr Gang, ihre Kleidung, ihre Sprache, ihre Gedanken, ihre Ziele, ihre Sehnsucht, ihre Schmerzen, ihre Erlebnisse sind wie literarisch gefiltert, außerordentlich und gesucht. Hier vollzog sich zum ersten Male ein umgekehrter Prozeß. Autoren erschufen Menschen nach origineller Konzeption. Und die Schöpfung machte es ihnen nach. Ein Verfasser diktierte eine Welt in die Schreibmaschine und siehe da – sie war, sie ist, sie geht spazieren, spielt Roulette, tanzt Java und nimmt Seebäder.

Eine ganze Saison in einer Romanwelt würde wahrscheinlich langweilig. Aber drei Tage sind beruhigend. Man erholt sich von den Strapazen gewöhnlichen Erdenlebens, von den Berührungen mit den gemeinen Alltagssorgen und von dem Waffengeklirr, den der Kampf ums tägliche Brot verursacht. In der Gesellschaft der echten, von Adam abstammenden Menschen empfängt uns der gewöhnliche Geruch gewöhnlicher Tragik. Hier aber in Nizza breitet sich der Weihrauch der romanhaften Tragik aus. Hier gibt es nur Luxusschicksale, hier siehst du lauter Edelgeschöpfe. An ihren goldenen Wiegen standen gut bezahlte Domestiken. Ihre ganze Jugend war eine einzige gute Kinderstube, von Hausärzten persönlich gelüftet. Ihre Ehe ist eine außerordentlich günstige Kapitalsanlage. Ihr Tod selbst wird keine Lücke, sondern eine Erbschaft hinterlassen. Denn sie sind nicht notwendig im gemeinen Sinne, sondern im höheren. Sie sollen nur die Romanautoren bestätigen.

Sie tun es in Nizza. Um die Aufregung kennenzulernen, geben sie viel Geld in Monte Carlo aus. Zu uns andern kommt Monte Carlo jeden Tag, und unser Leben ist ein Roulettespiel.

Hier aber ist kein Mensch aufgeregt, wenn er nicht auf schwarz oder rot gesetzt hat. Alle strömen selige Sicherheit aus. Auch den Unsichern begnadet sie. Den ganzen Tag liegt man im blauen Wasser. Die Sonne macht sich eine Ehre daraus, unaufhörlich wolkenlos in so guter Gesellschaft zu scheinen. Die Nächte bleiben so warm wie möglich und geben acht, daß sich die Kurgäste nicht erkälten.

Die alten Herren aus England und Amerika gehen mit gemessenen Schritten, die so abgezählt sind, wie Medizintropfen vor dem Schlaf, spazieren. Ihre Söhne und Töchter tanzen indes, lieben, leiden und heiraten nach den Vorschriften der Autoren.

Die alten Damen, durch Gesichtsmassagen und Diät 10 Jahre jünger, auf achtzehnjährigen Beinen, in kurzen Röckchen, von riesigen Brillanten gefolgt, und unwahrscheinlich kleinen Schoßhündchen geziert, sprechen von der Zukunft, nicht wie andere Alte von der Vergangenheit. Alle paar Minuten gleitet ein Herr im Zylinder nach Monte Carlo auf der breiten schönen Straße, auf der kein Staub entsteht und die eigentlich ein vornehmer Korridor des vornehmen Volkes ist.

Nichts Schlimmes kann passieren: Die Schwachen werden stark, die Kranken gesund, die Gesunden glücklich, die Glücklichen erleben hier die ersehnte Tragik und sind noch glücklicher als im Glück –– und wenn einer Selbstmord begeht, so ist sein Tod durch einen romantischen Schleier dem gemeinen Bedauern und in die Sphäre der Bewunderung für die große Welt entrückt.

Es ist wunderbar, in so guter Gesellschaft zu leben, die bei Tag nackt und abends im Smoking ist, abgebrannt und hygienisch, sauber und gut erzogen, aus Papier und dennoch aus Fleisch und Blut, ohne die Laster, welche eine Folge der Arbeit sind und so tugendhaft, daß sie vom Herrn selbst genährt werden, obwohl er sie nicht nach seinem Angesicht erschaffen hat . . .

EIN KINO IM HAFEN

Das Kino liegt gegenüber den Schiffen. Von der See aus kann der Mensch, der die Freuden des Kontinents lange entbehrt hat, die großen bunten Plakate mit dem Feldstecher sehen. Das Kino heißt bescheiden „Kosmos-Theater". Man gibt den Film von den „Roten Wölfen". Die „Roten Wölfe" sind eine Räuberbande in den Abruzzen. Sie haben Margot geraubt, ein schönes Mädchen und haben es in einem unerreichbaren, hohen Turm verborgen. Aber was ist unerreichbar, was ist hoch? Ein tapferer junger Mann, Cesare mit Namen, wird Mitglied der „Roten Wölfe" – aber nur zum Schein – und befreit Margot.

Sie glauben wohl, es wäre eine Kleinigkeit, Mitglied einer Räuberbande zu werden? Sie irren sich. Es ist unendlich schwierig. Man muß eine Aufnahmeprüfung bestehen im Ringen, im Messerstechen, und im Armbiegen.

Diese Aufnahmeprüfung ist der wichtigste Teil des Films. Cesare besteht sie und erobert nicht nur den Beifall der „Roten Wölfe", sondern auch den der Zuschauer, deren sehnsüchtigster Traum es ist, Räuber in den Abruzzen zu sein.

Von 10 Uhr vormittags bis 12 Uhr nachts wird im Kino der Film von den „Roten Wölfen" acht Mal gegeben. Acht Mal im Tag besteht Cesare die Aufnahmeprüfung, acht Mal begeistern sich die Zuschauer, von denen ein Drittel den ganzen Tag im Kino sitzt.

Dieses Drittel sind Frauen und Kinder. Bei Tag ist es im dunklen Kino dunkler als in der engen Wohnung und in der noch engeren Gasse. Die Frauen gehen also zur Abkühlung ins Kino. Die Kinder zahlen nichts. Jede Besucherin hat mindestens vier Kinder. Sie zahlt für einen Platz und nimmt fünf ein. Am Abend kommen die Männer; Arbeiter aus dem Hafen, essen, waschen sich und gehen ins Kino. Sie haben gestern und vorgestern die Taten Cesares gesehen und bejubelt. Aber derlei Helden kann man nicht oft genug sehen, wenn man nichts mehr als ein Hafenarbeiter ist, mit der Sehnsucht im Herzen, Räuber in den Abruzzen zu sein.

Noch romantischer als ein Hafen ist eine Räuberhöhle in den Abruzzen. Dem Taglöhner, der heute ein Fischer ist, morgen angeheuert wird, übermorgen in einem anderen fernen Hafen zu dem Film von den „Roten Wölfen" geht, ist sein eigenes Leben nicht romantisch genug.

Ich möchte wissen, ob die Räuber aus den Abruzzen in ein Kino gehen, in dem ein Film von den Seelöwen von Marseille gespielt wird. Die Räuber aus den Bergen beneiden die Männer aus dem Hafen. Der Räuber verrichtet sein romantisches Handwerk wie ein nüchternes Geschäft und träumt von einer fremden Romatik. Davon lebt die Filmindustrie.

Dabei haben die Männer aus dem Hafen ungefähr die gleichen Sitten wie die von den Bergen. Auch die Hafenleute stechen mit korsischen Messern, biegen mit Leidenschaft die Arme der Kollegen und ringen mit den besten Freunden. Sie freuen sich, daß in den Abruzzen dieselben Freuden üblich sind. Während sie im Kino sitzen, ziehen sie die Messer und, das Auge noch auf die Leinwand geheftet, strecken sie schon die Hände nach dem Nachbarn aus, um ihm einen kleinen spielerisch leichten Stich zu versetzen. Der Nachbar, der sich nicht alles gefallen läßt, fordert den Freund auf, vor die Leinwand zu treten und es dem Helden Cesare gleichzutun.

Man sieht also im Kino nicht nur die Taten der Männer aus den Abruzzen, sondern auch die der Männer aus Marseille.

Indessen hämmert der Klavierspieler immer wieder „Die Tochter des Regiments". Kein Wunder, daß sich die Zuschauer langweilen. Sie verlangen ein anderes Lied. Der Klavierspieler erhebt sich, geht hinaus und der Film läuft ohne Musik weiter.

Nach einer Weile sieht man einen großen ergrimmten Mann. Er läßt sich diese Frechheit eines Klavierspielers nicht gefallen. Man weiß, was es bedeutet, wenn ein sehr großer, sehr breiter Mann mit einem breiten roten Gürtel um die Hüften, mit einer zwei Zentimeter kurzen Stirn und mit Händen wie eiserne Schaufeln sich die Frechheit eines winzigen Klavierspielers mit Regenschirm und Cutaway nicht gefallen läßt.

Nach fünf Minuten zappelt der Klavierspieler in der eisernen Faust des erbitterten Besuchers; es wird hell und die Gäste lachen. Der Riese winkt mit der Linken zum Publikum, setzt den Klavierspieler vor das Instrument und befiehlt das von der Mehrheit gewünschte Lied.

Dann läuft der Film weiter.

Ich sitze zwischen zwei Kindern, die auf meinen Knien mit Glaskugeln spielen. Es sind zwei schöne schmutzige Kinder. Ich möchte sie streicheln. Die Kinder stehlen einander die Kugeln und verbergen sie in meinen Rocktaschen. Der Vater zündet ein Streichholz an und leuchtet mir ins Gesicht. Er will wissen, ob seine Kleinen gut aufgehoben sind.

„Schöne Kinder", sage ich. „Geben Sie acht", sagt er, „daß sie sich nicht schlagen." Ich glaube, ich bin ihm sympathisch. Er hat gefunden, daß ich Kinder sehr gut bewachen kann und er wendet sich jetzt sorglos den Ereignissen zu, die sich teils auf der Leinwand, teils im Saal abspielen.

* * *

EINBRUCH DER JOURNALISTEN IN DIE NACHWELT

Wenn deutsche Journalisten Bücher schreiben, bedürfen sie beinahe einer Entschuldigung. Wie kamen sie dazu? Wollten die Eintagsfliegen in den Rang höherer Insekten aufsteigen? Wollen sie, die dem Tag angehören, in die Ewigkeit eingehen? Professoren und Kritiker säumen den Weg, der in die Nachwelt führt. Dichter, die gleichsam schon von Geburt eingebunden waren, wollen manchmal eine genaue Grenze zwischen Journalistik und Literatur ziehen und im Reich der Ewigkeiten den numerus clausus für Tagesschriftsteller einführen.

Fremdwörter sind sehr selten glücklich und gültig verdeutscht worden. Sie bekamen meist einen präzisen aber schiefen Sinn – (einen undeutschen wie z. B. das Wort Tagesschriftsteller). Ein Journalist aber kann, er soll ein Jahrhundertschriftsteller sein. Die echte Aktualität ist keineswegs auf 24 Stunden beschränkt. Sie ist zeit- und nicht tagesgemäß.

Diese Aktualität ist eine Tugend, die nicht einmal einem Dichter schaden könnte, der niemals für die Zeitung schreibt. Ich wüßte nicht, weshalb ein ausgeprägter Sinn für die Atmosphäre der Gegenwart die Unsterblichkeit behindern soll. Ich wüßte nicht, weshalb Menschenkenntnis, Lebensklugheit, Orientierungsvermögen, die Gabe zu fesseln und andere solcher Schwächen, die man dem Journalisten vorwirft, die Genialität beeinträchtigen können. Das echte Genie erfreut sich sogar dieser Fehler; das Genie ist nicht weltabgewandt, sondern ihr ganz zugewandt; es ist nicht zeit-fremd, sondern zeit-nahe. Es erobert das Jahrtausend, weil es so ausgezeichnet das Jahrzehnt beherrscht. Das Unglück, mißverstanden und verkannt zu werden, ist nicht das Kennzeichen, sondern ein Unfall des Genies. Es teilt diesen Schmerz sogar mit durchschnittlich begabten Journalisten. Auch gute Handwerker werden zuweilen verkannt.

Ich hege deshalb – und obwohl ich selbst Journalist bin – kein Mißtrauen gegen die Bücher der Autoren, die für Zeitungen schreiben. Es ist schon so manche Dichtung durch die Rotationsmaschine einer Zeitung gelaufen und ewige Wahrheiten haben den Wert des Papiers erhöht, dessen Schicksal es ist, in verschiedenen Gegenden zu enden.

Das Zeitungspapier hat Alfred Polgar und Egon Erwin Kisch viel mehr zu verdanken, als Honorare abzahlen können. Was Polgar, dem eigenen Trieb gehorchend, „an den Rand" der Zeit geschrieben hat, war, auf Befehl der Not, unter dem Strich der Zeitung gedruckt. Das Tempo einer „Hetzjagd durch die Zeit", die Kisch ausführt, bestimmt nicht die Flüchtigkeit seiner Beobachtung und nicht die kurze Dauer seiner Feststellungen; sie können ewiger sein als die Langeweile der sogenannten „Beschaulichkeit". Kisch gibt in seiner „Hetzjagd durch die Zeit" (bei Erich Reis, Berlin) nicht etwa nur eine Fortsetzung seines „Rasenden Reporters", wie es scheinen könnte. Der Titel ist journalistisch, seiner Bestimmung nach gehörte er aber über einen Zeitungsaufsatz. Aber die Aufsätze, die er zusammenfaßte, sind Reportagen, Novellen, Tagebuchblätter, sind Stoffe für 26 Romane – die nicht etwa eine Behandlung durch den Romanautor erwarten. Sie haben ihr Schicksal bereits gefunden. Die Reportage braucht nicht erst in den Rang einer Kunstgattung „erhoben" zu werden. Sie hat die künstlerische Form, ihre eigene – eben weil sie „nur Tatsachen" berichtet. Was Kisch mitteilt, ist Wirklichkeit von sensationellem Rang. Wieviel „Kunst" gehört dazu, eine nackte Realität zu einer künstlerischen Wahrheit zu machen. In einer Novelle („Der tote Hund und der lebende Jude") zeigt der Verfasser sein rein poetisches Können, das Handwerk des Dichtens. Im übrigen benutzte er es, um tatsächlichen Erlebnissen formale Gültigkeit zu verleihen. Über Kisch hat Polgar einmal geschrieben: Heute noch auf stolzen Rossen, morgen: *garmond* durchschossen . . Die Schnelligkeit ist eine Tugend des guten Journalisten; die Langsamkeit aber ist noch lange kein Beweis für die Echtheit des Dichters, wenn er das Tempo verachtet und dafür vom Tempo verachtet wird.

Alfred Polgars Buch heißt „An den Rand geschrieben" (bei Rowohlt, Berlin). Der bescheidene Titel ziert den ironischen Autor und wird den Käufer ehren. Große Wahrheiten werden an den Rand geschrieben.

Polgar schreibt kleine Geschichten ohne Fabel und Betrachtungen ohne Resümee. Er bedarf keines eigentlichen „Inhalts", weil jedes seiner meisterlich gemundhabten Worte voller Inhalt ist. Kein Anlaß ist ihm zu gering; gerade an den geringen Anlässen zeigt er seine Meisterschaft. Er poliert das Alltägliche solange, bis es ungewöhnlich wird. Was soll er noch mit dem Ungewöhnlichen? Es ist ihm nicht gewachsen. Was soll er mit „spannenden Ereignissen"? Jeder seiner Sätze enthält sensationelle Sprachereignisse. Seine Form ist so subtil, daß sich kein grober Stoff, keine handgreifliche Handlung in sie trauen. Die Sensationen gehen behutsam mit dem Dichter um, meiden seine Nähe; sie fürchten ihn, er könnte sie verspotten und, wehe ihnen, sie wären keine Sensationen mehr. Seine Form besticht die Wahrheit. Wenn er eine schwere Tragik in einen Witz münden läßt, merkt man nicht einmal, daß dieser willkürlich war und jene schwer. Wenn er über etwas schreibt, hat er doch das „Etwas" geschrieben. Nirgends gibt es noch einen Beobachter (deutscher Sprache), der so einem Gestalter gliche, der so hundert Gestalter überträfe.

DAUER IM WANDEL

Aspekte österreichischer Kulturentwicklung

Herausgegeben von Walter Strolz
in Verbindung mit Oscar Schatz

„Das Gespräch mit der spezifisch österreichischen Überlieferung in ihrem *übernationalen* Reichtum wurde vom Verlag Herder im Jahre 1957 durch das Sammelwerk ‚Spektrum Austriae' aufgenommen. Darauf folgte 1963 der Bildband ‚Imago Austriae'. Für beide Werke zeichnete Otto Schulmeister als hauptverantwortlicher Herausgeber . . . Die Hauptfragestellung des vorliegenden Werkes geht von der begründeten Annahme aus, daß es eine *unverwechselbar österreichisch* geprägte Tradition gibt, die seit 1945 folgenreichen Wandlungen ausgesetzt ist. Die Erläuterung dieser Entwicklung will als ein Stück österreichischer Selbstbesinnung verstanden werden".

(Aus der Einführung)

Inhalt: *Walter Weiß,* Thematisierung der „Ordnung" in der österreichischen Literatur

Viktor Suchy, Kontinuität und Traditionsbruch in der österreichischen Dichtung der Gegenwart

Ingeborg Sültemeyer, Das Wiedererwachen des Interesses an österreichischer Dichtung in der BRD seit 1945

Heinz Politzer, Sigmund Freud und die Tragik der Interpretation

Norbert Leser, Der politische Bewußtseinswandel in Österreich seit 1945

Rudolf Haller, Wittgenstein und die „Wiener Schule"

Peter Kampits, Das Sprachdenken Ferdinand Ebners

Wilhelm Zauner, Chancen und Gefahren österreichischer Religiosität

Friedrich Heer, Das konservative Element in der Weltrevolution des heutigen Menschen

---

Eine Wort und Wahrheit-Publikation im Verlag Herder

---

228 Seiten, Paperback, erschienen 1975